高等职业教育建设工程管理类专业系列教材

GAODENG ZHIYE JIAOYU JIANSHE GONGCHENG GUANLI LEI ZHUANYE XILIE JIAOCAI

JIANZHU JINGJI JICHU

建筑经济基础

主　编／王　平　朱　进　熊　璠

副主编／陈天昕　仇玉莹　王芳羚

主　审／李　茜

重庆大学出版社

内容提要

本书是高等职业教育建设工程管理类融媒体式教材,是江西省工程造价专业教学资源库的配套教材,内容全面,通俗易懂,网络教学资源丰富。本书系统地介绍了建筑经济基础的相关知识,主要内容包括建筑业的基本知识、经济学基础、建筑统计、工程财务基础、法律基础知识、建筑经济管理知识与实务、货币银行学等。

本书可作为高职高专建筑工程技术、工程造价、工程监理、建设工程管理、公路工程、市政工程、房地产开发、现代物业管理等专业教材,也可作为工程技术人员、工程管理人员和建筑类执业资格考试的参考用书。

图书在版编目(CIP)数据

建筑经济基础 / 王平,朱进,熊璠主编. -- 重庆:
重庆大学出版社,2024.5
高等职业教育建设工程管理类专业系列教材
ISBN 978-7-5689-4442-7

Ⅰ. ①建… Ⅱ. ①王… ②朱… ③熊… Ⅲ. ①建筑经
济—高等职业教育—教材 Ⅳ. ①F407.9

中国国家版本馆 CIP 数据核字(2024)第 073709 号

高等职业教育建设工程管理类专业系列教材

建筑经济基础

主 编 王 平 朱 进 熊 璠
副主编 陈天昕 仇玉莹 王芳羚
主 审 李 茜
策划编辑:刘颖果

责任编辑:姜 凤 版式设计:刘颖果
责任校对:关德强 责任印制:赵 晟

*

重庆大学出版社出版发行
出版人:陈晓阳
社址:重庆市沙坪坝区大学城西路 21 号
邮编:401331
电话:(023)88617190 88617185(中小学)
传真:(023)88617186 88617166
网址:http://www.cqup.com.cn
邮箱:fxk@ cqup.com.cn(营销中心)
全国新华书店经销
重庆正光印务股份有限公司印刷

*

开本:787mm×1092mm 1/16 印张:18 字数:451 千
2024 年 5 月第 1 版 2024 年 5 月第 1 次印刷
印数:1—2 000
ISBN 978-7-5689-4442-7 定价:49.00 元

前　言

本书是高等职业教育建设工程管理类融媒体式教材,也是江西省工程造价专业教学资源库的配套教材。"建筑经济基础"是工程造价、土木工程、工程管理等相关专业的一门综合性、理论性及实践性较强的专业基础课程,是注册造价师、注册建造师、中级经济师等执业资格考试的主要内容之一。

党的二十大报告指出,必须坚持科技是第一生产力、人才是第一资源、创新是第一动力,深入实施科教兴国战略、人才强国战略、创新驱动发展战略,开辟发展新领域、新赛道,不断塑造发展新动能、新优势。习近平总书记多次强调"实施人才强国战略",并对培养造就德才兼备的高素质人才作出具体部署。建筑业转型升级对工程管理专业人才的知识结构、体系和能力等多个方面提出了新要求。

本书主要针对高等职业教育工程造价、建筑工程技术等建筑类相关专业对经济知识的基本要求,针对工程建设的整个过程,系统地介绍了建筑经济基础知识的基本概念和原理。本书共7个模块,主要内容包括建筑业的基本知识、经济学基础、建筑统计、工程财务基础、法律基础知识、建筑经济管理知识与实务、货币银行学等。

本书具有以下特点:

(1)贯彻党的二十大精神,基于行业发展对人才培养提出的全新要求,按照高职高专人才培养目标以及相关专业教学改革的需求,依据最新标准规范进行编写。

(2)为适应工程建设行业专业发展的需要和以实际应用为目的,本书在逻辑结构和内容上进行取舍,全书重点突出、详略得当、层次清晰、概念准确、案例典型。

(3)方便教师开展线上教学,提高教学效率,拓宽学生获得信息的渠道,提高学习效率。本书配备了大量的基于网络运行、开放式管理与教学改革有机结合的数字化教学资源,包括电子课件、视频讲解和习题等。

（4）为落实课程思政建设，提高学生素养，本书围绕政治认同、文化素养、宪法法治意识、道德修养等重点优化课程思政内容。

本书可作为高职高专建筑工程技术、工程造价、工程监理、建筑工程管理、公路工程、市政工程、房地产开发等专业教材，也可作为工程技术人员、工程管理人员和建筑类各类执业资格考试的参考用书。

本书由王平、朱进、熊璠担任主编，由陈天昕、仇玉莹、王芳羚担任副主编，由李茜担任主审，江西省建中工程管理有限公司总经理余春平参与编写。具体编写分工如下：王平编写模块2和模块6；朱进编写模块4第4.2节和模块5；熊璠编写模块7；陈天昕编写模块1和模块3；仇玉莹、王芳羚编写模块4第4.1节。本书在编写过程中参考了大量书刊及文献，在此一并表示感谢。

由于编者水平有限，书中不妥之处在所难免，恳请广大读者批评指正。

编　者

2024 年 1 月

目　录

模块 1
建筑业的基本知识

1.1 建筑业和建筑市场

建筑业和建筑
市场

1.1.1 建筑业的特征及地位

建筑业是专门从事土木工程、房屋建设和设备安装以及工程勘察设计工作的生产部门。其产品是各种工厂、矿井、铁路、桥梁、港口、道路、管线、住宅以及公共设施的建筑物、构筑物和设施。

1) 建筑业的特征

(1) 建筑业属于劳动密集型行业

目前,建筑业仍需要大量的劳动力,从总体上讲,仍属于劳动密集型行业。随着建筑工程、建筑材料、施工工艺等现代化、信息化科学技术的发展,人工智能的运用,手工操作逐渐被机器设备所代替,在不断向技术密集型发展。

(2) 建筑业的物质资源消耗量大

由于建筑产品体量庞大,又占用大量的土地资源,因此生产中将消耗大量的物质资源,如何有效地利用资源是主要的研究问题。

(3) 建筑业受国家经济政策影响大

在我国经济发展过程中,多次对国民经济政策进行宏观调控,对建筑业产生了重大影响。经济复苏和发展期往往加大对固定资产的投资,主要是通过建筑业拉动相关行业的发展。

(4) 建筑业与环境密切相关

建筑产品构成环境的一部分,建筑业的发展对环境产生巨大影响,在满足人类对建筑产品需求的前提下要保护好环境。

2）建筑业的地位

（1）建筑业是国民经济的支柱产业

目前,中国经济正处于快速增长时期,这也是建筑业迅速发展的增长期。从我国的宏观经济状况和发展规划来看,西部大开发、农村城市化、城市基础设施建设和交通能源建设等被列为国家基本建设投资的重点,预示着在未来一个比较长的时期内,我国建筑业将面临前所未有的历史性发展机遇,建筑业在国民经济中的支柱产业地位也将得到进一步的增强。

（2）建筑业是各行业赖以发展的基础性产业

建筑业为绝大部分产业提供了必要的生产设施、办公条件和设备安装等,因而可称为其他产业部门的基础产业。同时,建筑业又为城乡建设和社会生活提供了各类民用建筑和市政公用设施,改善了人民群众的物质生活和文化生活。因此,建筑业是国民经济中的一个重要物质生产部门,肩负着为社会再生产和国民文化生活提供必要的物质技术基础的使命,尤其是在形成固定资产方面具有不可或缺的作用。

（3）建筑业是重要的劳动就业部门

目前,建筑业仍是典型的劳动密集型行业,对消化剩余劳动力、解决就业问题具有十分重要的意义。在未来较长的一段时期内,我国建筑业的发展潜力仍然巨大,将对缓解就业压力继续发挥重要作用。

> **想一想**
>
> 通过查阅资料,说说建筑行业包括哪些细分行业？你对它们有了解吗？

1.1.2　建筑产品的含义及其技术经济特点

1）建筑产品的含义

狭义的建筑产品,是指建筑业向社会所提供的具有一定功能、可供人类使用的房屋建筑工程和附属设施工程,以及与其配套的线路管道工程和设备安装工程。本章以下内容以狭义建筑产品为论述对象。

2）建筑产品的技术经济特点

建筑产品具有产品地点固定、产品类型多样、产品体积庞大、产品寿命长等技术经济特点。

1.1.3　建筑市场及其管理

建筑市场是建设工程市场的简称,是进行建筑商品和相关要素交换的市场。

建筑市场有广义和狭义之分。狭义的建筑市场是指交易建筑商品的场所。由于建筑商品体形庞大、无法移动,不可能集中在固定的地方交易,因此一般意义上的建筑市场为无形市场,没有固定交易场所。它主要通过招标投标等手段,完成建筑商品交易。当然,交易场所随建筑工程的建设地点和成交方式的不同而变化。我国许多地方提出了建筑市场有形化的概念,这种做法提高了招投标活动的透明度,有利于竞争的公开性和公正性,对规范建筑市场有着积极的意义。广义的建筑市场是指建筑商品供求关系的总和,包括狭义的建筑市场、建筑商品的需求程度、建筑商品在交易过程中形成的各种经济关系等。

1)主体

(1)业主

业主是指既有某项工程建设的需求,又具有该项工程建设相应的建设资金和各种准建手续,在建筑市场中发包建设任务,并最终得到建筑产品达到其投资目的的法人、其他组织和个人。

> **提示**
>
> 　　业主可以是学校、医院、工厂、房地产开发公司,或是政府及政府委托的资产管理部门,也可以是个人。在我国工程建设中,常将业主称为建设单位或甲方、发包人。

市场主体是一个庞大的体系,包括各类自然人和法人。在市场生活中,不论哪类自然人和法人,总要购买商品或接受服务,同时销售商品或提供服务。其中,企业是最重要的一类市场主体,因为企业既是各种生产资料和消费品的销售者,资本、技术等生产要素的提供者,又是各种生产要素的购买者。

(2)承包商

承包商是指有一定生产能力、技术装备、流动资金,具有承包工程建设任务的营业资格,在建筑市场中能够按照业主的要求,提供不同形态的建筑产品,并获得工程价款的建筑业企业。根据他进行生产的主要形式的不同,分为勘察、设计单位,建筑安装企业,混凝土预制构件、非标准件制作等生产厂家,商品混凝土供应站,建筑机械租赁单位,以及专门提供劳务的企业等;根据他的承包方式不同,分为施工总承包企业、专业承包企业、劳务分包企业。在我国工程建设中承包商又称为乙方。

(3)中介机构

中介机构是指具有一定注册资金和相应的专业服务能力,持有从事相关业务执照,能对工程建设提供估算测量、管理咨询、建设监理等智力型服务或代理,并取得服务费用的咨询服务机构和其他为工程建设服务的专业中介组织。中介机构作为政府、市场、企业之间联系的纽带,具有政府行政管理不可替代的作用。在此种情况下,诞生的造价通等建材询价网站,也极大地方便了造价信息的查询。

2)客体

市场客体是指一定量的可供交换的商品和服务,它包括有形的物质产品和无形的服务,以及各种商品化的资源要素,如资金、技术、信息和劳动力等。市场活动的基本内容是商品交换,若没有交换客体就不存在市场,具备一定量的可供交换的商品是市场存在的物质条件。

建筑市场的客体一般称作建筑产品,它包括有形的建筑产品(建筑物)和无形的产品(各种服务)。客体凝聚着承包商的劳动,业主以投入资金的方式取得它的使用价值。

> **提示**
>
> 　在不同的生产交易阶段,建筑产品表现为不同的形态。它可以是中介机构提供的咨询报告、咨询意见或其他服务,可以是勘察设计单位提供的设计方案、设计图纸、勘察报告,也可以是生产厂家提供的混凝土构件、非标准预制构件等产品,还可以是施工企业提供的最终产品——各种各样的建筑物和构筑物。

1.2　建筑业的发展趋势

建筑业的发展

1) 建筑业供给侧结构性改革迫在眉睫

供给侧改革就是从供给、生产端入手,通过解放生产力、提升竞争力促进经济发展。具体而言,就是要求清理"僵尸"企业,淘汰落后产能,将发展方向锁定新兴领域、创新领域,创造新的经济增长点。

> **提示**
>
> 　需求侧(三驾马车):消费、投资、出口。
> 　供给侧(四大要素):劳动力、土地、资本、创新。

我国正处在工业化、信息化、城镇化、市场化、国际化深入发展的重要时期,供给侧改革的潜力和机遇还十分巨大,但也同时面临着经济增速放缓、产业结构调整、经济发展动能转换及挑战增多等颇为复杂的形势变化。作为国民经济的重要组成部分和支柱产业,建筑业发展也必须适应供给侧改革。随着社会主要矛盾发生变化,国家对建筑业节能减排的要求不断提高,面对人口红利的消失,建筑业生产方式粗放、劳动力短缺、劳动生产率低下、国际竞争力不强、产品参差不齐等问题越来越突出,困扰我国建筑业企业和行业整体发展。因此,在提升建筑业效益和推动建筑业高质量发展的过程中,更加凸显建筑业供给侧结构性改革的重要性和紧迫性。

2) 区块链技术成为建筑业改革新的突破口

区块链起源于比特币,从诞生之日起,区块链就被视为新的颠覆性技术。作为比特币底层技术之一,区块链具有去中心化、不可篡改、全程留痕、可以追溯、集体维护、公开透明等特点。基于这些特征,区块链技术越来越受到全社会的重视。而建筑行业所具有的特性以及其发展所面临的挑战,恰好与区块链的技术特性相契合。区块链技术能为建筑行业当下以及未来的发展构建适应性良好的底层架构,成为将建筑行业与数字科技、与其他行业紧密联系的重要工具。

3) 智能建造、建筑工业化成为建筑业升级动力

作为一个工业化程度低、生产方式粗放的传统制造业,我国建筑业在创新发展、新技术运用方面相较于其他产业还不够突出。加快行业转型升级、加快数字化技术和智能化装备在工程中的应用,已成为未来发展的必由之路。到2025年,我国智能建造与建筑工业化协同发展的政策体系和产业体系基本建立,建筑工业化、数字化、智能化水平显著提高,建筑产

业互联网平台初步建立,产业基础、技术装备、科技创新以及建筑安全质量水平全面提升,劳动生产率明显提高,能源资源消耗及污染排放大幅下降,环境保护效应显著。在建筑领域,信息化技术与装配式、绿色建筑及智慧城市等新模式的深度融合,更加凸显了信息化技术的重要性及价值。响应"新基建"发展理念,把握数字化、网络化和智能化的新机遇,将现代信息技术融入建设活动的全过程。信息化技术的应用是促进建筑业转型升级的核心引擎,是"数字建筑""数字城市""智慧建筑"乃至"智慧城市"的数字化基础设施,必然驱动产业技术水平提升,促进项目全寿命期升级,推动商业模式变革,驱动管理模式革新,更好地引领建筑业的转型升级与可持续发展。

4)培育专业化建筑产业工人势在必行

"十四五"期间,随着BIM技术、智能建筑、智慧工地、无人机等技术在建设工程中的逐步运用,需要更多的有较高技能的建筑产业工人。建筑产业工人老龄化日益加剧、文化程度和技能素质偏低、高技能人才短缺等问题一一凸显,严重制约了建筑业由大向强的转变。对此,建设主管部门和地方政府、建筑企业、行业协会势必要在"十四五"期间做出努力,加快推进建筑产业工人职业化进程,推动建筑工人从"农民工兄弟"变为高素质的"专业产业工人",同时辅以新材料、新装备、新技术的使用培训,提升建筑业工人的生产效率和工程建造品质。

> **提示**
>
> 　　建筑业的发展,发展业态出现变化,开始向工业化、数字化、智能化方向转型;发展生态出现变化,更加注重绿色节能、低碳环保,与自然和谐共生;发展模式出现变化,从粗放式扩张走向精细化运营,城市更新、老旧小区改造、城乡融合发展等存量市场开始成为新"蓝海";管理方式出现变化,质量标准化、安全常态化、管理信息化和建造方式绿色化、工业化、智慧化的要求越来越高。融合共赢、协同发展开始受到关注,加强与产业链上下游企业、关联行业融合共赢、协同发展是发展新趋势。

【思考与练习】

1. 简要概述建筑业的特征及地位。
2. 简要概述建筑产品的含义及特点。
3. 简要介绍建筑市场及管理。
4. 简要介绍建筑业的发展特点。

模块 2
经济学基础

2.1　经济学概述

现代社会中,经济学对一国或一地区的作用越来越重要。在宏观层面,经济学理论影响着政府行为,为政府科学决策提供依据;在微观层面,经济学渗透在人类生活中的每一个领域,对厂商和个人行为产生重要影响。什么是经济学? 人类为什么需要经济学? 经济学研究了哪些问题? 人们用哪些方法来研究经济学? 这些都是经济学学习之初就要明确的基本问题。

经济学的研究对象(1)　经济学的研究对象(2)

2.1.1　经济学的研究对象

> 小知识
>
> 从辞源上看,"经济"一词来自希腊文,英文单词是 Economy,原意是家务或家政管理,后来被引申为节俭的意思。在中国古代,尽管有丰富的经济学思想,如"经邦济世""经世济国"等成语,均体现了古代中国人"修身齐家治国平天下"的远大理想,但由于各种原因,经济学在中国历史上并没有形成系统的理论和单独的学科。

经济学的理论渊源主要有两大分支,即源于马克思主义的政治经济学理论和源于欧美资本主义国家的西方经济学理论。这两大分支分别从不同角度解释和探讨了人类经济行为与经济运行规律。本模块主要阐述的是西方经济学的部分内容。作为一门独立的学科,西方经济学有自己的研究对象。若要具体阐明经济学的研究对象,首先要从任何社会面临的经济问题谈起。

1)资源的稀缺性

生存与发展始终是各个社会关心的焦点,人类每一天都在消耗着地球上的各种资源。存在于地球上的资源可分为两大类:一类是自由资源,相对于人类欲望来说其数量是无限的,人类不用付出代价就可以取得如空气、水、风、阳光等;另一类是经济资源,在自然界中是有限的,人类必须付出一定的代价才能获得,如土地、石油、森林、矿藏等。

人类的欲望是无穷无尽的,旧的欲望满足以后、新的欲望又会产生。人类正是在满足自己的欲望中不断创造与创新,推动社会的进步。如果在地球上,所有的资源都取之不尽、用之不竭,也就是说,如果人类的欲望与需求都可以得到无限满足,那么就不需要作出任何经济决策,经济学就没有存在的理由和必要。但是,所有的经济问题其实都产生于一个不可回避的现实:任何社会和个人总是无法得到自己想要的一切东西。这就是资源的稀缺性。资源的稀缺性通常包括两层含义:第一层含义是绝对意义上的稀缺性,或称资源的绝对有限性。在人类生活中,许多资源的绝对数量是有限而且无法再生的,如石油、煤炭等。但经济学所讲的稀缺性是指第二层含义,它是相对意义上的稀缺性,即资源相对于人类无穷无尽的欲望而言是有限的。正是欲望的无限性与资源的有限性之间的矛盾,才产生了经济活动,催生了经济学这门科学。可见,经济学产生和发展的基本前提是资源的稀缺性。从这个意义上讲,只有经济资源才被纳入经济学的分析范畴。

> **想一想**
>
> 例如,如果一个人手里有10万元,但他想购买一辆20万元的小轿车,那么他就面临着资金的稀缺性;如果一个人在一个晚上既想学习又想看电影,那么他就面临着时间的稀缺性。你还知道哪些属于资源的稀缺性?

2)选择与资源配置

人类的欲望无穷无尽,但也有轻重缓急。在不同时期和不同背景下,人们将对资源的使用作出不同的安排,这就是选择问题。

(1)选择的内容

面对资源的稀缺性,人们必须考虑如何对资源进行合理配置。选择就是如何利用既定的资源去生产经济物品,以便更好地满足人类的需求。人类在经济活动中的选择要回答3个方面的问题。

①生产什么和生产多少。在一个国家或社会的资源总量既定和技术条件既定的情况下,如果要增加一种产品的生产量,就必须减少另一种产品的生产量。这就要回答生产什么产品以及各种产品生产多少的问题。经济学用生产可能性曲线来描述产品的数量组合。所谓生产可能性曲线,又称为生产可能性边界,是指在既定资源和技术约束下,社会所能生产产品的最大数量组合点的轨迹。

假定一国的全部资源只用来生产食品和机器设备两种产品。用表2.1直观地描述生产可能性组合。二者的产量共有6种组合方式,其中,A和F分别是只生产机器设备或只生产食品的极端情况,在它们之间的组合分别为B、C、D和E,表示机器设备的产量不断减少,食品的产量不断增加。在这里,机器设备转换成食品并不是实物上的直接转换,而是把资源从一种用途转化成另一种用途。

表2.1　可供选择的生产可能性组合

可能性	食品/万吨	机器设备/万台
A	0	15
B	1	14
C	2	12
D	3	9
E	4	3
F	5	0

把两种产品最大数量组合的所有点连接起来，就形成了 AF 曲线，这条曲线就是生产可能性边界，如图2.1所示。可以看到，在这条曲线上的产量组合都刚好使资源得到了充分利用，因而配置是有效的。

生产可能性曲线把坐标平面分成两个部分：一是曲线内的任何一点，如图2.1中的 G 点，表示资源没有被充分利用，经济中可能存在失业、设备和土地闲置等情况，这样的生产是缺乏效率的。此时可以通过技术更新等改变生产方式，使生产组合向可能性边界靠近，以获得更多产出。二是曲线外的任何一点，如图2.1中的 H 点，则表示在现有资源和技术下不可能实现的生产可能性组合。

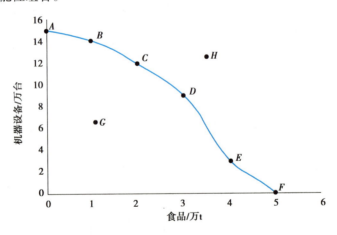

图2.1　生产可能性曲线

> **提示**
>
> 　　需要注意的是，生产可能性曲线并不是固定不变的，当劳动者的生产技能提高，或发现了新能源或出现了新技术时，生产可能性曲线向外扩张，所能生产的产品最大数量的组合就会增加，这时将出现经济增长。

②如何生产。资源稀缺性的存在，使社会始终面临着如何组织生产的问题。通常从技术上讲，生产一种产品不只是一种方法，人们需要决定由哪些人、使用哪些资源、应用什么技

术来生产。它是采用劳动密集型方式还是资本密集型方式,是小批制作还是大量生产。如何生产是一个技术问题,同时也是一个选择问题,与资源的稀缺程度密切相关。稀缺资源程度越高的资源,人们对其使用越加精细,围绕该类资源的技术创新越多。对相对充裕的资源,人们的使用方式则随意得多。因此,经济主体必须根据资源的总量和分布状况,选择最有效率的方式配置资源,以获得尽可能多的产出。

　　③为谁生产。为谁生产是一个收入分配问题,或者说是生产要素价格的确定问题。即生产出来的产品和服务由谁来享用?如何把它们配置给不同的个人和家庭?是按劳分配还是按其他方式分配?在不同国家以及同一个国家的不同时期,产品在社会成员中如何分配的基本制度存在重大差异。

　　上述 3 个方面是经济学需要解决的基本问题,即选择的问题。选择的根源在于资源的稀缺性,因此,经济学认为,经济学的研究对象是资源配置问题。正因为如此,许多经济学家把经济学定义为"研究稀缺资源在各种可供选择的用途之间进行分配的科学"。

　　(2)机会成本

　　选择的同时意味着机会的放弃。人们用稀缺资源生产或消费任何一种物品的同时必须放弃其他物品的生产或消费,或者说,人们所做的任何选择都是有代价的。对此,经济学用机会成本这个概念加以阐述。机会成本是指把该资源投入某一特定用途而放弃的该资源在其他各种可能的用途中所能获得的最大收益。例如,某人有 10 万元的资金,他可以开商店获利 3 万元,开饭店获利 2 万元,也可以用于炒股获利 1 万元。如果他将资金用于炒股,也就意味着他可能放弃的收益是 3 万元、2 万元。在放弃的用途中,最好的用途是开商店,此时机会成本就是 3 万元。在进行选择时,机会成本是一个十分重要的概念。只要资源是稀缺的,人们就必然会作出选择,也就必然会产生机会成本。

　　理解机会成本这一概念,需要把握几个要点:首先,机会成本是与资源的稀缺性和选择紧密相连的,没有稀缺性,就没有机会成本。同时,如果资源的用途是单一的,没有其他选择,也就没有机会成本这个概念;其次,机会成本与个体能力的差异或天赋有关,同样的选择对于不同人而言面临不同的机会成本。再次,机会成本与一般意义上的会计成本不同。会计成本是生产者在要素市场上为购买或租用所需的生产要素而发生的实际支出。机会成本是经济主体将他购买或租用的生产要素用于某一用途时而不得不放弃的该要素在其他用途上可能产生的最大收入,它不是在作出某项选择时实际支付的费用或损失,而是一种观念上的成本或损失。例如,在上述例子中,这个人并没有为了炒股而实际支付 3 万元或 2 万元的成本,只是在选择炒股的同时,放弃了可能因为开商店或开饭店的收益。最后,机会成本是作出一种选择时所放弃的其他若干种可能的选择中最好的一种。在这个例子中,将 10 万元资金用于炒股,所放弃的最好用途是开商店,因此,机会成本是 3 万元而不是 2 万元。当然,如果这个人将资金用于开商店,那么这笔资金的机会成本就是开饭店的 2 万元收益。

　　机会成本不仅可以用于对个人选择的评价,也可以用于对厂商、政府决策的评价。不同国家在不同时期制定的经济政策是影响该国经济发展的重要因素,科学的经济政策能够合理安排资源配置,促进经济社会的全面发展。

> 读大学的机会成本是什么？为什么要读大学？

3）资源利用

人类社会时常面临这样一种矛盾：一方面资源是稀缺的，但另一方面，稀缺的资源得不到充分的利用。正如英国著名经济学家琼·罗宾逊（Joan Robison）针对 20 世纪 30 年代的大危机指出，"当经济学家把经济学定义为研究稀缺资源在各种可供选择的用途之间进行分配的科学时，英国有 300 万工人失业，而美国的国民生产总值的统计数字刚下降到原来水平的一半。"这种情况可以用图 2.1 中的 G 点来表示。产品数量的组合在生产可能性曲线以内，表明资源没有得到充分利用。所谓资源利用，就是人类社会如何更好地利用现有的稀缺资源生产出更多的产品。资源利用也包括 3 个相关问题。

（1）为什么资源得不到充分利用

在图 2.1 中，就是要回答为什么食品和机器设备的产量组合是在 G 点上而不是在生产可能性曲线上。换句话说，也就是如何使稀缺资源得到充分利用，这就是一般所指的"充分就业"问题。

（2）为什么产量不能始终保持在生产可能性曲线上

在资源既定的条件下，社会产量总是时而高时而低，并不是一直保持在生产可能性曲线上，这就是经济中的周期性波动问题。与此相关的，是如何用既定的资源生产出更多的产品组合，这就是经济增长的问题。

（3）货币购买力的变动对产量有何影响

现代社会是以货币为交换媒介的商品社会，无论是生产机器设备还是食品，所需资源需要通过使用货币购买，货币购买力的变动必然影响商品产量。当货币购买力增大时，商品产量相应增加；反之，商品产量下降。货币购买力的变动涉及的就是通货膨胀（通货紧缩）的问题。

通货膨胀：当市场上货币发行量超过流通中所需的货币量时，就会出现纸币贬值，物价上涨，导致购买力下降，这就是通货膨胀。

通货紧缩：市场上流通的货币量少于商品流通中所需的货币量而引起的货币升值、物价普遍持续下跌的状况。

可见，资源的稀缺性不仅引起了资源配置问题，而且也引起了资源利用问题。因此，也有经济学家认为，经济学的研究对象是资源配置和资源利用问题。基于此，有经济学家认为，把经济学定义为"研究稀缺资源配置和利用的科学"也许更恰当。

4）经济体制

尽管在不同的社会都存在资源的稀缺性，但是解决稀缺性的方法却不尽相同。换句话说，在不同的经济体制下，资源配置与资源利用问题的解决方法是不同的。经济体制是指在一定区域内（通常为一个国家）制定并执行经济决策的各种机制的总和，它是一国国民经济的管理制度及运行方式。在不同经济体制下,人们做决策的方式存在重大差异。经济学将经济体制分为计划经济、市场经济和混合经济 3 种类型。

（1）计划经济

计划经济又称计划经济体制,在这种体制下,国家在生产、资源分配以及产品消费等方面,都是由政府事先进行计划的。由于大多数计划经济体制都依赖于政府的指令性计划,因此计划经济也被称为"指令性经济"。在该体制下,生产什么、生产多少、如何生产以及产品的分配等基本问题均由政府确定,社会的大部分资源由政府所拥有,并且由政府指令对资源进行分配,不受市场影响。

（2）市场经济

市场经济又称为自由市场经济或自由企业经济体制,是指以市场机制作为配置社会资源基本手段的一种经济体制。在这种体制下,产品和服务的生产、销售以及分配等问题完全由自由市场的价格机制所引导,而不是像计划经济体制那样由国家所引导。

（3）混合经济

混合经济是指既有市场调节又有政府干预的经济。在这种经济体制下,决策既有分散的方面又有集中的特征。相应地,决策者的动机和激励机制可以是经济的,也可以是被动地接受上级指令。在混合经济中,整个经济制度的信息传递同时通过价格和计划进行。

随着各国经济的发展,不同国家在经济和政治体制等领域均有相互借鉴、相互靠拢的趋势。特别是我国社会主义市场经济的伟大实践表明,计划经济和市场经济之间并没有不可逾越的鸿沟。当今世界绝大多数国家摒弃了完全的计划经济或完全的自由放任式市场经济,而采取混合经济体制。只是在政府干预的程度上,有的国家政府控制的范围和力度相对较大,有的国家市场机制的作用更大,而且各国对经济进行干预和控制的形式及领域也存在重大不同。因此,尽管都属于混合经济,但是如果将两个国家作比较,还是能发现它们的经济体制有很大差别。

小知识

市场决定资源配置是市场经济的一般规律,市场经济本质上是市场决定资源配置的经济。健全社会主义市场经济体制必须遵循这条规律,着力解决市场体系不完善、政府干预过多和监管不到位问题。要积极稳妥地从广度和深度上推进市场化改革,减少政府对资源的直接配置,减少政府对微观经济活动的直接干预,把市场机制能有效调节的经济活动交给市场,让市场在所有能够发挥作用的领域中都充分发挥作用,推动资源配置实现效益最大化和效率最优化。

5）经济学的定义

从经济学诞生以来,经济学家们对经济学的定义不胜枚举,不同学派乃至不同学者的认识都有所不同。例如,19 世纪著名经济学家阿尔弗雷德·马歇尔(Alfred Marshall)认为,经济学是"一门研究人类一般生活事务的学问",将经济学的研究范围进行了极大的拓展;威廉姆·斯坦利·杰文斯(William Stanley Jevons)认为,经济学是"人类快乐与痛苦的微积分学",是研究如何以最小的痛苦取得最大幸福的学问。20 世纪 20 年代,英国经济学家莱昂内尔·罗宾斯(Lionel Robbins)认为,经济学是一门系统研究各种目的与具有多种用途的稀缺手段之间关系的人类行为科学。美国著名经济学家保罗·萨缪尔森（Paul A. Samuelson）认为，经济学是"研究人和社会如何作出最终抉择的科学"。再比如，当代著名经济学家约瑟夫·斯蒂格利茨（Joseph E. Stiglitz）将经济学的研究范围归结为 4 个问题：生产什么、生产多少？如何生产？为谁生产？如何决策？经济学是关于"选择的科学"。

结合前述分析，我们将经济学定义为研究一定制度条件下如何将稀缺资源进行合理配置和利用，以最大限度地满足人们需要的学科，其核心是研究人们如何作出选择的。

2.1.2　经济学的研究内容

经济学的研究内容（1）

经济学从诞生以来，发展到今天的现代经济学，研究内容日益广泛，由此形成了许多分支，但最常见的是按经济学的研究对象来划分。由于经济学是研究资源配置与资源利用问题，因此研究资源配置问题构成微观经济学的基础，而研究资源利用问题则构成宏观经济学的基础。微观经济学的诞生以英国经济学家亚当·斯密（Adam Smith）在 1776 年发表的《国民财富的性质和原因的研究》（简称《国富论》）为标志；宏观经济学的诞生则以 1936 年约翰·梅纳德·凯恩斯（John Maynard Keynes）的《就业、利息和货币通论》（简称《通论》）的发表为标志。

1）微观经济学

微观经济学（microeconomics）通过研究单个经济单位的经济行为和相应经济变量的决定来说明价格机制是如何解决社会资源配置问题的。它研究的对象是单个经济单位的经济行为。单个经济单位是指组成经济的最基本的单位：居民户与厂商。居民户又称为家庭，是经济中的消费者；厂商又称为企业，是经济中的生产者。微观经济学就是研究居民户和厂商如何把有限的资源分配给各种物品的消费和生产，以实现各自利益的最大化。

（1）微观经济学的基本假设

经济学的研究是以一定的假设条件为前提的。微观经济学主要基于以下 3 个假设。

①市场出清。微观经济学假设，自由市场经济中市场是可以自动出清的。该假设主要包含两个方面的含义：一是市场上的供求可以实现均衡，即厂商的供给量与居民户的需求量可以达到大体相等。导致这种局面的主要因素是价格机制，如果价格太高，居民户消费会减少，厂商出现产品积压，为获取最大利润，理性的厂商会降低价格，而此举动会促进居民户需求量的增加；反过来，如果需求大于供给，则厂商会提高价格，进而减少居民户的需求量，从而达到需求和供给的大体均衡。二是该均衡可以自动实现。传统的微观经济学家们认为，市场经济可以由价格这只"看不见的手"（Invisible Hand）来调节，居民户和厂商基于各自利益最大化而产生的交易可以自动使需求和供给达到均衡，无须外界力量的协助，从而排除了政府干预的必要性，这种无政府干预的市场也被称为清洁的市场。

②完全理性。完全理性是经济学对人的基本假设，又称为"理性人"或"经济人"假设，即无论是厂商还是居民户都是基于自身利益而进行理性选择的，换言之，市场经济的道德基础是利己而非利他。理性人假设意味着个体决策是理性的。理性人在进行经济决策时，都会进行成本和收益核算，追求利益最大化。根据《新帕尔格雷夫经济学大辞典》的表述，在理想情形下，经济行为人"……具有完备的信息和无懈可击的计算能力。在经过深思熟虑后，他会选择那些能够比其他备选方案能更好地满足自己偏好的行为。"

在理解利己概念时需要注意两个问题:一是利己并不排除利他行为,一个基于自身效用最大的人完全有可能有拾金不昧、见义勇为的举动;同样,一个基于利润最大化的厂商也可能有很强的社会责任感,热衷于公益事业。二是利己不能等同于自私自利、损人利己,经济学中的利己本质上要求对规则的遵守和对他人利益的尊重。

理性人假设是经济学中的一个强假设,它将那些不具备理性判断的主体(如未成年人、异常者等)排除在理论分析之外,强调经济主体行为动机的可判断性和行为的可预测性。

③完全信息。信息是影响个体决策的重要因素。微观经济学假设,经济主体获取的信息是完全的,不存在任何沟通障碍。在市场上,消费者和厂商只有具备完备而迅速的信息,才能对价格信号作出及时的反应,以实现其行为的最优化。完全信息假设实际是理性人假设的内在要求,只有满足完全信息假设,个体所作的决策才能实现最优。

在某些市场上(如股票市场和二手车市场),信息是决定商品或者服务价格的最重要因素,购买者获取信息的充分程度直接决定着他们的决策。在另一些市场上(如食品和药品),当消费者缺乏足够信息而作出选择时,不仅意味着他们可能会支付更高的费用,严重的情况还会影响他们的健康。因此,信息在决定资源配置效率方面起着关键作用。

需要指出的是,上述三个假设只是基本假设,随着经济学理论的不断发展,经济学家们发现西方经济学的理论蕴含着更多假设,如产权明晰、交易成本为零、制度设计恰当和执行严格等。如果假设前提发生变更,经济学理论及其适用性会发生重大变化。

(2)微观经济学的主要内容

微观经济学的中心理论是价格理论,它研究某种商品的价格如何决定,以及价格如何调节整个经济的运行。微观经济学研究的所有问题都是围绕这一中心而展开的,主要包括以下内容:

①均衡价格理论。该理论也称价格理论,是微观经济学的中心,也是理解市场经济运行的基本理论,它通过对供给和需求及其交互作用的分析,研究市场均衡价格的形成和变动。

②消费者行为理论。该理论研究作为消费者的居民户如何把有限的收入分配到各种物品及劳务的消费上,从而实现效用最大化。这是对价格理论中需求部分所做的进一步解释。

③生产者行为理论。该理论研究作为产品或服务提供者的厂商如何把有限的资源用于各种物品的生产,以实现利润最大化。这是对价格理论中供给部分的进一步阐述,包括生产理论和成本理论两个部分。

④市场结构理论。该理论根据市场的性质,考察完全竞争市场、完全垄断市场、垄断竞争市场和寡头垄断市场上厂商的行为和消费者福利。

⑤要素定价和收入分配理论。要素定价理论研究产品按照什么原则进行分配;收入分配理论是各生产要素的收入如何决定,即工资、利息、地租和利润如何决定,这一部分就是用价格理论来回答为谁生产的这一基本问题。

⑥一般均衡与福利经济学理论。一般均衡理论研究经济活动的供求关系和资源配置的

均衡状态,为福利经济学提供了分析方法和工具。福利经济学则是通过一般均衡理论的应用,研究经济政策对个体和社会福利的影响,旨在通过政策干预改善资源配置和福利分配,实现福利最大化和社会公平。

⑦市场失灵理论。市场失灵理论研究市场调节中存在的各种局限性以及如何用微观经济政策来解决市场失灵现象,对垄断、公共品提供、外部性以及信息不对称等问题进行分析,并对相应弥补政策进行分析。

2)宏观经济学

宏观经济学(macroeconomics)以整个国民经济为研究对象,通过研究整个国民经济中有关经济总量的决定和变化,说明资源如何得到充分利用以及政府如何为实现经济目标而进行调节的问题。由于宏观经济学的研究视角是一个国家整体经济的运行,如何保持一个经济体平稳持续的发展是最重要的,因此宏观经济学的中心理论是国民收入决定理论,即把国民收入作为最基本的总量,以国民收入的决定为中心来研究资源利用问题,分析整个国民经济的运行。

提示

宏观经济学研究的对象是整个经济,而不是经济中的单个经济单位。

(1)宏观经济学的基本假设

宏观经济学产生于20世纪30年代,它的研究主要基于两个基本假设。

①市场机制的不完善。20世纪30年代的经济大危机使经济学家们认识到,单靠市场机制的自发调节,经济无法克服萧条与失业,在资源稀缺的同时又产生了资源浪费。稀缺性不仅要求资源得到合理的配置,而且要求资源充分利用,即实现充分就业。要做到这一点,仅靠市场机制是远远不够的。

②政府有能力调节经济。单靠市场来调节经济,难免出现市场失灵,因此政府应采取适当的手段调节经济。政府有能力调节经济,并通过"看得见的手"纠正市场机制的缺陷。整个宏观经济学正是建立在对政府调节经济能力信任的基础之上的。

(2)宏观经济学的主要内容和研究对象

宏观经济学的内容相当广泛,包括宏观经济理论、宏观经济政策,以及宏观经济计量模型。根据宏观经济学的研究对象,其基本内容有:

①国民收入决定理论。国民收入是衡量一个社会国民经济状况的基本指标。国民收入决定理论从总需求和总供给的角度来分析国民收入决定因素、国民收入决定过程、国民收入量的多少及其变动规律。

②失业与通货膨胀理论。失业与通货膨胀在市场经济中普遍存在。失业影响整体经济的发展和社会安定,是人力资源的浪费。宏观经济学要研究失业的类型、产生的原因、失业的经济和社会影响,并提出解决失业的对策。通货膨胀是物价总水平普遍而持续的上升。宏观经济学要研究通货膨胀的原因、影响,以及物价水平变动与经济之间的关系,并提出稳定物价的政策建议。

③经济增长与经济周期理论。一个国家的经济会出现正增长、零增长甚至负增长,经济增长理论要研究经济增长的源泉、经济增长过程与结果以及经济增长的长期趋势。经济周

期理论是通过对有关经济波动统计资料的分析,探寻经济周期的特点、形成原因和影响后果,探讨应对措施,以实现经济的长期、稳定和均衡增长。

④开放经济理论。各国之间存在着日益密切的经济联系,每个国家的经济运行状况都会受到世界经济的影响。开放经济理论就是在世界经济的框架内研究国民收入的决定、通货膨胀与失业、经济增长与经济周期等,进而说明一个国家的经济政策如何调节国民收入。

⑤宏观经济政策。经济理论是经济政策的基础与依据,经济政策是经济理论的运用与实践。宏观经济政策研究的是政府干预经济的具体措施,包括政策目标、政策工具、政策机制、政策效果等。

3) 微观经济学与宏观经济学的区别与联系

微观经济学与宏观经济学在研究对象、解决问题、基本假设、中心理论和研究方法等方面都有所不同,但二者之间又有着密切的联系。

（1）宏观经济学和微观经济学的区别

①研究对象不同。微观经济学是以消费者和厂商的活动作为考察对象,所研究的是单个经济单位的经济行为,是关于单个经济单位的经济行为和个别经济变量变动的理论。宏观经济学是以整个国民经济活动为考察对象,分析整个社会活动、经济问题,经济变量的各个总量以及各个总量之间的相互关系。

②解决的问题不同。微观经济学把资源配置作为既定的前提,解决的是资源配置问题,即生产什么、如何生产和为谁生产的问题,以实现个体效益的最大化。宏观经济学则把资源配置作为既定的前提,研究社会范围内的资源利用问题,以实现社会福利的最大化。

③基本假设不同。微观经济学的基本假设是市场出清、完全理性、充分信息,认为"看不见的手"能自由调节经济来实现资源配置的最优化。宏观经济学则假定市场机制是不完善的,政府有能力调节经济,通过"看得见的手"纠正市场机制的缺陷。

④研究方法不同。微观经济学的研究方法是个量分析,即研究经济变量的单项数值如何决定。而宏观经济学的研究方法则是总量分析,即对能够反映整个经济运行情况的经济变量的决定、变动及其相互关系进行分析,因此宏观经济学又称为总量经济学。

⑤中心理论和基本内容不同。微观经济学在研究单个经济单位的经济行为和活动时,主要涉及资本主义社会的市场经济和价格机制如何运行的问题,因此微观经济学的中心理论是价格理论。而宏观经济学是把国民收入与就业相结合作为研究的中心,因此宏观经济学的中心理论是国民经济收入的决定理论。

（2）宏观经济学与微观经济学的联系

小知识

宏观经济学与微观经济学虽然有明显的区别,但它们都是经济学的分支,两者之间并没有十分清晰的界限,因此是相互补充的,共同组成经济学的整体。同时,宏观经济学与微观经济学又是互为前提的,研究微观的资源有效配置要以经济资源的充分利用为前提,研究宏观的资源如何充分利用要以微观的资源已实现有效配置为前提。

①微观经济学与宏观经济学相互补充。经济学的目的是要实现社会经济福利的最大化。为了达到这一目的,既要实现资源的最优配置,又要实现资源的充分利用。微观经济学

经济学的研究内容（2）

和宏观经济学从不同的角度分析社会经济问题。微观经济学是在假定资源已得到充分利用的前提下分析资源如何达到最优配置,宏观经济学是在假定资源已经实现最优化配置的前提下研究资源如何达到充分利用。从这种意义上说,微观经济学与宏观经济学不是互相排斥的,而是相互补充的,它们共同组成经济学的基本原理。

②微观经济学与宏观经济学都把社会经济制度作为既定的前提。它们都将市场经济制度作为一个既定的存在,分析这一制度下的资源配置与利用问题,而不涉及制度本身。从这种意义上看,微观经济学与宏观经济学都属于实证经济学的范畴。

③微观经济学是宏观经济学的基础。从内容上看,整体经济是单个经济单位的总和,宏观经济总量分析是建立在微观经济学个量分析基础之上的;从理论上看,宏观经济学的许多理论,如对整个社会消费与投资的分析,都是建立在微观经济学关于单个消费者行为理论、单个生产者投资行为理论基础之上的。因此,可以说,宏观经济行为分析总是要以一定的微观分析为理论基础。

2.1.3 经济学发展简史

经济学发展
简史(1)

西方经济学理论最早产生于古希腊。在公元前 4 世纪—公元 11 世纪时,古希腊和古罗马的奴隶制庄园经济有了较快发展,偶尔也有一些简单的、少量的商品交换。一些学者(如色洛芬、柏拉图和亚里士多德等)对当时的某些经济问题进行了研究,提出了最早的经济学思想。12—15 世纪,欧洲处于封建社会的中世纪时代,此时,经济上是封建的庄园经济和领地经济占主要地位,思想和政治上是与封建王权的等级统治结合在一起的基督教神学。尽管中世纪的经济思想在某些方面比古希腊和古罗马的经济思想有所进步,但是进展不大,甚至在价值理论等方面还有退步。本节内容主要介绍西方经济学的发展概况。

> **小知识**
>
> 经济学作为一门独立的学科产生和发展起来,就必须提到 3 位著名的经济学家:亚当·斯密、卡尔·马克思和约翰·梅纳德·凯恩斯。亚当·斯密的《国富论》标志着现代经济学的诞生;卡尔·马克思的《资本论》开创了马克思主义政治经济学体系;约翰·梅纳德·凯恩斯的《通论》则创立了现代宏观经济学。

1)经济学的早期发展:重商主义和重农主义(15—18 世纪中期)

经济学是随着资本主义的发展而逐步形成和发展的。在 15 世纪末期,欧洲的封建制度开始崩溃,资本主义生产关系开始萌芽,特别是地理大发现后,商业、航海业、工业得到了迅猛发展,其中商业资本发挥了突出作用,促进了各国国内市场的统一和世界市场的形成,推动了对外贸易的发展。与此相适应的是,西欧一些国家建立起封建专制的中央集权国家,运用国家力量支持商业资本的发展。随着商业资本的发展和国家支持商业资本政策的实施,产生了从理论上阐述这些经济政策的要求,逐渐形成了重商主义理论。

┌───┐
小知识

　地理大发现又名探索时代或发现时代、新航路的开辟,是 15 世纪到 17 世纪,欧洲的船队出现在世界各处的海洋上,寻找着新的贸易路线和贸易伙伴,以发展欧洲新生的资本主义。
└───┘

　　重商主义的发展经历了早期的重商主义和晚期的重商主义两个阶段。早期的重商主义产生于 15—16 世纪中叶,代表人物包括英国的约翰·海尔斯(John Hales)和威廉·斯塔福(William Stafford)、法国的安徒安·德·孟克列钦(Antoine de Montchretien)等。这一时期的重商主义以货币差额论为中心(即重金主义),强调少买,主张采取行政手段禁止货币输出,反对商品输入,以贮藏尽量多的货币。一些国家还要求外国人来本国进行交易时,必须将其销售货物的全部款项用于购买本国货物或在本国花费掉。晚期的重商主义则产生于 16 世纪下半叶到 17 世纪,主要代表人物包括英国的托马斯·孟(Thomas Mun)和法国的琼·巴斯蒂·柯尔培尔(Jean-Baptiste Colbert)等,其中心思想是贸易差额论,强调多卖,认为对外贸易必须做到商品的输出总值大于输入总值,以增加货币流入量。

　　重农学派产生于 18 世纪的法国,主要代表人物包括法国的皮埃尔·布阿吉尔贝尔(Pierre Le Pesant Boisguillebert)、弗朗斯瓦·魁奈(Francios Quesnay)和安纳·罗贝尔·雅克·杜尔哥(Anne Robert Jacques Turgot)。与重商主义不同的是,重农主义把经济学的研究从流通领域转移到生产领域,认为土地是财富的来源,财富并不是从买卖之中产生的,而是由农业部门生产出来的,农业应该在国民经济中占主导地位。在政策主张上,他们反对重商主义,主张经济自由。重农学派的一大理论贡献是魁奈做出的,他在 1758 年发表的《经济表》中系统地阐述了社会再生产理论,首次把一国经济活动描述为货币与实物的循环往复运动。他对一定时期内社会商品流通总量和货币流通总量、社会总产品和总收入,以及工业和农业两大生产部门之间的交换关系作了科学分析,为经济学理论的系统化发展奠定了基础。

2)经济学形成时期:古典经济学(18 世纪中后期—19 世纪 70 年代)

　　古典经济学又称为古典政治经济学、资产阶级古典政治经济学,以 1776 年英国经济学家亚当·斯密的巨著《国富论》的出版为标志,被称为经济学的第一次革命。亚当·斯密在继承、分析前人经济思想的基础上系统地提出了自己的经济思想,把资本主义经济学发展成一个完整的体系,因此被公认为"经济学之父"。

　　古典经济学理论的核心是自由竞争。在亚当·斯密之前,经济学家们很少研究市场经济的运行,而急于提出经济政策对市场进行干预。亚当·斯密最伟大的贡献在于他从分析市场经济是如何运行的这一复杂问题入手并获得重大发现,即自行调节的自然秩序或自由市场机制能自动发挥作用,认为市场价格机制犹如一只"看不见的手"支配着社会经济活动,指引着人们追求自身利益,但在这一过程中,他们的行为客观上又实现了社会利益,使社会资源能合理有效地分配到各种商品的生产上去。在经济政策上,古典经济学主张自由放任,反对政府对经济一切形式的干预。该观点一直是西方经济学古典学派的一个基本信条,对经济学理论的发展产生了深远影响。当然,亚当·斯密的理论贡献并不只是限于此,他系统地论述了财富的来源和如何增加财富。在财富来源上,他批判了重商主义认为对外贸易是财富唯一源泉和重农主义认为只有农业才能创造价值的片面观点，将经济学的研究从流通领域拓展到生产领域，认为一切物质生产部门都能创造财富。在如何增加财富问题上，亚当·斯密提出了劳动分工的思想，系统全面地阐述了劳动分工对提高劳动生产率和增加国民财富的重要作用。

如果说亚当·斯密是经济学的奠基者，英国经济学家大卫·李嘉图（David Ricardo）则是古典经济学理论体系的完成者。在1817年出版的《政治经济学及赋税原理》一书中，大卫·李嘉图进一步发展了亚当·斯密的思想，以边沁的功利主义为出发点，建立起了以劳动价值论为基础、以分配论为中心的理论体系。他认为，决定价值的劳动是社会必要劳动，决定商品价值的不仅有活劳动，还有投在生产资料中的劳动。他认为全部价值由劳动产生，并在三个阶级之间分配：工资由工人的必要生活资料的价值决定，利润是工资以上的余额，地租是工资和利润以上的余额。大卫·李嘉图的另一重大理论贡献在于国际贸易理论方面，他发展了亚当·斯密的绝对优势理论，进一步提出了比较优势理论。这一理论认为，国际贸易的出现并不是在于不同国家在产品生产上存在的绝对优势，而是更多的基于各国在不同商品生产上存在的优势或劣势的差异，以及由此产生的贸易机会和贸易利益，一个国家应专注于生产优势更大的商品并与其他国家交换，就能实现贸易利益最大化。

除亚当·斯密和大卫·李嘉图外，包括英国经济学家约翰·斯图亚特·穆勒（John Stuart Mill）、托马斯·罗伯特·马尔萨斯（Thomas Robert Malthus）和法国经济学家萨伊（Say）等均为古典经济学这个理论大厦的形成作出了卓越贡献，对经济学理论的发展形成了深远影响。穆勒的主要贡献在于对自由思想的宣扬，由于人类难免犯错，自由讨论才是最有可能发现新真理的途径，而对任何探究的封杀和排斥都会对人类造成损失，因而都是不明智的。他在1848年出版的《政治经济学原理及其在社会哲学上的若干应用》是西方经济学教育中第一本影响力达半个世纪之久的经典教科书。马尔萨斯被视为现代人口学理论的奠基者，他认为人口比生活资料增长要快，人口是按几何级数增长的，而生活资料则只按算术级数增长。一旦人口增长达到食物供应的极限，将引起贫穷和饥荒，从而带来无穷的灾难。萨伊被誉为在欧洲大陆系统传播古典经济学思想的第一人，在经济学的多个方面都作出了突破性贡献，提出了著名的萨伊定律，即供给能自动产生需求。

古典经济学理论蕴含着丰富的思想，为资本主义制度的建立和生产力的发展提供了强大的智力支持。但是他们的观点存在局限性，例如，对需求和供给方面没有加以重视，在分析方法上也不够精确，并且一直未能解释资本主义制度下等量资本要求获得等量利润的原则与劳动价值论的矛盾。

3）新古典经济学：微观经济学的形成与发展（19世纪70年代—20世纪30年代）

新古典经济学（Neoclassical Economics）是19世纪70年代由"边际革命"开始逐步形成的。在这一时期，奥地利的卡尔·门格尔（Carl Menger）、英国的威廉姆·斯坦利·杰文斯（William Stanley Jevons）、法国的里昂·瓦尔拉斯（Léon Walras）分别独立但又几乎同时提出了边际效用价值论，他们被并称为"边际三杰"，他们的理论被称为边际学派。边际学派认为，商品的价值既不是由劳动决定的，也不是由生产费用决定的，而是由消费者的主观评价决定的。消费者之所以需要商品，是因为商品都有满足人们欲望的效用，某种商品的价格高低则是根据这种商品给他们带

经济学发展简史（2）

来的边际效用而定的,这叫作边际效用决定价值的主观价值论。边际效用价值论从内容上看,是一种与古典学派的劳动价值论完全不同的价值理论;从方法上看,也和古典学派不同,它把高等数学中的一些分析工具用到经济研究中,对数理经济学的发展起到了推动作用。

1890年,英国经济学家阿尔弗雷德·马歇尔(Alfred Marshall)出版的《经济学原理》是属这一时期经济学的经典文献,书中马歇尔将边际效用论和古典经济学理论综合在一起,加上瓦尔拉斯、庇古、克拉克等人的思想,形成了以"均衡价格论"为核心的理论体系。在此基础上,形成了以马歇尔和瓦尔拉斯为代表的新古典经济学理论。他们把完全竞争和充分就业假设设为既定的条件,进而从供给与需求的角度分析市场价格,以便解决资源在生产上的配置、资源的报酬等问题。马歇尔的经济理论,特别是他的均衡价格论和分配论,至今仍是现代西方微观经济学的基础。从19世纪末到20世纪20年代,马歇尔的经济理论在西方经济学界一直处于主导地位。

这一时期经济学理论的另一大进展是对市场的认识。代表性著作是1933年美国的爱德华·哈斯丁·张伯伦(Edward Hastings Chamberlin)出版的《垄断竞争理论》和英国的琼·维尔丽特·罗宾逊(Joan Violet Robinson)出版的《不完全竞争经济学》。他们摈弃了古典经济学,把竞争作为普遍现象,把垄断看作例外的传统假定,认为完全竞争与完全垄断是两种极端情况,更多的是处在两种极端之间的垄断竞争或不完全竞争的市场模式。他们运用边际分析法,分析了垄断竞争的成因、均衡条件、福利效应等,从而完成了微观经济的革命。

4)宏观经济学的兴起与当代经济学的发展(20世纪30年代以后)

宏观经济学的兴起起源于经济学对经济危机问题的反思。在西方资本主义经济发展过程中,经济衰退特别是经济危机频繁出现,尤其是发生在1929—1933年的经济大危机,使资本主义处于覆灭的危险之中。从斯密到马歇尔,都认为市场机制能保证社会经济的稳定,主张自由放任的经济政策,但这一基本思想在经济危机的现实面前受到了严峻挑战。马歇尔的门徒凯恩斯摈弃了传统经济学的一些思想,提出放任自由的政策下资本主义经济必然会因有效需求不足而发生经济危机的理论,并提出了由政府干预经济以保证充分就业、避免危机的一套政策和方法。凯恩斯在其著作《就业,利息和货币通论》中指出,资本主义的自发作用不能保证资源的使用达到充分就业的水平,因此资本主义国家必须干预经济生活,以便解决失业和经济的周期性波动问题。

第二次世界大战后,凯恩斯的经济理论和政策主张在资本主义国家得到广泛的认可和应用。凯恩斯主义经济学一时成为西方国家经济学中最显赫的流派。凯恩斯学派的后继者中,以保罗·萨缪尔森(Paul Samuelson)为首的一些西方经济学者逐渐建立了新古典综合派的理论体系。他们认为现代的资本主义是"混合经济",由"私营"和"公营"两个部分组成,既需要运用市场机制和自由竞争来提高经济效率,也需要由政府对国民经济进行调节和管理。前者的作用由微观经济学所分析,后者的必要性则由宏观经济学所论证。第二次世界大战后,资本主义世界经历了经济增长比较快的时期,凯恩斯主义和新古典综合派的理论及政策在西方发达国家的应用比较顺利,但是到了20世纪70年代以后,资本主义经济出现"滞胀"现象,凯恩斯的理论无法解释这一现象。西方经济学界为此展开了争论,出现了众多经济学流派,如货币主义学派、理性预期学派、供给学派、公共选择学派以及制度经济学派等,对凯恩斯主义宏观经济学理论发起了挑战。

经济学是不断发展变化的,除了理论创新不断涌现,研究方法和分析手段的科学性和多样化也是一个重要现象。集合论、博弈论和拓扑学等大量数学工具被成功引入,大大增强了经济学理论的科学性和对现实问题的解释能力。不过,迄今为止的经济学理论发展表明,没有一种理论或学说能解决所有的经济问题,这是每一个学习者在学习中必须注意的问题。

2.2 市场需求、供给与均衡价格

市场需求

2.2.1 市场需求

1)需求的含义

需求是指在一定时间内和一定价格条件下,消费者对某种商品或服务愿意而且能够购买的数量。必须注意的是,需求与通常所说的需要是不同的。需求的构成要素有两个:一是消费者愿意购买,即有购买的欲望;二是消费者能够购买,即有支付能力。二者缺一不可。

> **提示**
>
> 理解需求的内涵时,必须注意它是购买欲望和支付能力的统一。首先,原意是指消费者具有购买该商品的主观愿望,是一种心理因素。表明需求不是被他人强迫的,而是自愿交易所形成的,自愿交易往往能够促进买卖双方的福利。其次,能够表明消费者对该商品具有购买能力,是一种有效需求。因此,在理解需求这一概念时,需要注意主观愿望和购买能力的统一,二者缺一不可。具有购买意愿而没有购买能力的是欲望不是需求,具有购买能力而没有购买意愿的也不是需求。

市场需求是指在一定时间内、一定价格条件下和一定市场上,所有的消费者对某种商品或服务愿意而且能够购买的数量。可见,市场需求就是所有消费者需求的总和。

2)影响需求的主要因素

人们对某种商品的需求受诸多因素的影响,其中消费者的偏好和收入、商品自身价格和相关商品价格以及消费者对未来的预期是影响商品需求的主要因素。

①消费者偏好。消费者偏好支配着消费者在使用价值相同或接近的替代品之间的消费选择。但是,人们的消费偏好不是固定不变的,而是在一系列因素的作用下缓慢地变化。

②消费者收入。消费者收入一般是指一个社会的人均收入。收入的增减是影响需求的重要因素。一般来说,消费者收入增加,将引起需求增加;反之,收入减少,则会导致需求减少。

③产品价格。指某种产品自身的价格。价格是影响需求的最重要因素,一般来说,价格与需求的变动方向相反。

④替代品的价格。所谓替代品,是指使用价值相近,可以相互替代来满足人们同一需要的商品,如煤气和电力等。一般来说,在相互替代商品之间,某一种商品价格提高,消费者就会将其需求转向可以替代的商品上,从而使替代品的需求增加,被替代品的需求减少;反之亦然。

⑤互补品的价格。所谓互补品,是指使用价值上必须相互补充才能满足人们某种需要的商品,如汽车和汽油、家用电器和电等。在互补商品之间,其中一种商品价格上升、需求量降低,会引起另一种商品的需求随之降低。

⑥预期。预期是人们对某一经济活动未来变动趋势的预测和判断。如果消费者预期某种商品价格要上涨,就会刺激人们提前购买;如果预期某种商品价格将下跌,一些消费者就会推迟购买。

⑦其他因素。如商品的品种、质量、广告宣传,地理位置,季节,国家政策等,其中,影响需求最关键的因素还是该商品本身的价格。

3)需求函数、需求规律和需求曲线

需求函数表示一种商品的需求量与影响该需求量的各种因素之间的相互关系,在假定价格之外的其他各种因素不变的情况下,需求函数表明某种商品的消费者随价格变化愿意购买的数量。具体表示为:

$$Q_d = Q_d(P)$$

式中　Q_d——需求量;

　　　P——该商品的价格。

一般情况下,需求与价格的变动方向相反,即商品价格提高,则消费者对它的购买量就会减少;反之,商品价格降低,则消费者对它的购买量就会增加。

提示

需求与价格之间的这种呈反方向变化的关系,称为需求规律。

把需求与价格的关系用曲线表示出来,这条曲线称为需求曲线,如图 2.2 所示。横轴表示需求量,纵轴表示价格,两轴之间的曲线 DD 就是一条需求曲线。从图中可以看出,当市场价格为 P_1 时,需求量为 Q_1;当市场价格从 P_1 降到 P_2 时,需求量从 Q_1 增至 Q_2。可见,曲线 DD 反映了需求量与价格之间的对应关系。

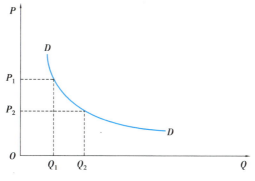

图 2.2　需求曲线

以上所分析的需求规律,是假定影响需求的其他因素不变,只考虑需求与价格的关系,即如果价格发生变化,需求可能发生什么变化。但是,在现实生活中,需求的变动是多种因素共同作用的结果。为了区分这两种情形,可以把第一种情形称为需求数量变动,把第二种情形称为需求变动。

在第一种情形下,假定其他因素不变,只考虑需求与价格的关系,需求量的变化是沿着既定的需求曲线进行的,即价格上升,需求量减小;价格下降,需求量增大。

在第二种情形下,假定价格不变,由于消费者收入或消费者偏好等因素的变化引起需求的相应变化,这种变化表现为需求曲线的位移。

如图2.3所示,当价格由 P_1 降到 P_2 时,从曲线 DD 上可以看到,需求量从 Q_1 增加到 Q_2,这属于需求数量的变动。而由于消费者收入的增加扩大了需求,需求曲线因此向右上方移动,从 DD 到 $D'D'$。当价格为 P_1 时,需求量从 Q_1 增加到 Q_1';当价格为 P_2 时,需求量从 Q_2 增加到 Q_2',这属于需求的变动。

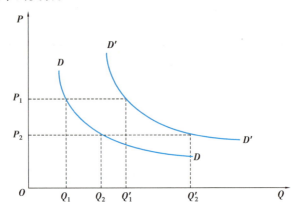

图2.3　需求数量变动和需求变动的区别

提示

这里讲的需求规律反映的是绝大多数商品的价格和需求量之间的一般关系,但也有例外。例如,钻石的价格和其需求量之间的对应关系不是呈反方向变化的,而是呈正方向变化的,钻石的价格越低,需求量越小。又如,对于低收入阶层的消费者来说,某些普通食品的价格上涨,购买量也增加。然而,这种需求量与价格呈同方向变化的情况只是极少数商品或在特殊情况下才能成立。

需求规律是市场经济活动中的一条重要的经济规律。需求有个人需求与市场需求之分,需求曲线也就有单个消费者的需求曲线和市场需求曲线之分。某种商品的市场需求量一定是每一价格水平上所有个别消费者需求量之和,而某种商品的市场需求就是所有消费者个人对该商品的需求之和,因此市场需求曲线也就是所有个别消费者需求曲线的水平加总。

2.2.2　市场供给

1) 供给的含义和影响供给的因素

市场供给

供给是指某一时间内和一定的价格水平下,生产者愿意并可能为市场提供某种商品或服务的数量。市场供给是所有生产者供给的总和。

一种商品或服务的供给数量受一系列因素的影响和制约,我们可以用供给函数来表示供给与这些因素的关系。供给函数是表示各种影响因素与供给量之间关系的函数。

假定其他因素不变,只考虑某种商品的供给量与该商品价格之间的关系,这时供给函数可表示为:

$$Q_s = Q_s(P)$$

式中　Q_s——供给量;

　　　P——该商品的价格。

影响供给的主要因素有:

①产品价格。在其他条件不变的情况下,某种产品自身的价格与其供给的变动呈正方向变化。在其他条件一定时,价格提高,就会增加企业的收益或利润,从而吸引企业去生产更多的产品,其他企业也会生产这种产品,使供给增加;反之,价格下降,收益减少,供给就会减少。

②生产成本。在其他条件不变时,成本降低,意味着利润增加,则供给就会增加;反之,如果生产成本上升,供给就会减少。

③生产技术。生产技术的进步或革新,意味着效率的提高或成本的下降,从而影响企业的利润。因此,技术水平在一定程度上决定着生产成本,进而影响供给。

④预期。生产者或销售者对商品或服务价格的预期,通常会引起该商品或服务供给的变化。

⑤相关产品的价格。

⑥其他因素,包括生产要素的价格以及国家政策等。

2)供给规律和供给曲线

提示

　　市场上商品或服务的供给量与市场价格呈正方向变化,这就是供给规律。

一般来说,市场价格越高,供给量越大;市场价格越低,供给量就越小。这是因为在其他条件不变的情况下,价格上升可以提高生产者的利润率,促使生产者增加产量;相反,市场价格下降,会使生产者的利润率降低,生产者向市场上提供商品的数量也会减少。

对于供给量与价格之间呈相同方向变化的关系,也可以用曲线的形式直观地表示出来。用于描述供给量与价格之间关系的曲线通常称为供给曲线,如图2.4所示。图中,以P代表价格,以Q代表供给量,分别用纵轴和横轴表示,两轴之间的曲线SS即为供给曲线。从图中可以看出,当价格从P_1上升到P_2时,供给量从Q_1增至Q_2。

同需求分析一样,供给分析也要区分两种情形:第一种情形是假定其他因素不变,单纯分析供给与价格之间的关系,即价格变动时,供给如何变动。这种变动表现为供给沿着既定供给曲线变动:价格上升,供给增加;价格下降,供给减少。我们把这种情形称为供给数量的变动,如图2.4所示。第二种情形是假定价格不变,由于价格以外的其他因素如成本等发生变动而引起供给的变动,称为供给的变动。这种情形表现为供给曲线的位移,如图2.5所示。由于成本水平上升,供给曲线从$S''S''$向左移至$S'S'$。对于价格P来说,供给量从Q''减小到Q'。在进行经济分析时,要注意把价格变化引起的供给量变动和因其他因素作用引起的供给量变动两者区分开。

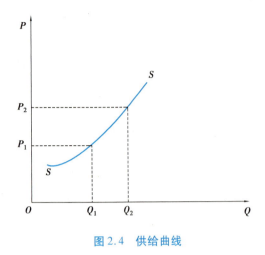

图2.4　供给曲线

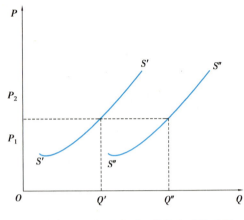

图2.5　供给数量变动和供给变动的区别

2.2.3　均衡价格

1）均衡价格和均衡数量的形成和变动

在实际经济生活中,需求和供给都不是孤立地和市场价格发生关系,市场价格是在需求和供给相互影响、共同作用下形成的。

我们把图2.2的需求曲线和图2.4的供给曲线合在一起,就得到一个新的图,如图2.6所示。用纵轴表示价格,用横轴表示需求量和供给量。需求曲线 DD 与供给曲线 SS 相交于 E 点。在 E 点,供给量和需求量相等,其数量为 Q_0,Q_0 通常称为均衡数量或均衡产量,此时的市场价格为 P_0,P_0 通常称为均衡价格。均衡价格就是市场供给量和需求量相互抵消时所达到的价格水平。

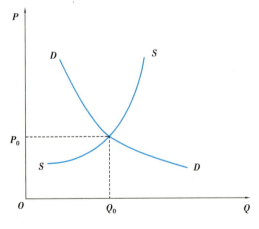

图2.6　均衡价格模型

由于市场供给和需求受到一系列因素的影响,每一个因素的变化都有可能引起供求关系的变化,而市场供求关系的变化又会引起价格的变化。在实际经济生活中,供求十分活跃,经常发生变化,因此任何市场上的供求平衡都是偶然的、暂时的、相对的,每当旧的平衡被破坏后,买卖双方总会千方百计地设法适应新的形势,从而形成新的均衡数量和新的市场价格。

2）均衡价格模型的运用

（1）最高限价分析

所谓最高限价，即由政府为某种产品规定一个具体的价格，市场交易只能在这一价格之下进行。其目的是保护消费者利益或降低某些生产者的生产成本。在我国，最高限价属于政府对市场价格的干预措施。当某种或某些产品价格上涨幅度过大，有可能影响居民的基本生活需要或影响生产的正常进行时，政府可以采取这种方式进行干预。

运用均衡价格模型可以比较具体地对最高限价的效应进行分析，如图 2.7 所示。图中，P_0 为均衡价格，P_c 为最高限价，Q_s 为最高限价下的市场供给量，Q_d 为最高限价下的市场需求量，Q_0 为均衡产量。从图中可以看出，最高限价低于均衡价格，因此会刺激消费，限制生产，导致供给减少和需求增加，结果就是市场供给短缺，并且短缺量 $= Q_d - Q_s$。一般情况下，当实施最高限价而出现短缺现象时，市场就会出现严重的排队现象。当政府监管不力时，就会出现黑市交易和黑市高价，即买卖双方违反政府的最高限价进行交易。显然，这种交易价格一定会高于最高限价，有时还会高于均衡价格。如果管理不当，还会出现所谓的"走后门"现象，即有人利用特殊的权力和便利，不需要排队就可以买到实施限价的产品，或可以买到多于定量供应标准的产品。由于供应紧张，生产者或卖方会在交易中处于优势地位，因此，可能出现以次充好、缺斤短两等变相涨价的现象。如果实施最高限价的是粮食等重要民生消费品，政府为了满足人们的基本需要，往往会实施按照某种标准如家庭人口或职业进行定量供应或凭证供应，这就是配给制。

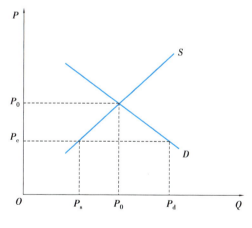

图 2.7　最高限价

提示

要保证最高限价的顺利实施，必须有强有力的行政措施或分配措施，否则就会流于形式。由于最高限价严重影响了市场机制或价格机制的正常运行，只适宜短期或在局部地区实行，不应长期化。

（2）保护价格分析

所谓保护价格，也称支持价格或最低限价，即由政府规定一个具体的价格，市场交易只能在这一价格之上进行。其目的是保护生产者利益或支持某一产业的发展。在我国,保护价格属于政府对市场价格的干预措施。当某种或某些产品价格下降幅度过大,生产者收入过少,有可能影响生产的正常进行时,政府可以采取这种方式进行干预。我国和世界上一些国家或地区采用保护价格政策来支持农业生产和稳定农民收入水平。

运用均衡价格模型可以比较具体地对保护价格的效应进行分析,如图2.8所示。图中,P_0 为均衡价格,P_f 为保护价格,Q_s 为保护价格下的市场供给量,Q_d 为保护价格下的市场需求量,Q_0 为均衡产量。从图中可以看出,由于保护价格高于均衡价格,因此会刺激生产,限制消费,导致市场供给过剩,并且过剩量 $= Q_s - Q_d$。一般来说,当实施保护价格政策而出现过剩现象时,如果没有政府的收购,就会出现变相降价或黑市交易等问题,并可能导致市场价格的下降。

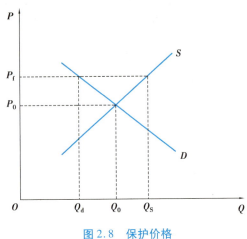

图2.8 保护价格

想一想

要保证保护价格的顺利实施,需要政府建立一个专门的基金和专门的机构,这样会导致什么结果? 保护价格适合在什么产品上实行?

2.2.4 弹性理论

1)需求价格弹性

(1)需求价格弹性的含义

需求价格弹性是指需求量对价格变动的反应程度,是需求量变动百分比与价格变动百分比的比率,即

弹性理论

$$需求价格弹性系数 = \frac{需求量的相对变动}{价格的相对变动}$$

如果用 E_d 代表需求价格弹性系数,用 P 和 ΔP 分别表示价格和价格的变动量,用 Q 和 ΔQ 分别表示需求量和需求量的变动量,则有

$$E_d = \frac{\Delta Q / Q}{\Delta P / P} = \frac{\Delta Q}{\Delta P} \cdot \frac{P}{Q}$$

由于需求规律的作用,价格与需求量是呈相反方向变化的,价格下跌,需求量增加;价格上升,需求量减少。因此,ΔQ 和 ΔP 符号相反,故需求价格弹性系数总是负数。由于它的符号始终不变,为了简便起见,我们通常把负号略去,采用其绝对值。需求价格弹性常被简称为需求弹性。

(2)需求价格弹性系数的计算公式

需求价格弹性系数有两种计算公式:一种是点弹性公式;另一种是弧弹性公式。

点弹性是指需求曲线上某一点上的弹性,它等于需求量的相对变化与价格的相对变化的比率,即

$$点弹性系数 = \frac{需求量的相对变化}{价格的相对变化}$$

用公式表示为:

$$E_d = \left| \frac{\Delta Q / Q}{\Delta P / P} \right| = \left| \frac{\Delta Q}{\Delta P} \times \frac{P}{Q} \right|$$

弧弹性是指需求曲线上两点之间的弧弹性,它等于需求量的相对变动量与价格的相对变动量的比值。弧弹性系数的计算公式为:

$$E_d = \frac{\Delta Q}{(Q_0 + Q_1) \div 2} \div \frac{\Delta P}{(P_0 + P_1) \div 2}$$

式中　Q_0——变动前的需求量;

　　　　Q_1——变动后的需求量;

　　　　ΔQ——需求量的变动量;

　　　　P_0——变动前的价格;

　　　　P_1——变动后的价格;

　　　　ΔP——价格的变动量。

提示

弧弹性表现的是两点之间的弹性,它适用于价格与需求量变动较大的场合;点弹性表现的只是一点上的弹性,适用于价格与需求量变动较小的场合。

(3)需求价格弹性的基本类型

需求价格弹性系数的数值范围是从零到无穷小。通常可把需求价格弹性分为以下 3 种:

①当需求量变动百分数大于价格变动百分数,需求价格弹性系数大于 1 时,称为需求富有弹性或高弹性。例如,价格下降 2%,需求量增加 4%。

②当需求量变动百分数等于价格变动百分数,需求价格弹性系数等于 1 时,称为需求单

一弹性。例如,价格下降2%,需求量也增加2%。

③当需求量变动百分数小于价格变动百分数,需求价格弹性系数小于1时,称为需求缺乏弹性或低弹性。例如,价格下降2%,需求量只增加1%。

（4）影响需求价格弹性的因素

①替代品的数量和相近程度。一种商品若有许多相近的替代品,那么这种商品的需求价格弹性就较大。因为这种商品一旦价格上涨,甚至是微小的上涨,消费者往往会舍弃这种商品而去选购它的替代品,从而引起需求量的变化。

②商品的重要性。一种商品如果是人们生活的必需品,即使价格上涨,人们还得购买,其需求价格弹性就小或缺乏弹性;而一些非必需的高档商品,像贵重首饰、高档服装等,只有当消费者购买力提高后才买得起,其需求价格弹性就大。

③商品用途的多少。一般来说,一种商品的用途越多,其需求价格弹性就越大;反之,就缺乏需求价格弹性。任何商品的不同用途都有一定的排列顺序。如果一种商品价格上升,消费者会缩减其需求,把购买力用于重要的用途上,使购买数量减少;随着价格的降低,会增加其购买数量。

④时间与需求价格弹性的大小至关重要。时间越短,商品的需求价格弹性就越小;时间越长,商品的需求价格弹性就越大。这是因为时间越长,消费者就越有可能找到替代品,替代品多了,其需求价格弹性就必然增加。

（5）需求价格弹性和生产者或销售者的总销售收入的关系

需求价格弹性系数的大小与生产者或销售者的收入有着密切联系,正是两者之间具有这种联系,才使得需求价格弹性理论更富有实践意义。

图2.9是$E_d>1$时的需求曲线。从图中可以看出,当价格从P_1下降到P_2时,需求量从Q_1增加到Q_2,但是价格下降的幅度小于需求增长的幅度,因此DD为需求价格弹性系数大于1的需求曲线。当价格为P_1时,需求量为Q_1,此时的销售收入为$R_1=P_1Q_1$,相当于图中矩形P_1AQ_1O的面积。当价格下跌到P_2时,需求量增加到Q_2,此时的销售收入为$R_2=P_2Q_2$,相当于图中矩形P_2BQ_2O的面积。从图中可以看出,矩形P_1ACP_2小于矩形CBQ_2Q_1,因此矩形P_1AQ_1O的面积小于P_2BQ_2O的面积,即$R_1<R_2$。也就是说,在需求价格弹性系数$E_d>1$时,价格下跌会使销售收入增加。同样地,可以得出,当$E_d>1$时,价格上涨会使销售收入减少。

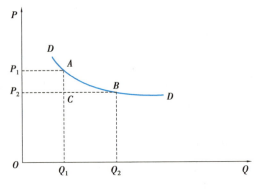

图2.9　$E_d>1$的需求曲线

图2.10是$E_d=1$时的需求曲线。同理可得,当$E_d=1$时,无论价格上升还是下降,销售

收入均保持不变。

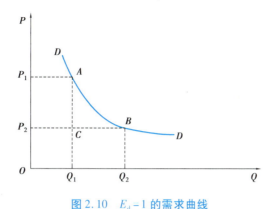

图 2.10 $E_\mathrm{d}=1$ 的需求曲线

图 2.11 是 $E_\mathrm{d}<1$ 时的需求曲线。从图中可以看出,当价格分别为 P_1、P_2 时,$R_1=P_1Q_1$ 和 $R_2=P_2Q_2$ 分别相当于矩形 P_1AQ_1O 和矩形 P_2BQ_2O 的面积,由于矩形 P_1ACP_2 大于矩形 CBQ_2Q_1,因此 $R_1>R_2$。也就是说,当 $E_\mathrm{d}<1$ 时,价格下跌会使销售收入减少。同样地,可以得出,当 $E_\mathrm{d}<1$ 时,价格上涨会使销售收入增加。

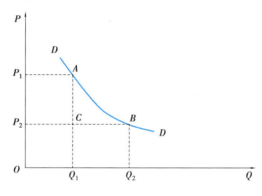

图 2.11 $E_\mathrm{d}<1$ 的需求曲线

因此,如果需求价格弹性系数小于 1,价格上升会使销售收入增加;如果需求价格弹性系数大于 1,那么价格上升会使销售收入减少;如果需求价格弹性系数等于 1,那么价格变动不会引起销售收入变动。

想一想

企业实行薄利多销策略的理论基础是什么?

2)需求交叉弹性

(1)需求交叉弹性的含义及公式

需求交叉弹性也称需求交叉价格弹性,是指一种商品价格的相对变化与由此引起的另一种商品需求量相对变化之间的比率。假如有 i,j 两种商品,因商品 j 价格的相对变化而产生的需求交叉弹性系数为:

需求交叉弹性

$$需求交叉弹性系数 = \frac{商品\ i\ 的需求量的相对变化}{商品\ j\ 的价格的相对变化}$$

用公式表示为：

$$E_{ij} = \frac{\Delta Q_i / Q_i}{\Delta P_j / P_j}$$

式中　E_{ij}——需求交叉弹性系数；

　　　Q_i——商品 i 的需求量；

　　　ΔQ_i——商品 i 的需求量变动量；

　　　P_j——商品 j 的价格；

　　　ΔP_j——商品 j 的价格变动量。

（2）需求交叉弹性的类型

第一种类型是 i、j 两种商品为替代品，即 $E_{ij} > 0$，这时的需求交叉弹性系数为正数。因为两种商品可以相互替代，商品 j 价格上升，就会有部分消费者不再购买商品 j 而去购买商品 i，商品 i 的需求量增加，价格变动和需求量变动是同一方向，所以 ΔP_j 和 ΔQ_i 都为正值，E_{ij} 的符号为正。同理，商品 j 价格下跌，就会有部分消费者放弃对商品 i 的购买而去购买商品 j，商品 i 的需求量减少，所以 ΔP_j 和 ΔQ_i 都为负值，E_{ij} 的符号仍为正。E_{ij} 越接近 1，则说明 j 和 i 两者的替代性越强。第二种类型是 i、j 两种商品为互补品，即 $E_{ij} < 0$，其需求交叉弹性系数为负数。由于 i、j 为互补品，商品 j 的价格上涨，需求量下降，必然会引起商品 i 的需求量下降，ΔP_j 和 ΔQ_i 的符号相反，E_{ij} 的符号为负。第三种类型是当 $E_{ij} = 0$ 时，表明 i 和 j 两种商品无关，即商品 j 涨价不影响对商品 i 的需求，商品 j 降价也不影响对商品 i 的需求。可见，需求交叉弹性大小是确定两种商品是否具有替代关系或互补关系的标准。

3）需求收入弹性

（1）需求收入弹性的含义和公式

需求收入弹性是指需求量的变动量与引起这一变动的消费者收入变动量之比。它用以衡量需求变动对消费者收入变动的反应程度。其计算公式为：

$$E_y = \frac{\Delta Q / Q}{\Delta Y / Y} = \frac{Y}{Q} \times \frac{\Delta Q}{\Delta Y}$$

式中　E_y——需求收入弹性系数；

　　　Q——原需求量；

　　　ΔQ——需求量的变动量；

　　　Y——原消费者收入；

　　　ΔY——收入的变动量。

（2）需求收入弹性的类型

需求收入弹性有以下几种类型：

①$E_y > 1$，表明收入弹性高，即需求量的相应增加大于收入的增加。

②$E_y = 1$，表明收入变动和需求量变动成相同比例。

③$0 < E_y < 1$，表明收入弹性低，即需求量的相应增加小于收入的增加。

④$E_y = 0$，表明不论收入如何变动，需求量不变。

⑤$E_y < 0$，表明收入增加时买得少，收入降低时买得多。

上述 5 种需求收入弹性，除 $E_y = 0$、$E_y < 0$ 外，其余 3 种需求收入弹性系数都是正值。

就一般商品而言,需求收入弹性的大小可作为划分"高档品"和"必需品"的标准。凡是需求收入弹性系数大于1的商品都可以称为高档品,需求收入弹性系数大于0小于1的商品则称为必需品。高档品和必需品统称为正常品。需求收入弹性系数为负值的商品称为低档品,随着收入水平的提高,其需求量反而减少。

我们可以具体研究消费者用于购买食物的支出对消费者收入变动的反应程度,得到食物支出的需求收入弹性。通过进一步研究就可得出所谓的恩格尔定律:在一个家庭或一个经济体中,食物支出在收入中所占的比例随着收入的增加而减少。

> **提示**
>
> 如果用弹性概念来表述的话,恩格尔定律可表述为:对于一个家庭或一个经济体来说,富裕程度越高,则食物支出的需求收入弹性就越小;反之,则食物支出的需求收入弹性就越大。

4)供给价格弹性

(1)供给价格弹性的含义及公式

供给价格弹性是指价格的相对变化与所引起的供给量的相对变化之间的比率。供给价格弹性常被简称为供给弹性。其计算公式为:

$$供给价格弹性系数 = \frac{供给量的相对变化}{价格的相对变化}$$

如果用 E_s 代表供给价格弹性系数,用 P 和 ΔP 分别表示价格和价格的变动量,用 Q_s 和 ΔQ_s 分别表示供给量和供给量的变动量,则:

$$E_s = \frac{\Delta Q_s / Q_s}{\Delta P / P} = \frac{\Delta Q_s}{\Delta P} \times \frac{P}{Q_s}$$

由于供给规律的作用,价格的变化和供给量的变化总是同方向的,因此 E_s 的符号始终为正。

(2)供给价格弹性的类型

按照供给量对价格变动反应程度的大小,供给价格弹性可分为5种类型:当某种商品的 $E_s>1$ 时,则这种商品的供给价格弹性充足;当 $E_s<1$ 时,则供给价格弹性不充足;当 $E_s=1$ 时,则供给价格弹性系数为1。此外,还有两种特殊情况,即 $E_s=0$ 时的供给完全无弹性和 $E_s=\infty$ 时的供给完全有弹性。当然,这两种情况在现实市场供给中很少见。

(3)影响供给价格弹性的因素

①时间是决定供给价格弹性的首要因素。在短期内,供给价格弹性一般较小;相反,在较长时期内,供给价格弹性一般较大。

②生产周期和自然条件的影响。对于农产品来说,由于受生产周期和自然条件的影响,在短期内,生产者和销售者无法利用价格上涨这个有利条件迅速地增加生产量和销售量。同样地,当价格下跌时,生产者和销售者又不能马上急剧减少生产量和销售量。因此,在短期内供给价格弹性系数几乎为零,价格对供给的影响往往需要经过一年左右才能表现出来。

③投入品替代性大小和相似程度对供给价格弹性的影响也很大。如果用于生产某商品的投入品可由其他行业资源替代,那么该商品价格上涨(其他行业商品价格未变),其他行业

的投入品就会转入该商品生产,从而使生产量和供给量增加;反之,该商品价格下跌,又会使其投入品转入其他行业,从而使生产量和销售量减少。在上述情况下,该商品的供给有弹性。如果投入品难以加入或脱离某种特定行业,则其供给缺乏弹性。

2.3 消费者行为分析

效用理论和无差异曲线

2.3.1 效用理论

1)"经济人"假设

在研究消费者行为时,需要假定消费者是追求效用最大化且是理性的,这也就是所谓的"经济人"假设——每一个从事经济活动的人都是利己的,总是力图以最小的经济代价去获得自己最大的经济利益。这个假设不仅是分析消费者行为的前提,也是整个经济学的一个基础。当然,这一假设只是一种理想化的状态,现实中的情况并非总是如此。人们在从事经济活动时并不总是利己的,也不能做到总是理性的。

2)效用的含义

消费者是追求效用最大化的,那么什么是效用? 效用就是商品或者服务满足人们某种欲望的能力,或者是消费者在消费商品或服务时所感受到的满足程度。

效用是人们的一种心理感受,是消费者对商品或服务满足自己欲望的主观心理评价,因此效用没有客观标准。

3)基数效用论和序数效用论

由于人们对效用的认识不同,因此就形成了两种效用理论,即基数效用论和序数效用论。19 世纪的经济学家们认为,效用是可以直接度量的,存在绝对的效用量大小,如同长度、重量等概念一样,可以用基数,也就是用 1、2、3、4 等绝对数值来衡量效用的大小。例如,一个面包的效用是 1 个效用单位,一件衣服的效用是 10 个效用单位,等等。20 世纪 30 年代以来,很多经济学家认为消费者是无法知道效用的绝对数值的,而只能说出自己的偏好次序。因此,经济学家们提出了序数效用理论,即认为消费者可以知道自己对不同消费组合的偏好次序,用第一、第二、第三、第四等表示次序的相对数值来衡量效用。

基数效用论和序数效用论是分析消费者行为的不同方法,基数效用论是运用边际效用理论来分析的,而序数效用论则是用无差异曲线和预算约束线来分析的,两者得出的分析结论基本相同。

4)边际效用

按照基数效用论,既然效用是可以计量的,那么效用就可以区分为总效用和边际效用。总效用是指消费者在一定时期内,从商品或服务的消费中得到的满足程度的总和。也可以指消费者在一定时间内从若干数量的商品或服务的消费中所得到的效用量的总和。

假设某消费者对一种商品的消费数量为 Q,总效用为 TU,则总效用函数就是:

$$TU = f(Q)$$

一般来说,总效用取决于消费数量的大小,在一定范围内,消费量越大,则总效用就越

大。边际效用是指某种物品的消费量每增加一单位所增加的满足程度。如果用 MU 表示边际效用,其计算公式为:

$$MU = \frac{\Delta TU}{\Delta Q}$$

相应的边际效用函数为:

$$MU = \frac{\mathrm{d}TU}{\mathrm{d}Q} = f'(Q)$$

从数学意义上看,边际效用就是总效用函数曲线的斜率。

> **提示**
>
> 边际效用的变动有一个趋势,就是边际效用递减的规律。

在一定时间内,随着消费某种商品数量的不断增加,消费者从中得到的总效用也在增加,但是以递减的速度增加的,即边际效用是递减的,但此时的边际效用为正数;当商品消费量达到一定程度后,总效用达到最大值时,边际效用为零;如果继续增加消费,总效用不仅不会增加,反而会逐渐减少,此时边际效用为负数。

2.3.2　无差异曲线

1)关于消费者偏好的基本假定

作为消费者,在现实生活中,每个人都会面临选择的问题。人们对商品或服务的需要是无限的,但是人们的收入又是有限的,且商品或服务不能免费获取。因此,每个消费者都要在个人收入和市场价格既定的约束条件下,选择购买一定量的不同的商品或服务,以最大限度地满足自己的需要。也就是说,消费者要选择他能够支付得起的最优消费组合。

> **提示**
>
> 消费组合也称市场篮子,即消费者购买的不同商品或服务的组合。例如,不同数量的食品和衣服的组合,组合 A 为 2 单位的食品和 3 单位的衣服,组合 B 为 1 单位的食品和 6 单位的衣服。一个消费者对这两种商品组合,可能会偏好其中一种组合,如组合 A 或组合 B,或者对两种组合 A 和组合 B 的偏好无差异。

根据消费者行为的某些共同特征,也为了便于分析,经济学家提出了以下关于偏好的基本假定:

①完备性。如果只有 A 和 B 这两种组合,消费者总是可以作出也只能作出以下 3 种判断中的一种:一是对 A 的偏好大于 B;二是对 B 的偏好大于 A;三是对两者偏好无差异。完备性保证消费者总是可以把自己的偏好准确地表达出来。

②可传递性。假定有 A、B、C 3 种组合,如果消费者对 A 的偏好大于 B,对 B 的偏好又大于 C,那么消费者对 A 的偏好必定大于对 C 的偏好。这一性质可以保证消费者偏好的一致性。

③消费者总是偏好于多而不是少。如果两种组合商品的区别只是在于其中一种商品数量的不同,那么消费者总是偏好较多的那个组合,也就是多多益善。

2）无差异曲线

我们可以用无差异曲线来描述消费者偏好。所谓无差异曲线，就是一条表示能够给消费者带来相同满足程度的两种商品的所有组合的曲线，在这条曲线上所有各点的两种商品的组合带给消费者的满足程度是完全相同的，消费者对这条曲线上各个点的偏好程度是无差异的。

我们把各种消费组合在图2.12中描绘出来，并且根据对消费者关于不同消费组合表现出的偏好关系的观察，构造出一条无差异曲线。图中，横轴X_1代表食品消费量，纵轴X_2代表衣服消费量，I代表无差异曲线。在无差异曲线上，所有的点都能给消费者带来同样的满足程度。图中的A点、B点和D点，因为相同的偏好程度而位于同一条无差异曲线上。沿着这条曲线可以看到：当衣服减少时，食品就会增加；当食品减少时，衣服就会增加；当衣服减少而食品增加时，或当食品减少而衣服增加时，消费者的偏好都不受影响。但是，当衣服和食品同时增加或同时减少时，情况就不同了：当衣服和食品同时增加时，就会出现另一条无差异曲线；当衣服和食品同时减少时，也会出现不同的无差异曲线。

因此，在同一个平面直角坐标系中，可以绘制出无数条无差异曲线，每一条都代表不同水平的偏好。根据"多比少好"的假定，消费者对数量多的两种商品组合的偏好大于对数量少的两种商品组合的偏好，因此，无差异曲线离原点越近，代表的商品数量越少，消费者得到的满足程度越低；离原点越远，代表的商品数量越大，消费者得到的满足程度越高。从理论上说，应该存在无数条这样的无差异曲线。我们把由一组描绘某个消费者偏好关系的无差异曲线构成的图称为无差异曲线图，如图2.13所示。

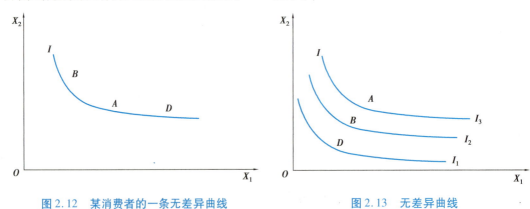

图2.12　某消费者的一条无差异曲线　　　　图2.13　无差异曲线

无差异曲线具有以下特征：

①离原点越远的无差异曲线，消费者的偏好程度越高。离原点较远的无差异曲线代表的物品量多于离原点较近的无差异曲线，因此，消费者偏好程度最高的是I_3，最低的是I_1，如图2.13所示。

②任意两条无差异曲线都不能相交。如图2.14所示，假设无差异曲线I_1和I_2相交于A点，因为A点和B点都在无差异曲线I_2上，那么消费者必定同样偏好这两种商品组合；A点和C点同处于无差异曲线I_1上，所以消费者也必定同样偏好这两种商品组合。根据偏好的可传递性的假定，消费者必定同样偏好B点和C点，但这显然不可能。因为既然B点比C

点具有更多的 X_2,那么 B 点必定比 C 点更受消费者偏好。因此,无差异曲线不能相交。

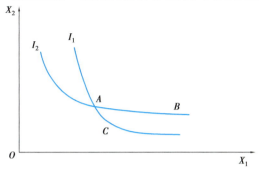

图 2.14　违反偏好假定的无差异曲线

③无差异曲线从左上向右下倾斜,凸向原点。这是因为,为维持同等的满足程度或效用水平,要增加 X_1 的数量就必须减少 X_2 的数量,因此,无差异曲线从左上向右下倾斜,斜率为负。这是由商品边际替代率递减规律决定的。

所谓商品边际替代率,是指在效用水平不变的条件下,消费者增加 1 个单位某商品时必须放弃另一种商品的数量。如果用 MRS 表示商品边际替代率,一般将放弃纵轴 X_2 上商品的数量来获得横轴 X_1 额外 1 个单位商品来计算商品的边际替代率,其计算公式为:

$$MRS = -\frac{\Delta X_2}{\Delta X_1}$$

这就表示放弃第二种商品 ΔX_2 个单位,获得第一种商品 ΔX_1 个单位。加负号是为了使边际替代率成为正数。如果依然用纵轴表示衣服,用横轴表示食品,那么为了获得 1 个单位的食品,则必须放弃衣服的数量,我们可以用图 2.15 加以说明。

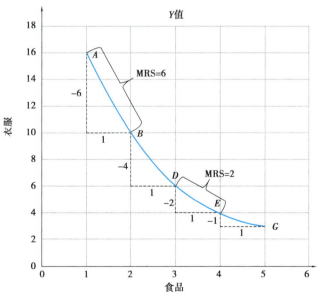

图 2.15　商品边际替代率的递减规律

在图 2.15 中,从 A 点到 B 点,消费者愿意放弃 6 个单位衣服以获得额外 1 个单位食品,边际替代率为 6;从 B 点到 D 点,只愿意用 4 个单位衣服来换取 1 个单位食品,边际替代率为 4。

当商品数量变化趋于无穷小时,上述公式可表示为:

$$MRS = -\frac{\Delta X_2}{\Delta X_1} = \lim_{\Delta X_1}-\frac{\Delta X_2}{\Delta X_1} = -\frac{dX_2}{dX_1}$$

它表明无差异曲线上某一点的边际替代率就是无差异曲线上该点的切线斜率的绝对值。

如前所述,无差异曲线是凸向原点的,指的是当沿曲线下移时,无差异曲线斜率为负,且其绝对值越来越小,也意味着商品的边际替代率沿曲线递减。例如,从 A 点到 B 点是6,从 D 点到 E 点是2。它所表明的经济含义是,随着一种商品消费量的逐渐增加,消费者为了获得这种商品的额外消费而愿意放弃的另一种商品的数量会越来越少。这就是所谓的商品边际替代率递减规律。在维持效用水平不变的前提下,随着一种商品的消费数量的连续增加,消费者为得到1个单位的这种商品所需要放弃的另一种商品的数量则递减。边际替代率递减规律决定了无差异曲线的斜率为负且绝对值递减,即凸向原点。

2.3.3 预算约束

我们知道,消费者的选择不仅取决于消费者的偏好,还要受到消费者支付能力和市场价格的限制。这种在既定价格下,消费者对各种商品或服务的支付能力的限制表现为一种预算约束。

假定只有两种商品 X_1 和 X_2 可供消费者选择,这两种商品的价格分别为 P_1 和 P_2,消费者可以支配的收入金额是 m,则这个消费者的预算约束就可以表示为:

$$P_1X_1 + P_2X_2 \leq m$$

我们可以用图2.16表示。在图中,横轴 X_1 表示商品1的消费数量,纵轴 X_2 表示商品2的消费数量。如果全部收入 m 都用于购买商品1,则所能购买到的数量为 m/P_1;如果全部收入 m 都用于购买商品2,则所能购买到的数量为 m/P_2。把这两个点,即 A 点和 B 点连接起来就得到预算线,表示在消费者收入和商品价格给定的条件下,消费者的全部收入所能购买到的这两种商品的各种组合。预算线又称为预算约束线。

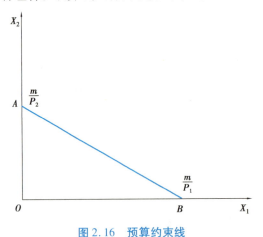

图2.16 预算约束线

可见,预算线上的点表示用尽所有收入所能购买的各种消费组合,预算线外的点是支付能力达不到的购买选择,而预算线内的点则表示在两种商品上的花费并未用尽全部收入。

我们把包括了预算线本身及其左下方的区域称为消费者预算可行集，或预算空间，表示消费者受到的支付能力的限制，是消费者进行决策时可以选择的区间。

预算线的斜率是两种商品价格的负比率或两种商品价格的比率的负值，即$-P_1/P_2$。斜率大小表明在不改变总支出数量的前提下，两种商品可以相互替代的比率。

1）收入变动对预算线的影响

在相对价格不变的情况下，收入改变会使预算线出现平行移动。收入增加使预算线向右平移，收入减少则使预算线向左平移，如图 2.17 所示。

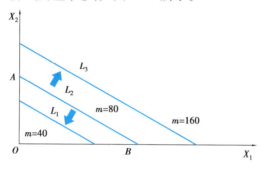

图 2.17　收入变动引起预算线变动

在图 2.17 中，收入从 80 上升到 160，预算线从 L_2 右移到 L_3，购买能力相应提升；相反，收入从 80 下降到 40，预算线从 L_2 左移到 L_1，购买能力则相应下降。

2）相对价格变动对预算线的影响

如果只是其中一种商品，如果 X_1 的价格上升，那么预算线中的另一种商品 X_2 的截距固定不变，而商品 X_1 截距缩小，表明随该商品价格上升，可购买的该种商品数量减少。

在图 2.18 中，表现为预算线在纵轴上的端点 A 不变，而横轴上的端点 B_0 发生移动。如果价格下降则预算线向右旋转到 B_2 点，而价格上升则向左旋转到 B_1 点。两种商品的价格同比例同方向变化，会使预算线平移。同比例上升使预算线左移；相反，则右移。如果两种商品的价格和收入都同比例同方向变化，那么预算线则不动。

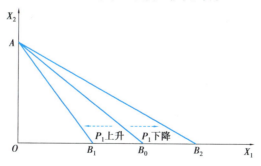

图 2.18　相对价格变动引起的预算线变动

2.3.4 消费者均衡和需求曲线

1)消费者均衡

在收入和商品价格已知的条件下,一个消费者关于两种商品的预算线只能有一条,但该消费者关于两种商品的无差异曲线由于偏好的不同却有无数条。面对一条预算线和无数条无差异曲线,消费者应如何选择才能实现效用最大化?

将预算线置于无差异曲线图中,预算线与无差异曲线的关系有 3 种情况,如图 2.19 所示。

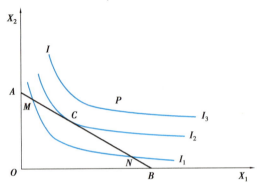

图 2.19　消费者均衡

①预算线 AB 与无差异曲线 I_1 相交于 M 点和 N 点。不难看出,虽然交点在预算线上,且可以满足消费者一定的需求,但却不是最受偏好的选择,因为消费者在既定收入水平下,通过消费数量的调整,可以提高其满足程度。如果将消费组合移动至 M 点和 N 点之间,消费者花费同样的预算,却可以得到更高程度的满足。

②预算线 AB 与无差异曲线 I_3 既不相交,也不相切。虽然无差异曲线 I_3 的每一点,如 P 点的商品组合能给消费者带来更高程度的满足,但因超过现有的购买能力而无法实现。

③预算线 AB 与无差异曲线 I_2 相切于 C 点。C 点既在预算线 AB 上,又在无差异曲线上,也就是说,C 点所代表的商品组合既是消费者用现有收入可以买到的,同时它又能给消费者带来最大限度的满足。可见,满足效用最大化的商品组合必定位于预算线与无差异曲线相切的切点上。

在切点 C,无差异曲线 I_2 的斜率恰好等于预算线的斜率。根据前面的分析,无差异曲线的斜率的绝对值等于两种商品的边际替代率,预算线的斜率的绝对值等于两种商品的价格之比。因此,消费者效用最大化的均衡条件可以表示为:商品的边际替代率=商品的价格之比,即

$$\mathrm{MRS} = \frac{P_1}{P_2}$$

该式为消费者效用最大化的均衡条件,其含义是:在一定的预算约束下,为了实现效用最大化,消费者应该选择商品的最优组合,使得两种商品的边际替代率等于两种商品的价格之比。

2）消费者的需求曲线

消费者均衡的实现是以 3 个条件为前提的,即偏好不变、收入不变和价格不变。现在假定偏好不变和收入不变,用图形来分析价格变化对消费者均衡的影响,并说明需求曲线的形成。

如图 2.20 上半部分所示,假设消费者的偏好和收入不变,并假设只有商品 1 的价格发生变化,商品 2 的价格保持不变。当商品 1 的价格为 P_{11} 时,预算线 AB_0 与无差异曲线 I_3 相切于 M 点,M 点是消费者效用最大化的消费选择,此时商品 1 的消费量为 X_{11}。假设商品 1 的价格下降为 P_{12},预算线移动为 AB_1,AB_1 与无差异曲线 I_2 相切于 N 点,此时消费者在 N 点消费获得最大满足,商品 1 的消费量为 X_{12}。同理,在商品 1 的价格为 P_{13} 时,消费者要实现效用最大,商品 1 的消费量为 X_{13}。因此,商品 1 的上述价格与消费量的对应点都是其需求曲线上的点。将这些点连接起来,就得到商品 1 的需求曲线,如图 2.20 下半部分所示。

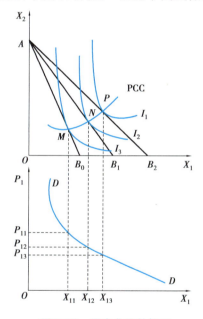

图 2.20　需求曲线的推导

从图 2.20 中可以看出,由于一种商品价格的变动,预算线的位置发生了变动,从而引起预算线与无差异曲线的切点即消费者均衡点的移动。把这些均衡点,如图中的 M 点、N 点、P 点连接起来便可得到一条价格-消费曲线(Price Consumption Cure,PCC)。价格-消费曲线表示消费者偏好和收入不变时,与一种商品价格变化相联系的两种商品在不同价格下的效用最大化的各种组合。从价格-消费曲线可以看出,当商品 1 的价格下降时,无差异曲线向外转,因而商品 1 的需求量上升,所以消费者的需求曲线是向下倾斜的。同时,不同价格条件下的消费量是预算线和无差异曲线的切点上对应的数量,因此消费者在需求曲线上消费可以实现效用最大化。

商品价格的变化会产生两种效应,即收入效应和替代效应。收入效应是指在名义收入不变时,因为该商品价格的变化而导致消费者实际收入发生变化,进而导致消费者所购买的该商品数量的变化。一种商品价格的降低相当于消费者的实际收入增加,提高了消费者的实际购买力;反之,一种商品价格的上涨则相当于消费者的实际收入下降,降低了消费者的购买能力。替代效应是指在实际收入不变的情况下,因为该商品价格的变化引起的相对价格变化所导致的该商品需求数量的变化。某一种商品价格的变化会导致两种商品之间的最佳替换率变化,这种变化会使消费者去调整两种商品的消费比例,消费者会去选择有些相对便宜的商品,而不去选择相对较贵的商品。一般情况下,收入效应和替代效应的影响通常会同时出现。

对于替代效应而言,当一种商品变得相对便宜时,对它的购买量总会上升,因此替代效应与价格变动总是呈反方向变化的。但是,对于收入效应而言,则比较复杂。我们知道,当价格下降,一个人的实际收入相对增加时,对商品的需求量可能上升,也可能下降,这取决于该种商品是正常品还是低档品。在正常品的情况下,价格下降,收入上升,需求也上升,因此收入效应与价格变动是呈反方向变化的;在低档品的情况下,价格下降,收入上升,但是需求反而下降,因此收入效应与价格变动是呈同方向变化的。

对于正常品而言,替代效应与价格呈反方向变化,收入效应也与价格呈反方向变化,从而总效应必定与价格呈反方向变化。因此,正常品的需求曲线是向右下方倾斜的。对于低档品而言,替代效应与价格呈反方向变化,收入效应与价格呈同方向变化,而在大多数情况下,收入效应的作用小于替代效应的作用,从而总效应与价格呈反方向变化,相应的需求曲线也是向右下方倾斜的。从需求曲线来看,低档品的需求曲线更陡峭,而正常品的需求曲线更平缓,对价格变化的反应更大。

【思考与练习】

一、选择题

1. 市场需求是指在(　　)、(　　)和(　　),所有的消费者对某种商品或服务愿意而且能够购买的数量。

    A. 一定时间内　　　　　　　B. 一定价格条件下　　　　C. 一定市场上

    D. 一定环境下　　　　　　　E. 一定群体中

2. 需求的构成要素:(　　)、(　　),两者缺一不可。

    A. 购买的欲望　　　　　　B. 价格　　　　　　　C. 支付能力　　　　　　　D. 市场

3. 市场需求是(　　)的总和。

    A. 需求　　　　　　　　　　　　　　　B. 消费者

    C. 所有消费者需求　　　　　　　　　　D. 所有生产者供给

4. 影响需求的基本因素包括(　　)。

    A. 消费者偏好　　　　　　　　　　　　B. 消费者的个人收入

    C. 产品价格　　　　　　　　　　　　　D. 替代品的价格

    E. 互补品的价格　　　　　　　　　　　F. 预期

    G. 其他因素

5. 影响需求最关键的因素是(　　)。

    A. 消费者偏好　　　　　　　　　　　　B. 消费者的个人收入

    C. 产品价格　　　　　　　　　　　　　D. 替代品的价格

6.市场供给是(　　)的总和。

    A.需求　　　　　　　　B.所有生产者供给　　　C.所有消费者需求　　　D.市场

7.影响供给的主要因素包括(　　)。

    A.产品价格　　　　　　B.生产成本　　　　　　C.生产技术　　　　　　D.预期

    E.相关产品的价格　　　F.其他因素

8.需求价格弹性是指需求量对价格变动的反应程度,是需求量变动百分比与(　　)的比率。

    A.价格变动　　　　　　　　　　　　　B.价格变动百分比

    C.产品价格　　　　　　　　　　　　　D.需求价格弹性系数

9.当需求量变动百分数大于价格变动百分数,需求价格弹性系数大于 1 时,称为(　　)。

    A.需求富有弹性或高弹性　　　　　　　B.需求单一弹性

    C.需求缺乏弹性或低弹性　　　　　　　D.需求无弹性

10.当需求量变动百分数等于价格变动百分数,需求价格弹性系数等于 1 时,称为(　　)。

    A.需求富有弹性或高弹性　　　　　　　B.需求单一弹性

    C.需求缺乏弹性或低弹性　　　　　　　D.需求无弹性

11.当需求量变动百分数小于价格变动百分数,需求价格弹性系数小于 1 时,称为(　　)。

    A.需求富有弹性或高弹性　　　　　　　B.需求单一弹性

    C.需求缺乏弹性或低弹性　　　　　　　D.需求无弹性

12.影响需求价格弹性的因素包括(　　)。

    A.替代品的数量和相近程度

    B.商品的重要性

    C.商品用途的多少

    D.时间与需求价格弹性的大小至关重要

13.消费者均衡的实现是以 3 个条件为前提的,即(　　)。

    A.偏好不变　　　　　　　　　　　　　B.收入不变

    C.市场不变　　　　　　　　　　　　　D.价格不变

    E.需求不变

二、判断题

1.一般情况下,需求与价格的变动方向相反,即商品价格提高,消费者对它的购买量就会减少;反之,商品价格降低,消费者对它的购买就会增加。　　　　　　　　(　　)

2.一般来说,市场价格越高,供给量越小;市场价格越低,供给量越大。　　　　(　　)

3.任何市场上的供求平衡都是偶然的、暂时的、相对的,每当旧的平衡被破坏之后,买卖双方总会千方百计地设法适应新的形势,从而形成新的均衡数量和新的市场价格。　(　　)

4.在实际经济生活中,需求和供给孤立地和市场价格发生关系,市场价格是在需求的影响下形成的。　　　　　　　　　　　　　　　　　　　　　　　　　　　　(　　)

5.对于正常品而言,替代效应与价格呈反方向变化,收入效应也与价格呈反方向变化,从而总效应必定与价格呈反方向变化。　　　　　　　　　　　　　　　　　　(　　)

模块 3

建筑统计

3.1 建筑统计概述

3.1.1 统计学与建筑统计

1)统计的含义

建筑统计概述

统计活动源远流长,自从有了计数活动,统计就由此产生了。在日常工作与生活中,到处都有统计,但在不同的场合,统计却有不同的含义。

统计工作即统计实践活动,它是指利用科学的方法收集、分析和提供有关社会现象数字资料的工作总称。统计工作的基本任务是对国民经济和社会发展状况进行统计调查、统计整理和统计分析,提供统计资料和咨询,从而实行统计监督。

统计学是关于收集、整理和分析统计数据的科学,它是一门认识方法论性质的科学,其目的是探索数据内在的数量的规律性,从而达到对客观事物的科学认识。

2)建筑统计的含义

建筑业、建筑工程和建筑产品的特点决定了建筑领域中存在大量的随机现象,例如,由于多部门、多行业的关联度强,因此部门或行业间甚至是不同工种间的配合与协调的默契程度就是不确定现象,建筑工程项目立项的风险是随机现象,投标时选择的报价与建设单位的期望是需要预测的,施工材料的选择与市场当时的供给价格是紧密相关的,施工工期是否受天气变化的影响是难以预料的,施工安全事故的发生是不确定的等。与统计学一样,建筑业与建筑工程的各种随机现象也都是通过数据表现出来的,我们也可以通过对相应数据的收集、整理、分析和推断预测风险,计算期望,浮动材料计价,关注天气变化等。可以说,建筑领域的数据是建筑统计的基础,统计学的原理和方法则是建筑统计研究的主要工具。

建筑统计是以统计学的原理和方法为工具,对建筑工程领域的数据进行统计分析和推断的。在运用各种方法进行研究、分析和推断得出结论后,还要运用建筑工程自身的规律为这些结论赋予实际的意义。一般来说,建筑统计所介绍的一些方法,大多是统计规律为这些结论赋予实际的意义。一般来说,建筑统计所介绍的一些方法,大多是统计学已经确认的。

随着建筑统计研究的深入,实践中将会提出并补充更多处理数据的新问题、新方法,这些新问题、新方法还能为统计学提供新的内容,促进统计学向更宽广的领域发展。

3.1.2　建筑统计的特点与作用

建筑统计的特点与作用

1)建筑统计的特点

（1）统计对象的多样性

建筑统计的研究对象不仅有成品,还有阶段性产品和半成品。对于大多数建筑工程而言,工期长,环节多,阶段性产品、半成品安装加工内容多,隐蔽部分对整个产品的影响较大。因此,建筑统计的对象不仅是一般意义上的人力和物力,还有围绕工程管理的各个环节的阶段性产品和半成品进行的统计、分析和研究。

（2）多部门多产业间的关联性

多部门多产业发生关系是建筑施工的一个主要特点。建筑工程统计是围绕建筑工程日常生产经营的管理活动,从数量上描述和分析建筑业和建筑产品的基本情况及其发展趋势的数量特征的综合性工作。为了全面、完整地反映建筑业或建筑产品的情况,建筑统计应把关联度较高的行业或部门或工种职业间的关系作为统计描述和研究的重点。

（3）质量与安全统计的重要性

"安全第一""质量为本"是建筑业企业的生存之本。由于建筑工程质量与国家经济运行和人民群众生命财产安全息息相关,建筑施工安全事故又是重特大安全事故多发的重点领域,因此,质量与安全管理是建筑工程管理的重中之重,也是建筑统计研究的重点内容。建筑工程的质量管理和安全管理具有影响因素多,隐蔽内容多,工种和专业的交接环节多,涉及的单位部门多等特点,因此建筑统计需要通过对影响因素的数据分析、对各环节的关联分析以及对多部门多单位的数量关系分析,发现影响工程质量和安全事故发生的重要因素,并且研究和分析出提高工程质量或避免施工安全事故发生的统计规律。

2)建筑统计的作用

（1）为制定建筑业和建筑企业的发展战略提供定量分析结论

建筑企业无论规模大小,都需要制定近期或长远发展战略。制定发展战略一方面需要及时了解地区的政治经济发展变化趋势和建筑行业的发展趋势;另一方面还要分析企业自身经过多年发展形成的模式、趋势、优势和劣势。所有这些都是通过数据反映出来的,都需要收集整理可靠的数据,并对数据进行统计分析、预测和推断。

（2）直观清晰地展示企业或建筑工程项目的概况

利用统计方法可以简化繁杂的数据,如用图表展示数据就能起到直观清晰的作用。通过对特定工程项目的设计,可直观地用数据呈现出建筑工程项目的投资、房屋面积、施工进度要求、项目产值、质量要求等内容;通过对特定建筑企业的统计,可清晰地用数据描绘出企业的资质、规模、质优工程数量、年产值趋势、安全事故数量、财务状况、技术人才状况等指标。即使是某个特定的领域，也需要依靠数据展示，如企业建筑机械设备的统计，就是通过机械设备数量，以及各个设备的能力、完好情况、利用程度、设备维修与保养的次数与时间等数据展示出来的。

（3）研究建筑工程项目中各种因素之间的相关关系

在建筑领域，各种现象之间都可能有相互联系、相互制约的关系，如建筑业的发展与国家基础建设投资规模之间、建筑施工安全事故的发生与职业技能教育之间、建筑工程质量与施工人员的技术等级之间。建筑统计的相关分析，能够帮助我们从建筑领域的各种现象的数量角度去探索两种或多种现象之间存在怎样的关系以及相应关系的密切程度。

（4）通过统计推断实时掌握行业和企业状况

在建筑领域，许多变量的数据量比较大，如某省建筑业产业工人的数量、某时期全国建筑工地的数量、建筑工程质量管理中需要检测的点数、某种构件的数量等。考察这类变量时，很难甚至是不可能把所分析的随机现象中的每一个个体都进行研究，只能从整体中抽取一部分个体组成样本作为研究对象，通过对样本的特征分析，推断并预测样本所代表的整体特征。例如，要对某地区进行一次在建建筑工程的质量检查和检测，管理部门没有那么多的人力、物力对全部的工程项目检查一遍，也无法对每一项工程的所有需要检测的部位进行点位预测。此时可采用随机抽样的方法，选取具有代表性的若干个个体，并对每一个选中的个体，依照质量管理理论设定的基础检测点数和点位进行具体的检测检查。用什么方法抽取个体？抽取多大数量的个体作为样本更具有代表性？用局部估计推断全局的把握性有多大？只有通过基于统计学理论和建筑工程管理相关理论的要求进行统计估计和推测，才能得出有效的、较为准确的结论。

3.2　建筑统计数据的收集与整理

建筑统计数据
的收集与整理

3.2.1　统计数据的收集

1）收集一手数据的方法

收集调查对象的原始数据，常用的方法有直接观察法、报告法、采访法等。任何一种调查都必须采用一定的调查方法去收集原始数据，即使调查的组织形式相同，其调查方法也可以不同。应根据调查目的与被调查对象的具体特点，选择合适的调查方法。

（1）直接观察法

直接观察法是指调查人员到现场对调查对象进行观察、点数和计量，取得原始数据的过程。我国的农产量抽样调查常用这种方法。

（2）报告法

报告法是我国统计调查中常用的方法，一般由统计机构将调查表格分发或利用网络传送给被调查者，被调查者则根据填报的要求将填好的调查表发回。在被调查单位有健全的原始记录和核算制度、统计基础较好的条件下，利用报告法能够有效地取得数据。我国现行的统计制度采用的就是这种方法。

（3）采访法

采访法是根据被调查者的答复来收集统计数据,这种方法又分为口头询问法和被调查者自填法两种。口头询问法是由调查人员对被调查者逐一采访,当面填答。被调查者自填法是调查人员把调查表交给被调查者,向被调查者说明填表的要求和方法,并对有关注意事项加以解释,由被调查者按实际情况一一填写,填好后交给调查人员审核并收回。

（4）登记法

登记法是由有关组织机构发出通告,规定当事人在某事发生后到该机构进行登记,填写所需登记的材料。如我国人口出生和死亡的统计以及流动人口的统计,就是采用规定当事人到公安机构登记的方法。

（5）网络调查法

随着互联网的普及,传统的调查方法都可以和网络结合,形成网络调查。

（6）试验设计法

试验设计法是用于收集测试某一新产品、新工艺或新方法使用效果的数据的方法。利用试验设计收集数据,必须在控制的条件下进行试验并在试验过程中收集数据。一般来说,对可以通过科学试验取得数据的,采用试验设计法;而对无法通过科学试验获得数据的,如社会经济现象,则应采用大量观察法。

> **提示**
>
> 任何一种收集原始数据的方法都有各自的优点和缺点,以及各自的应用条件,一项调查采用何种方法收集统计数据要根据社会经济现象的特点和自身的客观条件来决定。

2）收集二手数据的方法

对于大多数研究工作者和实际工作者来说,直接进行调查往往是不可能的。通过各种渠道获取现成的第二手统计数据,是十分重要而有效的手段。第二手统计数据的主要来源有公开的发表物、未公开的内部调查等。

> **小知识**
>
> 在我国,公开出版或报道的社会经济统计数据主要来自国家和地方的统计部门以及各种报告媒介。如中国统计出版社出版的《中国统计年鉴》《中国统计摘要》《国际统计年鉴》《中国人口统计年鉴》《中国工业经济统计年鉴》《中国农村统计年鉴》《中国社会统计年鉴》,各省(自治区、直辖市)的地方统计年鉴和各部门的专业统计年鉴。此外,报纸、杂志、广播、电视、历史文献及著作,也是获得第二手统计数据的重要渠道。尤其是随着互联网的飞速发展,我们可以通过网络更加方便快捷地获取广泛的第二手统计数据。

一些受公开发表篇幅限制或保密等原因未公开发表的内部调查数据,特别是调查的原始数据,是非常宝贵的第二手统计数据资源。通过与原调查单位进行合作,并注意保密及合理使用等问题,可以充分发挥这些第二手统计数据的作用。

利用间接来源的统计数据,必须注意以下几个问题:第一,要评估第二手统计数据的可用价值。有些历史资料尽管保存完好,但事实已发生变化,可能无法用来说明新的现实问题。无法找到原始的调查背景资料、数据保存不完全或者数据缺失过多,都会降低第二手统计数据的使用价值。第二,要注意指标的含义、口径、计算方法是否具有可比性,避免无用和滥用。随着社会经济的发展,统计制度会发生相应的改变,统计指标的含义,口径,计算方法也会发生变化。在使用不同时期的统计数据时,要考虑进行必要的调整,保证可比性。第三,注意弥补缺失数据和进行质量检查。不完整的历史数据,要根据需要和可能设法进行适当的补充;存在问题的数据,要及时剔除或纠正。第四,引用统计数据时,一定要注明数据来源,既方便他人查找核对,也是尊重他人劳动成果和知识产权的要求。

3.2.2 统计数据的整理

统计数据的整理是对调查、观察、实验等研究活动中所收集到的资料进行检验、归类编码和数字编码的过程,它是数据统计分析的基础。

统计数据整理需要注意以下3点:

①现场收集数据,应逐日、逐周和所收集的数据进行核对,以求整理真实且具有代表性的数据。

②数据整理,改善前、后所具备的条件要一致,如此所做的数据整理和比较才有意义。

③异常发生要采取措施,一定要以整理后的数据为研究依据。

3.2.3 数据特征的测度

数据特征的
测度

原始数据经过整理达到一定程度的概括,据此,我们对数据的分布特征有了一个大致认识和了解。但这毕竟还只是统计数据处理的初级阶段,在大多数情况下,只满足于此是远远不够的,尚需从不同的角度对数据进行计算,力求高度综合地掌握数据所蕴含的关于统计总体的知识,掌握其分布特征。对统计数据特征的测度,主要从3个方面进行:一是分布的集中趋势,反映各数据向其中心值靠拢或聚集的程度;二是分布的离散程度,反映各数据远离其中心值的趋势;三是分布的偏态和峰度,反映数据分布的形状,这里主要介绍集中趋势和离散程度的测度。

1)集中趋势的测度

集中趋势是指一组数据向某一中心值靠拢的倾向。测度集中趋势也就是寻找数据一般水平的代表值或中心值。集中趋势的测度主要包括位置平均数和数值平均数。位置平均数是指按数据的大小顺序或出现频数的多少,确定集中趋势的代表值,主要有众数、中位数等;数值平均数是指根据全部数据计算出来的平均数,主要有算术平均数、几何平均数等。

(1)众数

众数是一组数据中出现频数最多的那个数值,用 M_0 表示。例如,一家连锁超市 10 个分店某月的销售额(单位:万元)分别为:

$$61;65;73;78;80;80;80;80;96;97$$

这 10 个分店月销售额的众数为 $M_0 = 80$ 万元。

用众数反映集中趋势,非常直观,不仅适用于品质数据,也适用于数值型数据。众数是一个位置代表值,不受极端值的影响,抗干扰性强。

(2)中位数

把一组数据按从小到大的顺序进行排列,位置居中的数值叫作中位数,用 M_e 表示。中位数将数据分成两个部分,其中一半的数据小于中位数,另一半的数据大于中位数。这里只简单介绍根据未分组数据计算中位数的方法。

根据未分组数据计算中位数时,要先对数据进行排序,然后确定中位数的位置,其计算公式为:

$$中位数位置 = \frac{n+1}{2}$$

其中,n 为数据的个数。最后确定中位数的具体数值。

设一组数据为 $X_1, X_2, \cdots, X_n$,按从小到大的顺序为 $X_{(1)}, X_{(2)}, \cdots, X_{(n)}$,则中位数为:

$$M_e = \begin{cases} X_{\left(\frac{n+1}{2}\right)}, & 当\ n\ 为奇数时 \\ \frac{1}{2}\left[X_{\left(\frac{n}{2}\right)} + X_{\left(\frac{n+1}{2}\right)} \right], & 当\ n\ 为偶数时 \end{cases}$$

【例 3.1】　某地级市下辖 9 个县,每个县的面积如下(单位:km^2),计算该市下辖县面积的中位数:

　　　　1 455;2 019;912;1 016;1 352;1 031;2 128;1 075;2 000

将上面的数据进行排序,结果如下:

　　　　912;1 016;1 031;1 075;1 352;1 455;2 000;2 019;2 128

中位数位置 = (9+1)/2 = 5;中位数为 1 352,即 M_e = 1 352 km^2。

【例 3.2】　在【3.1】中,由于行政区划调整,临市的一个面积为 1 000 km^2 的县划归该市。行政区划调整后,该市现在下辖 10 个县,该市下辖县的面积(单位:km^2)从小到大依次为:

　　　　912;1 000;1 016;1 031;1 075;1 352;1 455;2 000;2 019;2 128

计算行政区划调整后该市下辖县面积的中位数:

中位数位置 = (10+1)/2 = 5.5,中位数为 1 213.5,即 M_e = (1 075+1 352)/2 km^2 = 1 213.5 km^2

中位数主要适用于顺序数据,也适用于数值型数据,但不适用于分类数据。中位数也是一个位置代表值,不受极端值的影响,抗干扰性强。

(3)算术平均数

算术平均数是全部数据的算术平均,又称均值,用 $\overline{X}$ 表示。算术平均数是集中趋势最主要的测度值,在统计学中具有重要的地位,是进行统计分析和统计推断的基础。它主要适用于数值型数据,但不适用于品质型数据。根据数据表述形式的不同,算术平均数有不同的计算形式和计算公式。

①简单算术平均数。简单算术平均数主要用于处理未分组的原始数据。设一组数据为 $X_1, X_2, \cdots, X_n$,则简单算术平均数的计算公式为:

$$\overline{X} = \frac{X_1 + X_2 + \cdots + X_n}{n} = \frac{\sum_{i=1}^{n} X_i}{n}$$

【例 3.3】　某售货小组有 5 名营业员,元旦一天的销售额分别为 520 元,600 元,480 元,750 元和 500 元,求该日平均销售额。

$$\overline{X} = \frac{X_1 + X_2 + \cdots + X_n}{n} = \frac{520 + 600 + 480 + 750 + 500}{5} 元 = 570 元$$

计算结果表明,5 名营业员的平均销售额为 570 元。

②加权算术平均数。加权算术平均数主要用于处理经分组整理的数据。设原始数据被分成 k 组,各组的组中值为 $X_1,X_2,\cdots,X_k$,各组的频数分别为 $f_1,f_2,\cdots,f_k$,则加权算术平均数的计算公式为:

$$\overline{X} = \frac{X_1 f_1 + X_2 f_2 + \cdots + X_k f_k}{f_1 + f_2 + \cdots + f_k} = \frac{\sum\limits_{i=1}^{k} X_i f_i}{\sum\limits_{i=1}^{k} f_i}$$

【例 3.4】 某市商业企业协会根据 100 个会员样本,整理出一年销售额的分布资料,见表 3.1。请计算年均销售额。

表 3.1 销售额分布资料

销售额/万元	组中值 X_i	商业企业数 f_i	$X_i f_i$
100 ~ 150	125	4	500
150 ~ 200	175	16	2 800
200 ~ 250	225	40	9 000
250 ~ 300	275	28	7 700
300 ~ 350	325	10	3 250
350 ~ 400	375	2	750
合计	—	100	24 000

首先确定组中值,计算结果在表 3.1 中列出。代入加权算术平均数计算式得:

$$\overline{X} = \frac{X_1 f_1 + X_2 f_2 + \cdots + X_k f_k}{f_1 + f_2 + \cdots + f_k} = \frac{\sum\limits_{i=1}^{k} X_i f_i}{\sum\limits_{i=1}^{k} f_i} = \frac{24\,000}{100} \text{万元} = 240 \text{万元}$$

计算结果表明,100 个商业企业的年均销售额为 240 万元。

计算和运用算术平均数需注意:第一,算术平均数同时受到两个因素的影响:一是各组数值的大小;二是各组分布频数的多少。在数值不变的情况下,哪一组的频数多,该组的数值对平均数的作用就大;反之,哪一组的频数少,该组数值对平均数的影响就小。频数在加权算术平均数中起着权衡轻重的作用,这也是加权算术平均数"加权"一词的来历。第二,算术平均数易受极端值的影响,极端值的出现,会使平均数的真实性受到干扰。

(4)几何平均数

n 个观察值连乘积的 n 次方根就是几何平均数。根据资料的条件不同,几何平均数也有加权和不加权之分。这里只介绍简单几何平均数的计算。

设一组数据为 $X_1,X_2,\cdots,X_n$,且大于 0,X_G 表示几何平均数,则:

$$X_G = \sqrt[n]{X_1 X_2 \cdots X_n} = \sqrt[n]{\prod_{i=1}^{n} X_i}$$

【例 3.5】　某型号钻头的生产,需经过 6 道不同的加工工序,各道工序的合格率见表 3.2,请计算平均合格率。

表 3.2　各道加工工序合格率

工序名称	合格率/%	工序名称	合格率/%
冲料	98.2	加热	96.6
料废	97.5	扫槽	95.5
车工	97.0	接柄	95.0

用几何平均数的方法进行计算,得:

$$X_G = \sqrt[n]{\prod_{i=1}^{n} X_i} = \sqrt[6]{98.2\% \times 97.5\% \times \cdots \times 95.0\%} = 96.63\%$$

各道工序的平均合格率为 96.63%。

计算几何平均数时,要求各观察值之间存在连乘积关系,其主要用途有两个:一是对比率、指数率等进行平均;二是计算平均发展速度。

2) 离散程度的测度

离散程度是指数据之间的差异程度或频数分布的分散程度。离散程度与集中趋势是两个同样重要的数据分析特征。集中趋势的测度值是对数据一般水平的一个概括性变量,它对一组数据的代表程度取决于该组数据的离散水平。数据的离散程度越大,集中趋势的测度值对该组数据的代表性就越差;数据的离散程度越小,集中趋势的测度值对该组数据的代表性就越好。离散程度的测度主要包括极差、标准差和方差、离散系数等。

(1)极差

极差是总体或分布中最大的标志值与最小的标志值之差,又称全距,用 R 表示。

$$R = X_{max} - X_{min}$$

极差反映的是变量分布的变异范围或离散幅度,在总体中,任何两个单位的标志值之差都不可能超过极差。极差计算简单,含义直观,运用方便。但它只取决于两个极端值的水平,不能反映期间的变量分布情况,同时容易受极端值的影响。

(2)标准差和方差

标准差是总体所有单位标志值与其平均数离差之平方的平均数的平方根,用 σ 表示。其计算公式为:

$$\sigma = \sqrt{\frac{\sum_{i=1}^{n}(X_i - \overline{X})^2}{n}} \quad (用于未整理的原始数据)$$

$$\sigma = \sqrt{\frac{\sum_{i=1}^{n}(X_i - \overline{X})^2 f_i}{\sum_{i=1}^{n} f_i}} \quad (用于分组数据)$$

方差就是标准差的平方,用 σ^2 表示。其计算公式为:

$$\sigma^2 = \frac{\sum_{i=1}^{n}(X_i - \overline{X})^2}{n} \quad (\text{用于未整理的原始数据})$$

$$\sigma^2 = \frac{\sum_{i=1}^{n}(X_i - \overline{X})^2 f_i}{\sum_{i=1}^{n} f_i} \quad (\text{用于分组数据})$$

（3）离散系数

以上介绍的极差、标准差和方差都是反映数据分散程度的绝对值,其数值大小一方面取决于原变量值本身水平高低,也就是与变量的算术平均数大小有关,变量值绝对水平高的,其离散程度的程度值自然就大;绝对水平小的,其离散程度的程度值自然就小。另一方面,它们与原变量的计量单位相同,采用不同计量单位计量的变量值,其离散程度的测度值也就不同。因此,对平均水平不同或计量单位不同的不同组别的变量值,是不能用上述离散程度的测度值直接进行比较的。为消除变量值水平高低和计量单位不同对离散程度测度值的影响,需要计算离散系数。

离散系数通常是根据标准差计算的,因此也称为标准差系数。它是一组数据的标准差与其相应的算术平均数之比,是测度数据离散程度的相对指标,用 CV 表示,其计算公式为:

$$CV = \frac{\sigma}{\overline{X}} \times 100\%$$

离散系数主要用于比较不同组别数据的离散程度。离散系数大,说明数据的离散程度也大;离散系数小,说明数据的离散程度也小。

3.3　建筑机械设备的能力管理

建筑机械设备
的能力管理

建筑机械设备能力是企业参与市场竞争的主要能力标志,建筑机械设备数量的增加,能力的提高为加快施工进度、降低工程成本、全面提高企业经济效益提供了强有力的物质支撑。建筑机械设备统计管理的主要指标包括机械设备数量、能力、机械装备程度、完好程度等统计基础指标和机械设备能力指数,机械设备使用百分比等统计分析指标。

3.3.1　机械设备的数量指标

反映机械设备规模的数量指标包括实有台数和平均台数。实有台数指施工企业在某一时点的机械设备在册的实有台数,由于时点通常选在报告期期末,因此实有台数经常被称为期末设备实有台数。其计算公式为:

期末设备实有台数＝期初设备实有台数＋本期增加台数－本期减少台数

平均台数是报告期内每天平均拥有的机械设备台数,其计算公式为:

$$\text{报告期机械设备平均台数} = \frac{\text{报告期内每天拥有的机械台数之和}}{\text{报告期日历天数}}$$

月度机械设备平均台数,也可用两个时点台数之和再平均的方法,其计算公式为:

$$月度机械设备平均台数 = \frac{月初实有台数 + 月末实有台数}{2}$$

【例 3.6】　某施工企业 6 月 1 日有 10 台卷扬机,6 月 11 日增加 5 台,6 月 26 日调走 8 台,试计算 6 月末实有台数和 6 月平均台数。

解　6 月末实有台数 = (10+5-8)台 = 7 台

$$6 月平均台数 = \frac{10 \times 10 + 15 \times 15 + 7 \times 5}{30} 台 = 12 台$$

3.3.2　机械设备的能力指标

机械设备能力是指各种机械设备能够承担工程量的能力,它是依据机械设备工作的容量、承载能力、单位时间的生产力或动力部分的功率来计算的。单台机械设备的设计能力数据大多数都可在机械设备的出厂说明书中查到,即使有少量查不到的,也要以机械设备主管机关批准的查定能力为准。通常情况下,机械设备能力的基础指标包含机械设备的总能力、平均能力和生产能力等,年增长率与能力指数等则是建筑机械设备的分析指标。

机械设备的总能力是指建筑企业在一定时点上拥有的各类机械设备能力之和,它反映的是各类机械设备承担生产任务的总能力。其计算公式为:

$$某种机械设备总能力 = \sum (某种机械的单台设计能力 \times 该种机械设备台数)$$

机械总能力实际上是建筑机械设备在某个时点上的能力,若要计算机械设备在一段时期(如报告期)的平均能力,则需要求出报告期内平均每天所拥有同种或同类机械设备的能力之和,然后除以报告期日历天数即可。

$$机械设备平均能力 = \frac{报告期内平均每天拥有的机械设备实有能力之和}{报告期日历天数}$$

为了减少计算量,也有以月平均能力为单位的计算式,即季度平均能力是本季度 3 个月的平均能力和的 1/3,年平均能力是本年度 12 个月的平均能力的 1/12。

$$机械设备季平均能力 = \frac{报告季内 3 个月的机械设备平均能力之和}{3}$$

$$机械设备年平均能力 = \frac{报告年内 12 个月的机械设备平均能力之和}{12}$$

【例 3.7】　2023 年年末,某建筑业企业实际拥有的起重机械数量及其能力见表 3.3,试计算该企业 2023 年起重机械总能力。

表 3.3　某建筑企业 2023 年起重机械能力统计表

机械设备名称	单台设计能力/t	数量	总能力/t
履带式起重机	15	2	30
塔式起重机(10 t)	10	5	50
塔式起重机(8 t)	8	3	24
汽车式起重机(50 t)	50	1	50
汽车式起重机(20 t)	20	2	40

续表

机械设备名称	单台设计能力/t	数量	总能力/t
汽车式起重机(10 t)	10	3	30
汽车式起重机(8 t)	8	5	40

解 由表3.3提供的数据知,依据某种机械计算公式,有

2023年起重机械总能力 = $\sum$ (起重机械单台设计能力 × 该种设备台数)

$$= (15 \times 2 + 10 \times 5 + 8 \times 3 + 50 \times 1 + 20 \times 2 + 10 \times 3 + 8 \times 5) t = 264 \ t$$

【例3.8】 某施工队2023年卷扬机数量变化情况见表3.4。

表3.4 某施工队2020年卷扬机数量变化情况统计表

增减日期	机械设备名称	单台设计能力	增减数量	变动原因
10月1日	卷扬机(2 t)	2 t	5	原有
10月5日	卷扬机(5 t)	5 t	3	购入
12月20日	卷扬机(2 t)	2 t	−1	调出

试计算该队10月、11月、12月,第四季度与全年的卷扬机的平均能力。

解 第一步,计算10月平均能力时,首先计算每日能力。根据表3.4中的变动情况,即10月1日原有5台2 t的卷扬机,10月5日购入3台5 t的卷扬机,因此10月分成4天+27天两个部分,第一段前4天,每日能力10 t,共计40 t;第二段后27天,每日能力=前段无变化能力+变化能力,即10 t+15 t=25 t。

第二步,先用每日能力和区间长度的乘积求出区间实有能力,然后套用月度平均能力计算式求出10月平均能力。

$$10月卷扬机平均能力 = [2 \times 5 \times 4 + (2 \times 5 + 5 \times 3) \times 27] \ t \times \frac{1}{31} = 23.06 \ t$$

类似地,求出11月、12月的平均能力。3个月的平均能力计算过程和结果见表3.5。

表3.5 某施工队卷扬机10—12月平均能力计算表

变动日期	名称	单台设计能力/t	数量/台	每日能力/t	计算区间	区间长度/天	实有总能力累计/t
10月1日	卷扬机	2	5	10	10.1—10.4	4	40
10月5日	卷扬机	5	3	25	10.5—10.31	27	715
					10月平均能力	31	23.06
11月1日	卷扬机		无变动	25	11.1—11.30	30	750
					11月平均能力	30	25
12月1日	卷扬机		无变动	25	12.1—12.19	19	475
12月20日	卷扬机	2	−1	23	12.20—12.31	12	751
					12月平均能力	31	24.23

$$四季度卷扬机平均能力 = (23.06 + 25 + 24.23) \text{t} \times \frac{1}{3} = 24.1 \text{ t}$$

$$1 \text{ 月平均能力} = \left[(2 \times 5) \times 31 \times \frac{1}{31} \right] \text{t} = 10 \text{ t}, 2 \text{ 月平均能力} = \left[(2 \times 5) \times 28 \times \frac{1}{28} \right] \text{t} = 10 \text{ t}$$

依次计算出 1—9 月每个月的卷扬机的平均能力均为 10 t。按照季度机械设备能力计算公式，第一季度、第二季度、第三季度卷扬机的季度平均能力均为 10 t，故

$$施工队全年的卷扬机平均能力 = (10 + 10 + 10 + 24.1) \text{t} \times \frac{1}{4} = 13.53 \text{ t}$$

3.3.3　机械设备能力的利用率指标

机械设备能力是建筑机械设备在单位时间完成实物工程量的能力。为了发挥机械设备的能力，通常需要计算机械设备的能力利用情况即机械设备利用率。机械台班利用率是指报告期平均每台班完成的实际产量与定额产量的比。

$$机械台班利用率 = \frac{报告期某种机械平均每台班实际产量}{报告期该种机械台班定额产量} \times 100\%$$

（1）台班和台时

机械设备的能力利用情况是按照台班和台时计算的。台班由"台"和"班"组成，台是机械设备单位，班是白班、夜班、加班的班，是一个完整的工作时间段，班时是班的单位，8 h 工作制背景下，一个班时就是 8 h。台班和台时都是工程机械专用的单位，台班是指机械或设备工作一个班时发挥的效能，台时是指一台机械在一天中工作的时间。8 h 工作制背景下，一台机械一天工作 8 h 就是一个台班，也是 8 个台时，此时"1 台班 = 8 台时"。照此计算，若每天一班制，工作 2 天，就是 2 个台班 16 个台时。

（2）定额产量

定额产量又称理论单产，是机械设备在充分利用的情况下，单位时间内能够完成的最大工作量。其计算公式为：

$$报告期该种机械台班定额产量 = 机械设计能力 \times 生产效率$$

其中，生产效率是指理论上的单位时间的工作量，如 m^3/h。

（3）平均每台实际产量

平均每台实际产量是指机械设备在一定条件下，在单位时间内实际完成的工作量。其计算公式为：

$$报告期机械设备平均每台班实际产量 = \frac{报告期某种机械设备实际完成的工作量}{报告期该种机械设备实作台班数}$$

由于台班是按照台日计算的，因此，机械设备只要参加了施工生产活动，不论一天运转了几个小时，都算一个实作台日。也就是说，按日算的台班是比较粗略的，更细致的有台时计算方法，尤其是对配有固定专业司机的中大型机械设备，需要进一步计算机械台时利用率。

$$机械设备台时利用率 = \frac{报告期某种机械设备平均每台时实际产量}{报告期该种机械设备台时定额产量} \times 100\%$$

【例 3.9】　某企业某年 3 月有一台 WY-160 国产单斗挖掘机，斗容量为 1.6 m^3，生产效

率为 280 m³/h,现已知该挖掘机 3 月实作台班 23 个,实际台时数 161,全月完成的土方工程量为 32 000 m³,假设实行一班制,试计算机械台时和机械台班的能力利用率。

解 根据机械台班利用率的公式,先求分母,再求分子。

由台时产量 280 m³/h 乘以一天 8 h 就是台班定额产量,即

挖掘机台时定额产量=280 m³/台时

挖掘机台班定额产量=280×8 m³/台时=2 240 m³/台班

$$平均每台班实际产量=\frac{报告期实际完成工作量}{报告期实作台班数}=\frac{32\ 000}{23}=1\ 391.3$$

$$平均每台时实际产量=\frac{报告期实际完成工作量}{报告期实际台班数}=\frac{32\ 000}{161}=198.76$$

$$台时能力利用率=\frac{平均每台时实际产量}{台时定额产量}=\frac{198.76}{280}\times100\%=70.99\%$$

$$台班能力利用率=\frac{平均每台班实际产量}{台班定额产量}=\frac{1\ 391.3}{2\ 240}\times100\%=62.11\%$$

70.99%,说明机械利用状况未达到定额水平(理论水平),它离定额水平还差 29.01%。从平均意义上讲,机械的平均台时也未达到每天 8 h,161/23 h=7 h,说明实际上机械每日的台时为 7 h。

3.4 建材指数

3.4.1 建材的简单指数计算

1)概念的提出

统计学中,指数又称为统计指数,是统计分析中反映研究对象在不同时间点变动的相对数。用统计指数可以分析很多社会经济问题。

2)统计指数的分类

(1)根据指数所考察的对象和范围分类

统计指数根据指数所考察的对象和范围不同,分为个体指数和总指数。

①个体指数。该指数是反映个别现象或个别项目的数量对比关系的指数,如建筑材料消耗量指数或房地产价格指数等。个体指数就是一般的相对数,是考察期水平与基期水平的对比。

②总指数。该指数是指由不同个体组成的、总体的、复杂现象的水平的数量对比关系的指数。如一个工地的所有建筑材料的消耗量或价格指数、一个建筑企业每年完成的所有产值和成本指数等。

根据计算时是否加权,总指数还可继续分为简单指数和加权指数。简单指数是用简单平均方法计算的总指数;加权指数是用加权的方法计算的总指数。根据总指数的计算形式不同,加权指数又可继续划分为综合指数和平均指数。加权综合指数是先将研究对象加总,然后通过对比得到的总指数;加权平均指数是先对比计算研究对象的个体指数,再将个体指

数进行平均得到的总指数。显然,简单指数、加权指数、综合指数、平均指数都只是总指数的一种计算方法。

（2）根据指数的对比特点分类

统计指数根据指数的对比特点,还可分为动态指数和静态指数。

①动态指数。如果一个指数是同类现象的水平在不同时间点上进行比较的结果,则称该指数为动态指数。由于动态指数反映的是研究对象在时间上的变化过程和程度,故动态指数又称为时间指数。常见的建筑材料价格指数、股票价格指数、工业生产指数等都属于动态指数。

②静态指数。如果一个指数是同类现象的水平在不同空间（如国家、省、企业）上进行比较的结果,或者是在计划与实际水平之间进行比较的结果,则称这样的指数为静态指数。静态指数又是空间指数和计划完成程度指数的统称。产品成本计划完成指数、主要建材消耗价值指数等都是静态指数。

个体指数比较简单,但它是总指数计算的基础,在建筑统计应用中,主要关注简单指数、加权综合指数和加权平均指数的计算方法。

3）简单指数的编制方法

用简单平均的方式计算总指数的方法称为简单指数法。用简单指数法编制的指数称为简单指数,其中,如果简单指数是个体指数的简单算术平均数,则称其为简单算术平均数指数。其计算公式为:

$$\overline{k_p} = \frac{1}{n} \sum \frac{p_1}{p_0}$$

式中　$\overline{k_p}$——研究对象的总指数;

p_0, p_1——分别是个体在基期和观察期的水平值,$\dfrac{p_1}{p_0}$是指总指数包含的个体指数;

n——总指数包含的个体数量。

类似地,如果简单指数是个体指数的简单调和平均数,则称为简单调和平均数指数;如果简单指数是个体指数的简单几何平均数,则称为简单几何数平均数。简单调和平均数指数与简单几何平均数指数的计算公式分别为:

$$\overline{k_p} = \frac{n}{\sum \dfrac{1}{\dfrac{p_1}{p_0}}} ; \overline{k_p} = \sqrt[n]{\prod \frac{p_1}{p_0}}$$

3 种简单指数的计算式告诉我们,计算简单指数时,需要先计算个体指数,然后依据公式求其平均数即可。由于简单指数的结果大多是百分数的形式,因此,用简单平均数计算简单指数时,个体指数的单位也常用百分数。

【例 3.10】　表 3.6 是某市 2022 年和 2023 年几种主要建筑材料的价格表。试根据表 3.6 的数据计算出价格的简单算术平均数指数、简单几何平均数指数和简单调和平均数指数。

表3.6 个体价格指数计算例题表

名称	计量单位	建材价格/元		个体价格指数/%
		基期 p_0	计算期 p_1	
钢材	t	4 220	4 805	113.863
木材	m³	2 200	2 400	109.091
水泥	t	599	519	86.644
玻璃	重量箱	77	65	84.416
玻璃	m²	110	75	68.182
铝材	t	16 500	17 200	104.242

由表3.6可知,首先计算出个体价格指数 $\dfrac{p_1}{p_0}$,得到表3.6最右边一列的数据。

$$\sum \frac{p_1}{p_0} = 113.863\% + 109.091\% + 86.644\% + 84.416\% + 68.182\% + 104.242\% = 566.438\%$$

$$\sum \frac{1}{\frac{p_1}{p_0}} = \frac{1}{113.863\%} + \frac{1}{109.091\%} + \frac{1}{86.644\%} + \frac{1}{84.416\%} + \frac{1}{68.182\%} + \frac{1}{104.242\%} = 6.56\%$$

$$\prod \frac{p_1}{p_0} = 113.863\% \times 109.091\% \times 86.644\% \times 84.416\% \times 68.182\% \times 104.242\% = 64.54\%$$

将以上个体指数的计算结果代入各种简单指数的计算公式即可得到相应的简单指数。

简单算术平均数指数: $\overline{k_p} = \dfrac{1}{n} \sum \dfrac{p_1}{p_0} = \dfrac{1}{6} \times 566.438\% = 94.406\%$

简单调和平均数指数: $\overline{k_p} = \dfrac{n}{\sum \dfrac{1}{\frac{p_1}{p_0}}} = \dfrac{6}{6.56\%} = 91.5\%$

简单几何平均数指数: $\overline{k_p} = \sqrt[n]{\prod \dfrac{p_1}{p_0}} = \sqrt[6]{64.54\%} = 92.96\%$

【例3.11】 通常情况下,一个企业机械设备总能力水平的年增长率是这个企业成长优良的主要标志。表3.7是某企业2022—2023年起重机械个体能力指数统计表,试求该企业起重机械总能力的简单算术平均数指数和简单几何平均数指数。

表3.7 某企业2022—2023年起重机械个体能力指数统计表

机械设备名称	单台能力/t	数量/台		总能力		机械设备个体能力指数/%
		基期 p_0	计算期 p_1	基期 q_0	计算期 q_1	
履带式起重机	15	2	2	30	30	100.00
塔式起重机(10 t)	10	3	5	30	50	166.67
塔式起重机(8 t)	8	2	3	16	24	150.00

续表

机械设备名称	单台能力/t	数量/台		总能力		机械设备个体能力指数/%
		基期 p_0	计算期 p_1	基期 q_0	计算期 q_1	
汽车式起重机(50 t)	50	1	1	50	50	100.00
汽车式起重机(20 t)	20	1	2	20	40	200.00
汽车式起重机(10 t)	10	2	3	20	30	150.00
汽车式起重机(8 t)	8	3	5	24	40	166.67

注:基期为 2022 年年末,计算期为 2023 年年末。

解　由表 3.7 计算出个体价格指数,得到表 3.7 最右边一列的起重机械个体能力指数。

简单算术平均数指数: $\overline{k_{\mathrm{p}}} = \dfrac{1}{n} \sum \dfrac{p_1}{p_0} = \dfrac{1}{7} \times 1\,033.33\% = 147.62\%$

简单几何平均数指数: $\overline{k_{\mathrm{p}}} = \sqrt[n]{\prod \dfrac{p_1}{p_0}} = \sqrt[7]{1\,250 \times 10^{12}} = 143.45\%$

如果继续分析【例 3.10】,就会看到简单指数的一个较明显的不足,即简单指数无法反映价格在多个因素影响下的变化程度。如果只考虑价格因素,那么哪种材料价格高,哪种材料价格对价格变化的影响就大,简单指数并没有考虑各种建材的消耗量大小对价格变动产生的影响。例如,铝材单价对所有建材的价格总量影响很大,但对于建筑材料的消耗量而言,它所占的比重又太小,简单指数难以反映这样的实际情况。因此,在实际问题中,简单指数采用得不多,常用的是综合指数。

3.4.2　总值指数和加权综合指数

1)总值指数与加权综合指数方法

加权综合指数是通过两个综合变量的比较形成的指数。编制加权综合指数的方法称为综合指数法。所谓综合是指形成指数的数据量在两个以上,当两个以上的不同数量单位的数据量同时出现时,加权综合指数法首先要解决的问题就是不同数量单位的数据量的加总问题,解决加总问题的方法之一就是同度量法。统计学中,将原来不能直接相加的项转换到可以相加的项的方法称为同度量法。

同度量任务完成后,可直接计算总值指数,价值量的总值指数的计算公式为:

$$I = \frac{\sum p_1 q_1}{\sum p_0 q_0}$$

同度量法除具有同度量的作用外,还对计入总指数的不同项具有加权作用,因此同度量项又称为权数。例如,在对建筑材料的同度量过程中,采用的是"材料数量乘以相应价格"的" $\sum p_i q_i$ "模式,在这个价值量表达式中,p 可看成 q 的权数,q 也可看成 p 的权数。

综合指数法只解决加总问题是不够的,在上面提到的例子中,价值量的比值反映的是价格和消耗量的综合变动程度,并没有反映出在综合基础上价格或消耗量各自的变化程度。

如果想根据综合价值量求出综合价格指数,就必须在基期和报告期之间保持消耗量不变。也就是说,如果我们期望求出某一个权数的综合指标指数,就必须将另一个指标固定在同一时期。或者说,某个指标的综合指标指数是指在其他指标保持不变的情况下的综合指数。这里的同一时期,可以是基期、计划期、报告期、定额编制期或某一特定时期。

2)拉氏指数和帕氏指数

拉氏指数又称为拉斯贝尔指数,是最重要的加权综合指数公式之一,它是德国著名经济统计学家拉斯贝尔提出的一种指数计算方法。由于它是把权数固定在基期计算指数的公式,因此,又称拉氏指数为基期加权综合指数,常简记为 L。其计算公式为:

$$L_p = \frac{\sum p_1 q_1}{\sum p_0 q_0}; L_q = \frac{\sum q_1 p_0}{\sum q_0 p_0}$$

如果把权数固定在报告期,则称固定在报告期的加权综合指数,又称帕氏指数。帕氏指数是1874年德国经济统计学家帕舍提出的一种指数计算方法。由于帕氏指数将同度量因素固定在报告期水平上,故又称为帕氏指数为报告期加权综合指数,简记为 H,相应的综合指数计算公式为:

$$H_p = \frac{\sum p_1 q_1}{\sum p_0 q_1}; H_q = \frac{\sum q_1 p_1}{\sum q_0 p_1}$$

3)加权平均指数

加权平均指数是加权综合指数计算的另一种形式,它是以某一时期的价值量为权数,通过对个体指数加权平均计算得出的指数。以价格指数为例,加权平均价格指数的计算方法依据所用权数时期不同而有差别。当使用基期的建材消耗价值量 $p_0 q_0$ 为权数时,一组建材的价格综合指数通常采用下式计算:

$$I_p = \frac{\sum \frac{p_1}{p_0} p_0 q_0}{\sum p_0 q_0}$$

当使用报告期的消耗价值量 $p_1 q_1$ 为权数时,一组建材的价格综合指数通常采用下式计算:

$$I_p = \frac{\sum p_1 q_1}{\sum \frac{1}{\frac{p_1}{p_0}} p_1 q_1}$$

在平均数的计算中,有一种平均数称为加权平均数。设权数变量 M 依次取值为 $m_1, m_2, \cdots, m_n$,变量 X 依次取值为 $X_1, X_2, \cdots, X_n$ 的加权调和平均数的计算公式为:

$$I = \frac{\sum_i m_i}{\sum_i \frac{1}{x_i} m_i} = \frac{\sum M}{\sum \frac{M}{X}}$$

当取 $M = p_1 q_1$,$X = p_1/p_0$ 时,综合价格指数 I_p 就是加权调和平均数。

实际上,当个体指数与总体指数之间存在一一对应关系时,基期加权的算术平均指数恒等于拉氏指数,报告期加权的平均指数恒等于帕氏指数,即

$$I_p = \frac{\sum \dfrac{p_1}{p_0} p_0 q_0}{\sum p_0 q_0} = \frac{\sum p_1 q_0}{\sum p_0 q_0} = L_p$$

$$I_p = \frac{\sum p_1 q_1}{\sum \dfrac{1}{\dfrac{p_1}{p_0}} p_1 q_1} = \frac{\sum p_1 q_1}{\sum p_0 q_1} = H_p$$

因此,加权平均指数可以看成综合指数的变形。一般情况下,计算拉氏指数和帕氏指数后,就不需要再计算加权平均指数了。但是,在编制指数的实践中,为了简化指数编制工作,常将相对权数独立看待,最常用的办法是将权数固定起来,如下列指数就是常见的固定权数的计算公式:

$$I_p = \sum \frac{p_1}{p_0} W_c$$

其中,W_c 为固定的相对权数,它可以是小数,也可以是百分数,称这样的指数为固定加权平均指数。对于综合指数而言,固定权数的确定依赖于对个体指数的综合分析,这里不再赘述。

【例 3.12】　某建筑企业所属 3 个施工项目部 2022—2023 年 6 种主要建材价格及消耗量统计数据见表 3.8。

表 3.8　某建筑企业所属 3 个施工项目部主要建材价格及消耗量统计数据

建材名称	计量单位	建材价格/元		消耗量	
		预算期 p_0	报告期 p_1	预算期 q_0	报告期 q_1
钢材	t	4 220	4 805	1 975	2 316
木材	m³	2 200	2 400	1 575	1 882
水泥	t	599	519	12 345	12 758
玻璃	重量箱	77	65	1 700	2 426
玻璃	m²	110	75	5 567	6 872
铝材	t	16 500	17 200	310	450

注:基期为 2022 年,报告期为 2023 年。

试根据表 3.8 中的数据计算报告期的主要建材消耗价值量的总值指数,拉氏建材消耗指数和帕氏建材消耗指数。

解　(1)计算总值指数

首先,分别计算预算期与报告期的个体建材消耗价值量 $p_0 q_0$ 与 $p_1 q_1$,将计算结果列于表 3.9 中。

其次,将预算期和报告期的价值量总和计入表 3.10 中。

最后,代入总值指数计算式得出主要建材消耗价值量的总值指数,计算过程可用 Excel 表格计算公式快速实现。

表 3.9　某建筑行业所属 3 个施工项目部主要建材消耗价值量总值指数计算表

建材名称	计量单位	建材价格/元		消耗量		耗材价值/万元	
		预算期 p_0	报告期 p_1	预算期 p_0	报告期 p_1	预算期 p_0q_0	报告期 p_1q_1
钢材	t	4 220	4 805	1 975	2 316	833.45	1 112.838
木材	m^3	2 200	2 400	1 575	1 882	346.5	451.68
水泥	t	599	519	12 345	12 758	739.465 5	662.140 2
玻璃	重量箱	77	65	1 700	2 426	13.09	15.769
玻璃	m^2	110	75	5 567	6 872	61.237	51.54
铝材	t	16 500	17 200	310	450	511.5	774
合计						2 505.242 5	3 067.967 2

注:基期为 2022 年,报告期为 2023 年。

$$主要建材消耗价值量的总值指数 = \frac{\sum p_1q_1}{\sum p_0q_0} = \frac{3\ 067.97}{2\ 505.24} = 122.46\%$$

(2)计算拉氏指数

首先固定建材价格为预算期即基期价格,然后代入拉氏指数计算公式求出主要建材消耗量的拉氏指数,见表 3.10。

$$主要建材消耗价值量的拉氏指数 = \frac{\sum p_0q_1}{\sum p_0q_0} = \frac{2\ 992.37}{2\ 505.24} = 1\ 219.44\%$$

表 3.10　某建筑行业所属 3 个施工项目部主要建材消耗价值量拉氏指数计算表

建材名称	计量单位	建材价格/元		消耗量		耗材价值/万元	
		预算期 p_0	报告期 p_1	预算期 p_0	报告期 p_1	预算期 p_0q_0	报告期 p_0q_1
钢材	t	4 220	4 805	1 975	2 316	833.45	977.352
木材	m^3	2 200	2 400	1 575	1 882	346.5	414.04
水泥	t	599	519	12 345	12 758	739.465 5	764.204 2
玻璃	重量箱	77	65	1 700	2 426	13.09	18.680 2
玻璃	m^2	110	75	5 567	6 872	61.237	75.592
铝材	t	16 500	17 200	310	450	511.5	742.5
合计						2 505.242 5	2 992.368 4

注:基期为 2022 年,报告期为 2023 年。

(3)计算帕氏指数

首先固定建材价格为报告期价格,其次代入帕氏指数计算公式求出主要建材消耗价值量的帕氏指数,见表 3.11。

$$主要建材消耗价值量的帕氏指数 = \frac{\sum p_1 q_1}{\sum p_1 q_0} = \frac{3\ 067.97}{1\ 553.70} = 120.14\%$$

表 3.11　某建筑行业所属 3 个施工项目部主要建材消耗价值量帕氏指数计算表

建材名称	计量单位	建材价格/元		消耗量		耗材价值/万元	
		预算期 p_0	报告期 p_1	预算期 p_0	报告期 p_1	预算期 $p_1 q_0$	报告期 $p_1 q_1$
钢材	t	4 220	4 805	1 975	2 316	948.987 5	1 112.838
木材	m³	2 200	2 400	1 575	1 882	378	451.68
水泥	t	599	519	12 345	12 758	640.705 5	662.140 2
玻璃	重量箱	77	65	1 700	2 426	11.05	15.769
玻璃	m²	110	75	5 567	6 872	41.752 5	51.54
铝材	t	16 500	17 200	310	450	533.2	774
合计						2 553.695 5	3 067.967 2

注:基期为 2022 年,报告期为 2023 年。

由于拉氏指数以基期价格为权数,消除了价格变动对消耗价值量指数的影响,因此不同时期的消耗量价值指数具有可比性,但它也有不足之处。尽管这一指数可以单纯地反映消耗量价值的变动水平,但无法反映出建筑材料消耗结构的变化。帕氏指数因为以报告期价格为权数,虽然它不能消除权数变动对消耗量价值指数的影响,但它可以同时反映消耗量价值和消耗量结构的变化,具有较明确的经济意义。因此在实际问题中,常采用帕氏指数公式计算消耗量价格指数。

【思考与练习】

一、选择题

1. 简单算术平均数和加权算术平均数的计算结果相同,是因为(　　)。
   A. 不存在权数作用　　　　　　　　　B. 权数明显集中
   C. 权数相等　　　　　　　　　　　　D. 权数明显分散

2. 加权算术平均数的大小(　　)。
   A. 主要受各组标志值的大小影响,而与各组次数多少无关
   B. 主要受各组次数的多少影响,而与各组标志值的大小无关
   C. 既受各组标志值大小的影响,也受各组次数多少的影响
   D. 既与各组标志值大小无关,也与各组次数多少无关

3. 权数对算术平均数的影响作用决定于(　　)。
   A. 权数本身数值的大小
   B. 作为权数的单位数占总体单位数的比重大小
   C. 各组标志值的大小

D.权数的经济意义

4.分配数列中,当标志值较小而权数较大时,计算出来的算术平均数(   )。

    A.接近于标志值大的一方   B.接近于标志值小的一方

    C.接近于大小合适的标志值   D.不受权数影响

5.根据分组资料计算算术平均数,若将所有标志值增加50%,权数减少50%,则算术平均数(   )。

    A.增加1倍   B.增加50%   C.减少50%   D.不变

6.各项变量值皆不相同时,(   )。

    A.众数不存在   B.众数就是最小的那个变量值

    C.众数就是最大的那个变量值   D.众数就是位于中间的那个变量值

7.有10个变量值,它们对数值5的离差为:-4、-3、-2、-1、0、1、2、3、4、5。由此可知(   )。

    A.这10个数中有负数   B.这10个数的平均数为零

    C.这10个数的平均数为2.5   D.这10个数的平均数为5.5

8.平均指标是(   )。

    A.某县(粮食作物所占耕地)平均每亩粮食产量

    B.某县平均每人占有粮食产量

    C.某县平均每个商店供应人数

    D.某县平均每户拥有电视机数

9.标准差系数的功用在于(   )。

    A.说明同一个总体中各标志值的平均离散程度

    B.比较两个或两个以上不同水平值的代表性

    C.说明同一标志在同一总体中的最大数值差

    D.说明同一总体中各标志值的离散程度

10.如果甲、乙两商业路段标准样点地价的平均差异程度分别为210元/m^2和300元/m^2,标准样点地价的平均值分别为860元/m^2和1 650元/m^2,则说明两路段平均样点地价的代表性(   )。

    A.甲大于乙   B.甲小于乙   C.甲等于乙   D.难以判断

二、判断题

1.把动态平均指标列为平均指标的一种,是对平均指标的狭义理解。(   )

2.组距数列中的众数和中位数都是用有关计算式严格计算的结果,因而它们都是精确值。(   )

3.权数发挥作用的前提条件是各组权数的大小不同,而能明显体现权数作用实质的权数形式是相对权数。(   )

4.因为中位数位置居中,所以各标志值与中位数的离差和为零,离差平方和为最小。(   )

5.各组平均数上升,而总平均数反而下降,这是由于标志变异程度过大的缘故。(   )

6.数量指标反映事物量的方面,质量指标反映事物质的方面。(   )

7.一个科学的统计指标应满足两个基本条件,即有科学的指标概念和科学的计算方法。(   )

8."工业销售产值 8 000 万元"不是一个要素完整的统计指标。　　　　　　　（　　　）

9.同质性是构成统计总体的前提,而差异性则是统计研究的前提。　　　　　（　　　）

10.不变标志就是总体中绝大部分总体单位的表现都基本相同的标志。　　　（　　　）

模块 4
工程财务基础

4.1 会计概述

会计的概念、
职能和目标

4.1.1 会计的概念、职能和目标

知识链接

　　会计作为一项经济管理活动,在维护社会主义市场经济秩序中具有重要的作用,全面依法治国要求国家的政治、经济运作,社会各方面的活动都依照法律进行,不受任何个人意志的干预、阻碍或破坏,因此会计工作必须做到有法可依、违法必究。

　　中华人民共和国成立初期,没有制定专门的会计法律,会计工作的规范主要是国务院制定的会计行政法规和财政部制定的会计核算制度。自 1985 年开始,陆续制定并颁布了相关的会计法律——《中华人民共和国会计法》《中华人民共和国注册会计师法》《中华人民共和国审计法》等,初步建立起比较完整的会计法律制度体系,实现了会计工作的法制化管理。

　　1985 年 1 月 21 日第六届全国人民代表大会常务委员会第九次会议通过《中华人民共和国会计法》(以下简称《会计法》),它是中华人民共和国成立后的第一部会计专门法律,其颁布施行对维护国家财政和财务制度、加强经济管理具有重要意义,标志着我国的会计工作从此走上了法制化轨道。《会计法》自颁布以来,经历了一次修订、两次修正,在规范会计行为、提高会计信息质量、维护市场经济秩序、推进法治社会建设发挥了十分重要的作用。《会计法》从法律的角度对会计工作提出了严格的要求,明确了法律责任,使会计工作真正做到了"有法可依,违法必究"。《会计法》要求在法治化的轨道上做好会计核算和会计监督工作,强化监督措施,依靠国家强有力的法律武器来整顿会计秩序,惩治违法违纪的会计行为,为保证会计资料的真实、完整、准确和保护投资者、债权人正当利益不受损害、加强社会经济管理、提高企业效益发挥了应有的积极作用。

1) 会计的概念

(1) 原始会计的含义

记账、算账、报账。

(2) 现代会计的含义

①管理工具论:对会计本质的一种认识,认为会计是一种管理经济的工具。

②艺术论:认为会计是一种记录、分类和总结一个企业的交易并报告其结果的艺术。

③管理活动论:认为会计是管理生产过程的一种活动,即会计本身具有管理的职能,是一种管理活动。

④信息系统论:认为会计在本质上是一个以提供财务信息为主的经济信息系统。

会计是以货币作为主要计量单位,以真实合法的凭证为依据,采用专门的方法和程序,对企业和行政、事业单位的经营活动进行完整的、连续的、系统的核算和监督,以提供经济信息和反映受托责任履行情况为主要目的的经济管理活动。

(3) 会计的特征

①以货币为主要计量单位。会计对经济活动进行计量和记录时,可以采用实物、劳动和货币 3 种计量方式。

a. 实物:可以为经济管理提供必需的实物量指标,不具有综合性。

b. 劳动:可以为经济管理提供劳动消耗量指标,但同样不具有综合性。

c. 货币:综合反映商品的价值,可以将复杂的不同质的经济活动加以计量和综合,以取得各种总括的价值指标。

提示

　　为了达到加强经济管理的目的,会计通常以货币为主要计量单位。

②对经济活动进行综合、连续、系统和全面的核算与监督。

a. 综合:以货币为统一的计量单位。

b. 连续:按照经济活动发生的时间顺序做不间断的记录,不允许中断和间断。

c. 系统:对各种经济活动的记录要采用一系列专门的方法,遵循一定的处理程序,科学有序地进行,以取得分门别类的有用信息。

d. 全面:对各种经济活动都要能反映其来龙去脉,不可任意取舍,不能遗漏。

③以合法凭证为依据。企业等经济组织发生的任何经济活动都会留下痕迹,而会计就是以这些痕迹(即交易或事项发生或完成的书面凭证)为依据进行核算和监督的,这些凭证记载了具体的经济活动情况的经济责任。为了保证会计信息的可靠性,对取得或填制的书面凭证,必须经过审核后方能作为核算和监督的依据。因此,会计提供的信息具有可验证性。

④有一套完整的方法体系。会计方法是由各种相互联系、相互区别而又相互制约的专门技术方法组成的一个完整的方法体系。在这个方法体系中,各种方法从不同的侧面对企业等经济组织发生的经济活动进行核算和监督。

2)会计职能

会计职能

会计职能是指会计在经济管理过程中所具有的功能。马克思在《资本论》中曾把会计的基本职能概括为过程的控制和观念总结。所谓过程控制,指的是对经济活动全过程进行的监督,主要体现在会计对经济活动的合法性、合理性和真实性进行有效控制和指导,使企业的经济活动按照一定的目的和要求运行,并达到预期目标。所谓观念总结,指的是反映经济活动,通过观察、计量、记录和报告等手段来完成。会计的职能可分为会计核算和会计监督两项基本职能,还具有预测经济前景、参与经济决策、评价经营业绩等拓展职能。

(1)基本职能

①核算职能。会计的核算职能是指会计以货币为主要计量单位,通过对特定主体的经济活动进行确认、计量、记录和报告,为有关方面提供有用的信息。会计核算贯穿于经济活动的全过程,是会计最基本的职能。会计核算的内容主要包括:

a.款项和有价证券的收付,如企业的销货款、购货款和其他款项的收付,股票、公司债券和其他票据的收付等。

b.财物的收发、增减和使用,如材料的购进与领用、产成品的入库与发出、固定资产的增加与减少。

c.债权、债务的发生和结算,如应收账款,应付账款,其他应收、应付款的发生和结算。

d.资本、基金的增减,如企业实收资本和盈余公积的增加和减少。

e.收入、支出、费用、成本的计算,如企业的主营业务收入、其他业务收入和支出、管理费用和产品成本的计算。

f.财务成果的计算和处理,如企业的销售收入大于业务成本、营业税金及附加,表现为盈利,要按规定进行分配;反之,即为亏损,要按规定进行弥补。

g.需要办理会计手续、进行会计核算的其他事项。

②监督职能。监督职能是指对特定主体经济活动和相关会计核算的真实性、合法性和合理性进行审查。真实性审查是指检查各项会计核算是否根据实际发生的经济业务进行,是否如实反映经营业务或事项的真实状况。合法性审查是指检查各项经济业务及其会计核算是否符合国家有关法律法规、遵守财经纪律、执行国家各项方针政策,以杜绝违法乱纪行为。合理性审查是指检查各项财政收支是否符合客观经济规律及经营管理方面的要求,以保证各项财务收支符合特定的财务收支计划,实现预算目标。

会计监督包括内部监督和外部监督。为了保证各单位经济活动的合法性,各单位除对经济活动全过程进行内部监督外,还要接受国家财政、上级主管部门、税务、银行等部门的监督和注册会计师的社会监督。

> **提示**
>
> 　　会计核算与会计监督是相辅相成、辩证统一的。会计核算是会计监督的基础,没有核算提供的各种信息,监督就失去了依据;会计监督是会计核算质量的保障,只有核算没有监督,就难以保证核算提供信息的质量。

（2）拓展职能

①预测经济前景。预测经济前景是指根据财务报告等提供的信息,定量或者定性地判断和推测经济活动的发展变化规律,以指导和调节经济活动,提高经济效益。

②参与经济决策。参与经济决策是指根据财务报告等提供的信息,运用定量分析和定性分析方法,对备选方案进行经济可行性分析,为企业经营管理等提供与决策相关的信息。

③评价经营业绩。评价经营业绩是指利用财务报告等提供的信息,采用适当的方法,对企业一定经营期间的资产运营、经济效益等经营成果,对照相应的评价标准,进行定量及定性对比分析,作出真实、客观、公正的综合评判。

3）会计目标

会计目标是指在一定的社会经济环境下,人们通过会计实践活动所期望达到的目的。它是由会计的本质所决定的,制约着会计系统的构造、运行程序及其方法。确定会计目标需要考虑两个基本因素:一是资源配置的需要,社会经济的发展要求社会经济资源必须配置到最有效的地方,会计必须服务于这个目标;二是在现代经济社会中,委托-代理关系普遍存在,会计目标一方面要满足资源配置的需要,另一方面又要能反映代理人履行经管责任（受托责任）的情况,以利于委托人进行评价并作出决策。

基于以上分析,现代会计目标主要包括以下两个方面的内容:

（1）提供决策有用的会计信息

向财务报告使用者提供对决策有用的信息是会计的主要目标。在市场经济条件下,与企业有着经济利益关系的外部各方面通常需要利用企业的会计信息进行经济决策。

> **提示**
>
> 　　财务报告使用者主要包括投资者、债权人、政府及其有关部门和社会公众等。

（2）反映企业管理层受托责任的履行情况

随着企业所有权与经营权的分离,企业管理层接受委托人委托经营管理企业及其各项资产,因而负有受托责任。由于委托人的所有者十分关注资本的保值和增值,需要定期了解企业管理层保管、使用资产的情况,决定是否需要调整投资政策、是否需要更换管理层等,因此会计目标应能充分反映企业管理层受托责任的履行情况。只有这样,才能有助于委托人的所有者正确评价企业的经营管理责任和资源使用的有效性。

4.1.2　会计基本假设、会计基础和会计信息质量要求

会计基本假设

1）会计基本假设

会计基本假设是对会计核算所处时间、空间环境等所作的合理假定,是企

业会计确认、计量和报告的前提。会计基本假设包括会计主体假设、持续经营假设、会计分期假设和货币计量假设。

（1）会计主体假设

会计主体是指会计工作服务的特定对象，是企业会计确认、计量和报告的空间范围。为向财务报告使用者反映企业财务状况、经营成果和现金流量，提供与其决策有用的信息，会计核算和财务报告的编制应集中反映特定对象的活动，并将其与其他经济实体区别开来。在会计主体假设下，企业应对其本身发生的交易或事项进行会计确认、计量和报告，反映企业本身所从事的各项生产经营活动和其他相关活动。明确界定会计主体是开展会计确认、计量和报告工作的重要前提。

明确会计主体，才能划定会计所要处理的各项交易或事项的范围。在会计工作中，只有那些影响企业本身经济利益的各项交易或事项才能加以确认、计量和报告。

明确会计主体，才能将会计主体的交易或者事项与会计主体所有者的交易或者事项以及其他会计主体的交易或者事项区分开来。企业所有者的交易或者事项是属于企业所有者主体发生的，不应纳入企业会计核算的范畴，但是企业所有者投入企业的资本或者企业向所有者分配的利润，则属于企业主体所发生的交易或者事项，应纳入企业会计核算的范围。

> **提示**
>
> 会计主体不同于法律主体。一般来说，法律主体必然是一个会计主体，但会计主体不一定是法律主体。

（2）持续经营假设

持续经营是指在可以预见的将来，企业将会按照当前的规模和状态继续经营下去，不会停业，也不会大规模削减业务。在持续经营前提下，会计确认、计量和报告应以企业持续、正常的生产经营活动为前提。

会计核算只有以企业持续、正常的生产经营活动为前提，企业才能按照既定的用途使用现有资产，企业的销货款才能在未来按期收回；同时，企业所承担的债务也才能按事先承诺的条件去清偿。这样才能解决有关财产计价、费用摊销和预提、收益确认等问题，使企业在会计信息的收集和处理上所使用的会计处理方法保持稳定，企业的会计确认、计量和报告才能真实可靠。

企业持续经营假设与会计主体假设有着密切的联系。持续经营假设是在确定了企业是会计主体之后作出的规定，只有设定它在可预见的未来能持续经营下去，才能进一步选择和确定会计核算的具体方法。

（3）会计分期假设

会计分期是指将一个企业持续经营的生产经营活动划分为一个个连续的、长短相同的期间。会计分期的目的在于通过会计期间的划分，将持续经营的生产经营活动划分成连续、相等的期间，据以结算盘亏，按期编报财务报告，从而及时向财务报告使用者提供有关企业财务状况、经营成果和现金流量的信息。

在会计分期假设下，企业应划分会计期间，分期结算账目和编制财务报告。会计期间通常分为年度和中期。由于会计分期，才产生了当期与以前期间、以后期间的差别，才使不同类型的会计主体有了记账的基准,进而孕育出折旧、摊销等会计处理方法。

> **提示**
>
> 以每年 1 月 1 日至 12 月 31 日作为一个会计期间,称为会计年度,短于一个完整的会计年度的报告期间称为会计中期。

（4）货币计量假设

货币计量是指会计主体在会计确认、计量和报告时以货币计量,反映会计主体的生产经营活动。

在会计确认、计量和报告过程中之所以选择货币为基础进行计量,是由货币的本身属性决定的。货币是商品的一般等价物,是衡量一般商品价值的共同尺度,具有价值尺度、流通手段和支付手段等特点,因此《企业会计准则——基本准则》(以下简称《基本准则》)规定,会计确认、计量和报告选择货币作为计量单位。

2）会计基础

会计基础是指会计确认、计量和报告的基础,具体包括权责发生制和收付实现制。

（1）权责发生制

权责发生制是指以取得收取款项的权利或支付款项的义务为标志来确定本期收入和费用的会计核算基础。

> **提示**
>
> 在实务中,企业交易或者事项的发生时间与相关款项收付时间有时并不完全一致。例如,本期款项已经收到,但销售并未实现而不能确认为本期的收入;或者款项已经支付,但与本期的生产经营活动无关而不能确认为本期的费用。为了真实、公允地反映财务状况和经营成果,企业应以权责发生制为基础进行会计确认、计量和报告。

根据权责发生制,凡是当期已经实现的收入和已经发生或者应当负担的费用,无论款项是否收付,都应作为当期的收入和费用,计入利润表;凡是不属于当期的收入和费用,即使款项已在当期收付,也不应当作为当期的收入和费用。

（2）收付实现制

收付实现制是指以现金的实际收付为标志来确定本期收入和支出的会计核算基础。

> **提示**
>
> 在我国,政府会计由预算会计和财务会计构成。其中,预算会计采用收付实现制,国务院另有规定的,依照其规定;财务会计采用权责发生制。

3）会计信息质量要求

会计信息质量要求是对企业财务报告中所提供会计信息质量的基本要求,是使财务报告中所提供会计信息对投资者等信息使用者决策有用应具备的基本特征。它主要包括可靠性、相关性、可理解性、可比性、实质重于形式、重要性、谨慎性和及时性等。

会计信息质量要求

（1）可靠性

可靠性要求企业应以实际发生的交易或者事项为依据进行确认、计量和报告，如实反映符合确认和计量要求的会计要素及其他相关信息，保证会计信息真实可靠、内容完整。

会计信息要有用，必须以可靠为基础，如果财务报告所提供的会计信息是不可靠的，那么就会对投资者等信息使用者的决策产生误导。为了贯彻可靠性要求，企业应当做到：

①以实际发生的交易或者事项为依据进行确认、计量，将符合会计要素定义及其确认条件的资产、负债、所有者权益、收入、费用和利润等如实反映在财务报表中。

②在符合重要性和成本效益原则的前提下，保证会计信息的完整性，其中包括应编报的报表及其附注内容等应保持完整，不能随意遗漏或者减少应予披露的信息。

③包括在财务报告中的会计信息应是中立的、无偏的。如果企业为了达到事先设定的结果或效果，通过选择或列示有关会计信息以影响决策和判断，这样的财务报告信息就不是中立的。

> **提示**
>
> 　　会计信息可靠的基础是客观、真实，这就要求企业和会计人员忠于事实、真实记录、真实核算、真实列报。"不做假账"是会计从业人员的基本职业道德和行为准则，所有会计人员必须以诚信为本，以操守为重，坚持准则，不做假账，保证会计信息的真实、可靠、公允。

（2）相关性

相关性要求企业提供的会计信息应与投资者等财务报告使用者的经济决策需要相关，有助于投资者等财务报告使用者对企业过去、现在或未来的情况作出评价或者预测。

会计信息是否有用，是否具有价值，关键看其与使用者的决策需要是否相关，是否有助于决策或者提高决策水平。相关的会计信息应能够有助于使用者评价企业过去的决策，证实或者修正过去的有关预测，因而具有反馈价值。相关的会计信息还应具有预测价值，有助于使用者根据财务报告所提供的会计信息预测企业未来的财务状况、经营成果和现金流量。例如，区分收入和利得、费用和损失，区分流动资产和非流动资产、流动负债和非流动负债以及适度引入公允价值等，都可以提高会计信息的预测价值，进而提升会计信息的相关性。

会计信息质量的相关性要求，需要企业在确认、计量和报告会计信息的过程中，充分考虑使用者的决策模式和信息需要。但是，相关性是以可靠性为基础的，两者之间并不矛盾，不应将两者对立起来。也就是说，会计信息在可靠性前提下，应尽可能地做到相关，以满足投资者等财务报告使用者的决策需要。

（3）可理解性

可理解性要求企业提供的会计信息应清晰明了，便于投资者等财务报告使用者理解和使用。

企业编制财务报告、提供会计信息的目的在于使用，而要想让使用者有效使用会计信息，就应当让其了解会计信息的内涵，弄懂会计信息的内容，这就要求财务报告所提供的会计信息应当清晰明了，易于理解。只有这样，才能提高会计信息的有用性，实现财务报告的目标，满足向财务报告使用者提供决策有用信息的要求。

会计信息是一种专业性较强的信息,会计信息可理解性假定的前提是,使用者具有一定的有关企业经营活动和会计方面的知识,并愿意付出努力去研究这些信息。

（4）可比性

可比性要求企业提供的会计信息应相互可比,主要包含两层含义:

①同一企业不同时期可比。为了便于投资者等财务报告使用者了解企业财务状况、经营成果和现金流量的变化趋势,比较企业在不同时期的财务报告信息,全面、客观地评价过去、预测未来,从而作出决策,会计信息质量的可比性要求同一企业不同时期发生的相同或者相似的交易或者事项,应采用一致的会计政策,不得随意变更。

> **提示**
>
> 满足会计信息可比性要求,并非表明企业不得变更会计政策,如果按照规定或者在会计政策变更后可以提供更可靠、更相关的会计信息的,可以变更会计政策。有关会计政策变更的情况,应在附注中加以说明。

②不同企业相同会计期间可比。为了便于投资者等财务报告使用者评价不同企业的财务状况、经营成果和现金流量及其变动情况,会计信息质量的可比性要求不同企业同一会计期间发生的相同或者相似的交易或者事项,应采用规定的会计政策,确保会计信息口径一致、相互可比。

（5）实质重于形式

实质重于形式要求企业应当按照交易或者事项的经济实质进行会计确认、计量和报告,不只是以交易或者事项的法律形式为依据。

企业发生的交易或者事项在多数情况下,其经济实质和法律形式是一致的。但在有些情况下会出现不一致,例如,商品已经售出,但企业为确保到期收回货款而暂时保留商品的法定所用权时,该权利通常不会对客户取得对该商品的控制权构成障碍,在满足收入确认的其他条件时,企业确认相应的收入。

如果企业的会计核算仅按照交易或事项的法律形式进行,而这些形式又没有反映其经济实质和经济现实的情况下,其最终结果不仅不利于会计信息使用者的决策,还会误导会计信息使用者的决策。

（6）重要性

重要性要求企业提供的会计信息应当反映与财务状况、经营成果和现金流量有关的所有重要交易或者事项。如果某会计信息的省略或者错报会影响财务报告使用者据此作出决策,该信息就具有重要性。重要性的应用需要依赖职业判断,企业应根据其所处环境和实际情况,从项目的性质和金额大小两个方面加以判断。

（7）谨慎性

谨慎性要求企业对交易或者事项进行会计确认、计量和报告,应当保持应有的谨慎,不应高估资产或者收益、低估负债或者费用。

(8)及时性

及时性要求企业对已经发生的交易或者事项,应当及时进行确认、计量和报告,不得提前或延后。

会计信息的价值在于帮助所有者或者其他方面作出经济决策,具有时效性。即使是可靠、相关的会计信息,如果不及时提供,就失去了实效性,对于使用者的效用就大大降低,甚至不再具有实际意义。在会计确认、计量和报告过程中贯彻及时性:一是要求及时收集会计信息,即在经济交易或者事项发生后,及时收集整理各种原始单据或者凭证;二是要求及时处理会计信息,即按照会计准则的规定,及时对经济交易或者事项进行确认或者计量,并编制财务报告;三是要求及时传递会计信息,即按照国家规定的有关时限,及时地将编制的财务报告传递给财务报告使用者,便于其及时使用和决策。

4)会计对象

会计对象

会计对象是指会计核算和监督的内容,具体指社会再生产过程中能以货币表现的经济活动,即资金运动或价值运动。因此,凡是特定主体能够以货币表现的经济活动,都是会计核算和监督的内容,即会计对象。

由于各企业的性质不同,经济活动的内容不同,因此会计的具体对象也就不尽相同。以工业企业为例,说明工业企业会计的具体对象。工业企业的资金运动通常表现为资金投入、资金运用和资金退出3个过程,如图4.1所示。

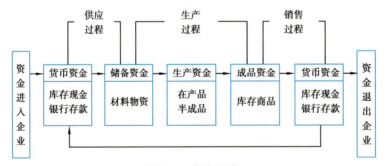

图4.1　资金运动

(1)资金投入

资金包括企业所有者(投资者)投入的资金和债权人投入的资金两部分。所有者投入的资金属于企业所有者权益;债权人投入的资金属于企业债权人权益,即企业负债。投入企业的资金一部分构成流动资产,另一部分构成非流动资产。

(2)资金运用

企业将资金运用于生产经营过程,形成资金运用。资金投入企业后,在供应、生产和销售等环节进行不断的循环和周转。

①供应过程:它是生产的准备过程,在供应过程中,企业购买原材料等劳动对象,发生材料费、运输费、装卸费等材料采购成本,与供应单位发生货款的结算关系。

②生产过程:在生产过程中,劳动者借助于劳动手段将劳动对象加工成特定产品,发生原材料消耗的材料费、固定资产磨损的折旧费、生产工人劳动耗费的人工费等;同时,还将发生企业与工人之间的工资结算关系、与有关单位之间的劳务结算关系等。

③销售过程:在销售过程中,将生产的产品销售出去,发生有关销售费用、收回贷款等业务活动,并同购货单位发生货款结算关系、同税务机关发生税务结算关系等。

(3)资金退出

资金退出过程包括偿还各项债券、上缴各项税费、向所有者分配利润等。

> **提示**
>
> 从任一时点上看,资金运动总是处于相对静止的状态,即企业的资金在任一时点上均表现为资金占用和资金来源两个方面,这两个方面既相互联系,又相互制约。

4.1.3　会计要素及其确认与计量

会计要素计量属性及其应用原则

1)会计要素及其确认条件

会计要素是对会计对象进行的基本分类,是会计核算对象的具体化,又称为会计对象要素。会计要素按照其性质分为资产、负债、所有者权益、收入、费用和利润。其中,资产、负债和所有者权益要素侧重于反映企业的财务状况,收入、费用和利润要素侧重于反映企业的经营成果。

(1)资产

①资产的定义。资产是指由企业过去的交易或者事项形成的,由企业拥有或者控制的,预期会给企业带来经济利益的资源。

根据资产的定义,资产具有以下几个方面的特征:

会计要素(1)　会计要素(2)

a.资产预期会给企业带来经济利益。资产预期会给企业带来经济利益是指资产直接或者间接导致现金和现金等价物流入企业的潜力。这种潜力可以来自企业日常的生产经营活动,也可以是非日常活动;带来的经济利益可以是现金或者现金等价物,或者是可以转化为现金或者现金等价物的形式,或者是可以减少现金或者现金等价物流出的形式。

预期能为企业带来经济利益是资产的重要特征。例如,企业采购的原材料、购置的固定资产等可以用于制造商品或者提供劳务,对外出售后收回货款,货款即为企业所获得的经济利益。

> **提示**
>
> 如果某一项目预期不能给企业带来经济利益,那么就不能将其确认为企业的资产。前期已经确认为资产的项目,如果不能再为企业带来经济利益,也不能再确认为企业的资产。

b.资产应为企业拥有或者控制的资源。资产作为一项资源,应当由企业拥有或者控制,具体是指企业享有某项资源的所有权,或者虽然不享有某项资源的所有权,但该资源能被企业所控制。

企业享有资产的所有权,通常表明企业能够排他性地从资产中获取经济利益。通常在判断资产是否存在时,所有权是考虑的首要因素。在有些情况下,资产虽然不为企业所拥有,即企业并不享有其所有权,但企业控制了这些资产,同样表明企业能够从资产中获取经济利益,符合会计上对资产的定义。如果企业既不拥有也不控制资产所能带来的经济利益,就不能将其作为企业的资产予以确认。

c.资产是由企业过去的交易或事项形成的。过去的交易或事项包括购买、生产、建造行为或者其他交易或者事项。只有过去的交易或者事项才能产生资产,企业预期在未来发生的交易或者事项不形成资产。例如,企业有购买某项存货的意愿或计划,但是购买行为尚未发生,就不符合资产的定义,不能因此而确认为存货资产。

②资产的确认条件。将一项资源确认为资产,需要符合资产的定义,还应同时满足以下两个条件:

a.与该资源有关的经济利益很可能流入企业。从资产的定义可以看出,能带来经济利益是资产的一个本质特征,但在现实生活中,由于经济环境瞬息万变,与资源有关的经济利益能否流入企业或者能够流入多少,实际上带有不确定性。因此,资产的确认还应与经济利益流入的不确定性程度的判断结合起来。如果根据编制财务报表时所取得的证据,判断与资源有关的经济利益很可能流入企业,那么就应将其作为资产予以确认;反之,不能确认为资产。

b.该资源的成本或者价值能够可靠地计量。可计量性是所有会计要素确认的重要前提,资产的确认也是如此。只有当有关资源的成本或者价值能够可靠地计量时,资产才能予以确认。在实务中,企业取得的许多资产都需要付出成本。例如,企业购买或者生产的存货、企业购置的厂房或者设备等,对于这些资产,只有实际发生的成本或者生产成本能够可靠计量,才能视为符合资产确认的可计量条件。在某些情况下,企业取得的资产没有发生实际成本或者发生的实际成本很小,例如,企业持有的某些衍生金融工具形成的资产,对于这些资产,尽管它们没有实际成本或者发生的实际成本很小,但是如果其公允价值能够可靠计量,那么也被认为符合资产可计量性的确认条件。

(2)负债

①负债的定义。负债是指由企业过去的交易或者事项形成的,预期会导致经济利益流出企业的现时义务。

根据负债的定义,负债具有以下几个方面的特征:

a.负债是企业承担的现时义务。这里的现时义务是指企业在现行条件下已承担的义务。未来发生的交易或者事项形成的义务,不属于现时义务,不应确认为负债。

这里所指的义务可以是法定义务,也可以是推定义务。其中,法定义务是指具有约束力的合同或者法律、法规规定的义务,通常在法律意义上需要强制执行。例如,企业购买原材料形成应付账款、企业向银行贷入款项形成借款、企业按照税法规定应缴纳的税款等,均属于企业承担的法定义务,需要依法予以偿还。推定义务是指根据企业多年来的习惯做法、公开承诺或者公开宣布的经营政策而导致企业将承担的责任,这些责任也使有关各方形成了企业将履行义务承担责任的合理预期。例如,某企业多年来制定的一项销售政策,即对售出商品提供一定期限内的售后保修服务,预期将为售出商品提供的保修服务就属于推定义务,应将其确认为一项负债。

b.负债预期会导致经济利益流出企业。这也是负债的一个本质特征,只有在履行义务时会导致经济利益流出企业,才符合负债的定义。在履行现时义务清偿负债时,导致经济利益流出企业的形式多种多样,例如,用现金偿还或以实物资产形式偿还;以提供劳务形式偿还;部分转移资产、部分提供劳务形式偿还;将负债转为资本等。

c.负债是由企业过去的交易或者事项形成的。换句话说,只有过去的交易或者事项才形成负债。

┌─ **提示** ──────────────────────────────────
│
│　企业将在未来发生的承诺、签订的合同等交易或事项,不形成负债。
│
└──

②负债的确认条件。将一项现时义务确认为负债,需要符合负债的定义,还需要同时满足以下两个条件:

a.与该义务有关的经济利益很可能流出企业。在实务中,履行义务所需流出的经济利益带有不确定性,尤其是与推定义务相关的经济利益通常依赖于大量的估计。因此,负债的确认应与经济利益流出的不确定性程度的判断结合起来,如果有确凿证据表明,与现时义务有关的经济利益很可能流出企业,就应将其作为负债予以确认;反之,如果企业承担了现时义务,但是导致企业经济利益流出的可能性很小,则不符合负债的确认条件,不应将其作为负债予以确认。

b.未来流出的经济利益的金额能够可靠地计量。负债的确认在考虑经济利益流出企业的同时,对未来流出的经济利益的金额应能够可靠计量。对与法定义务有关的经济利益流出问题,通常可以根据合同或者法律规定的金额予以确定,考虑经济利益流出的金额通常在未来期间,有时未来期间较长,有关金额的计量需要考虑货币时间价值等因素的影响。对与推定义务有关的经济利益流出金额,企业应根据履行相关义务所需支持的最佳估计数等进行估计,并综合考虑有关货币时间价值、风险等因素的影响。

(3)所有者权益

①所有者权益的定义。所有者权益是指企业资产扣除负债后,由所有者享有的剩余权益。公司的所有者权益又称股东权益。所有者权益是所有者对企业资产的剩余索取权,它是企业的资产扣除债权人权益后应由所有者享有的部分,既可反映所有者投入资本的保值增值情况,又体现了保护债权人权益的理念。

所有者权益的来源包括所有者投入的资本、直接计入所有者权益的利得和损失、留存收益等,通常由股本(或实收资本)、资本公积(含股本溢价或资本溢价、其他资本公积)、盈余公积和未分配利润等构成。

②所有者权益的确认条件。所有者权益体现的是所有者在企业中的剩余权益。因此,所有者权益的确认主要依赖于其他会计要素,尤其是资产和负债的确认;所有者权益金额的确定也主要取决于资产和负债的计量。例如,企业接受投资者投入的资产,在该资产符合资

产确认的条件时,就相应地符合了所有者权益的确认条件;当该资产的价值能够可靠计量时,所有者权益的金额也就可以确定了。

(4)收入

①收入的定义。收入是指企业在日常活动中形成的、会导致所有者权益增加的、与所有者投入资本无关的经济利益的总流入。

根据收入的定义,收入具有以下几个方面的特征:

a.收入是企业在日常活动中形成的。日常活动是指企业为了完成其经营目标所从事的经营性活动以及与之相关的活动。如工业企业制造并销售产品即属于企业的日常活动。

> **提示**
>
> 企业非日常活动所形成的经济利益的流入不能确认为收入,而应计入利得。

b.收入是与所有者投入资本无关的经济利益的总流入。收入会导致经济利益的流入,从而导致资产的增加。例如,企业销售商品,应在收到现金或者有权在未来收到现金时,才表明该交易符合收入的定义。但是在实务中,经济利益的流入有时是由所有者投入资本的增加所导致的,所有者投入资本的增加不应确认为收入,而应将其直接确认为所有者权益。

c.收入会导致所有者权益的增加。与收入相关的经济利益的流入会导致所有者权益的增加,不会导致所有者权益增加的经济利益的流入不符合收入的定义,不应确认为收入。例如,企业向银行借入款项,尽管也导致了企业经济利益的流入,但该流入并不导致所有者权益的增加,反而使企业承担了一项现时义务。企业对因借入款项所导致的经济利益的增加,不应将其确认为收入,应确认为一项负债。

②收入的确认条件。企业收入的来源渠道多种多样,不同收入来源的特征有所不同,如销售商品、提供劳务、让渡资产使用权等。一般而言,收入应在企业履行了合同中的履约义务即客户取得相关商品或劳务控制权时确认。企业与客户之间的合同同时满足下列条件时,企业应在客户取得相关商品或劳务控制权时确认收入:一是合同各方已批准合同并承诺将履行各自义务;二是该合同明确了合同各方与所转让商品或提供劳务相关的权利和义务;三是该合同有明确的与所转让商品或者提供劳务相关的支付条款;四是该合同具有商业实质,即履行该合同将改变企业未来现金流量的风险、时间分布或金额;五是企业因向客户转让商品或提供劳务而有权取得的对价很可能收回。

(5)费用

①费用的定义。费用是指企业在日常活动中发生的、会导致所有者权益减少的、与向所有者分配利润无关的经济利益的总流出。

根据费用的定义,费用具有以下几个方面的特征:

a.费用是企业在日常活动中形成的。费用必须是企业在其日常活动中所形成的,这些日常活动的界定与收入定义中涉及的日常活动的界定相一致。日常活动所产生的费用通常包括销售成本(营业成本)、职工薪酬、固定资产折旧、无形资产摊销等。

> **提示**
>
> 企业非日常活动所形成的经济利益的流出不能确认为费用,而应计入损失。

b. 费用是与向所有者分配利润无关的经济利益的总流出。费用的发生会导致经济利益的流出,从而导致资产的减少或者负债的增加,其表现形式包括现金或者现金等价物的流出,存货、固定资产和无形资产等的流出或者消耗等。企业向所有者分配利润也会导致经济利益的流出,而该经济利益的流出属于所有者权益的抵减项目,不应确认为费用,应将其排除在费用的定义之外。

c. 费用会导致所有者权益的减少。与费用相关的经济利益的流出会导致所有者权益的减少,不会导致所有者权益减少的经济利益的流出不符合费用的定义,不应确认为费用。

②费用的确认条件。费用的确认除了应符合定义外,还应满足严格的条件,即费用只有在经济利益很可能流出,从而导致企业资产减少或者负债增加,且经济利益的流出额能够可靠计量时才能予以确认。因此,费用的确认至少应同时满足以下条件:一是与费用相关的经济利益很可能流出企业;二是经济利益流出企业的结果会导致资产的减少或者负债的增加;三是经济利益的流出能够可靠计量。

(6) 利润

①利润的定义。利润是指企业在一定会计期间的经营成果。通常情况下,如果企业实现了利润,表明企业的所有者权益将增加;反之,如果企业发生亏损(即利润为负数),表明企业的所有者权益将减少。因此,利润往往是评价企业管理层业绩的一项重要指标,也是财务报告使用者进行决策时的重要参考。

利润包括收入减去费用后的净额、直接计入当期利润的利得和损失等。收入减去费用后的净额反映的是企业日常活动的业绩。直接计入当期利润的利得和损失,是指应计入当期损益、最终会引起所有者权益发生增减变动的、与所有者投入资本或者向所有者分配利润无关的利得或者损失。企业应严格区分收入和利得、费用和损失,以更加全面地反映企业的经营业绩。

②利润的确认条件。利润反映的是收入减去费用、利得减去损失后的净额。因此,利润的确认主要依赖于收入和费用以及利得和损失的确认,其金额的确定也主要取决于收入、费用、利得和损失金额的计量。

2) 会计要素计量属性及应用原则

会计计量是为了将符合确认条件的会计要素登记入账并列报于财务报表而确定其金额的过程。企业应按照规定的会计计量属性进行计量,确定相关金额。会计计量反映的是会计要素金额的确定基础,主要包括历史成本、重置成本、可变现净值、现值和公允价值等。

(1) 历史成本

历史成本是指取得或制造某项财产物资时所实际支付的现金或者其他等价物,是取得时点的实际成本。在历史成本计量下,资产按照其购置时支付的现金或现金等价物的金额,或者按照购置资产时所付出的对价的公允价值计量。负债按照其因承担现时义务而实际收到的款项或者资产的金额,或者承担现时义务的合同金额,或者按照日常活动中为偿还负债预期需要支付的现金或者现金等价物的金额计量。

(2) 重置成本

重置成本又称现行成本,是指按照当前市场条件,重新取得同样一项资产所需支付的现金或现金等价物金额。在重置成本下,资产按照现在购买相同或者相似资产所需支付的现金或者现金等价物的金额计量。

（3）可变现净值

可变现净值是指在生产经营过程中，以预计售价减去进一步加工成本和销售所必需的预计税金、费用后的净值。在可变现净值计量下，资产按照其正常对外销售所能收到的现金或者现金等价物的金额扣减该资产至完工时估计将要发生的成本、估计的销售费用以及相关税金后的金额计量。

（4）现值

现值是指对未来现金流量以恰当的折现率进行折现后的价值，是考虑货币时间价值因素等的一种计量属性。在现值计量下，资产按照预计从其持续使用和最终处置中所产生的未来现金流入量的折现金额计量。负债按照预计期限内需要偿还的未来净现金流出量的折现金额计量。

（5）公允价值

公允价值是指市场参与者在计量日发生的有序交易中，出售一项资产所能收到或者转移一项负债所需支付的价格，即脱手价格。企业以公允价值计量相关资产或负债，应假定市场参与者在计量日出售资产或者转移负债的交易是在当前市场条件下的有序交易，并应假定出售资产或者转移负债的有序交易在该资产或负债的最有利市场进行。企业以公允价值计量相关资产或负债，应采用市场参与者在对该资产或负债定价时为实现其经济利益最大化所使用的假设，包括有关风险的假设。企业应根据交易性质和相关资产或负债的特征等，判断初始确认时的公允价值是否与其交易价值相等。企业以公允价值计量相关资产或负债，应使用在当前情况下适用并且有足够可利用数据和其他信息支持的估值技术。企业应根据估值技术中所使用的输入值确定公允价值计量结果所属的层次。

> **提示**
>
> 企业在对会计要素进行计量时，一般应采用历史成本，采用重置成本、可变现净值、现值、公允价值计量，应保证所确定的会计要素金额能够取得并可靠计量。

3）会计等式

经济业务对会计等式的影响

会计等式是表明会计要素之间基本关系的等式，又称会计恒等式、会计方程式或会计平衡式。

（1）会计等式的表现形式

企业要进行经济活动，就必须拥有一定数量和质量的能给企业带来经济利益的经济资源，即资产。企业的资产最初源于两个方面：一是由企业所有者投入；二是由企业向债权人借入。所有者和债权人将其拥有的资产提供给企业使用，就相应地对企业的资产享有一种要求权。前者称为所有者权益，后者称为债权人权益，即负债。

资产表明企业拥有什么经济资源和拥有多少经济资源，负债和所有者权益表明经济资源的来源渠道，即谁提供了这些经济资源。因此，资产和负债、所有者权益三者之间在数量上存在恒等关系，用公式表示为：

$$资产 = 负债 + 所有者权益$$

这一等式反映了企业在某一特定时点资产、负债和所有者权益三者之间的平衡关系，因此该等式被称为财务状况等式、基本会计等式或静态会计等式。

> **提示**
>
> 　　静态会计等式是复式记账法的理论基础,也是编制资产负债表的依据。

　　企业进行生产经营活动的目的是获取收入,实现盈利。企业在取得收入的同时,必然要发生相应的费用。通过收入与费用的比较,才能确定一定期间的盈利水平,确定实现的利润总额。在不考虑利得和损失的情况下,它们之间的关系用公式表示为:

$$收入-费用=利润$$

　　该会计等式是对基本会计等式的补充和发展,称为经营成果等式或动态会计等式。它表明企业在一定会计期间的经营成果与相应的收入和费用之间的关系,说明了企业利润的实现过程。

> **提示**
>
> 　　动态会计等式反映的是企业资金运动的绝对运动形式,是编制利润表的依据。

　　(2)经济业务对会计等式的影响

　　经济业务又称会计事项,是指在经济活动中使会计要素发生增减变动的交易或者事项。

> **提示**
>
> 　　企业在生产经营过程中,每天都会发生各种各样、错综复杂的经济业务,从而引起各会计要素的增减变动,但这并不影响会计等式的平衡关系。

　　【例 4.1】　20××年 1 月,甲公司发生的经济业务资料如下:

　　(1)一项资产增加、另一项资产等额减少的经济业务

　　用银行存款 100 000 元购买一台设备,设备已交付使用。

　　这项经济业务使企业的固定资产增加 100 000 元,同时银行存款减少 100 000 元,企业的资产内部发生增减变动,但资产总额不变,并没有改变等式的平衡关系。

　　(2)一项资产增加、一项负债等额增加的经济业务

　　从银行获得借款 80 000 元。

　　这项经济业务使企业的资产增加 80 000 元,同时借入款项使得负债增加 80 000 元,等式两边同时增加 80 000 元,并没有改变等式的平衡关系。

　　(3)一项资产增加、一项所有者权益等额增加的经济业务

　　收到所有者追加的投资 60 000 元,款项存入银行。

　　这项经济业务使企业的资产增加 60 000 元,同时收到投资使得所有者权益增加 60 000 元,等式两边同时增加 60 000 元,并没有改变等式的平衡关系。

　　(4)一项资产减少、一项负债等额减少的经济业务

　　用银行存款归还所欠 A 公司的货款 3 000 元。

　　这项经济业务使企业的资产减少 3 000 元,同时负债也减少 3 000 元,等式两边同时减少 3 000 元,并没有改变等式的平衡关系。

（5）一项资产减少、一项所有者权益等额减少的经济业务

某投资者收回投资 60 000 元，公司以银行存款支付。

这项经济业务使企业的资产减少 60 000 元，同时某投资者收回投资使得所有者权益减少 60 000 元，等式两边同时减少 60 000 元，并没有改变等式的平衡关系。

（6）一项负债增加，另一项负债等额减少的经济业务

向银行借入短期借款 80 000 元直接用于归还拖欠的货款。

这项经济业务使企业的应付账款减少 80 000 元，同时短期借款增加 80 000 元，即企业的负债内部发生增减变动，但负债总额不变，并没有改变等式的平衡关系。

（7）一项负债增加、一项所有者权益等额减少的经济业务

宣告向投资者分配现金股利 10 000 元。

这项经济业务使企业的未分配利润减少 10 000 元，同时应付股利增加 10 000 元，即企业的所有者权益减少，负债等额增加，权益总额不变，并没有改变等式的平衡关系。

（8）一项所有者权益增加、一项负债等额减少的经济业务

将应偿还给乙企业的账款 200 000 元转作乙企业对本企业的投资。

这项经济业务使企业的应付账款减少 200 000 元，同时实收资本增加 200 000 元，即企业的所有者权益增加，负债等额减少，权益总额不变，并没有改变等式的平衡关系。

（9）一项所有者权益增加，另一项所有者权益等额减少的经济业务

经批准同意以资本公积 50 000 元，同时实收资本增加 50 000 元，即企业的所有者权益内部发生增减变动，但所有者权益总额不变，并没有改变等式的平衡关系。

上述九类基本经济业务的发生均不影响财务状况等式的平衡关系，具体可分为以下 3 种情况：

①经济业务的发生引起等式左边或者右边内部项目一增一减，增加的金额相等，变动后资产和权益总额不变，等式仍保持平衡。

②经济业务发生引起等式两边同时增加，增加金额相等，变动后等式仍保持平衡。

③经济业务发生引起等式左右两边同时减少，减少金额相等，变动后等式仍保持平衡。

4.1.4　会计科目和记账方法

1）会计科目和账户

（1）会计科目

会计科目简称科目，是对会计要素具体内容进行分类核算的项目，是进行会计核算和提供会计信息的基础。会计对象、会计要素与会计科目之间的关系如图 4.2 所示。

①会计科目按反映的经济内容分类：可分为资产类科目、负债类科目、共同类科目、所有者权益类科目、成本类科目和损益类科目。

a.资产类科目，是对资产要素的具体内容进行分类核算的项目，按资产的流动性分为反映流动资产的科目和反映非流动资产的科目。反映流动资产的科目主要有库存现金、银行存款、应收账款、原材料、库存商品等科目；反映非流动资产的科目主要有长期股权投资、长期应收款、固定资产、在建工程、无形资产等科目。

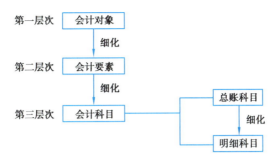

图 4.2　会计对象、会计要素与会计科目之间的关系

b. 负债类科目,是对负债要素的具体内容进行分类核算的项目,按负债的偿还期限长短分为反映流动负债的科目和反映非流动负债的科目。反映流动负债的科目主要有短期借款、应付账款、应付职工薪酬、应交税费等科目;反映非流动负债的科目主要有长期借款、应付债券、长期应付款等科目。

c. 共同类科目,是既有资产性质又有负债性质的科目,主要有清算资金往来、货币兑换、套期工具、被套期项目等科目。

d. 所有者权益类科目,是对所有者权益要素的具体内容进行分类核算的项目,主要有实收资本(或股本)、资本公积、其他综合收益、盈余公积、本年利润、利润分配、库存股等科目。

e. 成本类科目,是对可归属于产品生产成本、劳务成本等的具体内容进行分类核算的项目,主要有"生产成本""制造费用""合同取得成本""合同履约成本""研发支出"等科目。

f. 损益类科目,是对收入、费用等要素的具体内容进行分类核算的项目。其中,反映收入的科目主要有主营业务收入、其他业务收入等科目;反映费用的科目主要有主营业务成本、其他业务成本、销售费用、管理费用、财务费用等科目。

②会计科目按提供信息的详细程度及其统驭关系分类:分为总分类科目和明细分类科目。总分类科目又称总账科目或一级科目,是对会计要素的具体内容进行总括分类,提供总括信息的会计科目。明细分类科目又称为明细科目,是对总分类科目作进一步的分类,提供更为详细和具体会计信息的科目。如果某一总分类科目所辖的明细分类科目较多,可在总分类科目下设置二级明细科目,在二级明细科目下设置三级明细科目,以此类推。

【例 4.2】　以原材料为例,根据会计科目所提供指标的详细程度,会计科目按级次分类,见表 4.1。

表 4.1　会计科目按级次分类

总分类科目(一级科目)	明细分类科目	
	二级科目	明细科目(三级科目)
原材料	原材料及主要材料	钢筋、水泥
	燃料	汽油、柴油

(2)会计科目的编号

企业在进行会计核算时,所运用的会计科目有很多。为了表明会计科目的性质及其所属的类别和关系,并方便会计电算化,必须对会计科目进行统一编号。

会计科目的编号由财政部颁布的《企业会计准则——应用指南》统一规定,常用的方法是数学编号法,一般用四位数字,每一位数字都有其特定的含义。从左至右的第一位数字表示会计科目的主要大类。例如,1表示资产类,2表示负债类,3表示共同类,4表示所有者权益类,5表示成本类,6表示损益类。第二位数字表示每一大类内部的顺序编号,第三位和第四位数字表示具体科目名称。如用001表示库存现金,用002表示银行存款等。所有会计科目数字编号见表4.2。

表4.2　会计科目的分类

编号	会计科目名称	编号	会计科目名称
一、资产类		1603	固定资产减值准备
1001	库存现金	1604	在建工程
1002	银行存款	1701	无形资产
1012	其他货币资金	1702	累计摊销
1101	交易性金融资产	1703	无形资产减值准备
1121	应收票据	1711	商誉
1122	应收账款	1801	长期待摊费用
1123	预付账款	1811	递延所得税资产
1131	应收股利	1901	待处理财产损溢
1132	应收利息	二、负债类	
1221	其他应收款	2001	短期借款
1231	坏账准备	2201	应付票据
1401	材料采购	2202	应付账款
1402	在途物资	2203	预收账款
1403	原材料	2211	应付职工薪酬
1405	库存商品	2221	应交税费
1471	存货跌价准备	2231	应付利息
1501	持有至到期投资	2232	应付股利
1502	持有至到期投资减值准备	2241	其他应付款
1503	可供出售金融资产	2501	长期借款
1511	长期股权投资	2502	应付债券
1512	长期股权投资减值准备	2701	长期应付款
1521	投资性房地产	2801	预计负债
1531	长期应收款	2901	递延所得税负债
1601	固定资产	三、共同类	
1602	累计折旧	3001	清算资金往来

续表

编号	会计科目名称	编号	会计科目名称
3002	外汇买卖	六、损益类	
3101	衍生工具	6001	主营业务收入
3201	套期工具	6051	其他业务收入
3202	被套期项目	6111	投资收益
四、所有者权益类		6301	营业外收入
4001	实收资本	6401	主营业务成本
4002	资本公积	6402	其他业务成本
4101	盈余公积	6403	营业税金及附加
4103	本年利润	6601	销售费用
4104	利润分配	6602	管理费用
五、成本类		6603	财务费用
5001	生产成本	6701	资产减值损失
5101	制造费用	6711	营业外支出
5201	劳务成本	6801	所得税费用
5301	研发支出	6901	以前年度损益调整

（3）账户

①账户的概念及分类。账户是根据会计科目设置的,具有一定格式和结构,用于分类核算会计要素增减变动情况及其结果的载体。根据核算的经济内容,账户分为资产类账户、负债类账户、共同类账户、所有者权益类账户、成本类账户和损益类账户;根据提供信息的详细程度及其统驭关系,账户分为总分类账户和明细分类账户。

②账户的结构。账户分为左方、右方两个方向,一方登记增加,另一方登记减少。至于哪一方登记增加,哪一方登记减少,则由采用的记账方法和记录的经济内容决定,这就是账户的基本结构。这一基本结构,不会因企业在实际中使用的账户的具体格式不同而发生变化。

> **提示**
>
> 资产、成本、费用类账户借方登记增加额,贷方登记减少额;负债、所有者权益、收入类账户借方登记减少额,贷方登记增加额。

当然,对于一个完整的账户而言,除必须有反映增加数和减少数的两栏外,还应包括其他栏目,以反映其他相关内容。一个完整的账户结构应包括:

①账户名称,即会计科目;

②会计事项发生的日期;

③摘要,即经济业务的简要说明;

④凭证号数,即表明账户记录的依据;

⑤金额,即增加额、减少额和余额。

账户的期初余额、期末余额、本期增加发生额、本期减少发生额统称为账户的四个金额要素。四个金额要素之间的关系如下式所示:

$$期末余额＝期末余额＋本期增加发生额－本期减少发生额$$

为了说明问题和学习方便,在会计教学中,通常用"T"形账户(也称丁字形账户),其格式如下:

左方(借方)	账户名称(会计科目)	右方(贷方)

例如,某企业在某一期间"银行存款"账户的记录如下:

左方	银行存款	右方
期初余额	10 000	
本期增加额	8 000	本期减少额	11 000
本期发生额	8 000	本期发生额	11 000
期末余额	7 000	

由上述账户的记录可知,企业期初在银行的存款为 10 000 元,本期增加了 8 000 元,本期减少了 11 000 元,到期末,企业还有 7 000 元存款。

2)会计记账方法

会计记账方法

(1)会计记账方法的种类

为了对会计要素进行核算和监督,在按一定原则设置了会计科目与账户后,企业需要运用一定的记账方法将会计要素的增减变动登记在账户中。所谓的记账方法,就是指在账户中记录经济交易与事项的具体手段及方式。记账方法按记账方式的不同,分为单式记账法和复式记账法。

①单式记账法:指对发生的每一项经济业务,只在一个账户中加以登记的记账方法。它是一种比较简单、不完整的记账方法,不能全面、系统地反映各项会计要素的增减变动情况和经济业务的来龙去脉,也不便于检查账户记录的正确性和完整性。因此,这种记账方法只适用于经济业务非常简单的单位,目前已很少采用。

②复式记账法:指对任何一项经济业务,都必须用相等的金额在两个或两个以上的有关账户中相互联系地进行登记,借以反映会计对象具体内容增减变化的一种记账方法。复式记账法根据记账符号的不同,分为借贷记账法、增减记账法、收付记账法等。

(2)借贷记账法

借贷记账法是以"借"和"贷"作为记账符号的一种复式记账法,即以"有借必有贷,借贷必相等"为记账规则的一种复式记账方法。借贷记账法主要具有以下特点:

①以"借"和"贷"作为记账符号。即将账户的基本结构分为左、右两方,账户的左方称为借方,右方称为贷方。所有账户的借方和贷方按相反方向记录增加数和减少数,即一方登记增加额,另一方登记减少额,见表4.3。

表4.3　借贷记账法

账户类型	借方	贷方	余额
资产类	增加(+)	减少(−)	在借方
负债类	减少(−)	增加(+)	在贷方
所有者权益类	减少(−)	增加(+)	在贷方
成本类	增加(+)	减少(−)	若有余额在借方
损益类	增加(+)或减少(−)	增加(+)或减少(−)	无

②以"有借必有贷,借贷必相等"作为记账规则。在借贷记账法下,对发生的每项经济业务都要以相等的金额和借贷相反的方向,在两个或两个以上相互联系的账户中进行登记,从而形成"有借必有贷,借贷必相等"的记账规则。

如前所述,任何单位发生的每一项经济业务,都会对会计等式两边或一边的会计要素产生影响,但经济业务无论怎样变化,归纳起来不外乎9种类型。为了清晰地揭示借贷记账法的记账规则,具体运用如例4.3—例4.6所示。

【例4.3】　甲公司购入原材料一批,价款2 000元,用银行存款支付,假定不考虑增值税因素。

这项业务的发生,一方面引起资产要素中"银行存款"账户的减少,应记入贷方;另一方面引起资产要素中"原材料"账户的增加,应记入借方。记录结果如下所示:

借方	银行存款	贷方		借方	原材料	贷方
		(1)2 000			(1)2 000	

【例4.4】　甲公司已到期的应付票据20 000元因无力支付转为应付账款。

这项业务的发生,一方面引起负债要素中"应付账款"账户的增加,应记入贷方;另一方面引起负债要素中"应付票据"账户的减少,应记入借方。记录结果如下所示:

【例4.5】　甲公司收到南方公司前欠货款8 000元,当即存入银行。

这项业务的发生,一方面引起资产要素中"银行存款"账户的增加,应记入借方;另一方面引起资产要素中"应收账款"账户的减少,应记入贷方。记录结果如下所示:

借方	银行存款	贷方		借方	应收账款	贷方
(3)8 000						(3)8 000

【例4.6】 甲公司收到投资者投入资本50 000元,款项存入银行。

这项业务的发生,一方面引起所有者权益要素中"实收资本"账户的增加,应记入贷方;另一方面引起资产要素中"银行存款"账户的增加,应记入借方。记录结果如下所示。

借方	实收资本	贷方		借方	银行存款	贷方
		(4)50 000		(4)50 000		

从上述例子可以看出,每一项经济业务发生后,运用借贷记账法进行账务处理,都必须是在记入某一账户借方的同时记入另一账户的贷方,而且记入借方与记入贷方的金额总是相等的。

> **提示**
>
> 借贷记账法的记账规则是有借必有贷,借贷必相等。

③借贷记账法下的账户对应关系与会计分录。账户对应关系是指采用借贷记账法对每笔交易或事项进行记录时,相关账户之间形成的应借、应贷的相互关系。存在对应关系的账户称为对应账户。

借贷记账法下的账户对应关系与会计分录

会计分录简称分录,是对每项经济业务列示出应借、应贷的账户名称(科目)及其金额的一种记录。会计分录由应借应贷方向、相互对应的科目及其金额3个要素构成。在我国,会计分录记载于记账凭证中。

在实务中,为了保证账簿记录的正确性,在把经济业务记入账户前,应先确定经济业务所涉及的会计科目及其应记的借贷方金额,然后再根据经济业务发生时所取得的原始凭证,在记账凭证中编制会计分录。例4.2—例4.5所示的4项经济业务的会计分录分别如下:

(1)借:原材料   2 000
      贷:银行存款   2 000
(2)借:应付票据   20 000
      贷:应付账款   20 000
(3)借:银行存款   8 000
      贷:应收账款   8 000
(4)借:银行存款   50 000
      贷:实收资本   50 000

④借贷记账法下的试算平衡。

试算平衡是指根据借贷记账法的记账规则和资产与权益（负债和所有者权益）的恒等关系，通过对所有账户的发生额和余额的汇总计算与比较来检查账户记录是否正确的一种方法。

a. 发生额试算平衡。

$$全部账户本期借方发生额合计 = 全部账户本期贷方发生额合计$$

> **提示**
>
> 发生额试算平衡直接依据的是借贷记账法的记账规则，即"有借必有贷，借贷必相等"。

b. 余额试算平衡。

$$全部账户借方期末（初）余额合计 = 全部账户贷方期末（初）余额合计$$

> **提示**
>
> 余额试算平衡的直接依据是财务状况等式，即资产＝负债＋所有者权益。

c. 试算平衡表的编制。试算平衡是通过编制试算平衡表进行的。试算平衡只是通过借贷金额是否平衡来检查账户记录是否正确的一种方法。如果借贷双方发生额或余额相等，表明账户记录基本正确，但有些错误并不影响借贷双方的平衡，因此试算不平衡，表示记账一定有错误，但试算平衡不能表明记账一定正确。

在日常会计核算中，通常是在月末进行一次试算平衡，既可以分别编制发生额试算平衡表和余额试算平衡表，也可以将两者合并编制成一张发生额及余额试算平衡表。

【例 4.7】　甲公司在 20××年 6 月份发生以下经济业务（所有账户的期初余额均为已知条件）：

（1）6 月 6 日获得乙公司追加投资 100 000 元，存入公司银行账户。

这项业务的发生，一方面引起资产要素中"银行存款"账户的增加，应记入借方；另一方面引起所有者权益要素中"实收资本"账户的增加，应记入贷方。记录结果如下所示：

借方	银行存款	贷方	借方	实收资本	贷方
期初余额 300 000				期初余额 300 000	
（1）100 000				（1）100 000	

（2）6 月 8 日，甲公司向供应商购入原材料一批，价值 20 000 元，货款暂欠，材料已验收入库（假设不考虑增值税）。

这项业务的发生，一方面引起资产要素中"原材料"账户的减少，应记入借方；另一方面引起负债要素中"应付账款"账户的减少，应记入贷方。记录结果如下所示：

借方	原材料	贷方		借方	应付账款	贷方
期初余额 100 000					期初余额 100 000	
(2)20 000					(2)20 000	

(3)6月16日甲公司以银行存款支付上月所欠购原材料款10 000元。

这项业务的发生,一方面引起资产要素中"银行存款"账户的减少,应记入贷方;另一方面引起负债要素中"应付账款"账户的减少,应记入借方。记录结果如下所示:

借方	银行存款	贷方		借方	应付账款	贷方
期初余额 300 000					期初余额 10 000	
(1)200 000	(3)10 000			(3)10 000	(2)200 000	

(4)投资者丙收回投资100 000元,甲公司用银行存款向其支付。

这项业务的发生,一方面引起资产要素中"银行存款"账户的减少,应记入贷方;另一方面引起所有者权益要素中"实收资本"账户的减少,应记入借方。记录结果如下所示:

借方	银行存款	贷方		借方	实收资本	贷方
期初余额 300 000					期初余额 300 000	
(1)200 000	(3)10 000			(4)100 000	(1)100 000	
	(4)100 000					

(5)6月21日,从银行提取现金2 000元备用。

这项业务的发生,一方面引起资产要素中"银行存款"账户的减少,应记入贷方;另一方面引起资产要素中"库存现金"账户的增加,应记入借方。记录结果如下所示:

借方	银行存款	贷方		借方	库存现金	贷方
期初余额 300 000				期初余额 90 000		
(1)100 000	(3)10 000					
	(4)100 000					
	(5)2 000			(5)2 000		

(6)6月27日开出商业承兑汇票一张用于归还前欠材料款20 000元。

这项业务的发生,一方面引起负债要素中"应付票据"账户的增加,应记入贷方;另一方面引起负债要素中"应付账款"账户的减少,应记入借方。记录结果如下所示:

借方	应付账款	贷方		借方	应付票据	贷方
(3)10 000	期初余额 10 000				期初余额 50 000	
(6)20 000	(2)20 000				(6)200 000	

（7）经批准企业用盈余公积 50 000 元转增资本。

这项业务的发生，一方面引起所有者权益要素中"盈余公积"账户的减少，应记入借方；另一方面引起所有者权益要素中"实收资本"账户的增加，应记入贷方。记录结果如下所示：

借方	盈余公积	贷方		借方	实收资本	贷方
	期初余额 100 000			（4）100 000	期初余额 300 000	
					（1）100 000	
（7）50 000					（7）50 000	

（8）以盈余公积 10 000 元向所有者分配现金股利。

这项业务的发生，一方面引起所有者权益要素中"盈余公积"账户的减少，应记入借方；另一方面引起负债要素中"应付股利"账户的增加，应记入贷方。记录结果如下所示：

借方	盈余公积	贷方		借方	应付股利	贷方
（7）50 000	期初余额 100 000					
（8）10 000					（8）10 000	

（9）经批准将企业原发行的 10 000 元应付债券转为实收资本。

这项业务的发生，一方面引起负债要素中"应付债券"账户的减少，应记入贷方；另一方面引起所有者权益要素中"实收资本"账户的增加，应记入贷方。记录结果如下所示：

借方	应付债券	贷方		借方	实收资本	贷方
（4）10 000	期初余额 300 000				期初余额 300 000	
	（1）100 000					
	（7）50 000					
	（9）10 000				（9）10 000	

提示

从上述经济业务记入账户的过程可看出以下 3 条规则：

①对每项经济业务都必须同时记入两个或两个以上相互联系的账户；

②所记入的账户可属于同类，也可属于不同类，这取决于经济业务的类型，但记入账户时，一个记入借方，则另一个必须记入贷方；

③对每项经济业务都应以相等的金额在借贷双方同时登记，即应满足借贷记账法的记账规则。

根据各账户的期初余额、本期发生额和期末余额编制账户试算平衡表进行试算平衡，见表 4.4 和表 4.5。

表 4.4　本期发生额试算平衡表

20××年 6 月 30 日　　　　　　　　　　　　　　　　　　　　　　　　　　单位:元

会计科目	本期发生额	
	借方	贷方
库存现金	❺2 000	
银行存款	❶100 000	❸10 000;❹100 000;❺2 000
原材料	❷20 000	
应付票据		❻20 000
应付账款	❸10 000;❻20 000	❷20 000
应付股利		❽10 000
应付债券	❾10 000	
实收资本	❹100 000	❶100 000;❼50 000;❾10 000
盈余公积	❼50 000;❽10 000	
合计	322 000	322 000

表 4.5　试算平衡表

20××年 6 月 30 日　　　　　　　　　　　　　　　　　　　　　　　　　　单位:元

会计科目	期初余额		本期发生额		期末余额	
	借方	贷方	借方	贷方	借方	贷方
库存现金	90 000		2 000		92 000	
银行存款	300 000		100 000	112 000	288 000	
原材料	100 000		20 000		120 000	
应付票据		50 000		20 000		70 000
应付账款		10 000	30 000	20 000		20 000
应付股利				10 000		10 000
应付债券		30 000	10 000			20 000
实收资本		300 000	100 000	160 000		360 000
盈余公积		100 000	60 000			40 000
合计	490 000	490 000	322 000	322 000	500 000	500 000

不影响借贷双方平衡关系的错误通常有:

①漏记某项经济业务,使本期借贷双方的发生额等额减少,借贷仍然平衡;

②重记某项经济业务,使本期借贷双方的发生额等额虚增,借贷仍然平衡;

③某项经济业务记录的应借、应贷科目正确,但借贷双方金额同时多记或少记,且金额一致,借贷仍然平衡;

④某项经济业务记错有关账户,借贷仍然平衡;

⑤某项经济业务在账户记录中颠倒了记账方向,借贷仍然平衡;

⑥某借方或贷方发生额中偶然发生多记或少记并相互抵消,借贷仍然平衡。

知识链接

企业任何一项资金都不可能无缘无故地增加,也不可能无缘无故地减少,某些资金的增加或减少总会引起另一项资金的相应变动,这是资金运动的规律性,实际上也是事物之间的因果关系在企业经济活动中的具体表现。而为了反映经济活动中的因果关系,复式记账法应运而生。从这个意义上来说,复式记账的理论基础就是事物因果关系。

关于事物因果关系的格言和警句有很多,如我们耳熟能详的"种瓜得瓜,种豆得豆""天上不会掉馅饼""少壮不努力,老大徒伤悲""一份辛苦一份甜"等。特别是通过党史学习教育后,我们对"没有共产党就没有新中国""为有牺牲多壮志,敢教日月换新天""幸福都是奋斗来的""今天的美好生活,是无数革命前辈用生命和鲜血换来的"等谆谆教诲有了更为深刻的认识。当然,有许多事物因果关系难以用货币反映,也就无法在会计上予以确认、计量和记录,但复式记账原理至少给我们带来以下启示:

①每个人心中都应有本账,用来记录时代的发展变化以及个人成长的心路历程。

②学会复式记账不仅要记好会计上的账,更要记好自己内心的感恩之账,即感恩父母的同时,更要感恩先烈们的无私奉献和我们生活的伟大时代——知恩图报,善莫大焉。

③凡事都有因果,发现问题固然重要,但更重要的是分析问题产生的前因和后果。复式记账所蕴含的因果分析思想,不仅适用于会计等经济管理工作,也是其他管理工作的理论基石。

4.1.5　会计凭证、会计账簿与财务处理程序

会计凭证的概念与作用

1)会计凭证

(1)会计凭证的概念

会计凭证是一种书面证明,它既可以记录经济业务发生或完成的情况,又可以明确相关的经济责任并作为登记账簿的依据。

填制和审核会计凭证,是整个会计核算工作的起点和基础。对每一笔经济业务都必须取得真实、完整的会计凭证,一般是由执行和完成该笔经济业务人员从外单位取得或填制有关凭证,以书面形式记录所发生经济业务的性质、日期、内容、数量以及金额等,并在凭证上签名或盖章,对经济业务的合法性和凭证的真实性、完整性负完全责任。

提示

所有的会计凭证都需要严格审核并确认无误后才能作为登记账簿的依据。

(2)会计凭证的作用

①记录经济业务的发生和完成情况,为会计核算提供记账依据。任何一项经济业务的发生,都要编制或取得会计凭证,这是因为填制会计凭证可以正确、及时地反映各项经济业

务的完成情况,为登记账簿提供可靠的依据。因此,会计凭证所记录的有关信息是否真实、可靠、及时,对保证会计信息质量具有至关重要的影响。

②明确经济责任,可以加强经济业务管理责任制。任何会计凭证除记录每项经济业务的内容外,还必须要由有关部门和经办人员签章,这就要求签字人员对会计凭证所记录经济业务的真实性、完整性、正确性、合法性负责。这样做既可以防止舞弊行为,又能明确各经办部门和人员所负的经济责任,从而加强经营管理的岗位责任制,强化企业的内部控制。

③监督经济活动,控制经济运行。对会计凭证进行审核,可以查明各项经济业务是否真实,是否符合法律、法规、制度的规定,是否符合计划、预算进度等;可以充分发挥会计的监督作用,对发现的问题及时采取措施予以纠正,做到经济活动的事中控制,从而保护各会计主体所拥有资产的安全完整,维护投资者、债权人和有关各方的合法权益。

(3)会计凭证的种类

会计凭证的形式多种多样,可以按照不同的标准进行分类。一般按其填制程序和用途的不同,分为原始凭证和记账凭证两大类。原始凭证和记账凭证又可以按照不同的标准进一步划分成不同的种类。

会计凭证的种类

①原始凭证。原始凭证是指在经济业务发生或完成时取得或填制的,用以记录经济业务具体内容和证明经济业务发生或完成情况的书面证明。它是进行会计核算的原始资料和主要依据。

企业日常经济活动中,常见的材料采购发票、出差住宿发票、仓库领料单等都是原始凭证。可见,原始凭证种类繁多,形式多样,可以按取得的来源、格式、填制的手续和内容进行分类。

A.按取得的来源分类。原始凭证按其取得的来源分,可分为自制原始凭证和外来原始凭证两种。

a.自制原始凭证:指由本单位有关部门和经办业务的人员在执行或完成某项经济业务后所填制的凭证,这类原始凭证仅供本单位内部使用,如借款单、限额领料单、入库单等。

b.外来原始凭证:指在经济业务发生或完成时,从外单位或个人直接取得的原始凭证,如供货单位开具的增值税专用发票、银行开具的收付款通知单、银行转来的各种结算凭证等。

B.按格式分类。原始凭证按格式不同分,可分为通用原始凭证和专用原始凭证两种。

a.通用原始凭证:指由有关部门统一印制、在一定范围内使用的具有统一格式和使用方法的原始凭证。该凭证的使用范围既可以是某地区、某一行业,也可以全国通用。如火车票、全国通用的增值税发票、由中国人民银行制作的银行转账结算凭证等。

b.专用原始凭证:指由单位自行印制、仅在本单位内部使用的原始凭证。这与自制原始凭证相同,如工资费用分配单、折旧计算表、差旅费报销单等。

C.按填制的手续和内容分类。原始凭证按填制的手续和内容分,可分为一次凭证、累计凭证和汇总原始凭证3种。

a.一次凭证:指只记录一项经济业务或同时记录若干项同类性质经济业务的原始凭证。其填制手续是一次完成的,且仅一次有效,如各种外来原始凭证、销货发票、入库单、材料费用分配表等。一次凭证使用方便灵活,但数量较多,核算较为麻烦。

b. 累计凭证:指在一定时期内可连续记录不断重复发生的相同性质的经济业务的原始凭证。其填制手续是在一张凭证中多次进行才能完成且多次有效,如限额领料单。

> **提示**
>
> 限额领料单因在一张凭证内连续登记材料领用业务,随时可以计算出累计数及期末结余数,能对材料消耗、成本管理起到事先控制的作用。

c. 汇总原始凭证:指对一定时期内反映相同经济业务的若干张原始凭证按照一定标准汇总编制,如工资结算汇总表、领料单汇总表、销售日报表、差旅费报销单等。

> **提示**
>
> 汇总原始凭证可以合并同类型经济业务,简化编制记账凭证的手续,便于进行经济业务的分析比较。但它属于经过加工后的原始凭证,故本身不具备法律效力。

②记账凭证。由于原始凭证种类繁多,格式和内容也各不相同,不便于直接根据原始凭证登记账簿,因此在记账前需要将各种原始凭证反映的经济内容加以归类整理。记账凭证是指会计人员根据审核无误的原始凭证,按照经济业务的内容加以归类、整理后编制的会计分录凭证。

> **提示**
>
> 在确认为某一会计要素后,填制具有统一格式的记账凭证,并将相关的原始凭证附在记账凭证后,作为登记账簿的直接依据。

记账凭证可按用途、填列方式进行分类。

A. 按用途不同分类。记账凭证按其用途不同分,可分为专用记账凭证和通用记账凭证。

a. 专用记账凭证:指分类反映经济业务的记账凭证。按其反映经济业务的内容不同,可分为收款凭证、付款凭证和转账凭证。

●收款凭证:指根据有关库存现金和银行存款收款业务的原始凭证填制的记账凭证。收款业务直接引起库存现金或银行存款增长,如现金收到水电费、收到销货款存入银行等。

●付款凭证:与收款凭证正好相反,付款凭证反映的是库存现金和银行存款付款业务的记账凭证。付款业务直接引起库存现金或银行存款减少,如现金发放职工工资、以银行存款支付费用等。

●转账凭证:指用来反映除库存现金和银行存款以外的非货币资金经济业务的记账凭证。它不涉及货币资金增减变动,如向仓库领料、产成品交库、分配费用等。

将专用记账凭证划分为以上 3 种,便于按经济业务对会计人员进行分工,也便于提供分类核算数据,为记账工作提供方便,但工作量较大。

b. 通用记账凭证:指用来反映所有经济业务的记账凭证,只使用相同的一种记账凭证,为各类经济业务所共同使用,其一般格式与转账凭证类似。

B. 按凭证的填列方式分类。记账凭证按凭证的填列方式不同,可分为单式记账凭证和复式记账凭证。

a. 单式记账凭证:指在一张记账凭证上只填列经济业务所涉及的一个会计科目及其金

额的记账凭证,其对应科目只作参考、不据以记账。只填列借方科目的称为借项记账凭证,只填列贷方科目的称为贷项记账凭证。

单式记账凭证的优点:便于会计人员分工记账,每个岗位人员对其记账的有关账户负责,防止差错和舞弊;缺点:不能反映某项经济业务的全貌和所涉及的会计科目之间的对应关系,而且填制凭证的工作量较大,大量凭证不便于查账,也不易保管,故企业很少使用单式记账凭证。

b.复式记账凭证:指在一张凭证上完整地列出每笔经济业务所涉及的全部会计科目及其发生金额的记账凭证。

复式记账凭证的优点:能全面反映某项经济业务的全貌和所涉及的会计科目之间的对应关系,且方便填写,这样可以大大降低会计人员填制记账凭证的工作量,同时对应的记账凭证数量减少,也便于查账、分析及审核。因此,在实际工作中,大多数企业都使用复式记账凭证。缺点:不便于汇总计算每一个会计科目的发生额。

(4)会计凭证的传递

①会计凭证传递的含义。会计凭证的传递是指会计凭证从取得或填制时起,经过审核、记账、装订至归档保管时止,在单位内部有关部门和人员之间按规定的时间、路线办理业务手续和进行处理的过程。

在设置会计凭证传递程序时,要考虑满足内部控制制度的要求,及时处理和登记经济业务,协调单位内部各部门、各环节的工作,同时尽量节约传递时间,减少传递的工作量。各单位可以根据实际情况确定每一种会计凭证的传递程序和方法,从而加强经营管理的岗位责任制,实行会计监督。

②会计凭证传递的要求。会计凭证传递具体包括传递程序、传递时间和传递手续3个方面。会计凭证是否能科学、严密、有效地传递,对加强企业内部管理、提高会计信息的质量具有重要影响。在制订会计凭证传递程序和方法时,应注意考虑以下3个方面的问题:

a.会计凭证传递程序的要求。单位应根据经济业务的特点、内部机构设置、人员分工情况和经营管理上的需要,明确规定各种会计凭证的联次及其所流经的必要环节。既要使得会计凭证经过必要的环节进行审核和处理,让各有关部门和人员能了解经济业务情况,又要避免会计凭证传递通过不必要的环节影响传递速度,从而保证会计凭证沿着最简捷、最合理的路线传递。

b.会计凭证传递时间的要求。会计凭证传递时间是指各类会计凭证经过各经办部门、环节所停留的最长时间。各单位应考虑有关部门和人员在正常情况下办理经济业务必要手续所需时间来合理确定会计凭证传递时间,以保证业务手续的完成。明确会计凭证的传递时间能防止不必要的耽搁积压凭证,从而使会计凭证以最快的速度传递,以充分发挥会计信息的作用,提高工作效率。

c.会计凭证传递手续的要求。为确保会计凭证在传递过程中的安全和完整,各单位在各个环节中都应指定专人办理交接手续,做到既完备严密、责任明确,又简便易行。凭证的收发、交接既要按照一定的手续办理,从而保障会计凭证的传递程序、传递时间和传递手续,还要根据实际情况的变化及时加以修改,以确保会计凭证传递的科学化、制度化。

（5）会计凭证的保管

会计凭证是各项经济活动的记账依据,是重要的会计档案和经济资料。任何单位在办理好各项业务手续并据以记账后,必须由会计部门将会计凭证按规定的立卷归档制度加以整理、归类,并送交档案部门妥善保管,便于日后随时查阅使用。因此,会计凭证的保管就是指会计凭证记账后的整理、装订、归档和存查工作。对以下几个主要环节提出要求。

> **提示**
>
> 对会计凭证的保管既要做到安全和完整无缺,又要便于凭证的事后翻阅和查找。

①整理归类。会计部门依据会计凭证记账后,应定期(一般为每月)将各种会计凭证进行分类整理,即将各种记账凭证及其所附原始凭证按照记账凭证的编号顺序进行整理,加上封面(会计凭证封面应注明单位名称、凭证种类、凭证张数、起止号数、所属年月、会计主管人员、装订人员等有关事项)和封底,装订成册,并在装订线上加贴封签,由装订人员在装订线封签处签名或盖章,然后入档保管,以防散失和任意拆装。

原始凭证较多或随时需要查阅时,可单独装订保管,但应在凭证封面上注明所属记账凭证的日期、编号、种类,同时在对应的记账凭证上注明"附件另订"及原始凭证的名称和编号,以便查阅。

②造册归档。会计部门每年都会按照会计凭证归档的要求,对会计凭证装订成册,在会计年度终了时,可暂由会计部门保管一年。期满后应由会计部门编造清册移交至本单位档案部门统一保管;若单位未设立档案部门,则应在会计部门内部指定专人保管。会计凭证必须妥善保管,存放有序,查找方便,并要严防毁损、丢失和泄密。

③借阅。会计凭证应加贴封条,防止被抽换。原则上,会计凭证不得借出,当遇到特殊情况需要借出时,必须报请批准,但不得拆散原卷册,并应限期归还。需要查阅已入档的会计凭证时,必须办理借阅手续。

原始凭证不得外借,其他单位因特殊原因确实需要使用原始凭证时,经本单位负责人批准,可以复制。但向外单位提供的原始凭证复制件,应在专设的登记簿上登记,并由提供人员和收取人员共同签名或盖章。

> **提示**
>
> 查阅或者复制会计凭证的人员,严禁对会计凭证涂画、拆封和抽换。各单位应建立健全会计凭证查阅、复制登记制度。

④销毁。会计凭证的保管期限一般为30年,保管人员应严格遵守会计凭证的保管期限要求,期满前任何人都不得任意销毁。在按规定需要销毁会计凭证时,需要列明销毁清单,并经批准后,由档案部门和会计部门共同委派人员监督销毁。会计凭证销毁前,监销人员需依据销毁清单认真清点核对会计凭证。销毁后,监销人员还需在销毁清册上签名或盖章,并将监销情况报告本单位负责人。

2）会计账簿

（1）会计账簿的含义

每项经济业务发生后,会计人员先要取得或填制相应的会计凭证,并加以

会计账簿的含义与作用

审核确认,然后据以登记在有关会计账簿的账户中。会计账簿指的是以会计凭证为依据,对全部经济业务进行序时、全面、系统、连续、分类地记录、核算,反映企业、机关和事业等单位经济活动全部过程的簿籍。它具有专门的格式并由相互联系的账页所组成。

> **提示**
>
> 设置和登记会计账簿,是重要的会计核算基础工作,它既是填制和审核会计凭证的延伸,也是编制财务报表的基础,还是连接会计凭证和财务会计报表的中间环节。

（2）会计账簿的作用

设置会计账簿是会计工作环节中重要的一项,登记会计账簿则是会计核算的一种专门方法。科学地设置账簿和正确地登记账簿,对于全面完成会计核算工作具有重要意义。会计账簿的作用主要有:

①记载并储存会计信息。将单位发生的经济业务事项编制成对应的会计凭证,再逐一记入有关会计账簿中,可以全面反映会计主体在一定时期内所发生的经济活动形成的资金运动,储存所需的会计信息。

②分类和汇总会计信息,对凭证资料进行系统总结。在会计核算中,通过会计凭证的填制和审核,可以反映和监督每项经济业务的完成情况。但这样的会计信息是零散的,不能完全反映某一时期内全部的经济活动,因此,会计人员会进一步依据会计凭证填制会计账簿,将所有的零散信息进行汇总。一方面,会计账簿既能提供汇总核算资料,又能提供各方面所需的总括会计信息,反映财务状况、经营成果和现金流量状况;另一方面,会计账簿既能提供分类核算资料,又能提供序时核算资料,进而反映经济活动的轨迹,这对于单位加强经济核算、提高管理水平、探索资金运动规律具有重要的作用。

③是财务分析、经营考核的重要依据。登记会计账簿是对会计工作上一环节所编制的会计凭证做出的进一步梳理,可作为单位财务分析和经营考核的重要依据。会计账簿中登记的会计信息,完整地反映单位的经营成果,管理人员可以据以分析单位的财务状况,评价考核单位的总体经营情况,还可以监督和促进各企业、单位遵纪守法、依法经营。

④为编报财务报表提供资料。单位为反映一定日期的财务状况和一定时期的经营成果,会定期编制资产负债表、利润表、现金流量表等财务报表。报表的各项数据来源主要依赖于会计账簿中记录的各项内容。因此,会计账簿的设置和登记是否准确、真实、齐全,直接影响财务报告的质量。

（3）会计账簿的种类

会计账簿的种类繁多,不同类别的会计账簿所对应的用途、形式、内容和登记方法各不相同,可以满足不同的需要。为了更好地了解和使用各种会计账簿,在实际工作中可以按其用途、外形特征和账页格式进行分类。

会计账簿的种类

①按会计账簿的用途分类。会计账簿按用途的不同,可分为序时账簿、分类账簿和备查账簿三大类。

A.序时账簿:又称日记账,是指按照经济业务完成时间的先后顺序或收到会计凭证号码的先后顺序进行逐日、逐笔登记的账簿。序时账簿按其记录内容的不同,又分为普通日记账和特种日记账。

a.普通日记账:指将单位每天所发生的一切经济业务,不论其性质如何,按其先后顺序,编成会计分录记入全部经济业务发生情况的账簿。

b.特种日记账:特种日记账与登记全部经济业务的普通日记账不同,它只用来登记某一特定种类的经济业务发生情况。也就是说,特种日记账是按照经济业务性质单独设置的账簿,它只把特定项目按经济业务顺序记入账簿,反映其详细的经济情况,如银行存款日记账和库存现金日记账。特种日记账会根据经济业务的特征或管理上的需要进行设置,尤其是像银行存款和库存现金这种发生频繁且需严加控制的项目。

> **提示**
>
> 在实际工作中,因经济业务的复杂性,一般很少采用普通日记账,应用较广的是特种日记账。

B.分类账簿:是对全部经济业务事项按照会计要素的具体类别而设置的分类账户进行登记的账簿。按其提供核算指标的详细程度不同,又分为总分类账簿和明细分类账簿。

a.总分类账簿:又称为总账。它是根据总账科目开设的账户,用来登记全部经济业务,进行总分类核算,提供总括核算资料的分类账簿,能够全面反映企业的经济活动。

b.明细分类账簿:又称为明细账。它是根据总账科目所属明细科目开设的账户,用以分类登记某一类经济业务,进行明细分类核算,提供明细核算资料的账簿。

> **提示**
>
> 总账对所属的明细账起统驭作用,明细账对总账进行补充和说明,两者相辅相成。

C.备查账簿:又称为辅助账簿,是对某些在序时账簿和分类账簿中未能记载或记载不够详细的经济业务事项进行补充登记的账簿,可为某些经济业务内容提供必要的参考资料。

备查账簿根据实际需要而设置,并非一定要设置,也没有固定格式,如设置租入固定资产登记簿、代销商品登记簿等。

②按照会计账簿的外形特征分类。会计账簿按外形特征不同,可分为订本式账簿、活页式账簿和卡片式账簿。

A.订本式账簿:又称为订本账,是在启用前将具有一定格式的账页加以编号并装订成册的账簿。

订本式账簿的优点:可以避免账页的散失,防止账页被抽换,使用起来更加安全;缺点:不能根据需要准确地为各账户预留账页,且同一账簿在同一时间只能由一人登记,既不便于会计人员分工记账,也不便于计算机打印记账。

订本式账簿一般适用于比较重要的和具有统驭性的账簿,如总分类账、现金日记账和银行存款日记账。尤其是总分类账必须采用订本式账簿。

B.活页式账簿:又称为活页账,是将一定数量的零散的账页装在活页夹内,可根据记账内容的变化而随时增添或减少部分账页的账簿。

活页式账簿的优点:平时在使用过程中可以随时取放,待年终才装订成册,因此可根据需要灵活添页或排列,不会浪费账页,便于同一时间内由多名会计人员分工记账,也便于计算机打印记账;缺点:如果管理不善,会造成账页散乱、丢失或被抽换。

> **提示**
>
> 活页式账簿一般适用于各种明细分类账。

C.卡片式账簿:又称为卡片账,是将一定数量的硬卡片作为账页存放在专门设置的卡片箱内保管的账簿。卡片式账簿其实是一种活页账,同样也可根据需要随时增添账页,为了防止因经常抽取造成破损而采用硬卡片这一特殊形式。卡片式账簿一般适用低值易耗品、固定资产等的明细核算。

> **提示**
>
> 在我国,一般只对固定资产明细账采用卡片账形式。

③按账页格式分类。会计账簿按账页格式不同,可分为两栏式账簿、三栏式账簿、多栏式账簿、数量金额式账簿和横线登记式账簿。

A.两栏式账簿:指只有借方和贷方两个金额栏目的账簿。普通日记账通常采用此种会计账簿。

B.三栏式账簿:指设有借方、贷方和余额3个金额栏目的账簿。它适用于只进行金额核算的资本、债权、债务明细账,如应收账款、应付账款等账户的明细分类核算。

C.多栏式账簿:指在账簿的借方和贷方两个金额栏目按照需要分设若干个专栏的账簿。收入、成本、费用、利润和利润分配明细账一般采用这种格式的账簿,如主营业务收入、管理费用、生产成本、本年利润等账户的明细分类核算。

D.数量金额式账簿:指在借方、贷方和余额3个栏目内,都分设数量、单价和金额三小栏的账簿,为的是反映财产物资的实物数量和价值量。如原材料、库存商品、产成品、固定资产等明细账一般都采用这种格式的账簿。

E.横线登记式账簿:指在同一张账页的同一行将某一项经济业务从发生到结束的相关内容全部登记在上面的账簿,以便检查每笔业务的发生和完成情况。材料采购、在途物资、应收票据等业务一般都采用这种格式的账簿。

(4)会计账簿的更换与保管

①会计账簿的更换。会计账簿的更换是指企业在每一个会计年度结束、新的会计年度开始时,按会计制度规定更换账簿、建立新账,以保持会计账簿资料的连续性。

会计账簿的
更换与保管

总账、日记账和多数明细账应每年更换一次。更换账簿时,应将上年度各账户的余额直接记入新账簿中相应账户新账页的第一行余额栏内。在旧账簿中各账户年终余额的摘要栏内加盖"结转下年"戳记,并在新账簿中相关账户的第一行摘要栏内加盖"上年结转"戳记。

有一小部分明细账因年度内变动不多,还可继续使用,年初可不必更换账簿,如固定资产明细账等。但摘要栏内,要加盖"结转下年"戳记,以划分新旧年度之间的金额。备查账簿可以连续使用。

②会计账簿的保管。会计账簿是会计工作的重要历史资料,也是重要的经济档案,在经营管理中具有重要作用。各种账簿与会计凭证、会计报表一样,必须按照国家统一的会计制度的规定加强对会计账簿的管理,同时做好账簿的管理工作。

年度终了,各种账户在结转下年、建立新账后,一般都要把旧账送交总账会计集中统一管理。会计账簿暂由本单位财务会计部门保管一年,期满之后,由财务部门编造清册移交单位档案管理机构保管。

> **提示**
>
> 会计账簿日常应由各自分管的记账人员专门保管,未经领导和会计负责人或有关人员批准,不许非经管人员翻阅、查看、摘抄和复制。会计账簿除非特殊需要,一般不允许携带外出。

各种会计账簿应按年度分类归档,编造目录,妥善保管。既保证在需要时迅速查阅,又保证各种账簿的安全和完整。各种会计账簿的保管期限一般为 30 年。保管期满后,还要按照规定的审批程序由档案管理机构会同有关部门共同鉴定,报经批准后才能销毁。

3)财务处理程序

(1)财务处理程序的概念

财务处理程序

账务处理程序又称为会计核算组织程序或会计核算形式,它是指在会计循环中,会计凭证、会计账簿、会计报表相结合的方式,包括账簿组织和记账程序。

会计循环是指按照一定的步骤反复运行的会计程序,从经济业务发生取得或填制会计凭证起,到登记账簿、编制会计报表止的一系列处理程序。它是按照划分的会计期间,周而复始进行的会计核算工作的内容。

> **提示**
>
> 一个完整的会计循环过程,由填制和审核会计凭证、设置会计科目和账户、复式记账、登记会计账簿、成本计算、财产清查、编制财务会计报告 7 个环节组成。

账簿组织是指应用账簿的种类、格式和各种账簿之间的关系,是会计凭证和会计账簿的种类格式之间、各种凭证之间、各种账簿之间、账簿与会计报表之间的相互关系,是决定账务处理程序的核心内容。

记账程序是指企业在会计循环中,由填制、审核原始凭证到填制、审核记账凭证,登记日记账、明细分类账和总分类账,编制财务报表的工作程序和方法等。它利用不同种类和格式的会计凭证、会计账簿和会计报表对发生的经济业务进行记录和反映。

(2)财务处理程序的意义

账务处理程序是否科学合理,会影响整个会计核算工作的效率和质量。科学、合理地选择适合本单位的账务处理程序,对保证准确、及时地提供系统而完整的会计信息具有十分重要的意义。财务处理程序主要的意义有:

①有利于规范会计核算组织工作,保障会计信息质量,增强会计信息的可靠性。建立科学合理的财务处理程序,可以形成规范的会计核算工作秩序,会计人员在进行财务处理时能够有序可循,按照不同的责任分工,有条不紊地处理好各个环节的工作内容,提高会计核算的工作质量,从而保障会计信息质量,增强会计信息的可靠性。

②有利于提高会计工作效率,保证会计信息的及时性。企业按照规范合理的会计核算工作秩序进行会计信息处理,可以提高会计核算工作效率,保证会计信息整理、编制会计报

告等能顺利进行,满足会计信息质量的及时性要求。

③有利于减少不必要的会计核算环节,降低会计核算工作成本。会计核算是需要消耗人力、物力和财力的过程,因此要根据效益大于成本的原则建立财务处理程序。安排科学、合理的财务处理程序可以减少不必要的会计核算环节,在一定程度上也能降低会计核算工作的成本,减少结余开支。

(3)设计账务处理程序应遵循的原则

在设计科学、合理的账务处理程序时,应遵循以下原则:

①设计要合理。要结合本单位实际情况,充分考虑单位的业务性质、规模大小、繁简程度、经营管理的要求和特点以及会计机构和会计人员的设置等相关因素,使财务处理程序与本单位会计核算工作的需要相适应。通常,经济业务越繁多、规模越大,对应设计的账务处理程序就越复杂。

②保障会计信息质量。账务处理程序能及时、准确、完整地反映本单位的经济活动情况,提供系统而完备的会计信息资料,以满足会计信息使用者据以作出经济决策的需要。因此,账务处理程序以保障会计信息质量为根本立足点。

③简化会计核算手续,降低会计核算成本。在确保会计核算工作质量的前提下,账务处理程序需要结合实际简化会计核算手续,从而提高会计核算的工作效率,节约会计核算成本。

(4)账务处理程序的种类

由于影响会计核算的因素较多,在实际工作中会形成不同的账务处理程序。依据登记总分类账的依据和方法不同,常用的账务处理程序主要有记账凭证账务处理程序、汇总记账凭证账务处理程序和科目汇总表账务处理程序。

①记账凭证账务处理程序:指对发生的经济业务填制记账凭证后,直接根据记账凭证逐笔登记总分类账的一种账务处理程序。它是最基本的账务处理程序,其他账务处理程序都是以此为基础做出调整变化的。

②汇总记账凭证账务处理程序:指将填制的记账凭证依据凭证的种类定期汇总编制成汇总记账凭证,再根据汇总记账凭证登记总分类账的一种账务处理程序。这样可以减少登记总分类账的工作量。由此可见,汇总记账凭证账务处理程序是在记账凭证账务处理程序的基础上发展演变而来的。

③科目汇总表账务处理程序:指根据各种记账凭证定期汇总编制科目汇总表,然后根据科目汇总表登记总分类账的一种会计核算形式。它与汇总记账凭证账务处理的前期编制记账凭证的成果不同,前者编制成汇总记账凭证,后者编制成科目汇总表。科目汇总表账务处理程序是会计实务中使用最广的一种账务处理程序。

4.1.6 财产清查

1)财产清查概述

(1)财产清查的概念及意义

企业的财产包括货币资金、存货、固定资产和各项债权等。为保证各类账

财产清查概述

簿记录的各项财产增减变动和结余情况的真实性和完整性,就必须对各项财产进行定期或不定期的清点和审查工作,即财产清查。

> **提示**
>
> 　　财产清查指的是对货币资金、实物资产和往来款项等财产物资进行盘点核对,确定其真实的存在数(量),查明是否账实相符(账目数与实物数相符合)。

财产清查的主要意义有以下几点:

①提高会计信息质量,为会计核算工作奠定基础。企业在会计期间发生的所有经济业务,都需要通过收集资料经专业会计人员确认、计量、记录后,汇总形成可供会计信息使用者使用的财务报表。为确保最终提供的会计信息质量真实、客观,就需要通过财产清查,查明各项财产物资的实有数量,确定实有数量与账面数量之间的差异,查明原因和责任,以便采取有效措施消除差异,改进工作,从而保证账实相符,提高会计资料的准确性。

②为内部控制制度的实施创造有利条件。建立有效的财产内部控制制度的目的之一是保障企业经营活动能有序地进行,保护财产物资的安全和完整,提高会计信息的质量。通过财产清查,可以查明各项财产物资的保管情况是否良好,有无因管理不善造成霉烂、变质、损失浪费,或者被非法挪用、贪污盗窃的情况,以便采取有效措施改善管理,切实保障各项财产物资的安全完整。同时,通过财产清查还可以及时了解各项财产物资的库存和使用情况,以便合理安排生产经营活动,充分利用各项财产物资,加速资金周转,提高资金使用效益。

(2)财产清查的种类

①按清查的时间分类。按清查的时间不同,可分为定期和不定期。

A. 定期清查:指按计划安排的时间对各项财产进行清查,通常在月末、季末、年末结账前进行。

B. 不定期清查:指根据特殊需要对财产进行清查,事先并不会规定清查的日期,清查的对象和范围也是根据实际需求而定。一般需要进行不定期财产清查的主要情况有以下几种:

a. 更换货币资金出纳员或财产物资保管员时;

b. 发生意外损失时;

c. 接受有关单位(上级主管、银行、财税、审计等部门)进行检查或审计时;

d. 临时性清产核资时。

②按清查的范围分类。按清查的范围不同,可分为全面清查和局部清查。

A. 全面清查:指对所有的货币资金、实物资产和往来款项等财产物资进行盘点和核对。全面清查范围广、内容多、时间长、工作量大、参与人员较多,因此不易经常进行,一般需要进行全面清查的主要情况有以下几种:

a. 为确保年终决算的会计信息真实准确,在决算前会进行一次全面清查;

b. 单位改变其隶属关系或撤并时;

c. 中外或国内合资、合营前;

d. 开展清产合资、资产评估等专项经济活动前;

e. 单位主要负责人变更时;

f.企业股份制改制前。

B.局部清查:指根据实际需要对部分财产物资进行盘点和核对,主要的清查对象是流动性较大的现金、银行存款、原材料、在产品和库存商品等。

> **提示**
>
> 　　相对于全面清查而言,局部清查范围小、内容少、时间短、工作量小、参与人员较少,但专业性较强。例如:
>
> 　　a.对库存现金,需要出纳人员每日终了时盘点一次,保障库存现金日记账结存数与实存数相符;
>
> 　　b.对银行存款,需要出纳人员至少每月与银行核对一次;
>
> 　　c.对各类原材料、在产品和产成品应有计划地每月抽查至少一次,尤其是贵重物资,每月都需要盘查;
>
> 　　d.对各类往来即债权资产,每年至少核对1~2次。

③按清查的执行单位分类。按清查的执行单位不同,可分为内部清查和外部清查。

A.内部清查:指由本单位内部组织有关人员对本单位财产进行自行清查工作,大部分的财产清查工作都是这一类,一般称为"自查"。

B.外部清查:指由单位的外部有关部门或人员(上级主管部门、司法机关、审计机关、注册会计师)根据国家有关法规或制度对本单位进行的财产清查。

(3)财产清查的程序

财产清查是一项重要的工作,单位必须有计划、有组织地进行。财产清查有一定的程序,一般分为清查前的准备程序、清查中的程序以及清查后的程序,见表4.6。

表4.6　财产清查的程序

分类	工作程序
清查前的准备程序	①成立财产清查组织,一般是在主管领导和财务主管领导下,由财务、行政、生产、设备等有关部门组成的清查小组; ②明确清查范围、对象,确定清查任务; ③制订清查工作计划,具体安排清查的时间、内容、步骤、方法等; ④配备具有能力的清查人员,并组织学习相关法规、制度、政策,以提高财产清查质量
清查中的程序	①清查时,一般本着先清查数量、后认定质量的原则进行; ②填制相关的盘存清单; ③根据盘存清单,填制实物财产、债权财产(往来账款)清查结果表
清查后的程序	①总结财产清查工作中的经验和不足,撰写清查工作总结报告; ②提出财产清查结果的处理意见

2)财产清查的方法

货币资金、实物和往来款项各有其特性,在财产清查时对不同的清查内容要根据其特点和管理要求采取不同的清查方法,从而提高清查工作效率,保证

财产清查的方法

清查工作质量。

（1）货币资金的清查方法

①库存现金的清查。库存现金的清查先采用实地盘点的方法确定库存现金的实存数，再将库存现金的盘点实有数与库存现金日记账的账面余额进行核对，来确定是否账实相符。库存现金盘点由清查人员与出纳人员共同负责。

库存现金清查可分为以下两种情况：

A.出纳员经常性的自查：在日常工作中，由出纳员每日清点库存现金实有数额，并与库存现金日记账的余额进行核对。

B.由专门人员定期或不定期清查：库存现金除了由出纳员日常进行清查外，还需要定期或不定期由专门人员进行清查，这是为了加强对出纳工作的监督，确保库存现金安全完整。由有关领导和专业人员组成清查小组，在出纳人员在场的情况下进行。一般是由出纳人员经手盘点，清查的专门人员在一旁监督，同时还要严格审查库存现金收付凭证和有关账簿，检查财务处理是否合理合法、账簿记录有无错误，从而确定账实数是否相符。

提示

　　库存现金盘点结束后，应根据最终的盘点结果，填制"库存现金盘点报告表"，并由出纳员、盘点监督人员及相关负责人共同签字盖章方能生效。该表是重要的原始凭证，既有实物财产清查"盘存单"的作用，又有"实存账存对比表"的作用，出纳人员可根据此表调整库存现金日记账的账面记录。

②银行存款的清查。该清查一般是采用银行存款日记账与开户银行提供的"对账单"逐笔核对的方法进行，从而查明银行存款的实有数额。银行存款的清查一般在月末进行。

将截止到清查日所有银行存款的收付业务都登记入账后，对发生的错账、漏账应及时查清更正，再与银行的对账单逐笔进行核对。若银行存款日记账与银行对账单的余额相符，一般说明不存在错误。若发现银行存款日记账与银行对账单的余额不相符，则可能出现以下两种情况：

A.记账错误：企业方面记账差错，经确定后企业应立即更正；银行方面记账差错，应通知银行及时更正。发生这种情况可能是一方也可能是双方。

B.未达账项：指企业和银行之间由于传递凭证的时间上存在差异，导致双方出现一方已接到有关结算凭证登记入账，另一方因尚未接到凭证而尚未登记入账。未达账项一般分为以下4种情况：

a.企业已收款入账，银行未收款入账。如果此时对账，就会出现企业已记银行存款增加，而开户银行尚未记增加的款项。

b.企业已付款入账，银行未付款入账。如果此时对账，就会出现企业已记银行存款减少，而开户银行尚未减少的款项。

c.企业未收款入账，银行已收款入账。如果此时对账，就会出现企业尚未记增加的款项，而银行已记企业存款增加。

d.企业未付款入账，银行已付款入账。如果此时对账，就会出现企业尚未记减少的款项，而银行已记企业存款减少。

在与银行对账时,应先查明有无未达账项,如果存在上述情况的未达账项,则需将未达账项填入"银行存款余额调节表",并计算出调整后的余额。其计算公式如下:

企业银行存款日记账余额+银行已收企业未收款项-银行已付企业未付款项

=银行对账单存款余额+企业已收银行未收款项-企业已付银行未付款项

【例4.8】 A公司20××年7月31日银行存款日记账余额为391 600元,而银行对账单上企业存款余额为381 600元,经逐笔核对,发现以下未达账项:

(1)7月12日,企业开出转账支票3 000元,持票人尚未到银行办理转账,银行尚未登记入账。

(2)7月18日,企业委托银行代收款项6 000元,银行已收款入账,但企业未接到银行的收款通知,因而未登记入账。

(3)7月28日,企业送存购货单位签发的转账支票14 000元,企业已登记入账,银行尚未登记入账。

(4)7月30日,银行代企业支付水电费5 000元,企业尚未接到银行的付款通知,故未登记入账。

要求:根据以上有关内容,编制"银行存款余额调节表"。

解 根据上述有关内容,编制的"银行存款余额调节表"见表4.7。

表4.7　银行存款余额调节表

20××年7月31日   单位:元

项目	金额	项目	金额
银行存款日记账余额	391 600	银行对账单余额	381 600
加:银行已收,企业未收款	6 000	加:企业已收,银行未收款	14 000
减:银行已付,企业未付款	5 000	减:企业已付,银行未付款	3 000
调节后余额	392 600	调节后余额	392 600

(2)实物资产的清查方法

实物资产是指具有实物形态的各种资产,主要包括存货(原材料、半成品、在产品、产成品、低值易耗品、包装物)和固定资产等。实物资产具有数量大、品种多、计量单位不同等特点,在清查时需要结合实际情况,针对不同清查对象选择不同的清查方法。常用的清查方法有以下几种:

①实地盘点法:指通过清点数量、称重、测量等方式在财产物资存放现场逐一确认被清查实物的实有数额。这种方法使用范围广泛,常用于清查库存商品、原材料和机器设备等资产,虽能得出准确可靠的数字,但工作量较大。

②技术推算法:指按照一定的技术标准去推算出资产实存数的一种方法。这种方法适用于数量大、单价低且不易逐一清点的资产,如煤、化肥、饲料等。在清查这类实物资产时,除了对数量进行估算外,还需要对实物质量进行鉴定。

③抽样盘存法:指通过测算总体积或总质量,再抽样盘点单位体积和单位质量,然后测算出总数的一种方法。这种方法一般适用于对数量多、质量比较均衡的实物资产的清查。

④函证核对法:指通过向对方发函的方式对实物资产的实有数进行确定的一种方法。这种方法一般适用于对委托外单位加工或保管的实物资产的清查。

> **提示**
>
> 　　为了明确经济责任,在进行财产清查时,实物财产的保管人员必须在场,并参与盘点工作。实施盘点时,盘点人员应做好相应记录。盘点结束后,编制"财产物资盘存单",并与相关账簿资料核对后填制"实存账存对比表",根据对比结果检查账面数额与实际数额是否相符,如不相符,则需要分析差异原因并做出相应的处理。

(3)往来款项的清查方法

往来款项是指各种债权债务结算款项,主要包括应收账款、应付账款、预收账款、预付账款及其他应收款、其他应付款。往来款项的清查一般采用向结算往来单位寄发或派人送交"往来款项询证函"的方式,同对方核对账目。

在与结算往来单位核对账目前,企业需要先核对自身记录的往来款项准确无误;在此基础之上编制"往来款项询证函",与对方单位核对,确定各种应收、应付款的实际情况,由对方单位在回单联注明账目是否相符及不相符的实际金额;待收到"往来款项询证函"回单联后,据以编制"往来款项清查报告单",对不相符的款项按有争议、未达账项、无法收回等情况归类,并针对具体情况及时采取措施进行处理,以避免或减少坏账损失。

3)财产清查结果的处理

进行财产清查后,一般会揭示出日常会计工作、财产物资管理工作上存在的问题。财产清查工作的最终目的是针对发现的问题,调查分析产生的原因,按照国家有关法律法规的规定,妥善处理好,这样清查工作才能发挥其效应。

财产清查结果的处理步骤及要求（1）

财产清查结果的处理步骤及要求（2）

(1)财产清查结果的处理步骤

①核准金额,查明原因。根据最终清查情况,明确货币资金、财产物资和债权资产的盈亏金额,对各项差异的性质及其产生的原因进行分析,以便针对性地提出处理方法及处理意见,并报送有关领导和部门批准。

②调整账簿,做到账实相符。在核准金额、查明原因的基础上,为使各项财产物资做到账实相符,保证会计信息真实正确,将根据"财产盈亏报告单"编制记账凭证,并据以调整账簿记录。在做好以上调整账簿工作后,即可将所编制的"财产盈亏报告单"和所撰写的文字说明一并报送有关领导和部门批准。

③批准后进行账务处理。在有关领导和部门对所上报的财产清查结果处理意见作出相应批示后,财务人员应严格按照批复意见编制有关记账凭证,登记有关账簿,及时进行批准后的账务处理,并追回因责任者个人原因造成的损失。

(2)财产清查结果的处理要求

①分析造成差异的原因及性质,并提出处理建议。造成差异的原因主要有个人原因、管理原因、自然原因3种。因责任者个人原因造成的损失,应由个人赔偿;因管理原因造成的损失,应纳入"管理费用"进行核算入账;因自然灾害造成的损失,则应纳入"营业外支出"进行核算入账。

②处理积压多余财产,补充储备不足财产,清理往来款项。对多余、积压的物资应查明原因,分别处理。对储备不足的物资,应及时通知有关部门,补充储备,从而提高实物资产的使用效率。

提示

　　财产清查出长期挂账的往来款项后,对不能履行的债权和不需要承担的债务要及时清理。如不清理,不仅会造成企业资金周转困难,而且会使企业的会计信息失真。

---

③总结经验教训,建立健全财产管理制度。财产清查后,要针对存在的问题和不足分析原因,总结经验教训,采取必要的措施,建立健全财产管理制度,进一步提高财产管理水平。

④及时调整账簿记录,确保账实相符。对财产清查中发现的盘盈或盘亏,应及时调整账面记录,以保证账实相符。要根据清查中取得的原始凭证编制记账凭证,登记有关账簿,使各种财产物资的账存数与实存数一致,同时反映出相关待处理财产损溢的情况。

(3)财产清查结果的账务处理

为了反映和监督企业在财产清查中查明的各类财产的盘盈、盘亏、毁损及报经批准后的处理情况,企业应先设置"待处理财产损溢"账户。"待处理财产损溢"账户属于双重性质的账户,该账户下设"待处理流动资产损溢"和"待处理非流动资产损溢"两个明细分类账户,以进行分类核算。该账户的基本结构和内容如下所示:

借方	待处理财产损益	贷方
待处理财产盘亏或毁损数额	待处理财产盘盈数额	
报经批准后结转的待处理财产盘盈数	报经批准后结转的待处理财产盘亏或毁损数	

按规定企业清查的各项财产的盘盈、盘亏和毁损必须于期末结账前处理完毕,所以"待处理财产损溢"账户在期末无余额。

①库存现金清查结果的账务处理。

A.库存现金盘盈的账务处理。当清查出库存现金盘盈时,应及时办理库存现金的入账手续,调整库存现金账簿记录:

借:库存现金
　　贷:待处理财产损溢——待处理流动资产损溢

待查明原因,按管理权限报经批准后处理:

借:待处理财产损溢——待处理流动资产损溢
　　贷:其他应付款(按需要支付或退还他人的金额)
　　　　营业外收入(按无法查明原因的金额)

B.库存现金盘亏的账务处理。当清查出库存现金盘亏时,应及时办理盘亏的确认手续,调整库存现金账簿记录:

借:待处理财产损溢——待处理流动资产损溢
　　贷:库存现金

待查明原因,按管理权限报经批准后处理:

借:其他应收款(按可收回的保险赔偿和过失人赔偿的金额)

管理费用(按管理不善等原因造成净损失的金额)

营业外支出(按自然灾害等原因造成净损失的金额)

贷:待处理财产损溢——待处理流动资产损溢

②存货清查结果的账务处理。

A.存货盘盈的账务处理。当清查出存货盘盈时,应根据"实存账存对比表",按其重置成本作为入账价值,及时办理存货入账手续,调整存货账簿的实存数:

借:原材料

库存商品

……

贷:待处理财产损溢——待处理流动资产损溢

待查明原因,按管理权限报经批准后冲减管理费用:

借:待处理财产损溢——待处理流动资产损溢

贷:管理费用

B.存货盘亏的账务处理。当清查出存货盘亏时,应及时办理盘亏的确认手续,调整存货账簿记录:

借:待处理财产损溢——待处理流动资产损溢

贷:原材料

库存商品

……

待查明原因,按管理权限报经批准后处理:

借:其他应收款(按可收回的保险赔偿和过失人赔偿的金额)

管理费用(按自然损耗、管理不善等原因造成净损失的金额)

营业外支出(按自然灾害等原因造成净损失的金额)

贷:待处理财产损溢——待处理流动资产损溢

③固定资产清查结果的账务处理。

A.固定资产盘盈的账务处理。企业在财产清查过程中发现固定资产出现盘盈的情况,首先要确认是否为企业所有,如确是企业所有资产,则按管理权限报经批准后填写固定资产卡片账,并作为前期差错处理,与库存现金、存货出现盘盈时处理不同,固定资产的盘盈是通过"以前年度损溢调整"科目核算的,通常按其重置成本作为入账价值进行调整:

借:固定资产

贷:以前年度损溢调整

B.固定资产盘亏的账务处理。在固定资产清查过程中,出现盘亏的情况时,应及时办理固定资产注销手续,并调整固定资产账簿记录:

借:待处理财产损溢——待处理非流动资产损溢(按其账面价值)

累计折旧(按已提折旧额)

贷:固定资产(按其原值)

待查明原因,按管理权限报经批准后处理:

借:其他应收款(按过失人及保险公司应赔偿额)

营业外支出(按盘亏固定资产的原价扣除累计折旧和过失人及保险公司赔偿后的差额)

贷:待处理财产损溢——待处理非流动资产损溢

④结算往来款项盘存的账务处理。在财产清查过程中,如发现长期挂账的往来款项,应及时清理。对经查明确实无法支付的应付款项,可按规定程序报经批准后转作营业外收入。

借:应付账款/其他应付款

贷:营业外收入

对有确凿证据表明确实无法收回的可能性极小的应收款项,经批准后作为坏账损失。企业通常将符合下列条件之一的应收款项确认为坏账:债务人死亡,以其遗产清偿后仍然无法收回;债务人破产,以其破产财产清偿后仍然无法收回;债务人较长时间内未履行其偿还义务,并有足够的证据表明无法收回或收回的可能性很小。

> **提示**
>
> 对已确认为坏账的应收款项,并不意味着企业放弃了追索权,一旦重新收回,应及时入账。

4.1.7 财务报告

财务报告及财务报表的定义与分类

1)财务报告概述

(1)财务报告及财务报表的定义与分类

①财务报告的定义。财务报告是指企业对外提供的会计信息的文件,用于反映企业某一特定日期的财务状况和某一会计期间内的经营成果、现金流量等情况。

财务报告的主要作用是向财务报告使用者提供真实、公允的财务信息,在落实、考核企业领导人的经济责任履行情况中起关键作用,并且有助于财务报告使用者作出对应的经济决策。由此可见,财务报告的内容是否真实、公允对财务报告使用者至关重要。《企业财务会计报告条例》(中华人民共和国国务院令第287号)第三条规定:"企业不得编制和对外提供虚假的或隐瞒重要事实的财务会计报告。企业负责人对该企业财务会计报告的真实性、完整性负责。"

> **提示**
>
> 财务报告包括财务报表和其他应在财务会计报告中披露的董事报告、管理分析及财务情况说明书等相关信息和资料。

②财务报表的定义。财务报表是指在日常会计核算资料的基础上,按照规定的格式、内容和方法定期编制的,综合反映企业某一特定日期财务状况和某一特定时期经营成果、现金流量状况的书面文件,是财务会计报告的主体和核心。

③财务报表的分类。

a. 按财务报表编报期间不同,可分为中期财务报表和年度财务报表。中期财务报表又可分为月度财务报表、季度财务报表、半年度财务报表。月度、季度财务报表是指月度和季度终了提供的财务报表;半年度财务报表是指在每个会计年度的前 6 个月结束后对外提供的财务报表,指的是公历每年的 1 月 1 日至 6 月 30 日,或 7 月 1 日至 12 月 31 日;年度财务报表是指年度终了对外提供的财务报表,会计期间从公历每年的 1 月 1 日至 12 月 31 日。

b. 按财务报表编报主体不同,可分为个别财务报表和合并财务报表。个别财务报表是指企业以本公司为会计主体编制的财务报表;合并财务报表是指以母公司和子公司组成的企业集团为会计主体,根据母公司和所属子公司的财务报表,由母公司编制的综合反映企业集团财务状况、经营成果及现金流量的财务报表。

(2)财务报告的基本要求

①财务报告的质量要求。以实际发生的交易或事项为核算依据,真实地反映企业的财务状况、经营成果和现金流量情况,这既是会计核算的基本要求,也是对会计工作的基本要求。如不能如实地反映企业的真实经济情况,可能会导致企业财务报告使用者做出错误的经济决策,会计工作也就失去了其存在的意义。

财务报告的基本要求及编制前的准备工作

财务报告的真实性,是指企业财务报告要真实地反映经济业务的实际发生的交易或事项等情况,不能人为地改变、扭曲事实。真实的财务报告可以使企业财务报告使用者通过其了解实际的财务状况、经营成果和现金流量情况。

财务报告的完整性,是指企业财务报告需要符合规定的格式和内容,不得漏报或者任意取舍。完整的财务报告可以使企业财务报告使用者全面了解企业的整体情况。

②财务报告的时间要求。会计信息质量要求的及时性是要求企业对已经发生的交易或者事项,应当及时进行会计确认、计量和报告,不得提前或延后。财务报告作为传递会计信息的媒介,时间上是需要复核会计信息质量传递要求的。

企业应依照有关法律、行政法规规定的结账日进行结账。财务报告编报期间不同,时间要求也不同:月度财务报告应于月度终了后 6 天内对外提供;季度财务报告应于季度终了后 15 天内对外提供;半年度财务报告应于年度中期结束后 60 天内对外提供;年度财务报告应于年度终了后 4 个月内对外提供。

③财务报告的形式要求。对外提供的会计报表应依次编定页数,加具封面,装订成册,加盖公章。

④财务报表的编制要求。为了最大限度地满足财务报表使用者的信息需求并实现财务报表的编制目的,企业在编制财务报表时应符合国家统一的会计制度和会计准则的有关规定。

a.按正确的会计基础编制。会计基础主要有权责发生制和收付实现制两种。编制财务报表时,企业主要按照权责发生制原则编制,只有现金流量表是按照收付实现制原则编制的。

b.以持续经营为基础编制。会计的基本假设之一就是持续经营,指的是企业会计确认、计量和报告应以持续、正常的生产经营活动为前提。如果以持续经营为基础编制财务报表不再合理,企业应采用其他基础编制财务报表,并在附注中声明财务报表未以持续经营为基础编制的事实,披露未以持续经营为基础编制的原因和财务报表的编制基础。

> **提示**
>
> 在编制财务报表的过程中,企业的管理层应对企业持续经营的能力进行评价,评价时需考虑企业目前或长期的盈利能力、偿债能力、财务风险、市场经营风险以及管理当局经营政策的变更意向等因素。

c.至少按年编制财务报表。一般情况下,企业至少需要按年编制财务报表。有时也可能会存在年度财务报表所在期间不足一年的情况,对于这种特殊情况,企业在编制财务报表时需要披露年度财务报表的涵盖期间、少于一年的原因以及明确指出报表数据不具可比性的事实。

d.项目列报遵守重要性原则。在合理预期的前提下,财务报表中某项目的错报或忽略将会影响财务报表使用者据此作出最终的经济决策,则认定该项目具有重要性。一般判断项目是否具有重要性会从项目的金额和性质两方面入手,一经确定,不得随意变更。

> **提示**
>
> 当判断项目金额大小的重要性时,应考虑该项目金额占资产、负债、所有者权益、营业收入、营业成本、净利润等直接相关项目金额的比重或所属报表单列项目金额的比重。当判断项目性质的重要性时,应考虑该项目在性质上是否属于企业日常活动,是否显著影响企业的财务状况、经营成果和现金流量等因素。

e.各项目之间的金额不得相互抵销。财务报表中的资产项目和负债项目的金额、收入项目和费用项目的金额、直接计入当期利润的利得项目和损失项目的金额不得相互抵销。

f.报表中所列报的项目应保持一致性和可比性。会计信息质量要求中的可比性是指企业提供的会计信息应相互可比,保证同一企业不同时期可比、不同企业相同会计期间可比。同一企业不同时期可比为的是便于投资者等财务报告使用者了解企业财务状况、经营成果和现金流量的变化趋势,比较企业在不同时期的财务报告信息,全面、客观地评价过去、预测未来,从而做出决策;而不同企业相同会计期间可比为的是便于投资者等财务报告使用者评价不同企业的财务状况、经营成果和现金流量及其变动情况。

财务报表项目的列报应在各个会计期间保持一致,不得随意变更。这一要求不仅针对财务报表中的项目名称,还包括财务报表项目的分类、排列顺序等方面。当然,在特殊情况下,财务报表项目的列报是可以改变的,例如,当企业经营业务的性质发生重大变化或发生对企业经营影响较大的交易或事项时,改变财务报表项目的列报能够提供更可靠、更相关的会计信息,除此之外,还包括其他会计准则要求改变的情况发生时,也可以对报表作出相应的更改。

g. 企业的名称、会计期间、金额单位等重要信息应在财务报表的显著位置上披露编报。

> **提示**
>
> 按规定,企业应在财务报表的显著位置至少披露下列各项:
>
> ①编报企业的名称,如企业名称在报表涵盖的会计期间发生变更,需要明确表明;
>
> ②资产负债表须披露资产负债日,利润表、现金流量表、所有者权益变动表须披露报表涵盖的会计期间;
>
> ③人民币金额单位,企业应以人民币作为记账本位币列报,并标明金额单位,如人民币元、人民币万元等;
>
> ④财务报表是合并财务报表的,应标明。

(3)财务报表编制前的准备工作

在编制财务报表前,需要完成下列工作:

①对会计账簿的记录和有关资料进行严格审核;

②进行全面的财产清查,核实所有债务,发现有关问题的项目应及时查明原因,并按规定程序报批后进行相应的会计处理;

③按规定的结账日进行结账,得出会计账簿的余额和发生额,并核对各会计账簿之间的余额;

④检查经济事项是否遵循国家统一的会计制度的规定并进行会计核算;

⑤检查是否存在因会计差错、会计政策变更等原因需调整前期或本期相关项目的情况等。

2)资产负债表

(1)资产负债表的概念与作用

①资产负债表的概念。资产负债表包含资产、负债、所有者权益三类静态会计要素,所以属于静态报告,主要反映企业在某一特定日期的财务状况,即企业在某一特定日期所拥有或控制的经济资源、所承担的现有义务和所有者对净资产的要求权。它是根据“资产＝负债＋所有者权益”这一静态会计等式,按照一定的分类标准和一定的次序,将企业某一特定日期的资产、负债、所有者权益的具体项目予以适当的排列编制而成。

> **提示**
>
> 资产负债表是企业基本财务报表之一,揭示了企业在一定时点的财务状况,而且是所有独立核算的企业都必须对外报送的财务报表。

②资产负债表的作用。

a. 了解企业拥有或控制的资源及其分布情况,即资产的总规模和具体的分布形态。

b. 有助于评价企业的偿债能力。资产的流动性决定着企业的短期偿债能力,流动性越强,短期偿债能力越强,把流动资产、速动资产与流动负债联系起来分析,可以评价企业的短期偿债能力。通过对企业债务规模、债务结构及与所有者权益的对比,可以对企业的长期偿债能力及举债能力作出评价。

c.便于报表使用者进行财务分析,了解企业的资本结构、财务实力、偿债能力和支付能力。通过该表前后期资料的对比分析,可以反映企业的经营绩效,并预测企业财务状况的发展趋势。

(2)我国企业资产负债表的一般格式

资产负债表一般由表首和正表两部分组成。表首部分应列明报表名称、编制单位、报表日期、货币名称、计量单位等。正表部分列示了用以说明企业财务状况的资产、负债和所有者权益各个项目。资产按其流动性分类分项列示,包括流动资产和非流动资产;负债按其流动性分类分项列示,包括流动负债和非流动负债;所有者权益按实收资本(股本)、资本公积、盈余公积、未分配利润等项目分项列示。资产负债表主要有账户式和报告式两种,我国企业的资产负债表采用账户式的格式。我国企业的资产负债表的格式一般见表4.8。

表4.8　资产负债表

编制单位:　　　　　　　　　　年　　　月　　　日　　　　　　　　单位:元

资产	期末余额	年初余额	负债和所有者权益(或股东权益)	期末余额	年初余额
流动资产:			流动负债:		
货币资金			短期借款		
交易性金融资产			交易性金融负债		
衍生金融资产			衍生金融负债		
应收票据			应付票据		
应收账款			应付账款		
应收款项融资			预收款项		
预付款项			合同负债		
其他应收款			应付职工薪酬		
存货			应交税费		
合同资产			其他应付款		
持有待售资产			持有待售负债		
一年内到期的非流动资产			一年内到期的非流动负债		
其他流动资产			其他流动负债		
流动资产合计			流动负债合计		
非流动资产:			非流动负债:		
债权投资			长期借款		
其他债权投资			应付债券		
长期应收款			其中:优先股		
长期股权投资			永续债		
其他权益工具投资			租赁负债		
其他非流动金融资产			长期应付款		

续表

资产	期末余额	年初余额	负债和所有者权益（或股东权益）	期末余额	年初余额
投资性房地产			预计负债		
固定资产			递延收益		
在建工程			递延所得税负债		
生产性生物资产			其他流动负债		
油气资产			非流动负债合计		
使用权资产			负债合计		
无形资产			所有者权益（或股东权益）：		
开发支出			实收资本（或股本）		
商誉			其他权益工具		
长期待摊费用			其中：优先股		
递延所得税资产			永续债		
其他非流动资产			资本公积		
非流动资产合计			减：库存股		
			其他综合收益		
			专项储备		
			盈余公积		

资产负债表左右双方平衡，左侧列示资产，右侧列示负债和所有者权益，即资产总计等于负债和所有者权益总计。

（3）资产负债表的编制方法

企业会计准则规定：会计报表至少应反映相关两个期间的比较数据，所以资产负债表各项目需要分为"年初余额"和"期末余额"两栏分别填列，以便进行数据比较，从而分析出编制报表日的各项资产、负债、所有者权益与年初相比的增减变动情况。

①"年初余额"栏的填列。资产负债表中"年初余额"栏内各项目数字，通常根据上年年末的各项目的"期末余额"填列。当本年度资产负债表中规定的项目名称及内容与上年度不相一致时，应对上年年末表中的各个项目名称和数字按照本年度的规定进行调整，按调整后的数字填入本年度资产负债表"年初余额"栏内。

②"期末余额"栏的填列。资产负债表中"期末余额"是指某一会计期末（月末、季末、半年末或年末）的数字。资产负债表各项目"期末余额"栏内的数字，一般可通过以下几种方法填列：

A.根据一个或几个科目的总账科目余额直接填列。例如，"短期借款""实收资本"等项目可根据相应总账的期末余额直接填列；"货币资金"由"库存现金""银行存款"和"其他货币资金"总账的期末余额合计数填列。

B.根据明细账科目余额计算填列。例如，"应付职工薪酬"需要根据其明细科目的期末余额计算填列；"应收账款"项目需要根据"应收账款"科目的期末余额减去"坏账准备"科目中相关科目的期末余额后的金额填列。

C. 根据总账科目余额和明细账科目余额分析计算填列。例如,"长期借款"项目需要根据"长期借款"总账科目余额减去该项目明细科目中将于一年内到期且企业不能自主地将清偿义务展期的长期借款部分后的金额计算填列;同理,"其他非流动资产"项目应根据其总账科目余额扣减一年内(含一年)收回后的金额计算填列。

D. 根据有关账户余额减去其备抵账户余额后的净额填列。例如,"固定资产"项目应根据其科目的期末余额扣减"累计折旧"和"固定资产减值准备"等备抵科目的期末余额以及"固定资产清理"科目期末余额后的净额填列;同理,"无形资产"项目应根据其科目期末余额减去"累计摊销"和"无形资产减值准备"等备抵科目的期末余额后的净额填列。

E. 综合运用上述填列方法分析填列。例如,"存货"项目应根据"原材料""库存商品""委托加工物资""材料采购""在途物资"等总账账户期末余额的分析汇总数,再减去"存货跌价准备"账户余额后的净额填列。

3)利润表

(1)利润表的概念与作用

①利润表的概念。利润表属于动态报表,是反映企业在一定会计期间经营成果的财务报表,主要提供有关企业经营成果方面的信息。企业在一定会计期间的经营成果既可能表现为盈利,也可能表现为亏损,因此,利润表也被称为损益表。

> 提示
>
> 利润表,可以全面揭示企业在某一特定会计期间的收入实现情况、发生的各种费用、成本或支出耗费情况,据以判断企业是实现了利润还是发生了亏损。

②利润表的作用。由于利润既是企业经营业绩的综合体现,又是企业进行利润分配的主要依据,因此,利润表作为财务报表中的一张基本报表,其主要作用包括:

A. 评价和预测企业的经营成果和获利能力,为投资决策提供依据。利润表的经营成果通常是指以营业收入、其他收入抵扣成本、费用、税金等的差额所表示的收益信息。经营成果是一个绝对值指标,可以反映企业财富增长的规模。获利能力是一个相对值指标,它指企业运用一定的经济资源获取经营成果的能力,经济资源可以是资产总额、净资产,也可以是资产的耗费,还可以是投入的人力。

通过比较和分析同一企业在不同时期,或不同企业在同一时期的资产收益率、成本收益率等指标,能够揭示企业利用经济资源的效率;通过比较和分析收益信息,可以了解某一企业收益增长的规模和趋势。

> 提示
>
> 根据利润表所提供的经营成果信息,股东和管理部门可评价和预测企业的获利能力,据以对是否投资或追加投资、投向何处、投资多少等做出决策。

B. 评价和预测企业的偿债能力,为筹资决策提供依据。偿债能力是指企业以资产清偿债务的能力。前面介绍的资产负债表是主要提供偿债能力的信息来源,然而企业的偿债能力不仅取决于资产的流动性和资产的结构,也取决于企业自身的获利能力。企业偶尔发生盈利能力不足的情况并不一定会影响其偿债能力,但如果存在长期亏损的局面,则会影响企业的资产流动性,资本结构也会随之变差,从而陷入资不抵债的窘境。因此,获利能力不强甚至亏损的企业,通常其偿债能力并不好。

提示

　　企业管理人员和债权人可以通过分析、比较近几年的利润表,了解企业的盈利能力,从而间接地评价和预测企业的偿债能力,管理人员可以及时地对筹资方案和资本结构以及财务杠杆的运用作出合理的决策,努力提高企业的偿债能力。

　　C.企业管理人员可据以作出经营决策。企业管理人员通过分析和比较近几年利润表中的各个项目,可以掌握收入、成本、费用与收益之间的变化趋势,及时发现工作中存在的问题,揭露缺点,找出差距,改善经营管理,努力开源节流,作出合理的经营决策。

　　D.评价和考核管理人员的绩效。通过比较近几年利润表中的各项收入、成本、费用以及收益之间的增减变化趋势,分析变化原因,可以较为客观地评价各职能部门的工作情况,评价管理层的业绩,为考核和奖励管理人员作出合理的决策,从而及时作出采购、生产销售、筹资和人事等方面的调整,使各项活动趋于合理。

　　(2)我国企业利润表的一般格式

　　利润表的格式有单步式利润表和多步式利润表两种。单步式利润表是将当期所有的收入、费用分别汇总填列,最后通过两者的总额相减得出当期净利润;而多步式利润表是通过将不同性质或功能的收入、费用、支出项目分别进行对比,按利润形成的主要环节列示一些中间性利润指标(如营业利润、利润总额、净利润),这种格式的利润表清晰地反映了各种不同性质的收入与费用的内在联系和利润的形成过程,便于报表使用者了解企业利润的形成情况,也有利于同行业的不同企业之间进行对比分析。

提示

　　在我国,企业一般采用多步式利润表。

　　与资产负债表相似,利润表也是由表首和正表两部分组成的。表首部分应列明报表名称、编制单位、报表日期、货币名称、计量单位等。正表部分则展现了企业经营成果的形成(计算)过程。我国企业利润表的格式一般见表4.9。

表4.9　利润表

编制单位:　　　　　　　　　　　　年　　　　月　　　　日　　　　　　　　　　单位:元

项目	本期金额	上期金额
一、营业收入		
减:营业成本		
税金及附加		
销售费用		
管理费用		
研发费用		

续表

项目	本期金额	上期金额
财务费用		
其中:利息费用		
利息收入		
资产减值损失		
信用减值损失		
加:其他收益		
投资收益(损失以"-"号填列)		
公允价值变动收益(损失以"-"号填列)		
资产处置收益(损失以"-"号填列)		
二、营业利润(亏损以"-"号填列)		
加:营业外收入		
减:营业外支出		
三、利润总额(亏损总额以"-"号填列)		
减:所得税费用		
四、净利润(净亏损以"-"号填列)		
五、每股收益		
(一)基本每股收益		
(二)稀释每股收益		

从表4.9中可以看出,利润表的编制步骤及企业净利润的形成过程,主要分为以下3个步骤,涉及3个核心计算式。

第一步,计算营业利润:

营业利润=营业收入-营业成本-税金及附加-销售费用-管理费用-研发费用-财务费用-资产减值损失-信用减值损失+公允价值变动收益(-公允价值变动损失)+投资收益(-投资损失)+资产处置收益(-资产处置损失)+其他收益

第二步,计算利润总额:

利润总额=营业利润+营业外收入-营业外支出

第三步,计算净利润:

净利润=利润总额-所得税费用

(3)利润表的编制方法

企业会计准则规定:会计报表至少应反映相关两个期间的比较数据,因此,利润表各项目需要分为"上期金额"和"本期金额"两栏分别填列,以便进行数据比较。

①"上期金额"栏的填列。利润表中"上期金额"反映各项目上年同期实际发生数,应根据上年度利润表"本期金额"栏内所列数字填列。如果上年度利润表规定的各个项目名称和

内容与本年度利润表的项目名称和内容不一致,应先对上年度利润表中的各个项目名称和数字按本年度的规定进行调整,然后填入本期利润表的"上期金额"栏中。

②"本期金额"栏的填列。由于利润表是反映企业一定时期经营成果的动态报表,因此,该栏内各项目一般根据账户的本期发生额分析填列。

A.根据多个账户的发生额汇总填列。"营业收入"和"营业成本"就是这类需要多个账户的发生额汇总后的数据填列。其中,"营业收入"是指经营业务所得的收入总额,由"主营业务收入"和"其他业务收入"账户的发生额合计分析填列;"营业成本"是指企业经营业务发生的实际成本由"主营业务成本"和"其他业务成本"账户的发生额合计分析填列。

B.根据企业利润形成过程计算填列。"营业利润""利润总额"和"净利润"是根据形成过程计算所得的,具体公式在利润表中有所体现。如出现亏损,以"-"号填列。

C.根据对应账户发生额分析填列。

除上述项目外,利润表中的其他项目主要是根据对应项目的发生额分析填列。

4.1.8　工程材料物资的管理和核算

材料物资是建筑企业施工生产过程中的劳动对象,是施工生产经营活动不可缺少的物质要素。建筑企业为了保证施工生产连续不断地进行,必须不断地购入、耗用各种材料物资。用于施工项目的材料物资种类繁多、流动性大,是企业的一项重要流动资产,其价值通常占到工程成本的70%~80%,是决定施工成本高低的一个重要因素。

施工项目部材料物资核算与管理的基本要求包括以下4个方面:

第一,核算和监督材料物资采购费用的支出情况,正确计算材料物资采购成本,对材料物资采购业务的成果进行考核评价,促使施工项目部不断改进材料物资采购工作,节约、合理地使用材料物资采购资金,降低材料物资采购成本。

第二,核算和监督材料物资储备情况,防止材料物资超储积压或储备不足,既要满足施工生产的需要,又要节约、合理地使用资金,加速资金周转。

第三,核算和监督材料物资的收发、领退、保管和结存情况,建立和健全材料的验收、领退、保管和清查盘点制度,防止贪污盗窃和损坏变质,做到账、卡、物相符,保护材料物资的安全与完整。

第四,核算和监督材料物资的消耗情况,正确计算工程施工成本中的材料费用,促使施工中节约、合理地使用材料,不断降低工程施工成本。

1)材料物资的分类与管理

（1）材料物资的分类

施工项目在施工生产过程中所耗用的材料物资品种、规格繁多,用量大,收发频繁,用途各异,一般可按材料物资在施工生产过程中的用途对其做如下分类,见表4.10。

材料物资的
管理

表 4.10　材料物资的分类

分类	定义	举例说明
主要材料	指用于工程施工并构成工程实体的各种材料,包括黑色金属材料、有色金属材料、木材、硅酸盐材料、小五金材料、陶瓷材料、电器材料、化工材料等	钢材、铜材、铝材、原条、原木方材、板材、水泥、砖、瓦、石灰、砂、石、合页、圆钉、螺丝钉、镀锌铅丝、瓷砖、瓷洗手盆、电灯、电线、电缆、油漆等
结构件	指经过吊装、拼砌和安装就能构成房屋、建筑物实体的各种金属的、钢筋混凝土的、混凝土的或木质的结构物、构件、砌块等	钢窗、木门、铝合金门窗、塑钢门窗、钢木屋架、钢筋混凝土预制件(如预制板、预制梁)等
机械配件	指施工机械、生产设备、运输设备等各种机械设备替换、维修用的各种零件和配件,以及为机械设备准备的备品、备件	曲轴、活塞、轴承、齿轮、阀门等
周转材料	指在施工生产过程中能够多次使用,可以基本保持其原有的实物形态,并逐渐转移其价值的工具性材料	木模板、钢模板(包括配合模板使用的支撑材料、扣件等)、挡土板、脚手架以及塔吊使用的轻轨、枕木等
低值易耗品	指单项价值在规定限额以下或使用期限不满一年,能多次使用而基本保持其实物形态,且不能作为固定资产的劳动资料	各种工具、管理用具、劳保用品、玻璃器皿等
其他材料	指不构成工程实体,但有助于工程实体的形成或便于施工生产进行的各种材料	燃料、油料、饲料、擦拭材料、氧气、速凝剂、催化剂、润滑油、冷冻剂、爆炸材料、防腐材料、绳索等

(2)材料物资的管理

施工项目部应建立材料物资采购、收发、保管、付款等业务的岗位责任制,明确相关岗位的职责和权限,确保办理采购、收发、保管、付款等业务不相容岗位相互分离、制约和监督。

----- 提示 -----

材料物资相关业务的不相容岗位至少包括请购与审批;询价与确定供应商;采购合同的订立与审核;采购、验收与相关会计记录;保管与相关会计记录;发出材料的申请与审批,申请与会计记录;材料处置的申请与审批,申请与会计记录;付款的申请、审批与执行。

第一,项目部应按照请购、审批、采购、验收、付款等规定的程序办理材料物资采购与付款业务,填制相应的凭证,建立完整的采购登记制度,加强请购手续、采购订单(或采购合同)、验收证明、入库凭证、采购发票等文件和凭证的相互核对工作。

第二,项目部应建立采购与验收环节的管理制度,对采购方式的确定、供应商选择、验收程序及计量方法等做出明确规定,确保采购过程的透明化。项目部应根据材料物资的性质及其供应情况确定采购方式,见表 4.11。

表4.11　材料物资的采购方式

类型	采购方式
一般材料物资	订单采购或合同订货
小额零星物资	直接购买(项目部应对例外紧急需求、小额零星采购等特殊采购处理程序做出明确规定)
大宗材料物资采购	招投标方式(明确招投标的范围、标准、实施程序和评标规则)
其他材料物资	根据市场行情制定最高采购限价,不得以高于采购限价的价格采购;以低于最高采购限价进行采购的应以适当方式予以奖励

第三,外购材料物资入库前一般应经过验收程序。

①检查原始单据(订货合同、入库通知单、供货企业提供的材质证明等)与待检验货物之间是否相符;

②对拟入库存货的交货期进行检验,确定实际交货期与订购单中的交货期是否一致;

③对待验货物进行数量复核和质量检验;

④对验收后数量相符、质量合格的货物办理相关入库手续,对经验收不符合要求的货物,应及时办理退货或索赔;

⑤对不经仓储直接投入生产或使用的存货应采取适当的方法进行检验。

第四,企业应建立材料物资保管制度,加强材料物资的日常保管工作。因业务需要分设仓库时,应对不同仓库之间的存货流动办理出入库手续;应按仓储物资所要求的储存条件储存,并建立和健全防火、防潮、防鼠、防盗和防变质等措施;贵重物品、生产用关键备件、精密仪器和危险品的仓储,应实行严格审批制度。

第五,物资管理部门应对入库的材料物资建立材料物资明细账,详细登记材料物资类别、编号、名称、规格型号、数量、计量单位等内容,并定期与财会部门进行核对。

第六,施工现场领用材料,应持有生产管理部门及其他相关部门核准的领料单。超出存货领料限额的,应经过特别授权。同时,应明确发出材料物资的流程,落实责任人,及时核对有关票据凭证。

2)材料物资的确认与初始计量

(1)材料物资的确认

作为存货的一种,材料物资在同时满足下列条件的情况下,才能予以确认:

①与该材料物资有关的经济利益很可能流入企业。

②该材料物资的成本能够可靠地计量。

(2)材料物资的初始计量

建筑企业的材料物资成本应以取得或生产该种材料物资实际发生的全部支出为基础来计量。施工项目的材料物资,按其来源渠道划分,一般有外购的材料物资、自制的材料物资、委托加工的材料物资等。由于材料物资的来源渠道不同,其成本的构成内容也不完全相同,见表4.12。

表 4.12 不同来源的材料物资成本构成

来源	成本内容
外购材料物资	购入的材料成本＝买价＋运杂费(包括运输费、装卸费、保险费、包装费、仓储费等)＋运输途中的合理损耗＋入库前的挑选整理费用＋按规定应计入材料成本的税费和其他费用
自制材料物资	自制材料成本＝直接材料＋直接人工＋制造费用等
委托加工材料物资	委托外单位加工完成的材料成本＝实际耗用的原材料＋加工费＋装卸费＋保险费＋委托加工的往返运输费等费用＋按规定应计入存货成本的税费

3)材料物资日常核算计价的方法

材料物资的日常核算可以按实际成本计价,也可以按计划成本计价。实际成本法是材料采用实际成本核算时,材料的收发与结存,无论总分类账还是明细分类核算,均按照实际成本计价。计划成本法是材料采用计划成本核算时,材料的收发与结存,无论总分类核算还是明细分类核算,均按照计划成本计价。材料物资采用计划成本核算的情形下,企业一般要设置"材料采购"科目核算材料物资采购成本。该科目借方反映采购的材料物资的实际成本,贷方反映入库材料的计划成本,期末借方余额反映企业的在途材料物资。材料物资的实际成本与计划成本的差异,通过"材料成本差异"科目核算,月份终了,将发出的材料物资的计划成本按照材料成本差异调整为实际成本。

提示

由于材料物资品种的多样性、工程项目的分散性和建筑材料的实际价格波动性,施工项目部的材料物资一般应采用实际成本法核算。

4)原材料的核算

(1)原材料采购与发出的程序

①外购材料。

首先,施工项目部购入材料时,需要正确、及时地编制材料采购计划。为了保证材料的及时供应,建筑企业还应与供货单位签订材料采购合同。财会部门应监督材料采购计划和采购合同的执行情况。

提示

材料采购计划一般是由施工项目部材料采购部门根据施工生产计划、材料的消耗定额和储备定额,结合库存情况制定的,一般应列有采购材料的名称、数量、单价、金额等内容。

其次,施工项目部购入材料时,必须严格办理材料采购和收入的凭证手续。购入材料一般要取得货款结算和材料验收入库两个方面的凭证。

再次,施工项目部购入材料时,会计人员与采购部门需要认真填制、传递和审核凭证。会计人员应同物资采购或管理人员,严格结算纪律,按质按量验收材料。材料采购部门,应认真审核发票账单,并与采购合同进行核对,检查材料的名称、品种、规格、质量和数量等是否与合同相符,然后确定是全部付款、部分付款还是拒绝付款。

最后,材料到达后,材料物资管理部门应组织仓库保管人员认真办理验收入库手续,填制收料单,在材料验收完毕并经签证后分送到有关部门。收料单通常采取一料一单的形式,其格式见表4.13。

表4.13　收料单

交货单位或个人：　　　　　　　　　　　　　　　　　　　　　　　_____年_____月_____日

材料名称	来源说明	仓号	数量	计量单位	单价	金额						
						万	千	百	十	元	角	分
合计(大写)金额						(小写)￥						

主管：　　　　　　　　　　　记账：　　　　　　　　　　　　　　　　　收料人：

> **提示**
>
> 收料单,一般应填制一式三联,一联由材料采购部门存查;一联送财会部门,据以进行材料收入的核算;一联留存仓库,据以登记库存材料明细账(卡)。

②发出材料。施工现场或内部其他单位领用材料时,必须严格办理领料手续,按规定填制领料凭证。施工项目部使用的领料凭证,一般有以下几种:

a. 领料单:是一种一次性使用有效的领料凭证。它一般采用一料一单的形式,每领一次材料,就需要填制一张凭证。领料单由企业内部各领料单位根据用料计划填制,经领料单位负责人签章后,据以向仓库领料。领料单的一般格式见表4.14。

表4.14　领料单

材料类别：　　　　　　　　　　　　　　　　　　　　　　　领料单位：

材料科目：　　　　　　　　　　　　　　　　　　　　　　　　　年　月　日

材料编号	材料名称	规格	施工通知单号	用途	数量		计量单位	单价	金额
					请领	实领			

主管：　　　　记账：　　　　发料：　　　　领料部门：　　　　领料人：

> **提示**
>
> 领料单一般应填制一式三联,其中,一联由领料单位留存备查;一联由发料仓库留存,作为登记材料明细账(卡)的依据;一联送交财会部门,作为登记材料总账和月末编制发料凭证汇总表的依据。

b.定额领料单:又称限额领料单。它是一种多次使用有效的累计领料凭证。一般是在每月初签发施工任务单的同时,由施工生产部门根据施工任务单所列的计划工程量,按照材料消耗定额核定各种材料的定额耗用总量后签发。定额领料单的一般格式见表4.15。

表4.15　定额领料单

任务单号:　　　　　　　　　　　　　　　　　　　　　　领料单位:

工程量:　　　　　　　　　　　　　　　　年　　月　　发料仓库:

材料编号	材料名称	规格	计量单位	单位消耗定额	定额用量	追加数量	领料记录			退料数量	实际用量
							日期	数量	领料签发人章		

主管:　　　　记账:　　　　发料:　　　　领料部门:　　　　领料人:

> **提示**
>
> 定额领料单一般应填制一式两联,其中一联由领料单位(即施工队或班组)作为领料依据,一联交仓库作为发料凭证。

c.大堆材料耗用计算单:是一种特殊形式的耗料凭证,见表4.16。它主要适用于用料时既不易点清数量又难以分清受益对象的大堆材料,如施工现场露天堆放的砖、瓦、灰、砂、石等。

表4.16　大堆材料耗用计算单

年　　月

材料名称规格	黄沙	碎石	白灰	砖
单价				
期初余额				
加:本期收入				
减:本期结存				
本期耗用				

大堆材料进场时,可先由材料员或施工班组验收保管,日常领用时不必逐笔办理领料手续,月末实地盘点实存数,计算出本月实际耗用量,并按各成本核算对象的定额用量计算其实际耗用数。其计算式为:

$$本月实际耗用量=月初结存数量+本月进料数量-月末结存数量$$

┌─ **提示** ──────────────────────────────

　　大堆材料耗用计算单一般应填制一式两联:一联交仓库据以办理材料出库手续;一联交财会部门作为核算工程成本的依据。
└──

d.集中配料耗用计算单:是一种一单多料、一次使用的领发料凭证,见表4.17。它主要适用于虽能点清数量但是集中配料或统一下料的材料,如水泥、腻子粉、涂料等。

表 4.17　集中配料耗用计算单

年　　　月

成本核算对象	腻子粉			水泥			涂料		
	定额用量	实耗数量	金额	定额用量	实耗数量	金额	定额用量	实耗数量	金额
甲工程									
乙工程									
合计									

e.领料登记簿:是一种一单一料、多次使用有效的累计领发料凭证。它主要适用于领发次数多、数量零星、价值较低的消耗性材料,如铁钉、螺丝、螺帽、垫圈等。领料登记簿的一般格式见表4.18。

表 4.18　领料登记簿

领料单位:

材料类别:　　　　　　　　　　　　　　　　　发料仓库:

材料名称:　　　　　　　年　　　月　　　　计量单位:

日期	领用数量	用途	领料人签章	备注

(2)购入原材料的核算

施工项目部材料的日常收发按实际成本计价时,在总分类核算上可以不必使用"材料采购"和"材料成本差异"科目,取得材料的实际成本直接用"原材料"进行核算。对价款已经支付或承付,但材料尚未运到的在途材料应通过"在

购入原材料的核算

途物资"核算。

①货单同到。施工项目部在支付货款或开出承兑商业汇票,材料验收入库后,根据发票账单等结算凭证确定的材料成本,借记"原材料"等科目,贷记"银行存款""其他货币资金""应付票据""应付账款"等科目。

【例4.9】 8月,某公司江西项目部购入施工用原材料(钢材)一批,货款500 000元,增值税65 000元,发票账单已收到,并已验收入库,全部款项以银行存款支付。账务处理如下:

借:原材料 500 000
　　应交税费——应交增值税(进项税额) 65 000
　贷:银行存款 565 000

②单到货未到。施工项目部已开出、承兑商业汇票,但材料尚未到达或尚未验收入库,根据账单等结算凭证,借记"在途物资"等科目,贷记"银行存款""其他货币资金""应付票据""应付账款"等科目;材料到达、验收入库后,再根据收料单,借记"原材料"科目,贷记"在途物资"科目。

【例4.10】 3月,某公司江西项目部采用汇兑结算方式购入施工用原材料(砖)一批,货款30 000元,增值税额3 900元,发票账单已收到,到月末材料尚未收到。账务处理如下:

借:在途物资 30 000
　　应交税费——应交增值税(进项税额) 3 900
　贷:银行存款 33 900

当材料到达、验收入库时,再根据收料单,做账务处理如下:

借:原材料 30 000
　贷:在途物资 30 000

③货到单未到。如果材料已到达并已验收入库,发票账单等结算凭证没有到达,为了正确反映施工项目部库存材料情况,当月月末,施工项目将材料按货物清单或相关合同协议上的价格暂估入账,借记"原材料"科目,贷记"应付账款——暂估应付账款"科目,不需要将增值税的进项税额暂估入账;下月月初,用红字或负数做同样的记账凭证予以冲回,以便下月付款或开出、承兑商业汇票后,按正常程序,借记"原材料"等科目,贷记"银行存款""应付票据"等科目。

【例4.11】 江西项目部购入施工用原材料(水泥)一批,材料已验收并用于工程施工,发票账单未到,月末按暂估价60 000元估计入账。当月月末,账务处理如下:

借:原材料 60 000
　贷:应付账款——暂估应付账款 60 000

下月月初,用红字(或负数)做同样的记账凭证予以冲回,账务处理如下:

借:原材料 -60 000
　贷:应付账款 -60 000

收到有关结算凭证(含税价67 800元),并支付货款,账务处理如下:

借:原材料 60 000
　　应交税费——应交增值税(进项税额) 7 800
　贷:银行存款 67 800

（3）发出材料的核算

①发出材料计价方法。按照《企业会计准则》的规定,施工项目部在确定发出存货的成本时,可采用先进先出法、移动加权平均法、月末一次加权平均法和个别计价法4种方法进行核算。

发出材料核算（1）

a.先进先出法:以先购入的存货应先发出(销售或耗用)这样一种实物流转假设为前提,对发出存货进行计价的方法。具体方法是:收入存货时,逐笔登记收入存货的数量、单价和金额;发出存货时,按照先进先出的原则逐笔登记存货的发出成本和结存金额。该方法适用于收发材料业务不太频繁的企业。

采用先进先出法对发出材料进行计价,优点:可以均衡日常核算工作,期末材料物资成本也比较接近市场价值;使企业不能随意挑选存货计价以调整当期利润。缺点:对发出的材料要逐笔进行计价并登记明细账的发出与结存,核算手续比较繁琐;而且当物价上涨时,会高估企业当期利润和库存存货价值;反之,会低估企业存货价值和当期利润。

【例4.12】　2020年6月,某建筑公司中原项目部甲材料的入库、发出和结存的有关资料见表4.19。

表4.19　材料收发记录表

材料科目:　　　　　　　　　　　　　　　　　　　存放地点:
材料名称及规格:甲材料　　　　　　　　　　　　　计量单位:

| 2020年 | | 摘要 | 入库 | | 发出数量 | 结存数量 |
月	日		数量	单价		
6	1	期初结存				3 000(单价:2元)
	8	购入	6 000	2.5		
	13	发出			5 000	
	16	购入	2 000	2.3		
	22	发出			2 000	
	27	发出			3 000	

采用先进先出法计算发出材料成本,6月30日结存材料成本。

本月可供发出材料成本:

$$3\ 000×2\ 元+6\ 000×2.5\ 元+2\ 000×2.3\ 元=25\ 600\ 元$$

本月发出材料成本:

$$3\ 000×2\ 元+2\ 000×2.5\ 元+2\ 000×2.5\ 元+2\ 000×2.5\ 元+1\ 000×2.3\ 元=23\ 300\ 元$$

本月月末结存材料成本=25 600元-23 300元=2 300元

┌─想一想─────────────────────────────────────┐

通货膨胀时,采用先进先出法对发出材料进行计价,对利润和税收有哪些影响?

└───┘

b.移动加权平均法:指每次收货后,立即根据库存数量和成本,计算出新的移动平均单价的一种方法。具体方法:每购进一批材料需重新计算一次加权平均单价,据以作为领用材料的单位成本。移动加权平均法适用于经营品种不多或者前后购进商品的单价相差幅度较大的商品流通类企业。

> **提示**
>
> 买一次就要计算一次成本。

移动加权平均法的优点：计算发出材料物资成本，可以均衡日常核算工作，及时反映原材料实际成本，便于材料的日常管理。缺点：在收发材料业务频繁的情况下计算工作量很大。其计算式为：

$$移动加权平均单价=\frac{原有结存存货实际成本+本次进货实际成本}{原有结存存货数量+本次进货数量}$$

根据上例资料：

6 月 8 日购入材料时：

移动加权平均成本 =（6 000+15 000）元÷（3 000+6 000）= 2.33 元

6 月 13 日发出材料时：

发出材料的实际成本 = 5 000×2.33 元 = 11 650 元

6 月 16 日购入材料时：

移动加权平均成本 =（4 000×2.33+2 000×2.3）元÷（4 000+2 000）= 2.32 元

6 月 22 日发出材料：

发出材料实际成本 = 2 000×2.32 元 = 4 640 元

6 月 27 日发出材料：

发出材料实际成本 = 3 000×2.32 元 = 6 960 元

本月发出材料成本：11 650 元+4 640 元+6 960 元 = 23 250 元

本月结存材料成本：25 600 元 - 23 250 元 = 2 350 元

发出材料核算（2）

c. 月末一次加权平均法：根据期初结存存货和本期收入存货的数量和实际成本，期末一次计算存货的本月加权平均单价，作为计算本期发出成本和期末结存存货成本的单价，以求得本期发出存货成本和期末结存成本的一种方法。该方法适用于收发材料业务比较频繁的企业。该方法的优点：平时核算工作比较简单，在材料市场价格涨跌波动的情况下，可以均衡材料成本；缺点：月末材料成本计算工作量很大，影响成本核算的及时性。

加权平均单价的计算式如下：

$$加权平均单价=\frac{期初结存存货实际成本+本期收入存货实际成本}{期初结存存货数量+本期收入存货数量}$$

根据上例资料：

加权平均单位成本 = 25 600 元÷（3 000+6 000+2 000）= 2.33 元

本期发出材料的实际成本 = 10 000×2.33 元 = 23 300 元

期末原材料成本 = 25 600 元 - 23 300 元 = 2 300 元

d. 个别计价法：按照各种存货逐一辨认各批发出存货和期末存货所属的购进批别或生产批别，分别按其购入或生产时确定的单位成本计算各批发出存货和期末存货成本。该方法的优点：计算准确，符合实际情况。缺点：工作量大，适用于规模不大、收发业务不多的企

业,价值比较大的材料也适用。其计算式为:

$$每次存货发出成本 = 该次存货发出数量 × 该次存货的单位成本$$

②发出材料按实际成本法核算。由于施工项目材料的日常领发业务频繁,为了简化日常核算工作,平时一般只登记材料明细分类账,反映各种材料的收发和结存金额,月末根据按实际成本计价的发料凭证,按领用部门和用途,汇总编制发料凭证汇总表,据以登记总分类账进行材料发出的总分类核算。

根据发料凭证汇总表,借记"工程施工""辅助生产"等科目,贷记"原材料"科目。

【例4.13】 某公司项目部7月份发料凭证汇总表(表4.20)列明,该工程项目共领用水泥等各种原材料274 600元。

表4.20 发料凭证汇总表

2020年7月31日 单位:元

材料名称 用途	主要材料				结构件	机械配件	其他材料	合计
	钢材	水泥	其他	小计				
工程施工	100 000	70 000	40 000	210 000	60 000			270 000
其中:甲工程	70 000	50 000	30 000	150 000	40 000			190 000
乙工程	30 000	20 000	10 000	60 000	20 000			80 000
机械作业						2 000	400	2 400
辅助生产		1 000	200	1 200				1 200
项目管理部门			500	500			500	1 000
合计	100 000	71 000	40 700	211 700	60 000	2 000	900	274 600

根据上述汇总表,做如下账务处理:

借:工程施工——甲工程合同成本(直接材料费)　190 000

　　　　——乙工程合同成本(直接材料费)　80 000

　　　　——间接费用　1 000

　　机械作业　2 400

　　辅助生产　1 200

　贷:原材料——主要材料　211 700

　　　　——结构件　60 000

　　　　——机械配件　2 000

　　　　——其他材料　900

5)自制材料的核算

自制材料是指施工项目部所属内部非独立核算的辅助生产部门,为工程施工加工制作的金属材料、木质材料、预制材料等。建筑企业可以设置"辅助生产"科目,它属于成本类科目。其借方登记辅助生产自制材料的过程中所发生的各项费用;贷方登记辅助生产部门已制作完成并验收入库材料的实际成本;期末借方余额反映辅助生产部门尚未制作完成材料的实际成本。本科目应按加工单位或部门和成本核算对象设置明细账,并按规定的成本项目分设专栏,进行明细分类核算。

6)委托加工物资的核算

施工项目部委托外单位加工的物资,其实际成本包括加工中实际耗用的实际成本、支付的加工费用及应负担的运杂费等;支付的税金包括委托加工物资所应负担的消费税(指属于消费税应税范围的加工物资)。

对委托外单位加工的材料物资,虽仍属企业所有,但不存于本企业仓库,因此不能在各存货科目进行核算。为了反映和监督委托加工物资增减变动及其结存情况,企业应设置"委托加工物资"科目,借方登记委托加工物资的实际成本,贷方登记加工完成验收入库的物资的实际成本和剩余物资的实际成本,期末余额在借方,反映企业尚未完工的委托加工物资的实际成本和发出加工物资的运杂费等。委托加工物资按加工合同设置明细账,以便核算各批加工材料的实际成本,并及时进行清理结算。

7)材料物资的清查盘点

(1)常用的盘存方法

施工项目材料物资计价是否正确,取决于其数量的确定是否准确及其计价方法的选择是否得当。材料物资的数量要靠盘存来确定,常用的盘存方法有定期盘存法和永续盘存法两种。企业可根据材料物资类别和具体的管理要求,对不同材料物资采取不同的盘存方法,不论采用何种方法,应注意保持前后期一致。

①定期盘存法(或定期盘存制):也称为实地盘存法(或实地盘存制),是指会计期末通过对全部材料物资进行实地盘点确定期末材料物资的数量,再乘以各项材料物资的单价,计算出期末材料物资的成本,并据以计算出已耗用材料物资成本的一种存货盘存方法。

定期盘存法所依据的基本等式如下:

本期耗用材料物资成本=期初材料物资成本+本期增加材料物资成本-期末材料物资成本

②永续盘存法(或永续盘存制):指通过设置详细的材料物资明细账,逐笔或逐日地记录材料物资收入、发出的数量和金额,以随时结出结余材料物资的数量和金额的一种材料物资盘存方法。

提示

采用永续盘存法时,加强对材料物资的管理,施工项目部应视具体情况对其材料物资进行不定期的盘存,但每年至少应对材料物资进行一次全面盘点。

(2)材料物资清查盘点的方法与盈亏处理

材料物资清查通常采用实地盘点的方法,即通过盘点确定各种材料物资的实际库存数,并与账面结存数相核对。盘点结果如出现账实不符,应于期末前查明原因,并根据企业的管理权限,经股东大会、董事会,或经理(厂长)会议等类似机构批准后,在期末结账前处理完毕。

材料物资盈亏处理方式见表4.21。

表 4.21　材料物资清查盈亏处理

情况	批准前	批准后
盘盈	借:原材料 　贷:待处理财产损溢	借:待处理财产损溢 　贷:管理费用
盘亏	借:待处理财产损溢 　贷:原材料(等) 　　应交税费——应交增值税(进项税额转出)	借:管理费用(管理不善) 　　营业外支出(非常损失) 　　其他应收款(保险公司或责任人赔偿) 　贷:待处理财产损溢

【例 4.14】　江西某建筑公司景德镇项目部在期末进行材料物资清查时,发现原材料盘盈 2 400 元。经查,盘盈材料是由收发时的计量误差所致,经有关部门批准后冲销管理费用。

(1)批准前,账务处理如下:

借:原材料　　　　　　　　　　　　　　　　　　　　　　　2 400
　贷:待处理财产损溢——待处理流动资产损溢　　　　　　　　　　2 400

(2)批准后,账务处理如下:

借:待处理财产损溢——待处理流动资产损溢　　　　　　　　　　2 400
　贷:管理费用　　　　　　　　　　　　　　　　　　　　　　2 400

【例 4.15】　江西某建筑公司为增值税一般纳税人,2023 年 6 月 30 日,对一批材料进行实地盘点,发现该批材料毁损。该批材料的账面余额为 10 000 元,增值税进项税额为 1 300 元,经查明原因,是由管理不善造成的,其中应由责任人赔偿 3 000 元,做如下账务处理:

批准处理前:

借:待处理财产损溢——待处理流动资产损溢　　　　　　　　　　11 300
　贷:原材料　　　　　　　　　　　　　　　　　　　　　　　10 000
　　应交税费——应交增值税(进项税额转出)　　　　　　　　　　1 300

批准处理后:

借:其他应收款　　　　　　　　　　　　　　　　　　　　　　3 000
　　管理费用　　　　　　　　　　　　　　　　　　　　　　　8 300
　贷:待处理财产损溢——待处理流动资产损溢　　　　　　　　　　11 300

4.2　资产管理

4.2.1　流动资产管理

1)现金管理

资产管理导学

现金管理

现金有广义和狭义之分。广义的现金是指在生产经营过程中以货币形态存在的资金,包括库存现金、银行存款和其他货币资金等。狭义的现金仅指库存现金。这里所讲的现金是广义的现金。

保持合理的现金水平是企业现金管理的重要内容。现金是变现能力最强的资产,可以用来满足生产经营开支的各种需要,也是还本付息和履行纳税义务的保证。拥有足够的现金对降低企业的风险,增强企业资产的流动性和债务的可清偿性有着重要意义。除了应付日常的业务活动,企业还需要拥有足够的现金偿还贷款、把握商机以及防止不时之需。企业必须建立一套管理现金的方法,持有合理的现金数额,使其在时间上继起,在空间上并存。企业必须编制现金预算,以衡量企业在某段时间内的现金流入和流出量,以便在保证企业经营活动所需现金的同时,尽量减少企业的现金数量,提高资金收益率。

> **想一想**
>
> 持有现金量越多越好吗?

(1)现金管理的目标

①持有现金的动机。持有现金是出于 3 种需求:交易性需求、预防性需求和投机性需求。

A. 交易性需求:指满足日常业务的现金支付需要。例如,用于购买固定资产和原材料、支付工资、缴纳税金等。因此,必须保持一定的现金余额以应付频繁的支出需要,满足交易性动机的现金数额受很多因素的制约。通常情况下,企业的业务量越大,所要保持的现金余额也就越多。

B. 预防性需求:指企业需要维持充足的现金,以应对突发事件。例如,自然灾害、生产事故、客户款项不能如期支付以及国家政策的某些突然变化等,这些都会打破企业原先预计的现金收支平衡。

C. 投机性需求:指置存现金用于不寻常的购买机会。例如,当市场上股票价格下跌时购入,当股票价格上扬时抛出,以获取资本利得;当企业预计原材料价格将有大幅度上升时,可利用手中多余的现金以目前较低的价格购入原材料,以便将来价格上升时少受影响。

②现金管理的目标。企业现金管理中最重要的目标之一就是保证企业良好的支付能力。如果企业不能支付到期的款项,将大大损害企业的商业信誉,造成企业的信用损失,甚至导致企业陷入财务危机。显然,保持一定的现金余额将有助于防止上述现象的发生。但另一方面不能为企业带来投资收益,过多地持有现金会降低企业的资金使用率,从而降低企业的价值。

> **提示**
>
> 现金管理的目的是在满足企业正常生产经营活动现金需求的基础上,尽量节约资金使用,降低资金成本,提高资金使用效率,在流动性与利益性之间作出最佳选择。

(2)现金收支管理

现金收支管理的目的在于提高现金使用效率,为达到这一目的,应注意做好以下 4 个方面的工作:

①尽量使现金流入与流出同步。企业要尽量使其现金流入和现金流出发生的时间趋于一致,这样可以使其持有的交易性现金余额降低到最低水平。

②充分利用现金浮游量。从企业开出支票,到收票人收到支票并存入银行,至银行将款

项划出企业账户,中间需要一段时间。现金在这段时间的占用称为现金浮游量。在这段时间里,企业已开出了支票,但仍可动用在活期存款账户上的这笔资金。不过,在使用浮游量时要控制好时间,以免发生银行存款的透支。

③加速收款。主要指缩短应收账款的时间。企业要在如何利用应收账款既吸引客户又缩短收款时间之间找到平衡点,实施妥善的收账策略。

提示

货款的收回往往要经历 4 个时间段:首先是客户开出付款票据到票据抵达收款企业;其次是企业收到票据到将票据送达开户银行;再次是开户银行受理票据到办妥货款的转账手续;最后是银行将收到款项的证明通知到收款企业。

④推迟应付款的支付。企业应在不影响自己信誉的前提下尽可能地推迟应付的支付期,充分利用供应商提供的信用优惠,即在折扣期末或付款期末付款。

(3)最佳现金持有量

现金的管理除做好日常收支、加速现金流转速度外,还需控制好现金持有规模,即确定适当的现金持有量。常用的确定现金持有量的方法有成本分析模式、存货模式和随机模式 3 种。下面重点介绍成本分析模式:

成本分析模式是通过分析持有现金的成本,寻找持有成本最低的现金持有量。企业持有的现金,包括机会成本、管理成本和短缺成本。

①机会成本。指企业因持有一定现金余额丧失的再投资收益。在实际工作中可以用企业的资金成本替代。机会成本的确定可通过下式计算:

$$机会成本 = 现金持有量 \times 机会成本率(有价证券利率或市场收益率)$$

例如,某施工企业的资金成本率为 10%,每年平均持有现金 200 万元,则该企业每年持有现金的机会成本为 20 万元(200×10%),持有现金越多,则持有成本越高。企业为了满足交易动机、预防动机和投机动机的需要而持有一定量的现金,付出相应的机会成本是必要的,但一定要权衡得失,不能让机会成本代价太大而影响最佳收益的取得。

②管理成本。指企业因持有一定数量的现金而发生的管理费用。例如,管理者工资、安全措施费用等。管理成本是一种固定成本,与现金持有量之间无明显的比例关系。

③短缺成本。因缺乏必要的现金,不能应付业务开支所需,而使企业蒙受损失或为此付出的代价。现金的短缺成本随现金持有量的增加而下降,随现金持有量的减少而上升,即与现金持有量呈负相关。

成本分析模式是根据现金的相关成本,分析预测其总成本最低时现金持有量的一种方法。其计算式为:

$$最佳现金持有量 = \min(管理成本 + 机会成本 + 短缺成本)$$

其中,管理成本是固定成本,机会成本是正相关成本,短缺成本是负相关成本。因此,成本分析模式是要找到机会成本、管理成本和短缺成本所组成的总成本曲线中最低点所对应的现金持有量,将其作为最佳现金持有量,如图 4.3 所示。

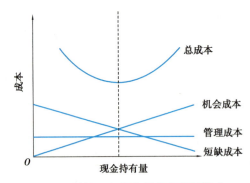

图 4.3　最佳现金持有量成本分析模式

【例 4.16】　某施工企业有 A,B,C 这 3 种现金持有方案,各方案的成本情况见表 4.22。

表 4.22　现金持有方案

方案	A	B	C
现金持有量	28 000	50 000	70 000
管理成本	4 000	4 000	4 000
短缺成本	2 000	1 000	0
机会成本	2 500	3 200	6 000
总成本	8 500	8 200	10 000

解析:将以上各方案的总成本进行比较,即可确定 B 方案的总成本最低,即当企业持有 50 000 元现金时,其总成本最低,故选择 B 方案。

2)应收账款管理

(1)应收账款的功能

企业通过提供商业信誉,采取赊销、分期付款等方式可以扩大销售,增强竞争力获得利润。应收账款作为企业为扩大销售和盈利的一项投资,也会发生一定的成本。因此企业需要在应收账款所增加的盈利和所增加的成本之间作出权衡。

应收账款
管理(1)

提示

应收账款管理就是分析赊销的条件,使赊销带来的盈利增加大于应收账款投资产生的成本增加,最终使企业现金收入增加,企业价值上升。

应收账款的功能是指其在生产经营中的作用。主要有以下两个方面:

①增加销售功能。在激烈的市场竞争中,通过提供赊销可有效地促进销售。因为企业提供赊销不仅向顾客提供了商品,也在一定时间内向顾客提供了购买该商品的资金,顾客将从赊销中得到好处。因此赊销会带来企业销售收入和利润的增加。

②减少存货功能。企业持有一定产成品时,会占用资金,形成仓储费用、管理费用等,而赊销则可避免这些成本的产生。因此当企业的产成品存货较多时,一般会采用优惠的信用条件进行赊销,将存货转化为应收账款,节约支出。

（2）应收账款信用成本

应收账款信用成本是指企业持有一定应收账款所付出的代价，包括机会成本、管理成本和坏账成本。

①应收账款的机会成本。应收账款会占用企业一定量的资金，而企业若不把这部分资金投放于应收账款，便可用于其他投资并可能获得利益，例如，投资债券获得利息收入。这种因投放于应收账款而放弃其他投资所带来的收益，即为应收账款的机会成本。

$$应收账款的机会成本 = 应收账款占用资金 \times 资本成本率$$

提示

式中资本成本率一般可按有价证券利息率计算。

应收账款占用的资金可按以下步骤计算：

A. 计算应收账款平均余额：

$$应收账款平均余额 = \frac{年赊销额}{360} \times 平均收账天数$$

$$= 平均每日赊销额 \times 平均收账天数$$

B. 计算应收账款占用的资金：

$$应收账款占用的资金 = 应收账款平均余额 \times \frac{变动成本}{销售收入}$$

$$= 应收账款平均余额 \times 变动成本率$$

【例4.17】　某公司全年赊销收入净额为1 200万元，应收账款收账期为90天，变动成本额为720万元，资本成本率为8%，计算应收账款机会成本。

解　$应收账款机会成本 = \left(\frac{1\ 200}{360} \times 90 \times \frac{720}{1\ 200} \times 8\% \right)$ 万元 = 14.4 万元

②应收账款的管理成本。主要指在进行应收账款管理时所增加的费用。主要包括调查顾客信用状况的费用、收集各种信息的费用、账簿的记录费用、收款费用等。

③应收账款的坏账成本。在赊销交易中，债务人因种种原因无力偿还债务，债权人就有可能无法收回应收账款而发生损失，这种损失就是坏账成本。

提示

企业发生坏账成本是不可避免的，而此项成本一般与应收账款发生的数量成正比。

$$应收账款的信用成本 = 机会成本 + 管理成本 + 坏账成本$$

（3）信用政策的确定

信用政策又称为应收账款政策，是指企业为对应收账款进行规划与控制而确立的基本原则性行为规范。应收账款赊销的效果好坏，依赖于企业的信用政策，信用政策主要包括信用期间、信用标准、现金折扣和收账政策。

应收账款
管理（2）

①信用期间。

A. 信用期间的概念：信用期间是企业允许顾客从购货到付款之间的时间，或者说是企业给予顾客的付款期间。信用期的确定，主要是分析改变现行信用期对收入和成本的影响。

延长信用期,会使销售额增加,产生有利影响;与此同时,应收账款、收账费用和坏账损失增加,会产生不利影响。信用期过短,限制了销售额,但是企业占用在应收账款上的资金减少,降低了应收账款的机会成本、收账费用和坏账成本。

> **提示**
>
> 信用期间决策的标准是判断调整信用期限所增加的收益是否超过相应增加的信用成本,扣除信用成本后收益最高的方案为最佳方案。

B.信用期的决策方法:主要有总额分析法和差额分析法两种,见表4.23。

表4.23　总额分析法和差额分析法

总额分析法		差额分析法(A-B)
A 方案	B 方案	
年赊销额-变动成本	年赊销额-变动成本	△年赊销额-△变动成本
应收账款成本前收益	应收账款成本前收益	△应收账款成本前收益
-应收账款成本: (1)机会成本 (2)管理成本 (3)坏账成本	-应收账款成本: (1)机会成本 (2)管理成本 (3)坏账成本	-应收账款成本差额: (1)△机会成本 (2)△管理成本 (3)△坏账成本
应收账款成本后收益	应收账款成本后收益	△应收账款成本后收益
A 应收账款成本后的收益>B 应收账款成本后收益,A 方案好;反之,B 方案好		△应收账款成本后收益>0,A 方案好;反之,B 方案好

【例4.18】　某企业2020年赊销额为3 600万元,变动成本率为60%,资本成本率为10%,假设固定成本总额不变,备选方案如下:甲方案,维持 $n/30$ 的信用条件,赊销额为3 600万元,坏账损失率2%,收账费用为36万元;乙方案,将信用条件放款到 $n/60$,赊销额为3 960万元,坏账损失率3%,收账费用为60万元。要求:计算时应选哪种方案。

　解　这两种方案的分析计算见表4.24,其中乙方案获利最大,因此应选择乙方案。

表4.24　两种方案的分析计算

单位:万元

方案	甲方案($n/30$)	乙方案($n/60$)
年赊销额	3 600	3 960
变动成本	2 160	2 376
信用成本前收益	1 440	1 584
机会成本	3 600/360×30×60%×10%=18	3 960/360×60×60%×10%=39.6
坏账成本	3 600×2%=72	3 960×3%=118.8
管理成本	36	60

续表

方案	甲方案（$n/30$）	乙方案（$n/60$）
小计	126	218.4
信用成本后收益	1 314	1 365.6

②信用标准。指顾客获得企业的交易信用所具备的条件。如果顾客达不到信用标准，便不能享受企业的信用或只能享受较低的信用优惠。企业在设定某一顾客的信用标准时，往往要先评价他赖账的可能性。可以通过"5C"系统来进行测试。所谓"5C"系统，是评价顾客信用品质的 5 个方面，即品质、能力、资本、条件和抵押。

a. 品质（Character）：客户的信誉，过去付款的记录和债务偿还的情况。客户是否表现为尽力偿债。

b. 能力（Capacity）：对客户支付能力的判断，主要考查客户流动资产的数量及性质，流动负债的组成。

c. 资本（Capital）：客户的财务实力、总资产和股东权益的大小。

d. 条件（Condition）：当前客户付款的经济环境，客户过去在经济萧条时能否付清贷款。

e. 抵押（Collateral）：客户为得到信用而提供的可作为抵押品的资产。有抵押品，则企业提供信用的风险可减少。

③现金折扣政策。为了更好地招揽客户，扩大销售，加快账款收回，减少应收账款的机会成本与坏账损失，施工企业在制定信用期限后，通常会对客户提前付款给予一定的现金优惠。如"2/10，$n/30$"表示如果客户在 10 天内还款，可享受 2% 的现金折扣，如果超过 10 天内付款，则不再享受任何折扣。

> **提示**
>
> 企业采用什么程度的现金折扣，要和信用期间结合起来考虑。不论是信用期间还是现金折扣，都可能给企业带来收益，但也会增加成本。当企业给予顾客某种现金折扣时，应考虑折扣所能带来的收益与成本孰高孰低，权衡利弊，抉择决断。

④收账政策。指向客户收取逾期未付款的收账策略与措施。收账政策过宽，优点是扩大销售，增强企业竞争力；缺点则是增加收账费用和增加资金的占用。收账政策过严，优点是减少坏账损失，减少资金的占用；缺点则是减少销售收入和利润。

坏账损失与收账费用的关系如图 4.4 所示。

（4）应收账款的监控

实施信用政策时，企业应监督和控制每一笔应收账款和应收账款总额。例如，可以运用应收账款周转天数衡量企业需要多长时间收回应收账款，可以通过账龄分析表追踪每一笔应收账款，可以采用 ABC 分析法来确定重点监控的对象等。企业也必须对应收账款的总体水平加以监督，因为应收账款的增加会影响企业的流动性，还可能导致额外融资的需要。

①应收账款周转天数。应收账款周转天数或平均收款期是衡量应收账款管理状况的一种方法。计算方法为：将期末在外的应收账款除以该期间的平均日赊销额。应收账款周转

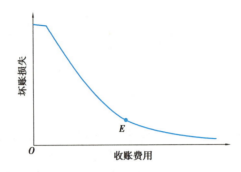

图 4.4　坏账损失与收账费用的关系

天数提供了一个简单的指标,将企业当前的应收账款周转天数与规定的信用期限、历史趋势以及行业正常水平进行比较后可反映企业的整体收款效率。

【例 4.19】　2020 年 3 月底的应收账款为 285 000 元,信用条件为在 60 天按全额付清货款,过去 3 个月的赊销情况:1 月份为 90 000 元;2 月份为 105 000 元;3 月份为 115 000 元。

应收账款周转天数的计算:

$$平均日销售额=(90\ 000+105\ 000+115\ 000)元÷90=3\ 444.44\ 元$$

$$应收账款周转天数=\frac{期末应收账款}{平均日销售额}$$

$$=(285\ 000÷3\ 444.44)天=82.74\ 天$$

平均逾期天数的计算:

$$平均逾期天数=应收账款周转天数-平均信用期天数$$

$$=(82.74-60)天=22.74\ 天$$

②账龄分析表。将应收账款划分为未到信用期的应收账款和以 30 天为间隔的逾期应收账款,这是衡量应收账款管理账款的另一种方法。账龄分析法可以确定逾期应收账款,随着逾期时间的增加,应收账款收回的可能性变小。假定信用期限为 30 天,表 4.25 中的账龄分析表反映出 30% 的应收账款为逾期账款。

表 4.25　账龄分析表

账龄/天	应收账款金额/元	占应收账款总额的百分比/%
0~30	1 750 000	70
31~60	375 000	15
61~90	250 000	10
91 以上	125 000	5
合计	2 500 000	100

提示

企业既可以按照应收账款总额进行账龄分析,也可以对顾客进行账龄分析。

账龄分析表比计算应收账款周转天数更能揭示应收账款变化趋势,因为账龄分析表给出了应收账款分布的模式,而不只是一个平均数。应收账款周转天数有可能与信誉期限相一致,但是有些账户可能拖欠得很严重。因此,应收账款周转天数不能明确地表现出账款拖欠情况。当每个月之间销售额变化很大时,账龄分析表和应收账款周转天数都可能发出类似的错误信号。

(5)应收账款的日常管理

①客户的信用调查。对客户的信用进行评价是应收账款日常管理的重要内容。只有正确地评价客户的信用状况,才能合理地执行企业的信用政策。要想合理地评价客户的信用,必须对客户信用进行调查,收集有关的信息资料。信息调查有直接调查和间接调查两种方法。

A. 直接调查:指调查人员通过与被调查单位进行直接接触,通过当面采访、询问、观看等方式获取信用资料的一种方法。直接调查可以保证收集资料的准确性和及时性,但往往获得的是感性资料,若不能得到被调查单位的合作,则会使调查工作难以开展。

B. 间接调查:以被调查单位以及其他单位保存的有关原始记录和核算资料为基础,通过加工整理获得被调查单位信用资料的一种方法。这些资料主要来自以下 4 个方面:

第一,财务报表。通过财务报表分析,可以基本掌握一个企业的财务状况和信用状况。

第二,信用评估机构。专门的信用评估部门,因为它们的评估方法先进,评估调查细致,评估程序合理,所以可信度较高。

第三,银行。银行是信用资料的一个重要来源,许多银行都设有信用部,为其客户服务,并负责对其客户信用状况进行记录、评估。但银行的资料一般只愿意在内部与同行进行交流,而不愿向其他单位提供。

第四,其他途径。如财税部门、工商管理部门、消费者协会等机构都可能提供相关的信用状况资料。

②评估客户信用。收集好信用资料后,就需要对这些资料进行分析、评价。企业一般采用"5C"系统来评价,并对客户信用进行等级划分。

提示

在信用等级方面,目前主要有两种:一种是三类九等,即将企业的信用状况分为 AAA,AA,A,BBB,BB,B,CCC,CC,C 9 等,其中,AAA 为信用最优等级,C 为信用最低等级。另一种是三级制,即分为 AAA,AA,A 这 3 个信用等级。

③收账管理。收账是企业应收账款管理的一项重要工作。收款管理应包括以下两个方面的内容。

A. 确定合理的收账程序:催收账款的程序一般是信函通知,电话催收,派员面谈,法律行动。当客户拖欠账款时,一般先给客户一封有礼貌的付款通知函;接着,可寄出一封措辞较直率的信件;进一步则可通过电话催收;若再无效,企业的收账员可直接与客户面谈,协商解决;如果谈判不成,就只好交给企业的律师采取法律行动。

B. 确定合理的收账方法:客户拖欠的原因可能比较多,但可概括为无力偿还和故意拖欠两大类。

a. 无力偿还:指客户因经营不善,财务出现困境,没有资金偿付到期债务。对这种情况要进行具体分析,如果客户确实遇到暂时困难,经过努力可以东山再起,企业应帮助客户渡过难关,以便收回较多欠款。如果客户遇到严重困难,已达到破产界限,不可能起死回生,则应及时向法院起诉,以期在破产清算时得到债权较多的清偿。

b.故意拖欠:指顾客虽有能力付款,但为了其利益,想方法拖延付款。遇到这种情况,则需要确定合理的收账方法,如讲理法、恻隐战术、激将法等以便收回欠款。

3)存货管理

(1)存货的功能

存货管理(1)

存货是指企业在生产经营过程中为销售或者耗用而储备的物资,包括材料、燃料、低值易耗品、在产品、产成品、半成品、商品等。存货管理水平的高低直接影响企业的生产经营能否顺利进行,并最终影响企业的收益、风险等状况。因此,存货管理是财务管理的一项重要内容。

> **提示**
>
> 存货管理的目标,就是要尽力在各种存货成本与存货效益之间作出权衡,在充分发挥存货功能的基础上,降低存货成本,实现两者的最佳结合。

存货的功能是指存货在企业生产经营中所起的作用。具体包括以下5个方面的内容。

①保证生产正常进行。生产过程中需要的原材料和在产品,是生产的物质保证,为保障生产的正常进行,必须储备一定量的原材料;否则可能会造成生产中断、停工待料的现象。

②有利于销售。一定数量的存货储备能够增加企业在生产和销售方面的机动性和适应市场变化的能力。当企业市场需求量增加时,若产品储备不足就有可能失去销售良机,所以保持一定量的存货是有利于市场销售的。

③便于维持均衡生产,降低产品成本。有些企业产品属于季节性产品或者需求波动较大的产品,此时若根据需求状况组织生产,则可能有时生产能力得不到充分利用,有时又超负荷生产,从而造成产品成本的上升。

④降低存货取得成本。一般情况下,当企业进行采购时,进货总成本与采购物资的单价和采购次数密切相关。而许多供应商为鼓励顾客多购买其产品,通常在客户采购量达到一定数量时,给予价格折扣,因此企业通过大批量集中进货,既可以享受价格折扣,降低购置成本,也因减少订货次数,降低订货成本,使总的进货成本降低。

⑤防止意外事件的发生。企业在采购、运输、生产和销售过程中,都可能发生意料之外的事故,保持必要的存货保险储备,可以避免和减少意外事件的损失。

(2)存货的持有成本

与持有存货有关的成本,包括以下3种。

①取得成本。指为取得某种存货而支出的成本,通常用 TC_a 表示。取得成本又分为订货成本和购置成本。

A.订货成本:指取得订单的成本,如办公费、差旅费、邮资、电话费、运输费等的支出。订货成本中有一部分与订货次数无关,如常设采购机构的基本开支等,称为固定的订货成本,用 F_1 表示;另一部分与订货次数有关,如差旅费、邮资等,称为订货的变动成本。每次订货的变动成本用 K 表示;订货次数等于存货年需要量 D 除以每次进货量 Q。其计算式为:

$$订货成本 = \frac{D}{Q} \times K + F_1$$

B. 购置成本：指为购买存货本身所支出的成本，即存货本身的价值，通常用数量与单价的乘积来确定。年需要量用 D 表示，单价用 U 表示，于是购置成本为 DU。

$$取得成本 = 订货成本 + 购置成本$$

$$= 订货固定成本 + 订货变动成本 + 购置成本$$

$$TC_a = F_1 + \frac{D}{Q} \times K + DU$$

②储存成本。指为保持存货而发生的成本，包括存货占用资金所应计的利息、仓库费用、保险费用、存货破损和变质损失等，通常用 TC_c 表示。

储存成本也分为固定成本和变动成本。固定成本与存货数量的多少无关，如仓库折旧、仓库职工的固定工资等，常用 F_2 表示。变动成本与存货的数量有关，如存货资金的应计利息、存货的破损和变质损失、存货的保险费用等，单位成本用 K_2 表示。其计算式为：

$$储存成本 = 储存固定成本 + 储存变动成本$$

$$TC_c = F_2 + K_c \times \frac{Q}{2}$$

③缺货成本。指由存货供应中断而造成的损失，包括材料供应中断造成的停工损失、产成品库存缺货造成的拖欠发货损失和丧失销售机会的损失及造成的商誉损失等；如果生产企业以紧急采购代用材料解决库存材料中断之急，那么缺货成本表现为紧急额外购入成本（紧急外购入的开支会大于正常采购的开支）。缺货成本用 TC_s 表示。其计算式为：

$$存货的总成本 = 取得成本 + 储存成本 + 缺货成本$$

$$TC = TC_a + TC_c + TC_s = F_1 + \frac{D}{Q} \times K + DU + F_2 + K_c \times \frac{Q}{2} + TC_s$$

企业存货的最优化，就是使企业存货总成本即 TC 值最小。

（3）最优存货量的确定

通过对存货成本的分析可以看出，在一定时期内，当存货需求总量确定时，增加进货批量（即每次进货的进货数量），就会减少进货次数，相应地降低了进货费用与缺货成本，但是提高了储存成本；减少进货批量，就会增加进货次数，相应地提高了进货费用与缺货成本，但是降低了储存成本。因此，如何安排进货批量和进货次数，使存货的决策相关成本最低，是存货管理中极其重要的问题。经济批量模型通过确定存货的经济进货批量就能很好地解决这一问题。

存货管理（2）

经济进货批量是指能够使一定时期内存货的决策相关总成本最低的进货数量。经济进货批量的模型主要有基本模型和考虑数量折扣的应用模型两种情况。

①确定经济进货批量的基本模型。在经济批量基本模型下，存货的决策相关成本包括进货费用和变动性储存成本两项，而进货成本、固定性储存成本和短缺成本不予考虑。经济进货批量就是指使存货的进货费用和储存成本之和最低的进货数量。这一模式的应用要以下列假设为前提。

a. 一定时期内需要的进货总量可以预测。

b. 存货的耗用或销售过程比较均匀，且每当企业存货余额不足时，下一批存货可以马上到位,不允许缺货。

c.市场上存货的价格稳定。

则有以下计算式:

$$存货管理决策相关总成本=进货费用+储存成本$$

$$TC=\frac{D}{Q}\times K+\frac{Q}{2}\times K_c$$

式中　TC——存货管理相关总成本;

D——一定时期需要的存货总量;

K——平均每次进货费用;

K_c——单位存货的储存成本;

Q——经济进货批量。

存货管理相关总成本与进货费用、储存成本的关系如图4.5所示。

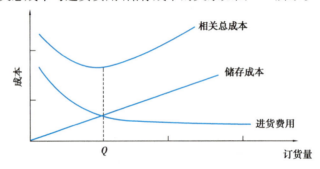

图4.5　相关总成本与进货费用、储存成本的关系

从图4.5中可以看出,当存货的储存成本和进货费用相等时,存货管理相关总成本最低,此时的存货进货批量为经济进货批量。

运用数学方法可以求得:

$$Q=\sqrt{\frac{2DK}{K_c}}$$

经济进货批量下的存货总成本为最低存货管理相关总成本:

$$TC(Q)=\sqrt{2\times D\times K\times K_c}$$

【例4.20】　某施工企业预计2020年需要A类材料总量为90 000 kg,单位进价为10元。若该材料的平均每次进货费用为120元,单位存货年储存成本为4元,试算:经济进货批量和最低存货管理相关总成本。

解　经济进货批量:$Q=\sqrt{2\times90\ 000\times\dfrac{120}{4}}\ \text{kg}=2\ 323.79\ \text{kg}$

最低存货管理相关总成本:

$$TC(Q)=\sqrt{2\times90\ 000\times120\times4}\ \text{元}=9\ 295.16\ \text{元}$$

②存在商业折扣情况下的订货批量。

$$总成本=订货成本+储存成本+购置成本$$

$$TC=\frac{D}{Q}\times K+K_c\times\frac{Q}{2}+DU(1-折扣率)$$

存在商业折扣的情况下的订货批量计算步骤如下：

a.确定无商业折扣条件下的经济批量和相关成本；

b.加进不同批量的进价成本差异因素；

c.比较不同批量下的存货相关总成本,找出存货总成本最低的订货批量。

【例 4.21】　建筑企业 A 零件的年需要量为 720 件,该零件单位标准价格为 120 元,已知每次订货成本为 50 元,单位零件年储存成本为 20 元。该企业从销售单位获悉的销售政策为:一次订货量为 100 件以内的执行标准价;一次订货量为 100~200 件的优惠 2%;一次订货量为 200 件以上的优惠 3%。

解　没有价格优惠的最佳订货批量:

$$Q^* = \sqrt{\frac{2\times50\times720}{20}} \text{件} = 60 \text{件}$$

60 件订货批量的存货相关总成本为:$(720\times120+720/60\times50+60/2\times20)$ 元 = 87 600 元

100 件订货批量的存货相关成本:$[720\times120\times(1-2\%)+720/100\times50+100/2\times20]$ 元 = 86 032 元

200 件订货批量的存货相关成本:$[720\times120\times(1-3\%)+720/200\times50+200/2\times20]$ 元 = 85 988 元

结论:200 件订货批量时,总成本最低,故 200 件订货批量为最佳。

(4)存货的控制系统

①ABC 控制系统。把企业种类繁多的存货,依据其重要程度、价值大小或者资金占用等标准分为三类:A 类高价值库存,品种数量占整个库存的 10%~15%,但价值占全部库存的 50%~70%;B 类中等价值库存,品种数量占全部库存的 20%~25%,价值占全部库存的 15%~20%;C 类低价值库存,品种数量多,占整个库存的 60%~70%,价值占全部库存的 10%~35%。

> **提示**
>
> ABC 分类法的分类标准主要有两个:一是金额标准;二是品种数量标准。其中,金额标准是最基础、最主要的标准,品种数量标准仅作为参考。

A 类存货实行重点规划和管理,对存货的收、发、存进行详细记录,定期盘点。对采购、储存、使用过程中出现的偏差应及时分析原因,调查清楚,寻求改进措施。

B 类存货进行次重点管理。对 B 类存货一般可按存货类别进行控制,制定定额,对实际出现的偏差进行概括性检查。

C 类存货只进行一般管理,采用集中管理的方式。

②适时制库存控制系统。又称零库存管理、看板管理系统。适时制库存控制系统是指制造企业事先与供应商和客户协商好,只有当制造企业在生产过程中需要原料或零件时,供应商才会将原料或零件送来;而每当产品生产出来就被客户运走。这样,制造企业的库存持有水平就可以大大降低。显然,适时制库存控制系统需要的是稳定而标准的生产程序以及与供应商的诚信,否则,任何一环出现差错都将导致整个生产线停止。

采用零存货与适时性管理必须满足以下 3 个基本要求:

a.供应商能够及时地供应批量不大但优质的材料与配件。

b.公司和供应商之间经常保持密切的联系,确保供应环节不出问题。

c.各生产环节的工人应具有较高的素质与技能,能够保证所经手的产品质量,防止损害有限的原料和配件。

4.2.2　非流动资产管理

固定资产
管理(1)

1)固定资产管理

(1)固定资产的概述

①固定资产。指为生产商品、提供劳务、出租或经营管理而持有的且使用寿命超过一个会计年度的有形资产,包括房屋及建筑物、机器设备、运输设备、工器具等。

固定资产同时满足下列条件的,才能予以确认:

a.与该固定资产有关的经济利益很可能流入企业。

b.该固定资产的成本能够可靠地计量。"可靠地计量"在某些情况下也可基于合理的估计,例如,已达到预定可使用状态但未办理竣工手续的固定资产,应按暂估价入账,即其成本能够可靠地计量且应计提折旧。

②固定资产的分类。企业固定资产的种类繁多,根据不同的分类标准,可分成不同的类别。企业应选择适当的分类标准,将固定资产进行分类,以满足经营管理的需要。

A.固定资产按经济用途分类,可分为生产用固定资产和非生产用固定资产。

a.生产用固定资产:指直接服务于企业生产经营过程的固定资产。如生产经营用的房屋、建筑物、机器、设备、器具、工具等。

b.非生产用固定资产:指不直接服务于生产经营过程的固定资产。如职工宿舍、食堂、浴室、理发室、医院等使用的房屋、设备和其他固定资产等。

固定资产按经济用途分类,可归类反映企业生产经营用固定资产和非生产经营用固定资产之间的组成变化情况,借以考核和分析企业固定资产管理和利用情况,从而促进固定资产的合理配置,充分发挥其效用。

B.固定资产按使用情况分类,可分为使用中的固定资产、未使用的固定资产和不需用的固定资产。

a.使用中的固定资产:指正在使用的经营性和非经营性固定资产。由于季节性经营或修理等原因,暂时停止使用的固定资产仍属于企业使用中的固定资产;企业出租给其他单位使用的固定资产以及内部替换使用的固定资产,也属于使用中的固定资产。

b.未使用的固定资产:指已完工或已购建的尚未交付使用的固定资产以及因进行改建、扩建等原因停止使用的固定资产。如企业购建的尚待安装的固定资产、经营任务变更停止使用的固定资产等。

c.不需用的固定资产:指本企业多余或不适用,需要调配处理的固定资产。

C.固定资产按所有权进行分类,可分为自有固定资产和租入固定资产。

a.自有固定资产:指企业拥有的可供企业自由支配使用的固定资产。

b.租入固定资产:指企业采用租赁方式从其他单位租入的固定资产。

提示

固定资产按使用情况进行分类,有利于企业掌握固定资产的使用情况,便于比较分析固定资产的利用效率,挖掘固定资产的使用潜力,促进固定资产的合理使用,同时也便于企业准确合理地计提固定资产折旧。

D.固定资产按经济用途和使用情况进行综合分类,可分为生产经营用固定资产、非生产经营用固定资产、租出固定资产、不需用固定资产、未使用固定资产、土地和融资租入固定资产。

③固定资产投资的特点。回收时间较长、变现能力较差、但固定资产投资资金占用数量相对稳定、固定资产投资的实物形态与价值形态可以分离、投资的次数相对流动资产较少。

(2)固定资产管理的要点

①合理地进行固定资产需要量预测。固定资产预测是指根据已经掌握的信息和有关资料,采用科学的方法,对企业未来时期的固定资产需要量和固定资产投资所作出的合乎规律的测算分析工作。固定资产预测主要是固定资产需要量的预测和固定资产投资效益的预测。

企业应根据生产经营的任务、生产规模、生产能力等因素,采用科学的方法预测各类固定资产的需用量,不仅有助于企业摸清固定资产的存量,平衡生产任务和生产能力,挖掘固定资产潜力,提高固定资产的利用效果,还可以为企业进行固定资产投资决策提供重要依据。

②科学地进行固定资产投资的预测分析。固定资产使用时间长,投资数额大,一旦投资决策失误,不仅会造成投资本身的巨大浪费,而且会因"先天不足"而导致企业"后天"经营上的困难。企业在固定资产投资时,必须根据企业的具体情况和投资环境,研究投资项目的必要性,分析技术上的可行性,对各种投资方案的经济效益进行预测,在各种投资方案中,选择投资少、效益高、回收期短的最佳方案,在此基础上,再对固定资产的投资支出、投资来源和投资效果做出合理的计划安排,使固定资产投资建立在科学的基础上。

③正确确定固定资产价值。固定资产的计量属性主要包括历史成本、重置成本、可变现净值、现值、公允价值等。对固定资产的计价,一般应采用历史成本。

④正确地计提固定资产折旧。固定资产在使用过程中发生的价值损耗,是通过计提折旧的方式加以合理补偿的。企业提取的折旧,是固定资产更新的资金来源。只有正确编制固定资产折旧计划,及时提取固定资产折旧,使固定资产在生产中的损耗足额得到补偿,才能保证固定资产再生产的顺利进行。对固定资产折旧形成的这一部分资金来源,应加以有效地使用和管理。

⑤切实做好固定资产的保全。固定资产是企业的重要资源,保证固定资产的完整无缺,是固定资产管理的基本要求。因此,企业必须做好固定资产管理的各项基础工作,包括制定固定资产目录,明确固定资产的管理范围;建立固定资产登记账、卡,及时准确地反映各种固定资产的增减变动、使用和节余情况;定期进行清查盘点,切实做到账、卡、物三相符。在做好以上各项基础工作的同时,还要建立、健全固定资产竣工验收、调拨转移、清理报废等各项

管理制度,这是实现固定资产完整无缺的保证。

⑥不断提高固定资产的利用效果。企业通过有效的固定资产管理工作,可以节省固定资产的投资,最大限度地发挥固定资产的效能,降低产品成本中的折旧费用,为企业提供更多的盈利。企业在固定资产的投资决策、固定资产的构建、固定资产的使用及固定资产的更新改造等各环节的管理工作中均应注意提高固定资产的利用效果。

(3)固定资产需要量的查定

①固定资产需要量查定的意义。建筑施工企业要搞好固定资产管理,提高固定资产的利用效果,必须根据生产任务查定企业所需的固定资产。通过固定资产的查定,及时补充所需固定资产的不足,同时对多余固定资产及时处理,减少企业资金的占用量,促使施工生产单位充分利用现有固定资产。

固定资产
管理(2)

要查定固定资产的需要量,必须先进行以下清查工作。

a.查清固定资产的实有数量,做到账实相符。

b.查清固定资产的质量,对机械设备逐个进行性能检查。

c.查清固定资产的生产能力,分别查明单台机械设备的生产能力,或完成某项工种工程(或某种产品)有关机械设备的综合生产能力,并计算机械设备的利用率。

②固定资产需要量预测的方法。将生产设备的生产能力和企业确定的计划生产任务进行比较,在此基础上,平衡生产设备的需要量。其计算式为:

$$某项生产设备的需要量 = \frac{计划生产任务(实物量或台时量)}{单台设备的生产能力(实物量或台时量)}$$

a.计算生产任务定额台时数的确定。其计算式为:

$$计划生产任务台时定额总数 = \sum(计划产量 \times 单位产品台时定额) \times 定额改进系数$$

计划产量是根据市场预测资料而确定的各种产品的生产量,即

$$预测期产品销售量 = 期初产品结存量 + 预测期产品生产量 - 期末预计产品结存量$$

$$定额改进系数 = \frac{改进后的可能定额台时}{现行定额台时} \times 100\%$$

b.单台设备生产率的确定。单台设备生产率即单台设备生产能力,是指一台设备能生产某种产品的最大年产量或最大有效台时数。其计算式为:

$$单台设备全年有效台时 = 全年制度工作天数 \times 每天制度工作时数 \times (1 - 设备计划检修率\%)$$

c.设备生产能力与预测期生产任务的平衡。其计算式为:

$$某种设备负荷系数 = \frac{预测期生产任务需用定额台时总数}{现有设备台数 \times 单台设备全年有效台时数} \times 100\%$$

d.设备增加或减少台数的确定。生产设备需用量与现有设备台数之差,若为正数则需要增加设备;反之,则减少设备。

【例4.22】 某间断型生产企业拥有生产设备150台实行两班制,每班工作7.5 h,设备计划检修率6%,生产A、B两种产品,其中A产品计划产量2 160件,每件产品定额台时60 h,定额改进系数92%;B产品计划产量7 200件,每件产品定额台时80 h,定额改进系数95%。则该企业生产设备的需要量及增加或减少的台数如下:

（1）计算计划生产任务：

计划任务任务定额台时总数 = $\sum$ 计划产量×单位产品定额台时×定额改进系数

$$= （2\ 160×60×92\% + 7\ 200×80×95\%）台时$$

$$= （119\ 232 + 547\ 200）台时$$

$$= 666\ 432\ 台时$$

（2）计算单台设备全年有效台时：

单台设备全年有效台时 = 全年制度工作天数×每天制度工作时数×（1-设备计划检修率）

$$= [250×2×7.5×（1-6\%）]\ 台时$$

$$= 3\ 525\ 台时$$

（3）计算设备负荷系数：

$$设备负荷系数 = \frac{预测期生产任务需用定额台时总数}{现有设备台数×单台设备全年有效台时数}$$

$$= \frac{666\ 432}{150×3\ 525}×100\% = 126.04\%$$

（4）计算设备的需要量及应增加的台数：

$$生产设备需要量 = \frac{预测期生产任务需用定额台时总数}{单台设备全年有效台时数}$$

$$= \frac{666\ 432}{3\ 525}\ 台$$

$$≈189\ 台$$

$$应增加的设备台数 = （189-150）台 = 39\ 台$$

（4）固定资产折旧与更新

①固定资产折旧。以货币形式表示的固定资产因损耗而转移到产品中去的那部分价值。计入产品成本的那部分固定资产的损耗价值，称为折旧费。固定资产的价值损耗分有形损耗和无形损耗。

a.固定资产有形损耗：指固定资产由于使用和自然力的作用而发生的物质损耗，前者称固定资产的机械磨损，后者称固定资产的自然磨损。

b.固定资产无形损耗：指固定资产在社会劳动生产率提高和科学技术进步的条件下而引起的固定资产的价值贬值。

②固定资产折旧方法。

a.平均年限法：指按固定资产预计使用年限平均计算折旧的一种方法。其计算式为：

$$年折旧率 = \frac{1-预计净残值率}{预计使用年限}×100\%$$

$$年折旧额 = 固定资产净值×年折旧率$$

$$= \frac{固定资产原价-预计净残值}{预计使用年限}$$

$$= 原价×\frac{1-\dfrac{预计净残值}{原价}}{预计使用年限}$$

> **提示**
>
> 采用这种方法计算的每期折旧额是相等的。

【例 4.23】 企业某项固定资产,原始价值 60 000 元,预计使用 6 年,预计残值收入 2 000 元,预计清理费用 1 000 元,要求按平均年限法计算每月的折旧额。

解 年折旧额=[60 000-(2 000-1 000)]元÷6=9 500 元

月折旧额=9 500 元÷12=792 元

b. 工作量法:根据实际工作量计算固定资产折旧额的一种方法。其计算式为:

$$单位工作量折旧额=固定资产原价×\frac{1-预计净残值率}{预计总工作量}$$

$$某项固定资产月折旧额=该固定资产当月工作量×单位工作量折旧额$$

【例 4.24】 某公司有一辆运输汽车,原值为 150 000 元,预计净残值率为 5%,预计总行驶里程 600 000 km,当月行驶 5 000 km,问当月计提折旧额是多少?

解 单位工作量折旧额=[150 000×(1-5%)÷600 000]元/km=0.237 5 元/km

当月计提折旧额=5 000 km×0.237 5 元/km=1 187.5 元

c. 双倍余额递减法:在不考虑固定资产净残值的情况下,根据每年年初固定资产净值和双倍的直线折旧率计算固定资产折旧额的一种方法。采用双倍余额递减法时,应在固定资产折旧年限到期前两年内,将固定资产账面净值扣除预计净残值后的余额平均摊销,即最后两年改用直线折旧法计算折旧。其计算式为:

$$双倍直线折旧率=\frac{2}{预计使用年限}×100\%$$

$$年折旧额=固定资产年初账面净值×双倍直线折旧率$$

【例 4.25】 企业某项固定资产,原值为 52 000 元,预计使用年限为 5 年,预计净残值为 2 000 元,要求按双倍余额递减法计算每年折旧额。

解 双倍直线折旧率$=\frac{2}{5}=40\%$

第一年折旧额=52 000 元×40%=20 800 元

第二年折旧额=(52 000-20 800)元×40%=31 200 元×40%=12 480 元

第三年折旧额=(31 200-12 480)元×40%=18 720 元×40%=7 488 元

第四、五年折旧额=(18 720-7 488-2 000)元÷2=4 616 元

d. 年数总和法:根据固定资产原值减去预计净残值后的余额,按照逐年递减的分数(即年折旧率)计算折旧的方法。其计算式为:

$$年折旧率=\frac{尚可使用年数}{预计使用年限的年数总和}$$

$$年折旧额=(固定资产原价-预计净残值)×年折旧率$$

$$月折旧额=\frac{年折旧额}{12}$$

【例 4.26】 企业某项固定资产,原值为 60 000 元,预计使用年限为 6 年,预计净残值为 1 000 元。要求按年数总和法计算每年折旧额。

解 第一年折旧额=（60 000-1 000）元×6/21=16 857 元

第二年折旧额=59 000 元×5/21=14 048 元

第三年折旧额=59 000 元×4/21=11 238 元

第四年折旧额=59 000 元×3/21=8 429 元

第五年折旧额=59 000 元×2/21=5 619 元

第六年折旧额=59 000 元×1/21=2 810 元

③计提固定资产折旧的有关规定。

A.下列固定资产均应计提折旧：

a.房屋和建筑物；

b.在用的机器设备、仪器仪表、运输车辆、工具用具；

c.季节性停用和修理停用的设备；

d.以经营租赁方式出租的固定资产；

e.以融资方式租入的固定资产。

B.下列固定资产不计提折旧：

a.除房屋和建筑物外的未使用、不需用的固定资产；

b.以经营租赁方式租入的固定资产；

c.按规定已提取维持简单再生产费用的固定资产；

d.破产、关停企业的固定资产；

e.以前单独入账的土地。

④固定资产更新。

A.固定资产更新的概念及分类：固定资产更新是指用新的、先进的固定资产替换陈旧的、不能继续使用或继续使用经济上不合理的固定资产。局部更新是指在固定资产的使用期内对先于整体而损坏的部分进行的修理和更换。整体更新是指固定资产都有自己的平均寿命周期，达到这个期限就要以全新的固定资产从物质上全部替换。

> **提示**
>
> 固定资产更新的形式包括按固定资产的原样更新和以革新的方式更新。

B.固定资产更新的意义：固定资产更新是维持企业生产能力，保证生产经营正常进行的基本条件；有利于增强企业的市场竞争能力；有利于提高经济效益。

C.固定资产更新的要求：

a.认真做好固定资产更新决策；

b.正确处理近期收益与远期收益的关系；

c.更新与技术改造相结合；

d.做好资金规划，保证固定资产更新的资金需要。

2）无形资产管理

（1）无形资产的特点

无形资产是指企业拥有或者控制的没有实物形态的可辨认非货币性资产。它通常代表专利权、版权、特许权、租赁权、商标权等。

无形资产在使用和形成的过程中,具有不同于有形资产的特征:

①由企业拥有或者控制并能带来未来经济利益;

②不具有实物形态;

③具有可辨认性;

④属于非货币性资产。

（2）无形资产的分类

①按经济内容划分,可分为专利权、非专利权、著作权、商标权、租赁权和土地使用权。

②按取得方式划分,可分为自行开发的无形资产、购入的无形资产、投资人投入的无形资产和接受捐赠的无形资产等。

③按确认方式划分,可分为法律确认的无形资产和合同确认的无形资产。

（3）无形资产的计价与摊销

①无形资产的计价。无形资产凝聚着人们创造性的脑力劳动和一些辅助性的体力劳动,以及实验研究材料、设备消耗等物化劳动,它同其他商品一样,具有价值和使用价值。因此,在转让无形资产时必须合理计价、有偿转让、等价交换。无形资产按取得时的实际成本计价。

a.自行开发的并且按照法律程序申请取得的无形资产,按照依法取得时发生的注册费、聘请律师费等费用计价。在研究与开发过程中发生的材料费用、直接参与开发人员的工资及福利费、开发过程中发生的租金、借款费用等,直接计入当期损益。

b.自行开发的没有经过法律程序申请取得的无形资产,按照法定评估机构评估确认的价值计价。例如,非专利技术一般是在生产经营中,经过长期的经验积累逐步形成的,而且无法预知是否会形成非专利技术;即使有意要形成非专利技术,也无法辨认哪些支出与将来的非专利技术有关。因此,按照现行财务制度的规定,非专利技术的计价应经法定评估机构评估确认。

c.购入的无形资产,按照实际支付的价款计价。

d.以接受债务人抵偿债务方式取得的无形资产,按照应收债权的账面价值加上应支付的相关税费计价。

e.以接受债务人抵偿债务方式取得的无形资产,收到补价的,按照应收债权的账面价值减去收到的补价,再加上应支付的相关税费的计价。

f.以接受债务人抵偿债务方式取得的无形资产,支付补价的,按照应收债权的账面价值加上支付的补价,再加上应支付的相关税费的计价。

g.投资人投入的无形资产,按照投资各方确认的价值作为实际成本。但是,股份制企业首次发行股票,为了发行股票而接受投资人投入的无形资产,应按该无形资产在投资方的账面价值计价。

h.接受捐赠的无形资产,捐赠方提供了有关凭据的,按照凭据上标明的金额加上应支付的相关税费计价。

i.接受捐赠的无形资产,捐赠方没有提供有关凭据的,如果同类或类似无形资产存在于活跃市场,按照同类或类似无形资产的市场价格估计的金额,加上应支付的相关税费计价;如果同类或类似无形资产不存在于活跃市场,按照该无形资产的预计未来现金流量现值计价。

②无形资产的摊销。无形资产应从开始使用之日起,在有效使用期内平均摊入管理费用。待应摊销的无形资产原始价值确定后,影响其摊销额大小的两个主要因素,即无形资产摊销的期限和方法。

A.无形资产摊销的期限:对企业自用的无形资产,应自取得无形资产的当月起在预计使用年限内分期平均摊销,计入损益。如果预计使用年限超过了相关合同规定的受益年限或法律规定的有效年限,那么应按照以下原则确定无形资产的摊销年限。

a.合同规定了受益年限,但法律没有规定有效年限的,摊销年限不应超过合同规定的受益年限;

b.合同没有规定受益年限,但法律规定了有效年限的,摊销年限不应超过法律规定的有效年限。

> **提示**
>
> 目前法律规定有效期限的无形资产主要有两种:一是专利权,发明专利权的法定有效期为 15 年,实用新型和外观设计专利权的法定有效期限为 5 年,自申请之日起计算,期满前专利权人可以申请续展 3 年;二是商标权,注册商标法定有效期限为 10 年。

c.合同规定了受益年限,法律也规定了有效年限的,摊销年限不应超过受益年限和有效年限两者之中较短者。

d.如果合同没有规定受益年限,法律也没有规定有效年限的,摊销年限不应超过 10 年。

B.无形资产摊销的方法:一般采用直线法,即根据无形资产原价和规定摊销期限平均计算各期的摊销额。这种方法简单易行,能均衡各期费用,保持企业财务指标的可比性。其计算式为:

$$无形资产年摊销额 = \frac{无形资产原始价值}{摊销年限}$$

$$无形资产月摊销额 = \frac{年摊销额}{12}$$

③无形资产减值。如果无形资产将来为企业创造的经济利益还不足以补偿无形资产的成本(摊余成本),则说明无形资产发生了减值,具体表现为无形资产的账面价值超过了其可收回金额。

A.检查账面价值:企业应定期对无形资产的账面价值进行检查,至少于每年年末检查一次。在检查中,如果发现以下情况,则应对无形资产的可收回金额进行评估,并将该无形资产的账面价值超过可收回金额的部分确认为减值准备。

a.该无形资产已被其他新技术等所替代,为企业创造经济利益的能力受到重大不利影响。

b.该无形资产的市价在当期大幅下跌,在剩余摊销年限内预期不会恢复。

c.某项无形资产已超过法律保护期限,但仍然具有部分使用价值。

d.其他足以表明该无形资产实质上已经发生了减值的情形。

B.确认可收回金额:无形资产的可收回金额是指以下两项金额中的较大者。

a.无形资产的销售净价,即该无形资产的销售价格减去因出售该无形资产所发生的律师费和其他相关税费后的余额。

b.预计从无形资产的持续使用和使用年限结束时的处置中产生的预计未来现金流量的现值。

C.计提减值准备:如果无形资产的账面价值超过其可收回金额,则应按照超过部分确认无形资产减值准备。企业计提的无形资产减值准备计入当期的"营业外支出"科目。

D.已确认减值损失的转回:无形资产的价值受许多因素的影响。以前期间导致无形资产发生减值的迹象,可能已经全部消失或部分消失。企业会计制度规定,只有在这种情况出现时,企业才能将以前年度已确认的减值损失予以全部或部分转回;同时,转回的金额不得超过已计提的减值准备的账面金额。

④无形资产日常管理。无形资产能为企业带来巨大的超额利润,是企业资产的重要组成部分,企业必须加强管理。

A.正确评估无形资产的价值:无形资产作为一项资产列入企业资产负债表,企业必须对无形资产作出正确的估计,以价值形式对无形资产进行核实和管理。在对无形资产进行价值评估时,要以成本计价原则为基础,同时还要考虑无形资产的经济效益、社会影响效果、技术寿命等因素的影响。

B.按照规定期限分期摊销已使用的无形资产:企业取得的无形资产投入使用后,可使企业长期受益。因此,按照收入与费用的配比原则,企业应将已使用的无形资产在其有效期限内进行摊销,而不能将无形资产的成本一次全部计入当期费用。

C.充分发挥无形资产的效能并不断提高其使用效益:无形资产是企业重要的经济资源,充分发挥现有无形资产的效能,开阔经营理财业务,提高无形资产的利用效果,对促进企业发展,提高企业经济效益具有十分重要的作用。因此,企业首先应树立对无形资产的正确观念,明确无形资产对企业成败的利害关系,积极创立和积累无形资产,保证企业无形资产的安全完整。其次要生动开拓各项业务,充分利用企业的商誉等无形资产在材料购进、价格、结算方式等方面取得优惠,充分利用商标权、专利权等发展横向联合,或对现有无形资产实行有偿转让等,以充分发挥无形资产的使用效益。

【思考与练习】

一、单选题

1.在一定时期的现金需求总量一定时,与现金持有量呈反方向变动的成本是( )。

    A.管理成本   B.机会成本   C.短缺成本   D.委托买卖佣金

2.现金作为一种资产,它的( )。

    A.流动性强,盈利性也强   B.流动性强,盈利性差

    C.流动性差,盈利性强   D.流动性差,盈利性也差

3.企业置存现金的原因,主要是为了满足( )。

    A.交易性、预防性、收益性需要   B.交易性、投机性、收益性需要

    C.交易性、预防性、投机性需要   D.预防性、收益性、投机性需要

4.对信用期限的叙述,正确的是( )。

A.信用期限越长,企业坏账风险越小

B.信用期限越长,表明客户享受的信用条件越优

C.延长信用期限,不利于销售收入的扩大

D.信用期限越长,应收账款的机会成本越低

5.在下列各项中,属于应收账款机会成本的是(　　　)。

A.收账费用　　　　　　　　　　B.坏账损失

C.应收账款占用资金的应计利息　　D.对客户信用进行调查的费用

6.在其他因素不变的情况下,企业采用积极的收账政策,可能导致的后果是(　　　)。

A.坏账损失增加　　B.应收账款增加　　C.收账成本增加　　D.平均收账期延长

7.采用成本分析模式确定现金最佳持有量时,考虑的成本因素是(　　　)。

A.管理成本、机会成本和短缺成本　　B.机会成本和转换成本

C.机会成本、短缺成本和转换成本　　D.管理成本和转换成本

8.企业 8 月 8 日采购商品时采用现金折扣政策,条件为"1/10,N/30",在 8 月 12 日有能力付款,但直到 8 月 18 日才支付这笔款项。其目的是运用现金日常管理策略中的(　　　)。

A.力争现金流量同步　　　　　　B.推迟应付款的支付

C.使用现金浮游量　　　　　　　D.加速收款

9.经济订货量是指(　　　)。

A.订货成本最低的采购批量　　　　B.储存成本最低的采购批量

C.缺货成本最低的采购批量　　　　D.存货总成本最低的采购批量

10.为了满足未来现金流量的不确定性需要而持有现金的动机属于(　　　)。

A.交易动机　　　B.投机动机　　　C.预防动机　　　D.投资动机

11.通常情况下,企业持有现金的机会成本(　　　)。

A.与现金余额成反比　　　　　　B.与持有时间成反比

C.是决策的无关成本　　　　　　D.与现金余额成正比

12.现场材料验收的程序是(　　　)。

①查看送料单,是否有误送;②核对实物品种、规格、数量和质量是否与凭证一致;③检查原始凭证是否齐全正确;④做好原始记录,逐项填写收料记录。

A.①②③④　　　B.①③②④　　　C.①④②③　　　D.①③④②

13.现场材料验收,应由项目经理部的现场材料员对所采购的材料和加工产品进行(　　　)验收。

A.数量和价格　　B.数量和质量　　C.数量和型号　　D.数量和规格

14.材料物资的数量要靠盘存来确定,常用的盘存方法有(　　　)。

A.定期盘存法　　B.永续盘存法　　C.实地盘点法　　D.预估法

15.施工项目部在确定发出存货的成本时,可以采用(　　　)进行核算。

A.理论计算法　　B.个别计价法　　C.先进先出法　　D.移动加权平均法

E.月末一次加权平均法

16.建筑材料管理的主要内容是(　　　)。

A.抓好材料计划的编制　　　　　B.抓好材料的采购供应

C.抓好材料的储存保管　　　　D.抓好建筑材料的使用管理

E.抓好经济核算

二、判断题

1.因为现金的管理成本是相对固定的,所以在确定现金最佳持有量时,可以不考虑它的影响。　　　　　　　　　　　　　　　　　　　　　　　　　　（　　）

2.从财务管理的角度看,顾客是否按期付款,并不构成应收账款的一项成本。　（　　）

3.延长信用期限,会增加企业的销售额;缩短信用期限,会减少企业的成本。因此企业必须认真确定适当的信用期限。　　　　　　　　　　　　　　　　　（　　）

4.因为应收账款的收账费用与坏账损失一般呈反向变动的关系,所以在制定收账政策时,就应该在增加的收账费用与所减少的坏账损失之间作出权衡。　　　（　　）

5.预防性现金需要是指置存现金以防发生意外的支付,它与企业现金流量的确定性及企业的借款能力有关。　　　　　　　　　　　　　　　　　　　　　（　　）

6.企业的应收账款按规定作为坏账损失处理后,企业与欠款人之间的债权债务关系因此而解除。　　　　　　　　　　　　　　　　　　　　　　　　　　（　　）

7.一般而言,应收账款的逾期时间越长,收回的可能性就越小,即发生坏账的可能性就越大。　　　　　　　　　　　　　　　　　　　　　　　　　　　（　　）

8.由于现金的收益能力较差,企业不宜保留过多的现金。　　　　　　　（　　）

9.收账费用与坏账损失呈反向变动关系,收账费用发生得越多,坏账损失就越小,因此,企业应不断加大收账费用,以便将坏账损失降到最低。　　　　　　　（　　）

10.企业因固定资产减值准备而调整固定资产折旧额时,对此前已计提的累计折旧不作调整。　　　　　　　　　　　　　　　　　　　　　　　　　　　　（　　）

三、计算题

1.某公司每年需用某种材料8 000 t,每次订货成本400元,每件材料的年储存成本为40元,该种材料买价为1 500元/t。要求:

（1）计算经济订货量;

（2）若一次订货量在500 t以上可获得2%的折扣,在1 000 t以上可获得3%的折扣,试判断公司的最优订货量。

2.宏达公司是一个商业企业。由于目前的信用期较短,不利于扩大销售,且收账费用较高,该公司正在研究修订现行的信用期和收账政策。现有A和B两个备选方案,有关数据如下:

项目	现行方案	A方案	B方案
年销售额/(万元·年⁻¹)	2 400	2 700	2 800
收账费用/(万元·年⁻¹)	40	20	10
所有账户的平均收账期/天	60	90	120
所有账户的坏账损失率/%	2	3	4

已知宏达公司的变动成本率为80%,资金成本率为10%。坏账损失率是指预计年度坏

账损失的销售额的百分比。假设不考虑所得税的影响。A 方案比现行方案固定成本增加 15 万元,B 方案比现行方案固定成本增加 10 万元。

要求:通过计算分析回答是否改变现行方案? 如果改变,应选择 A 方案还是 B 方案?

3.某机械设备的资产原值为 5 000 万元,折旧年限为 5 年,预计净残值率为 4%,试按不同的折旧方法计算年折旧额。

4.甲公司 2020 年 3 月份 A 材料有关收、发、存情况如下:

(1)3 月 1 日结存 300 件,单位成本为 2 万元。

(2)3 月 8 日购入 200 件,单位成本为 2.2 万元。

(3)3 月 10 日发出 400 件。

(4)3 月 20 日购入 300 件,单位成本为 2.3 万元。

(5)3 月 28 日发出 200 件。

(6)3 月 31 日购入 200 件,单位成本为 2.5 万元。

要求:

(1)采用先进先出法计算 A 材料 2020 年 3 月份发出存货的成本和 3 月 31 日结存存货的成本。

(2)采用移动加权平均法计算 A 材料 2020 年 3 月份发出存货的成本和 3 月 31 日结存存货的成本。

(3)采用月末一次加权平均法计算 A 商品 2023 年 3 月份发出存货的成本和 3 月 31 日结存存货的成本。

四、简答题

1.施工项目部材料物资核算与管理的基本要求有哪些?

2.施工项目部应如何进行材料物资的管理?

模块 5

法律基础知识

5.1 法律基础

5.1.1 法的一般原理

法律知识导学

1) 法的概念、本质和基本特征

(1) 法的概念和本质

法是由一定物质生活条件决定的,体现统治阶级意志,由国家制定或认可并由国家强制力保证实施的,以维护、巩固和发展一定的社会关系和社会秩序为目的的具有普遍效力的行为规范体系。

马克思主义关于法的本质的论述,可以概括为以下 3 个方面:

①法的阶级性。法是统治阶级的意志体现,而且不是统治阶级中某一部分人或者个别人的意志,它反映的是整个统治阶级的整体利益和共同意志。

②法的国家意志性。统治阶级意志并不都表现为法,只有通过合法的程序,上升为国家意志的那部分统治阶级意志才能成为法。

③法的物质制约性。法作为一种有目的的意识属于上层建筑范畴,是物质关系的反映。因此,法最终决定于构成物质关系的社会物质生活条件。

(2) 法的基本特征

法的基本特征是指法与上层建筑的其他组成部分(如社会道德规范)相比较而体现的特殊性。

第一,法是一种特殊的社会规范。法通过规定人们的权利和义务来调整一定的社会关系和社会秩序,是一种特殊的社会规范。具有指引人们行为的作用,是警戒和制裁违法和犯罪行为的根据。

第二,法以权利和义务为内容。法律通过法律规则体现,具体的法律规则以授权、禁止和命令的形式规定了权利和义务,法律规则的后果则是对权利和义务的再分配。

> **提示**
>
> 法所规定的权利义务,不仅是对于公民而言的,而且也是针对一切社会组织、国家机构的。

第三,法由国家制定或认可,由国家强制力保证实施。法律的实施由国家强制力保证,即由国家的军队、警察、法庭、监狱等国家暴力组织予以保障。这是法区别于其他社会规范的重要标志。

第四,法在国家权力管辖范围内普遍有效,具有普遍性。法的普遍性是指法作为一般的行为规范在国家权力所及的范围内,具有普遍适用的效力和特性。

第五,法是具有严格程序规定的规范。在法的运行过程中,从法的制定、法的执行到法的适用以及法的监督,均应严格依照法定程序来进行。

2)法律规则的逻辑构成和分类

法律规则是指经过国家制定或认可的关于人们行为或活动的命令、允许和禁止的一种规范。

实质:法律规则是构成法的"细胞"。

(1)法律规则的逻辑构成

任何一个法律规则均由假定条件、行为模式和法律后果3个部分构成。假定条件是法律规则中有关适用该规则的条件和情况的部分,包括适用条件和主体行为条件。行为模式即法律规则中规定人们如何具体行为之方式的部分,包括可为(授权)模式、应为(义务)模式和勿为模式。法律后果是法律规则中规定人们在作出符合或不符合行为模式的要求时应承担相应的结果部分,包括肯定的后果和否定的后果。

> **提示**
>
> 法律规则和法律条文是有区别的概念。法律规则是法律条文的内容,法律条文是法律规则的表现形式,并不是所有的法律条文都直接规定法律规则,也不是每一个条文都完整地表述一个规则或只表述一个法律规则。

(2)法律规则的分类

根据不同的标准,将法律规则分成不同的种类。

第一,按照规则的内容不同,法律规则可分为授权性规则和义务性规则。

第二,按照规则内容的确定性程度不同,可把法律规则分为确定性规则、委任性规则和准用性规则。

第三,按照规则对人们行为规定和限定的范围或程度不同,可把法律规则分为强行性规则和任意性规则。

3）法的制定和法律解释

（1）法的制定

法的制定是指国家机关依照法定的职权和程序,创制、认可、修改和废止法律和规范性法律文件的活动,是掌握国家政权的阶级把自己的意志上升为国家意志的活动。广义的立法是指法定的国家机关制定规范性文件的活动;狭义的立法仅指最高国家权力机关及其常设机关制定法律的活动,此处所讲的立法一般指广义的立法。

立法程序是指有权的国家机关创制、认可、修改和废止法律和规范性法律文件的程序和步骤。我国最高国家权力机关是全国人大及其常委会,其立法程序一般来说包括三个大的阶段:

第一,立法的准备阶段。这个阶段包括立法预测、立法规划的制定、法律草案的拟订和论证以及其他一切立法的准备工作。

第二,法的形成或者法的确立阶段。这是立法工作的核心阶段,具体包括法律案的提出、法律案的审议、法律案的表决和通过及公布法律。

第三,法律的完备阶段。这个阶段包括法的修改、废止,法的解释和规范性法律文件的系统化工作。

（2）法律解释

法律解释是指一定的解释主体根据法定权限和程序,按照一定的标准和原则,对法律的含义以及法律所使用的概念、术语等进行进一步说明的活动。根据解释主体的不同,法律解释可分为以下三大类:

第一,立法解释。立法解释是指立法机关对法律作出的解释。在我国立法解释权属于全国人大常委会。国务院、中央军委、最高人民法院、最高人民检察院和全国人大各部门委员会以及省级人大常委会可以向全国人大常委会提出法律解释的要求。全国人大常委会的法律解释同法律具有同等效力。

第二,行政解释。行政解释是指由国家行政机关对不属于审判和检察工作中的其他法律的具体应用问题以及自己依法制定的法规进行的解释。

第三,司法解释。司法解释是国家最高司法机关对司法工作中具体应用法律问题所做的解释。司法解释分为最高人民法院的审判解释、最高人民检察院的检察解释和这两个机关联合作出的解释。审判解释和检察解释有原则性分歧时,应报请全国人大常委会解释或决定。

> **注意**
>
> 立法解释是行政解释和司法解释的基础;在法律解释的效力上,立法解释的效力最高,其他国家机关对法律的解释效力低于立法解释。

4）法的功能和效力

（1）法的功能

法的功能泛指法对个人以及社会发生影响的体现,又称为法的作用。一切社会的法都有规范作用和社会作用之分。

第一,法的规范作用。法的规范作用可分为指引、评价、教育、预测和强制 5 种。

①指引作用。包括个别指引和规范性指引。

②评价作用。作为一种社会规范,法律具有判断、衡量他人行为是否合法或有效的评价作用。

③教育作用。通过法的实施,可以对一般人今后的行为发生积极的影响,这就是法的教育作用。

④预测作用。根据法律的规定,人们可以预先估计到他们之间将如何行为,以及这些行为将会产生什么样的法律后果。

⑤强制作用。法的强制作用体现为法律对违法者行为的制裁和惩罚。

第二,法的社会作用。法的社会作用与法的本质密切相关,具体包括两个方面:一是维护统治阶级的阶级统治;二是执行社会公共事务。

(2)法的效力

法的效力即法的约束力,是指人们应按照法律规定的行为模式来行为,必须予以服从的一种法律之力。一般而言,法的效力来自制定它的合法程序和国家强制力。

5.1.2　法律关系

1)法律关系

法律关系是指被"法律规范"所调整的权利与义务关系。

2)法律关系的要素

法律关系的要素包括法律主体、法律客体、法律内容。

(1)法律关系主体

法律关系主体是指参加法律关系,依法享有权利和承担义务的当事人。

①法律关系主体有以下 3 种。

a.自然人。自然人既包括本国公民,也包括居住在一国境内或者在境内活动的外国公民和无国籍人,见表 5.1。

b.法人和非法人组织。法人是具有民事权利能力和民事行为能力,依法独立享有民事权利和承担民事义务的组织。非法人组织是不具有法人资格,但是能够依法以自己的名义从事民事活动的组织,包括个人独资企业、合伙企业、不具有法人资格的专业服务机构等。

c.国家。大多数情况下,国家是以其机关或者授权的组织作为代表参加法律关系的。

②法律关系主体的权利能力和行为能力。法律关系主体的权利能力和行为能力中,权利能力是权利主体享有权利和承担义务的能力,它反映了权利主体取得权利和承担义务的资格。行为能力是权利主体能够通过自己的行为取得权利和承担义务的能力。

> **提示**
>
> 　法律关系主体要自己参与法律活动,必须具备相应的行为能力。而行为能力必须以权利能力为前提,没有权利能力就谈不上行为能力。

作为民事法律关系主体的法人,其权利能力从法人成立时产生,其行为能力伴随着权利能力的产生而同时产生。法人终止时,其权利能力和行为能力同时消灭。自然人从出生时起到死亡时止,具有民事权利能力,依法享有民事权利,承担民事义务。自然人的民事权利能力一律平等。

表5.1　自然人的分类

自然人	具体情况
	①完全民事行为能力人:年龄≥18周岁
	②视为完全民事行为能力人:16周岁≤年龄<18周岁,以自己的劳动收入为主要生活来源
	③限制民事行为能力人:a.年龄≥8周岁的未成年人;b.不能完全辨认自己行为的成年人
	④无民事行为能力人:a.年龄<8周岁;b.完全不能辨认自己行为的成年人;c.年龄≥8周岁的未成年人,完全不能辨认自己行为

想一想

杨某,13周岁,系大学少年班在校大学生,属于限制民事行为能力人吗?

（2）法律关系的客体

法律关系的客体是指法律关系主体的权利和义务所指向的对象。包括物、人身、人格、精神产品和行为,见表5.2。

表5.2　法律关系的客体

物	自然物(土地、矿藏)、人造物(建筑、设备)、货币及有价证券、有体物(天然气、电力)、无体物(权利、数据信息)
人身、人格	生命权、身体权、健康权、姓名权、肖像权、名誉权、荣誉权、隐私权、婚姻自主权等
精神产品	比如作品、发明、外观设计等。精神产品是一种精神形态的客体,不是物,但通常有物质载体(如书籍、图册、录音、录像等)
行为	生产经营行为、经济管理行为、完成一定工作的行为、提供一定劳务的行为

（3）法律关系的内容

法律关系的内容是指法律关系主体所享有的权利和承担的义务。法律权利是指法律关系主体依法享有的权益,表现为权利享有者依照法律规定有权自主决定作出或者不作出某种行为、要求他人作出或者不作出某种行为和一旦被侵犯,有权请求国家予以法律保护。法律义务包括积极义务(如纳税、服兵役)和消极义务(如不得毁坏公共财物、不得侵害他人生命健康权)。

3）法律事实

法律事实是指引起法律关系的发生、变更和消灭。法律事实分为法律事件和法律行为。

法律事件是不以当事人的主观意志为转移,包括绝对事件和相对事件。绝对事件:地震、洪水、台风、生老病死等。相对事件:爆发战争、重大政策的改变等。

法律行为是指以法律关系主体意志为转移的,能够引起法律后果,即引起法律关系发生。变更和消灭的人们有意识的活动。

5.1.3　经济纠纷解决途径

经济纠纷解决途径包括仲裁、民事诉讼、行政复议和行政诉讼,如图 5.1 所示。

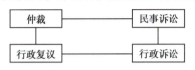

图 5.1　经济纠纷解决途径

1)仲裁

平等主体的公民。法人和其他组织之间发生的合同纠纷和其他财产权益纠纷,可以仲裁。下列纠纷不能通过经济仲裁程序解决:

①婚姻、收养、监护、扶养、继承纠纷(并非合同纠纷或其他财产权益纠纷);

②依法应由行政机关处理的行政争议(属于纵向关系纠纷);

③农业集体经济组织内部的农业承包合同纠纷的仲裁(适用专门的农村土地承包经营纠纷调解仲裁程序);

④劳动争议的仲裁(适用劳动争议仲裁程序)。

2)民事诉讼

公民之间、法人之间、其他组织之间以及他们相互之间因财产关系和人身关系发生纠纷,均可提起民事诉讼。适用于《中华人民共和国民事诉讼法》的案件主要有以下几类:

(1)民事案件

民事案件具体包括:

①物权关系、债权关系、知识产权关系、人身权关系引起的诉讼。如房屋产权争议案件、侵犯著作权案件、合同纠纷案件、侵犯名誉权案件等。

②婚姻家庭关系、继承关系、收养关系引起的诉讼。如离婚案件、财产继承案件、解除收养关系案件等。

③由经济法调整的经济关系中属于民事性质的诉讼。如因污染引起的侵权案件、因不正当竞争行为引起的损害赔偿案件等。

(2)商事案件

商事案件是指由商法调整的商事关系引起的诉讼。如票据案件、股东权益纠纷案件、保险合同纠纷案件等。

(3)劳动争议案件

劳动争议案件是指因劳动法调整的社会关系发生的争议,法律规定适用民事诉讼程序的案件。如劳动合同纠纷案件等。

(4)适用民事诉讼法审理的非诉案件

法律规定人民法院适用民事诉讼法审理的非诉案件,包括适用特别程序审理的案件、适用督促程序审理的案件、适用公示催告程序审理的案件。

3)行政复议

行政复议是指行政相对人认为行政主体的具体行政行为侵犯其合法权益,依法向行政复议机关提出复查该具体行政行为的申请,行政复议机关依照法定程序对被申请的具体行政行为进行合法性、适当性审查,并作出行政复议决定的一种法律制度。行政复议作为行政管理相对人行使救济权的一项重要法律制度,目的是纠正行政主体作出的违法或者不当的具体行政行为,以保护行政管理相对人的合法权益。

4)行政诉讼

公民、法人或者其他组织认为行政机关的行政行为侵犯其人身权、财产权等合法权益的,可依法向人民法院提起行政诉讼。

法院不受理公民、法人或者其他组织对下列事项提起的诉讼:

①国防、外交等国家行为;

②行政法规、规章或者行政机关制定、发布的具有普遍约束力的决定、命令;

③行政机关对行政机关工作人员的奖惩、任免等决定;

④法律规定由行政机关最终裁决的具体行政行为。

5.1.4 中国特色社会主义法律体系

改革开放以来,我国的法治建设一直在不断地发展完善。全面依法治国是坚持和发展中国特色社会主义的本质要求和重要保障,关系党和国家长治久安。习近平总书记在党的二十大报告中将"中国特色社会主义法治体系更加完善"确立为未来五年我国发展的主要目标任务之一,并对"坚持全面依法治国,推进法治中国建设"作出战略部署,为在法治轨道上全面建设社会主义现代化国家指明了前进方向、提供了根本遵循,具有重大而深远的意义。中国特色社会主义法治体系更加完善,意味着我国社会主义法治建设与中国式现代化进程将更加适应、更加协调,法治固根本、稳预期、利长远的保障作用得到更好发挥。

1)中国特色社会主义法治体系的内涵

法治体系是指一国运用法律和制度治理国家、治理社会的有机统一的法治运转机制。法治体系是描述一国法治运行与操作规范化、有序化程度,表征法治运行与操作各个环节彼此衔接、结构严整、运转协调状态的概念,也是一个规范法治运行与操作,使之充分体现和有效实现法治核心价值的概念。法律体系、法制体系是相对静态的概念,而法治体系是一个动态的概念。法律是指载有法律规范的书面文件,法制是指法律和制度的总称,而法治则是指运用法律和制度治理国家、治理社会。

> **提示**
>
> 在我国的法治建设中,法律体系、法制体系的建设是基础,法治体系的建设必须以完备的法律体系和法制体系为前提。完善法律体系和法制体系是为建设法治体系和法治国家服务的。前者是手段,后者是目的。

建设中国特色社会主义法治体系,必须形成 5 个方面的体系,即完备的法律规范体系、高效的法治实施体系、严密的法治监督体系、有力的法治保障体系、完善的党内法规体系。

第一,完备的法律规范体系。这是整个法治建设的基础和前提。只有具备完善的法律制度体系,才能实现依法治国的根本目标。

第二,高效的法治实施体系。法律的生命力在于实施,法律的权威也在于实施。法律实施的关键在于建设法治政府,推进政府依法定职能、权限、程序行政。政府的机构、职能、权限必须由法律规定而不是由政府自己制定。在法律实施体系中,政府依法定程序行政比依法定职能、权限行政更重要。必须保证政府公正、公开、公平行使公权力,防止和遏制其滥用权力和腐败。这对法治的实施起着决定性作用。

第三,严密的法治监督体系。法治监督体系主要包括人大监督、纪委监察监督、审计监督、行政机关内部的督察监督、舆论监督和司法监督六大环节。其中,人大监督是最重要的监督。人大和人大常委会最经常使用的监督方式应是对官员的质询。司法对公权力最重要的监督形式是行政诉讼。但行政诉讼这种监督的应有作用现在没有得到有效发挥,其主要原因是地方政府的干预。

第四,有力的法治保障体系。法治保障体系主要包括四大环节:一是加强法治人才队伍建设;二是建立健全法律纠纷、争议化解机制;三是弘扬国民的法治理念和法治文化;四是把党的领导贯彻到全面推进依法治国全过程。

第五,完善的党内法规体系。执政党既要依国法执政,也要依党规管党和执政。党规服从国法、补充国法,党规主要规范执政党内部的组织和活动。直接规范执政公权力行为的党规,在条件成熟时,应通过国家立法程序转化为国法。

2)中国法律体系的基本构成

中国特色社会主义法律体系的基本框架主要包括下列法律部门:

(1)宪法

宪法是规定国家和社会的基本制度,公民的基本权利和义务,国家机关的地位、组织和活动原则等重大社会关系的法律总称。作为一个法律部门,宪法是整个中国法律体系的基础,是其他部门法的制定依据。宪法部门中最基本的规范性法律文件就是《中华人民共和国宪法》。此外,宪法部门还包括主要国家机关组织法、选举法、民族区域自治法、特别行政区基本法、授权法、立法法、国籍法等附属层次的法律。

(2)行政法

行政法是调整和规范国家行政关系的法律规范的总称。行政法主要包括关于行政管理体制,行政管理基本原则,行政机关活动的方式、方法、程序以及有关国家机关工作人员的规范。行政法有一般行政法和特别行政法之分。一般行政法是指对一般的行政关系加以调整的法律规范,例如,行政许可法、行政处罚法、行政监察法、公务员法等;特别行政法是指对特别行政关系加以调整的法律规范,如食品安全法、治安管理处罚法等。

(3)民商法

民商法包括民法和商法。民法是基本法,商法是特别法。两者都是经济社会中必备的部门法。民法对商法具有领导和指导意义,而商法对民法具有补充、变更、限制的作用。

(4)经济法

经济法是国家在实现经济管理职能中调整国民经济关系的法律规范的总称。作为法律部门的经济法是随着商品经济的发展和市场经济体制的逐步建立,适应国家宏观经济实行间接调控的需要而发展起来的。

> **提示**
>
> 　　经济法这一法律部门的表现形式包括有关企业管理的法律,如全民所有制工业企业法、中外合资经营企业法、外资企业法等;有关财政、金融和税务方面的法律法规,如中国人民银行法、商业银行法、个人所得税法等;有关宏观调控的法律法规,如预算法、统计法、会计法等;有关市场主体、市场秩序的法律法规,如产品质量法、反不正当竞争法、消费者权益保护法等。

（5）劳动和社会保障法

劳动和社会保障法是指调整和规范劳动、社会保险、社会福利关系和特殊群体权益保障方面关系的法律总称。其表现形式比较多样,主要包括劳动法、社会保险法、工会法、安全生产法、职业病防治法、残疾人保障法、未成年人保护法、妇女权益保障法、劳动合同法等。

（6）自然资源与环境保护法

自然资源与环境保护法是关于保护环境和自然资源、防治污染和其他公害的法律,通常分为自然资源法和环境保护法。属于自然资源法方面的,有森林法、草原法、土地管理法、野生动物保护法等;属于环境保护方面的,有环境保护法、水污染防治法、环境影响评价法等。

（7）刑法

刑法是规定犯罪和刑罚的法律,是中国法律体系中最基本的法律部门之一。在刑法这一法律部门中,占主导地位的规范性文件是《中华人民共和国刑法》,一些单行法律、法规的有关条款也可能规定刑法规范(如《中华人民共和国文物保护法》中有关文物犯罪的准用性条款的内容)。

（8）诉讼程序法

诉讼程序法是指调整有关诉讼活动关系的法律规范的总称。它从诉讼程序方面保证实体法的正确实施,保证实体权利、义务的实现。诉讼法这一法律部门中的主要规范性文件为刑事诉讼法、民事诉讼法和行政诉讼法。同时,律师法、法官法、检察官法等法律的内容也大体属于这个法律部门。

5.2　经济法基础

5.2.1　增值税、消费税法律基础

1）增值税的概述

（1）定义

增值税是对发生应税销售行为过程中实现的增值额征收的一种税,是我国现阶段税收收入规模最大的税种。

（2）增值税的纳税人和扣缴义务人

①定义:增值税的纳税人是指在中华人民共和国境内销售货物、劳务、服务、无形资产或者不动产以及进口货物的单位和个人。境外单位或者个人在

增值税（1）

增值税（2）

境内销售劳务,在境内未设立经营机构的,以其境内代理人为扣缴义务人;在境内没有代理人的,以购买方为扣缴义务人。

　　②分类:根据纳税人的经营规模以及会计核算健全程度的不同,增值税纳税人可分为一般纳税人和小规模纳税人,见表5.3。

表5.3　增值税纳税人

经营规模	条件	类型
年应税销售额500万元及以下	会计核算水平健全,能够提供准确税务资料	一般纳税人
	不能满足上述条件的	小规模纳税人
年应税销售额超过500万元	非企业性单位	可以选择按小规模纳税人纳税
	不经常发生应税行为的单位、个体工商户	
	一般情况	一般纳税人

　　③增值税征税范围:包括销售货物、销售劳务、销售服务、销售无形资产、销售不动产、进口货物。

　　A.销售货物:指在中国境内有偿转让货物的所有权。

　　B.销售劳务:指销售加工、修理修配劳务。

　　C.销售服务:指提供交通运输服务、邮政服务、电信服务、建筑服务、金融服务、现代服务、生活服务。

　　D.销售无形资产:指转让无形资产所有权或者使用权的业务活动。

　　E.销售不动产:指转让不动产所有权的业务活动。

　　F.进口货物:只要是报关进口的应税货物,均属于增值税的征税范围,除享受免税政策外,在进口环节缴纳增值税。

　　④境内销售服务、无形资产或者不动产的界定。

　　A.在境内销售服务、无形资产或者不动产。

　　a.服务(租赁不动产除外)或者无形资产(自然资源使用权除外)的销售方或者购买方

在境内；

  b.所销售或者租赁的不动产在境内；

  c.所销售自然资源使用权的自然资源在境内；

  d.财政部和国家税务总局规定的其他情形。

  B.不属于在境内销售服务或者无形资产的情形。

  a.境外单位或者个人向境内单位或者个人销售完全在境外发生的服务；

  b.境外单位或者个人向境内单位或者个人销售完全在境外使用的无形资产；

  c.境外单位或者个人向境内单位或者个人出租完全在境外使用的有形动产；

  d.财政部和国家税务总局规定的其他情形。

  ⑤征税范围的特殊规定。

  A.视同销售货物行为:单位或者个体工商户的下列行为,视同销售货物,征收增值税。

  a.将货物交付其他单位或者个人代销；

  b.销售代销货物；

  c.设有两个以上机构并实行统一核算的纳税人,将货物从一个机构移送其他机构用于销售,但相关机构设在同一县(市)的除外；

  d.将自产或者委托加工的货物用于非增值税应税项目；

  e.将自产、委托加工的货物用于集体福利或个人消费；

  f.将自产、委托加工或购进的货物作为投资,提供给其他单位或个体工商户；

  g.将自产、委托加工或购进的货物分配给股东或者投资者；

  h.将自产、委托加工或购进的货物无偿赠送给其他单位或个人。

> **想一想**
>
>   制衣厂将自产的衣服无偿赠送给福利院,属于增值税视同销售货物行为吗?

  下列情形视同销售服务、无形资产或者不动产:

  a.单位或者个体工商户向其他单位或者个人无偿提供服务,但用于公益事业或者以社会公众为对象的除外；

  b.单位或者个人向其他单位或者个人无偿转让无形资产或者不动产,但用于公益事业或者以社会公众为对象的除外；

  c.财政部和国家税务总局规定的其他情形。

  B.混合销售:一项销售行为如果既涉及货物又涉及服务,则视为混合销售。具体税务处理:

  a.从事货物的生产、批发或者零售的单位和个体工商户(包括以从事货物的生产、批发或者零售为主,并兼营销售服务的单位和个体工商户在内)的混合销售行为,按照销售货物缴纳增值税。

  b.其他单位和个体工商户的混合销售行为,按照销售服务缴纳增值税。

提示

自 2017 年 5 月起,纳税人销售活动板房、机器设备、钢结构件等自产货物的同时提供建筑、安装服务,不属于混合销售的、应分别核算货物和建筑服务的销售额,分别适用不同的税率或征收率。

C.兼营:指纳税人的经营中包括销售货物、劳务以及销售服务、无形资产和不动产。应分别核算适用不同税率或者征收率的销售额,未分别核算销售额的,按照以下方法适用税率或者征收率:

a.兼有不同税率的销售货物、加工修理修配劳务、服务、无形资产或者不动产,从高适用税率。

b.兼有不同征收率的销售货物、加工修理修配劳务、服务、无形资产或者不动产,从高适用征收率。

c.兼有不同税率和征收率的销售货物、加工修理修配劳务、服务、无形资产或者不动产,从高适用税率。

⑥不征收增值税项目。

a.根据国家指令无偿提供的铁路运输服务、航空运输服务,属于规定的用于公益事业的服务。

b.存款利息。

c.被保险人获得的保险赔付。

d.房地产主管部门或者其指定机构、公积金管理中心、开发企业以及物业管理单位代收的住宅专项维修资金。

e.在资产重组过程中,通过合并、分立、出售、置换等方式,将全部或者部分实物资产以及与其相关联的债权、负债和劳动力一并转让给其他单位和个人,其中涉及货物、不动产、土地使用权转让行为。

想一想

商业银行提供直接收费金融服务收取的手续费,应征收增值税吗?

2)增值税应纳税额计算

(1)增值税税率和征收率

①增值税一般纳税人适用税率(表5.4)。

表5.4　增值税一般纳税人适用税率

税率	业务
基本税率13%	①销售或者进口货物,除税法规定适用9%税率外; ②销售加工、修理修配劳务; ③销售有形动产租赁服务

续表

税率	业务
低税率9%	①货物： a. 粮食等农产品、饲料、农机、农药、农膜、化肥、沼气； b. 自来水、暖气、石油液化气、天然气、食用植物油、冷气、热水、煤气、居民用煤炭制品、食用盐； c. 图书、报纸、杂志、音像制品、电子出版物； d. 二甲醚 ②服务： a. 交通运输服务； b. 邮政服务； c. 基础电信服务； d. 建筑服务； e. 不动产租赁服务； f. 销售不动产； g. 转让土地使用权
低税率6%	a. 增值电信服务； b. 金融服务； c. 生活服务； d. 现代服务（租赁服务除外）； e. 销售无形资产（转让土地使用权除外）
零税率	①报送出口的服务（国务院另有规定的除外）； ②国际运输服务； ③航空运输服务； ④向境外单位提供的完全在境外消费的服务； ⑤国务院规定的其他服务

②征收率的适用规定。

A. 3%增值税征收率的情形（表5.5）。

表5.5　3%增值税征收率的情形

一般纳税人发生应税行为的可以选择适用简易计税方法计税的	a. 公共交通运输服务（包括轮客渡、公交客运、地铁、城市轻轨、出租车、长途客运、班车）； b. 电影放映服务、仓储服务、装卸搬运服务、收派服务和文化体育服务等
一般纳税人销售货物暂按简易办法依照3%的征收率计算缴纳增值税的	a. 典当业销售死当物品； b. 寄售商店代销寄售物品（包括居民个人寄售的物品在内）

续表

	a. 自来水；
一般纳税人销售自产的货物，可以选择按照简易办法依照3%征收率计算缴纳增值税的	b. 县级及县级以下小型水力发电单位生产的电力； c. 建筑用和生产建筑材料所用的砂、土、石料； d. 商品混凝土（仅限于以水泥为原料生产的水泥混凝土）； e. 以自己采掘的砂、土、石料或者其他矿物连续生产的砖、瓦、石灰（不含黏土实心砖、瓦）； f. 用微生物、微生物代谢产物、动物毒素、人或者动物的血液或者组织制成的生物制品
销售旧货	按照简易办法依照3%的征收率按2%征收增值税
一般纳税人销售自己使用过的不得抵扣且未抵扣进项税额的固定资产	依照3%的征收率按2%征收增值税
小规模纳税人销售自己使用过的固定资产	

B. 5%增值税征收率的情形。

a. 小规模纳税人转让（或出租）其取得的不动产（不含个人出租住房）。

b. 一般纳税人转让（或出租）其2016年4月30日前取得的不动产，选择简易计税方法计税的。

c. 纳税人提供劳务派遣服务，选择差额纳税的。

想一想

小规模纳税人一律不使用增值税专用发票，对吗？

（2）增值税应纳税额的计算

①一般计税方法应纳税额的计算。

应纳税额 = 当期销项税额 − 当期进项税额

= 不含税销售额 × 增值税税率 − 当期进项税额

= 含税销售额 ÷ （1 + 增值税税率） × 增值税税率 − 当期进项税额

不含税销售额 = 含税销售额 ÷（1 + 增值税税率）

②简易计税方法应纳税额的计算。

应纳税额 = 不含税销售额 × 征收率 = 含税销售额 ÷（1 + 征收率）× 征收率

适用情形：一般纳税人的特定业务可选择简易计税方法，小规模纳税人采用简易征税方法，征收率一般为3%。

③增值税的计算要素确定。

A. 销售额的确定。销售额是指纳税人发生应税销售行为（如销售货物、劳务、服务、无形资产、不动产）向购买方收取的全部价款和价外费用，但不包括收取的销项税额，见表5.6。

表 5.6　增值税销售额的确定

销售行为	确定方式
视同销售货物	销售额的确定按下列顺序： a. 按照该纳税人最近时期同类货物的平均销售价格确定； b. 按照其他纳税人最近时期同类货物的平均销售价格确定； c. 按照组成计税价格确定
视同销售服务、无形资产、不动产	价格明显偏低或者偏高且不具有合理商业目的，或者发生视同销售服务、无形资产、不动产的行为而无销售额的，税务机关有权按照下列顺序核定销售额： a. 按照该纳税人最近时期销售同类服务、无形资产或者不动产的平均价格确定； b. 按照其他纳税人最近时期销售同类服务、无形资产或者不动产的平均价格确定； c. 按照组成计税价格确定：组成计税价格＝成本×(1＋成本利润率)
混合销售	货物销售额与服务销售额的合计数
兼营	分别核算销售额；未分别核算销售额的，从高适用税率
折扣销售	a. 销售额和折扣额在同一张发票上的"金额"栏分别注明的，可以按折扣后的销售额征收增值税； b. 未在同一张发票的"金额"栏注明折扣额，而仅在发票的"备注"栏注明折扣额或者将折扣额另开发票的，折扣额不得从销售额中减除
应税服务	a. 贷款服务； b. 直接收费金融服务； c. 金融商品转让； d. 经纪代理服务； e. 航空运输企业的销售额； f. 一般纳税人提供客运场站服务； g. 旅游服务； h. 提供建筑服务适用简易计税方法的； i. 房地产开发企业中的一般纳税人销售其开发的房地产项目（选择简易计税方法的房地产老项目除外）

> **提示**
>
> 非消费税应税消费品：组成计税价格＝成本×(1＋成本利润率)
>
> 消费税应税消费品：组成计税价格＝成本×(1＋成本利润率)÷(1－消费税税率)

B. 销项税额。

$$销项税额 = 不含税销售额 \times 增值税税率$$

$$= \frac{含税销售额}{1 + 增值税税率} \times 增值税税率$$

【例 5.1】　甲生产企业是增值税一般纳税人，2020 年 4 月向乙厂销 100 台 A 型设备，出厂不含增值税单价为 4 000 元/台,由于采购量大,给予其 9% 的商业折扣,并将销售额和折扣额在同一张发票的金额栏中分别注明,已知增值税税率为 13%。甲生产企业当月该笔业务增值税销项税额为多少?

解　增值税销项税额=4 000 元×100×(1-9%)×13%=4 732 元

【**例 5.2**】　某增值税一般纳税人提供咨询服务,取得含税收入 418 万元,取得奖金 5.3 万元,咨询服务的增值税税率为 6%,该业务应计算的销项税额是多少?

解　销项税额=$\dfrac{(418+5.3)\text{万元}}{1+6\%}×6\%=23.96$ 万元

C.进项税额:指纳税人购进货物、劳务、服务、无形资产或者不动产,支付或者负担的增值税额。准予抵扣的进项税额限于下列增值税扣税凭证上注明的增值税税款和按规定的扣除率计算的进项税额。

a.增值税扣税凭证(凭票抵扣),见表 5.7。

表 5.7　增值税扣税凭证准予扣除的进项税额

增值税扣税凭证	准予抵扣的进项税额
增值税专用发票(含税控机动车销售统一发票)	一般纳税人购进货物、劳务、服务、无形资产或者不动产,从销售方取得的增值税专用发票上注明的增值税额
海关进口增值税专用缴款书	一般纳税人进口货物,从海关取得的海关进口增值税专用缴款书上注明的增值税额
完税凭证	从境外单位或者个人购进劳务、服务、无形资产或者境内的不动产,从税务机关或者扣缴义务人取得的代扣代缴税款的完税凭证上注明的增值税额

b.购进农产品。取得一般纳税人开具的增值税专用发票或者海关进口增值税专用缴款书的,以增值税专用发票或者海关进口增值税专用缴款书上注明的增值税额为进项税额。从按照简易计税方法依照 3% 征收率计算缴纳增值税的小规模纳税人取得增值税专用发票的,以增值税专用发票上注明的金额和 9% 的扣除率计算进项税额。取得(开具)农产品销售发票或者收购发票的,以农产品收购发票或者销售发票上注明的农产品买价和 9% 的扣除率计算进项税额。纳税人购进用于生产或者委托加工 13% 税率货物的农产品,按照 10% 的扣除率计算进项税额。

c.购进的不动产。自 2019 年 4 月 1 日起,增值税一般纳税人取得不动产或者不动产在建工程的进项税额不再分 2 年抵扣。此前按照规定尚未抵扣完毕的待抵扣进项税额,可自 2019 年 4 月税款所属期起从销项税额中抵扣。取得不动产,包括以直接购买、接受捐赠、接受投资入股、自建以及抵债等各种形式取得不动产。

d.购进国内旅客运输服务。纳税人购进国内旅客运输服务未取得增值税专用发票的,暂按以下规定确定进项税额:

Ⅰ.取得增值税电子普通发票的,为发票上注明的税额。

Ⅱ.取得注明旅客身份信息的航空运输电子客票行程单的,按照下式计算进项税额:

$$\text{航空旅客运输进项税额}=(\text{票价}+\text{燃油附加费})÷(1+9\%)×9\%$$

Ⅲ.取得注明旅客身份信息的铁路车票的,按照下式计算进项税额:

$$铁路旅客运输进项税额＝票面金额÷（1+9\%）×9\%$$

Ⅳ．取得注明旅客身份信息的公路、水路等其他客票的，按照下式计算进项税额：

$$公路、水路等其他旅客运输进项税额＝票面金额÷（1+3\%）×3\%$$

e. 自 2009 年 1 月 1 日起，增值税一般纳税人外购的用于生产经营的固定资产（有形动产作为纳税人自用消费品的汽车、摩托车、游艇除外），其进项税额可以抵扣。

f. 自 2013 年 8 月 1 日起，纳税人购进应征消费税的汽车、摩托车、游艇自用，可以抵扣购进时的增值税进项税额。

g. 按照税法规定不得抵扣且未抵扣进项税额的固定资产、无形资产、不动产，发生用途改变，用于允许抵扣进项税额的应税项目，可在用途改变的次月按照下式，依据合法有效的增值税扣税凭证，计算可以抵扣的进项税额。

$$可以抵扣的进项税额＝固定资产、无形资产、不动产净值÷（1+适用税率）×适用税率$$

h. 期末留抵税额。当期销项税额小于当期进项税额，不足抵扣时，其不足部分可以结转下期继续抵扣。

3）增值税应纳税额计算（表5.8）

表5.8　纳税人销售建筑服务的增值税处理

纳税人	建筑工程性质	计税方法	具体计算
一般纳税人	老项目	选择简易计税方法	应纳税额＝（全部价款和价外费用－支付的分包款）÷（1+3%）×3%
	新项目	选择一般计税方法	销项税额＝全部价款和价外费用÷（1+适用税率）×适用税率
		只能一般计税方法	销项税额＝全部价款和价外费用÷（1+适用税率）×适用税率
小规模纳税人	不区分新老项目	只能简易计税方法	应纳税额＝（全部价款和价外费用－支付的分包款）÷（1+3%）×3%

【例5.3】　甲建筑企业为一般纳税人，2020 年 12 月总包一项建筑工程取得含税工程款 5 000 万元，向分包商支付含税分包款 1 500 万元，取得增值税专用发票，票面注明价款 1 376.15 万元，税额 123.85 万元。工程当年竣工验收完毕，取得提前竣工奖金 500 万元。根据增值税法律制度的规定，分析回答问题。

（1）如果该建筑工程属于新项目，计算甲建筑公司当月提供建筑服务的销项税额、进项税额。

（2）如果该建筑工程属于老项目，计算甲建筑公司当月应纳增值税税额。

解　（1）甲建筑企业为一般纳税人，该建筑工程属于新项目，不能选择简易办法计税。

销项税额＝(5 000+500)万元÷(1+ 9%)×9% =454.13 万元

进项税额：如果支付的含税分包款 1 500 万元，取得了增值税专用发票，票面注明价款 1 376.15 万元，税额 123.85 万元，该 123.85 万元可以依法抵扣进项税额。

（2）如果该建筑工程属于老项目且甲建筑企业选择简易办法计税,则应纳税额＝（5 000－1 500+500）万元÷(1+3%)×3% ＝116.50 万元。

5.2.2　消费税法律制度

消费税

1）消费税的概述

（1）消费税的纳税人

在中华人民共和国境内生产、委托加工和进口规定的消费品的单位和个人,以及国务院确定的销售规定的消费品的其他单位和个人,为消费税的纳税人,应当依照规定缴纳消费税。

（2）消费税征税范围

①生产应税消费品（表5.9）。

表5.9　生产应税消费品是否纳税的情况

用途	是否纳税
销售	纳税
用于连续生产应税消费品	不纳税
用于其他方面(用于生产非应税消费品、在建工程、管理部门、非生产机构、提供劳务、馈赠、赞助、集资、广告、样品、职工福利、奖励等方面)	纳税

②委托加工应税消费品。委托方提供原料和主要材料,受托方只收取加工费和代垫部分辅助材料,属于委托加工情况。

> **注意**
>
> 属于受托方销售自制应税消费品情况:受托方提供原材料;受托方卖原材料给委托方,再接受加工;受托方以委托方名义购进原材料。

③进口应税消费品。单位和个人进口应税消费品,于报关进口时缴纳消费税。

④零售应税消费品。零售环节缴纳消费税的消费品仅限于金、银、铂、钻、超豪华小汽车。

⑤批发销售卷烟。烟草批发企业将卷烟销售给其他烟草批发企业的,不缴纳消费税。

> **想一想**
>
> 甲油厂,以自产高度白酒用于连续加工低度白酒,是否需要缴纳消费税?

（3）消费税税目（表5.10）

表5.10　消费税税目

应税消费品	包括	不包括
酒	白酒、黄酒、啤酒和其他酒;饮食业、商业、娱乐业举办的啤酒屋(啤酒坊)利用啤酒生产设备生产的啤酒	酒精、调味料酒

续表

应税消费品	包括	不包括
高档化妆品	高档美容、修饰类化妆品、高档护肤类化妆品和成套化妆品	舞台、戏剧、影视演员化妆用的上妆油、卸妆油、油彩
贵重首饰及珠宝玉石	①金银首饰、铂金首饰、钻石及钻石饰品； ②其他贵重首饰和珠宝玉石； ③宝石坯是经采掘、打磨、初级加工的珠宝玉石半成品，对宝石坯应按规定征收消费税	
鞭炮、焰火		体育上用的发令纸,鞭炮药引线
成品油	汽油、柴油、石脑油、溶剂油、航空煤油、润滑油、燃料油	
摩托车	气缸容量 250 mL 及 250 mL 以上的摩托车	气缸容量 250 mL(不含)以下的小排量摩托车
小汽车	乘用车、中轻型商用客车和超豪华小汽车[每辆零售价格 130 万元(不含增值税)及以上的乘用车和中轻型商用客车]	电动汽车、沙滩车、雪地车、卡丁车、高尔夫车
高尔夫球及球具	高尔夫球、高尔夫球杆及高尔夫球包(袋)、高尔夫球杆的杆头、杆身和握把	
高档手表	销售价格(不含增值税)每只在"10 000 元(含)以上"的各类手表	
游艇		
"木制"一次性筷子	各种规格的木制一次性筷子和未经打磨、倒角的木制一次性筷子	
实木地板	独板(块)实木地板、实木指接地板和实木复合地板、未涂饰地板(白坯板、素板)和漆饰地板	
电池	原电池、蓄电池、燃料电池、太阳能电池和其他电池。无汞原电池、金属氢化物镍蓄电池(又称"氢镍蓄电池"或"镍氢蓄电池")、锂原电池、锂离子蓄电池、太阳能电池、燃料电池和全钒液流电池免征消费税	
涂料	对施工状态下挥发性有机物含量低于 420 g/L(含)的涂料免征消费税	

想一想

调味料酒属于消费税征税范围吗？

(4)消费税纳税环节(表5.11)

表5.11　消费税纳税环节

应税消费品	纳税环节
金银首饰、铂金首饰、钻石及钻石饰品	零售环节
超豪华小汽车	生产销售、委托加工、进口、零售环节
卷烟	生产销售、委托加工、进口、批发环节

想一想

根据消费税法律制度的规定。汽车厂销售自产电动汽车是否应征收消费税?

(5)消费税计征办法及计税依据(表5.12)

表5.12　消费税计征办法及计税依据

计征办法	计税依据	适用的应税消费品
从量计征	课税数量	黄酒、啤酒、成品油
复合计征	课税数量、销售额或组成计税价格	卷烟、白酒
从价计征	销售额或组成计税价格	其他应税消费品

2)消费税应纳税额的计算

(1)生产销售环节(表5.13)

表5.13　消费税应纳税额的确定

有同类消费品的销售价格的应纳税额	没有同类消费品的销售价格的应纳税额
①从价计征:销售单价×课税数量×适用税率;②从量计征:课税数量×定额税率;③复合计征:销售单价×课税数量×适用税率+课税数量×定额税率	①从价定率:[成本×(1+成本利润率)]÷(1-消费税税率)×消费税税率;②复合计征:[成本×(1+成本利润率)+自产自用数量×定额税率]÷(1-比例税率)×消费税税率+自产自用数量×定额税率

【例5.4】　某酒厂2020年5月研发生产一种新型粮食白酒800 kg,成本为20万元,作为礼品赠送客户品尝,没有同类售价。已知粮食白酒的成本利润率为10%,粮食白酒消费税税率为20%加0.5元/斤,则该批白酒应纳消费税金额为多少万元?

解　组成计税价格=[成本×(1+成本利润率)+自产自用数量×消费税定额税率]÷(1-消费税比例税率)=[20万元×(1+10%)+800×2×0.5÷10 000]÷(1-20%)=27.6万元

该批白酒应纳消费税=27.6万元×20%+800×2×0.5÷10 000=5.60万元

（2）委托加工环节（表5.14）

表5.14　委托加工应税商品应纳税额的确定

受托方有同类售价的应纳税额	受托方没有同类售价的应纳税额
销售单价×课税数量×适用税率	（1）从价定率：（材料成本＋加工费）÷（1－消费税税率）×消费税税率 （2）复合计税：（材料成本＋加工费＋委托加工数量×定额税率）÷（1－消费税税率）×消费税税率＋委托加工数量×定额税率

（3）进口环节（表5.15）

表5.15　进口环节应纳税额的确定

情形	应纳税额
从价定率	（关税完税价格＋关税）÷（1－消费税税率）×消费税税率
复合计税	（关税完税价格＋关税＋进口数量×消费税定额税率）÷（1－消费税税率）×消费税税率＋进口数量×消费税定额税率

（4）批发环节

①纳税人。境内从事卷烟批发业务的单位和个人,纳税人销售卷烟给纳税人以外的单位和个人(烟草批发企业销售卷烟给非烟草批发企业)。

②计税依据。批发卷烟的不含增值税销售额、销售数量。

纳税人兼营卷烟批发和零售业务的,应分别核算批发和零售环节的销售额、销售数量。未分别核算批发和零售环节销售额、销售数量的,按照全部销售额、销售数量计征"批发环节"消费税。

（5）零售环节

①应税消费品。包括金银首饰、铂金首饰、钻石及钻石饰品、金基、银基合金首饰以及金、银和金基、银基合金的镶嵌首饰、超豪华小汽车。

②计税依据。

A.金银首饰的特殊规定。

a.纳税人采用以旧换新(含翻新改制)方式销售的金银首饰,应按"实际收取的不含增值税的全部价款"确定计税依据征收消费税。

b.金银首饰与其他产品组成成套消费品销售的,应按"销售额全额"征收消费税。

c.金银首饰连同包装物销售的,无论包装物是否单独计价,也无论会计上如何核算,"均应并入金银首饰的销售额"计征消费税。

B.汽车销售商零售超豪华小汽车的消费税应纳税额＝零售环节销售额(不含增值税)×零售环节税率。

C.国内汽车生产企业直接销售给消费者(汽车生产商零售)的超豪华小汽车,消费税应纳税额＝销售额(不含增值税)×(生产环节税率＋零售环节税率)。

3）已纳消费税的扣除

为避免重复征税,外购应税消费品和委托加工收回的应税消费品继续生产应税消费品销售的,可将外购应税消费品和委托加工收回应税消费品已缴纳的消费税给予抵扣。

（1）准予抵扣的情形

①外购或委托加工收回的已税烟丝生产的卷烟;

②外购或委托加工收回的已税高档化妆品为原料生产的高档化妆品;

③外购或委托加工收回的已税珠宝玉石为原料生产的贵重首饰及珠宝玉石;

④外购或委托加工收回的已税鞭炮、焰火为原料生产的鞭炮、焰火;

⑤以外购或委托加工收回的已税杆头、杆身和握把为原料生产的高尔夫球杆;

⑥以外购或委托加工收回的已税木制一次性筷子为原料生产的木制一次性筷子;

⑦以外购或委托加工收回的已税实木地板为原料生产的实木地板;

⑧以外购或委托加工收回的已税石脑油、润滑油、燃料油为原料生产的成品油;

⑨以外购或委托加工收回的已税汽油、柴油为原料生产的汽油、柴油。

（2）不能抵扣的情形

①酒、摩托车、小汽车、高档手表、游艇、电池、涂料。

②纳税人用外购或者委托加工收回的已税珠宝玉石为原料生产的改在零售环节征收消费税的金银首饰(镶嵌首饰),在计税时一律不得扣除外购或者委托加工收回的珠宝玉石已纳的消费税税款。

③卷烟消费税改为在生产和批发两个环节征收后,批发企业在计算应纳税额时不得扣除已含的生产环节的消费税税款。

> **提示**
>
> 当期准予扣除外购或委托加工收回的应税消费品的已纳消费税税款,应按当期生产领用数量计算。

5.2.3　企业所得税

1）企业所得税概述

（1）定义

企业所得税是指对我国境内的企业和其他取得收入的组织的生产经营所得和其他所得征收的一种所得税。

（2）企业所得税的征税范围

第一,居民企业应就其来源于中国境内、境外的所得缴纳企业所得税。

第二,非居民企业在中国境内设立机构、场所的,应就其所设机构、场所取得的来源于中国境内的所得,以及发生在中国境外但与其所设机构、场所有实际联系的所得,缴纳企业所得税。

第三,非居民企业在中国境内未设立机构、场所的,或者虽设立机构、场所但取得的所得与其所设机构、场所没有实际联系的,应就其来源于中国境内的所得缴纳企业所得税。

（3）收入总额

企业以货币形式和非货币形式从各种来源取得的收入,为收入总额。包括销售货物收入、提供劳务收入、转让财产收入、股息、红利等权益性投资收益、利息收入、租金收入、特许

企业所得税(1)

权使用费收入、接受捐赠收入、其他收入。

（4）不征税收入和免税收入

应严格区分不征税收入和免税收入，不征税收入和免税收入均属于企业所得税所称的"收入总额"，在计算企业所得税应纳税所得额时应扣除。其区别见表5.16。

企业所得税(2)

表5.16　不征税收入和免税收入的区别

类型	性质	产生费用
不征税收入	不应列入征税范围的收入，属于非经营性收入	企业的不征税收入对应的费用、折旧、摊销一般不得在计算应纳税所得额时扣除
免税收入	应列入征税范围的收入，属于经营性收入，只是国家出于特殊考虑给予税收优惠	免税收入对应的费用、折旧、摊销一般可以税前扣除

①不征税收入。包括财政拨款；依法收取并纳入财政管理的行政事业性收费、政府性基金；企业取得的由国务院财政、税务主管部门规定专项用途并经国务院批准的财政性资金；其他不征税收入。

②免税收入。

a.国债利息收入免税。

b.股息、红利等权益性投资收益，按照税法规定的条件免税，见表5.17。

表5.17　股息、红利等权益性投资收益免税情形

情形			是否免税
符合条件的居民企业之间的股息、红利等权益性投资收益	被投资企业属于未上市居民企业		免税
境内设立机构、场所的非居民企业从居民企业取得与设立机构、场所有实际联系的股息、红利等权益性投资收益	被投资企业属于上市居民	持股时间≥12个月	免税
		持股时间<12个月	应税收入

c.符合条件的非营利组织取得的特定收入免税，但不包括非营利组织从事营利性活动取得的收入，国务院财政、税务主管部门另有规定的除外。

d.债券利息减免税。

提示

（1）对企业取得的2012年及以后年度发行的地方政府债券利息收入，免征企业所得税。

（2）自2018年11月7日起至2021年11月6日止，对境外机构投资境内债券市场取得的债券利息收入暂免征收企业所得税。暂免征收企业所得税的范围不包括境外机构在境内设立的机构、场所取得的与该机构、场所有实际联系的债券利息。

（3）对企业投资者持有 2019—2023 年发行的铁路债券取得的利息收入，减半征收企业所得税。

（5）企业所得税税率（表 5.18）

表 5.18　企业所得税税率表

类别	适用范围	税率/%
基本税率	一般企业	25
低税率	①非居民企业在中国未设立机构、场所的，或者虽设立机构、场所但取得的所得与其所设机构、场所没有实际联系的，其来源于中国境内的所得；②符合条件的小型微利企业	20
优惠税率	国家需要重点扶持的高新技术企业	15
优惠税率	非居民企业取得所得税第二十七条第（五）项规定的所得，既企业所得税法第三条第三款规定的所得，也就是说，非居民企业在中国未设立机构、场所的，或者虽设立机构、场所但取得的所得与其所设机构、场所没有实际联系的，其来源于中国境内的所得	10

2）企业所得税应纳税额计算的基本要素

（1）应纳税额的计算

①应纳税额。

应纳税额＝应纳税所得额×适用税率－减免税额－抵免税额

其中，应纳税所得额是计算企业所得税的计税依据。

【例 5.5】　甲公司 2020 年度企业所得税应纳税所得额 2 000 万元，减免税额 10 万元，抵免税额 20 万元。已知企业所得税税率为 25%，计算甲公司当年企业所得税应纳税额是多少？

解　甲公司的应纳税额：2 000 万元×25%－10 万元－20 万元＝470 万元

②应纳税所得额。

A.直接法：

应纳税所得额＝收入总额－不征税收入－免税收入－准予扣除项目金额－
允许弥补的以前年度亏损

B.间接法：

应纳税所得额＝会计利润＋纳税调整增加额－纳税调整减少额

（2）税前扣除项目

企业实际发生的与取得收入有关的、合理的支出，包括成本、费用、税金、损失和其他支出，准予在计算应纳税所得额时扣除。在计算企业应纳税所得额时，对纳税人的财务会计处理和税收规定不一致的，应按照税收规定予以调整。企业所得税法规定扣除项目除成本、费用和损失外，税收有关规定中还明确了一些需按税收规定进行纳税调整的扣除项目。

①扣除项目的具体规定。

A.工资、薪金支出和四项经费。

a. 企业发生的合理的工资、薪金支出,准予扣除。

b. 四项经费。

Ⅰ. 企业发生的职工福利费支出,不超过工资、薪金总额 14% 的部分,准予扣除。

Ⅱ. 企业拨缴的工会经费,不超过工资、薪金总额 2% 的部分,准予扣除。

Ⅲ. 企业发生的职工教育经费支出,不超过工资、薪金总额 8% 的部分,准予在计算企业所得税应纳税所得额时扣除,超过部分,准予在以后纳税年度结转扣除。

Ⅳ. 党组织工作经费。

【例5.6】 甲企业为居民企业,2020 年实发合理工资、薪金总额 100 万元,发生职工福利费 15 万元,职工教育经费 3 万元,工会经费 1 万元。在案例中,实发合理工资、薪金 100 万元,可以据实扣除。

解 三项经费的详细处理,见表 5.19。

表 5.19 三项经费的详细处理

单位:万元

项目	税法扣除限额	实际发生额	税前准予扣除额
职工福利费	100×14% = 14	15	14
工会经费	100×2% = 2	1	1
职工教育经费	100×8% = 8	3	3

由于职工福利费实际发生额 15 万元未能在税前全额扣除,在间接法计算企业所得税应纳税所得额时,需要纳税调整。

B. 保险费。

a. 企业参加财产保险,按照有关规定缴纳的保险费,准予扣除。

b. 企业参加雇主责任险、公众责任险等责任保险,按照规定缴纳的保险费准予在企业所得税税前扣除。

c. 企业发生的合理的劳动保护支出,准予扣除。

d. 职工基本社会保险,企业依照国务院有关主管部门或者省级人民政府规定的范围和标准为职工缴纳的基本养老保险费、基本医疗保险费、失业保险费、工伤保险费、生育保险费等基本社会保险费和住房公积金,准予扣除。

e. 补充社会保险企业根据国家有关政策规定,为在本企业任职或者受雇的全体员工支付的补充养老保险费、补充医疗保险费,分别在不超过职工工资总额 5% 标准内的部分,在计算应纳税所得额时准予扣除;超过的部分,不予扣除。

f. 商业人身保险,企业职工因公出差乘坐交通工具发生的人身意外保险费支出,准予扣除。除企业依照国家规定为特殊工种职工支付的人身安全保险费和国务院财政、税务主管部门规定可以扣除的其他商业保险费外,企业为投资者或者职工支付的商业保险费,不得扣除。

C. 业务招待费支出。企业发生的与生产经营活动有关的业务招待费支出,按照发生额的 60% 扣除,但最高不得超过当年销售(营业)收入的 5‰。

D.广告费和业务宣传费。企业发生的符合条件的广告费和业务宣传费支出,除国务院财政、税务主管部门另有规定外,不超过当年销售(营业)收入 15% 的部分,准予扣除;超过部分,准予在以后纳税年度结转扣除。

【例 5.7】　2020 年甲企业取得销售收入 4 000 万元,广告费支出 400 万元;上一年度结转广告费 60 万元。已知,甲企业发生广告费可以按照当年销售收入的 15% 在企业所得税前扣除,超过部分准予在以后纳税年度结转扣除。根据企业所得税法律制度的规定,甲企业2020 年准予扣除的广告费是多少万元?

解　广告费限额=4 000 万元×15% =600 万元

待扣金额=当年实际发生额+上年结转额=400 万元+60 万元=460 万元

待扣金额>税前扣除限额

甲企业 2020 年计算企业所得税应纳税所得额时准予扣除的广告费为 460 万元。

E.公益性捐赠。指企业通过依法取得公益性捐赠税前扣除资格的公益性社会组织或者县级(含县级)以上人民政府及其组成部门和直属机构,用于慈善活动、公益事业的捐赠支出。

企业发生的公益性捐赠支出,在年度利润总额 12% 以内的部分,准予在计算应纳税所得额时扣除;超过年度利润总额 12% 的部分,准予结转以后 3 年内在计算应纳税所得额时扣除。企业对公益性捐赠支出计算扣除时,应先扣除以前年度结转的捐赠支出,再扣除当年发生的捐赠支出。

F.利息费用。非金融企业向金融企业借款的利息支出;金融企业的各项存款利息支出和同业拆借利息支出;企业经批准发行债券的利息支出,准予据实扣除。

非金融企业向非金融企业借款的利息支出,不超过按照金融企业同期同类贷款利率计算的数额部分,准予扣除;超过部分不得扣除。

G.借款费用。企业在生产经营活动中发生的合理的、不需要资本化的借款费用,准予扣除。需要资本化的借款费用,应计入资产成本,不得单独作为财务费用扣除。

H.租赁费。以经营租赁方式租入固定资产发生的租赁费支出,按照租赁期限均匀扣除。以融资租赁方式租入固定资产发生的租赁费支出,按照规定构成融资租入固定资产价值的部分应提取折旧费用,分期扣除。

I.资产损失。企业发生的损失,减除责任人赔偿和保险赔款后的余额,依照国务院财政、税务主管部门的规定扣除。企业存货因管理不善损失而不能从增值税销项税额中抵扣的进项税额,应视同企业财产损失,准予与存货损失一并在税前扣除。企业已经作为损失处理的资产,在以后纳税年度又全部收回或者部分收回时,应当计入当期收入。

> 提示
>
> (1)存货因"管理不善"损失,对应的进项税额不得抵扣,损失额:存货成本+不得抵扣的进项税额-责任人赔偿和保险赔款;
>
> (2)存货因"不可抗力"损失或者发生"合理损耗",对应的进项税额仍然可以抵扣,不做损失处理。

【例 5.8】　甲企业为增值税一般纳税人,2020 年 5 月因管理不善损失原材料一批,成本为 30 万元,取得保险公司赔款 8 万元;另因自然灾害损失存货一批,成本为 20 万元,已知上述原材料及存货均适用 13% 的增值税税率。在本案中,甲企业税前可以扣除的损失是多少?

解 甲企业税前可以扣除的损失:(30+30×13%−8+20)万元=45.9 万元

(3)不得扣除项目

①向投资者支付的股息、红利等权益性投资收益款项;

②企业所得税税款;

③税收滞纳金;

④罚金、罚款和被没收财物的损失;

⑤超过规定标准的捐赠支出;

⑥赞助支出,具体是指企业发生的与生产经营活动无关的各种非广告性质的赞助支出;

⑦未经核定的准备金支出;

⑧企业之间支付的管理费、企业内营业机构之间支付的租金和特许权使用费,以及非银行企业内营业机构之间支付的利息;

⑨与取得收入无关的其他支出。

5.2.4 个人所得税

个人所得税(1)

1)个人所得税概述

(1)个人所得税的定义

个人所得税是调整征税机关与自然人(居民、非居民人)之间在个人所得税的征纳与管理过程中所发生的社会关系的法律规范的总称。

(2)个人所得税的基础知识

①纳税义务人。只对投资者个人或个人合伙人取得的生产经营所得征收个人所得税,个人独资企业和合伙企业不缴纳企业所得税,见表 5.20。

表 5.20 居民个人与非居民个人纳税义务

类型	判定标准	纳税义务
居民个人	在中国境内有住所的个人	就其从中国境内和境外取得的所得,向中国政府缴纳个人所得税
	在中国境内无住所而一个纳税年度内在中国境内居住累计满 183 天的个人	
非居民个人	在中国境内无住所又不居住的个人	仅就其从中国境内取得的所得,向中国政府缴纳个人所得税
	在中国境内无住所而一个纳税年度内在中国境内居住累计不满 183 天的个人	

②个人所得税的征税范围(表 5.21)。

表 5.21　个人所得税的征税范围

应税所得类型	计税规则
工资、薪金所得	(1)居民个人:该4项所得均纳入综合所得,按纳税年度合并计算个人所得税。
劳务报酬所得	(2)非居民个人:①按月或者按次分项计算个人所得税;②非居民个人取得的
稿酬所得	劳务报酬所得、稿酬所得、特许权使用费所得,属于一次性收入的,以取得该项
特许权使用费所得	收入为一次;属于同一项目连续性收入的,以一个月内取得的收入为一次
经营所得	按年
利息、股息、红利所得	按次
财产租赁所得	按次(以1个月内取得的收入为一次)
财产转让所得	按次
偶然所得	按次

③个人所得税税率的基本规定(表5.22)。

表 5.22　个人所得税税率基本规定

所得情形	税率
综合所得	3%～45%的超额累进税率
经营所得	5%～35%的超额累进税率
利息、股息、红利所得,财产租赁所得,财产转让所得和偶然所得	比例税率20%

2)综合所得应纳税额的计算

(1)综合所得4个征税项目基本界定

①工资、薪金所得。指个人因任职或者受雇而取得的工资(包括加班工资、岗位工资、工龄补贴等)、薪金、奖金、年终加薪、劳动分红、津贴、补贴以及与任职或者受雇有关的其他所得。

个人所得税(2)

A.不征税补贴、津贴。下列项目不属于工资、薪金性质的补贴、津贴,不予征收个人所得税:

a.独生子女补贴;

b.执行公务员工资制度未纳入基本工资总额的补贴、津贴差额和家属成员的副食补贴;

c.托儿补助费;

d.差旅费津贴、误餐补助(不包括单位以误餐补助名义发给职工的补助、津贴)。

B.免税补贴、津贴。按照国务院规定发给的政府特殊津贴、院士津贴,以及国务院规定免纳个人所得税的其他补贴、津贴,免征个人所得税。

C.免税奖金。省级人民政府、国务院部委和中国人民解放军以上单位,以及外国组织、国际组织颁发的科学、教育、技术、文化、卫生、体育、环境保护等方面的奖金,免征个人所得税。

②劳务报酬所得。指个人独立从事非雇佣的各种劳务取得的所得。

a.个人兼职取得的收入,应按照"劳务报酬所得"缴纳个人所得税。

b.律师以个人名义再聘请其他人员为其工作而支付的报酬,应由该律师按"劳务报酬所得"负责扣缴个人所得税。

c.保险营销员、证券经纪人取得的佣金收入,属于"劳务报酬所得"。

③稿酬所得。指个人因其作品以图书、报刊形式出版、发表而取得的所得。作品包括文学作品、书画作品、摄影作品,以及其他作品。

> **提示**
>
> 遗作稿酬应当按"稿酬所得"征收个人所得税。

④特许权使用费所得。指个人提供专利权、商标权、著作权、非专利技术以及其他特许权的使用权取得的所得。

著作权使用权的特殊规定:

a.提供著作权的使用权取得的所得,不包括稿酬所得。

b.作者将自己的文字作品手稿原件或复印件公开拍卖(竞价)取得的所得,属于提供著作权的使用权所得,按"特许权使用费所得"征收个人所得税。

c.对剧本作者从电影、电视剧的制作单位取得的剧本使用费,统一按"特许权使用费所得"征收个人所得税,不论剧本使用方是否为其任职单位。

> **提示**
>
> 个人取得专利赔偿所得,应按"特许权使用费所得"缴纳个人所得税。

(2)综合所得法定扣除项目

居民个人的综合所得以每一纳税年度的收入额减除费用6万元以及专项扣除、专项附加扣除和依法确定的其他扣除后的余额,为应纳税所得额。

专项扣除包括居民个人按照国家规定的范围和标准缴纳的基本养老保险、基本医疗保险、失业保险等社会保险费和住房公积金等。专项附加扣除包括子女教育、继续教育、大病医疗、住房贷款利息或者住房租金、赡养老人等支出。依法确定的其他扣除包括个人缴付符合国家规定的企业年金、职业年金,个人购买符合国家规定的商业健康保险、税收递延型商业养老保险的支出,以及国务院规定可以扣除的其他项目。

> **提示**
>
> 专项扣除、专项附加扣除和依法确定的其他扣除,以居民个人一个纳税年度的应纳税所得额为限额;一个纳税年度扣除不完的,不结转以后年度扣除。

①专项附加扣除详细规定。

A.子女教育。

a.纳税人的子女接受全日制学历教育的相关支出、年满3岁至小学入学前处于学前教育阶段的子女,按照每个子女每月2 000元的标准定额扣除。

b. 学历教育包括义务教育(小学、初中教育)、高中阶段教育(普通高中、中等职业技工教育)、高等教育(大学专科、大学本科、硕士研究生、博士研究生教育)。

c. 父母可以选择由其中一方按扣除标准的100%扣除,也可以选择由双方分别按扣除标准的50%扣除,具体扣除方式在一个纳税年度内不能变更。

d. 纳税人子女在中国境外接受教育的,纳税人应留存境外学校录取通知书,留学签证等相关教育的证明资料备查。

B. 继续教育。

a. 纳税人在中国境内接受学历(学位)继续教育的支出,在学历(学位)教育期间比照每月400元定额扣除。同一学历(学位)继续教育的扣除期限不能超过48个月。纳税人接受技能人员职业资格继续教育、专业技术人员职业资格继续教育的支出,在取得相关证书的当年,按照3 600元定额扣除。

b. 个人接受本科及以下学历(学位)继续教育,符合规定扣除条件的,可以选择由其父母扣除,也可以选择由本人扣除。

c. 纳税人接受技能人员职业资格继续教育、专业技术人员职业资格继续教育的,应留存相关证书等资料备查。

C. 大病医疗。

a. 在一个纳税年度内,纳税人发生的与基本医保相关的医药费用支出,扣除医保报销后个人负担(指医保目录范围内的自付部分)累计超过15 000元的部分,由纳税人在办理年度汇算清缴时,在80 000元限额内据实扣除。

b. 纳税人发生的医药费用支出可以选择由本人或者其配偶扣除;未成年子女发生的医药费用支出可以选择由其父母一方扣除。

c. 纳税人及其配偶、未成年子女发生的医药费用支出,按上述规定分别计算扣除额。

d. 纳税人应留存医药服务收费及医保报销相关票据原件(或者复印件)等资料备查。医疗保障部门应向患者提供在医疗保障信息系统记录的本人年度医药费用信息查询服务。

D. 住房贷款利息。

a. 纳税人本人或者配偶单独或者共同使用商业银行或者住房公积金个人住房贷款为本人或者其配偶购买中国境内住房,发生的首套住房贷款利息支出,在实际发生贷款利息的年度,按照每月1 000元的标准定额扣除,扣除期限最长不超过240个月。纳税人只能享受一次首套住房贷款的利息扣除。

b. 首套住房贷款是指购买住房享受首套住房贷款利率的住房贷款。

c. 经夫妻双方约定,可以选择由其中一方扣除,具体扣除方式在一个纳税年度内不能变更。

d. 夫妻双方婚前分别购买住房发生的首套住房贷款,其贷款利息支出,婚后可以选择其中一套购买的住房,由购买方按扣除标准的100%扣除,也可由夫妻双方对各自购买的住房分别按扣除标准的50%扣除,具体扣除方式在一个纳税年度内不能变更。

e. 纳税人应留存住房贷款合同、贷款还款支出凭证备查。

E. 住房租金。

a. 纳税人在主要工作城市没有自有住房而发生的住房租金支出,可以按照以下标准定额扣除：一是直辖市、省会（首府）城市、计划单列市以及国务院确定的其他城市，扣除标准为每月1 500元；二是除第一项所列城市外，市辖区户籍人口超过100万的城市，扣除标准为每月1 100元；市辖区户籍人口不超过100万的城市，扣除标准为每月800元。

b.纳税人的配偶在纳税人的主要工作城市有自有住房的，视同纳税人在主要工作城市有自有住房。

c.市辖区户籍人口，以国家统计局公布的数据为准。

d.主要工作城市是指纳税人任职受雇的直辖市、计划单列市、副省级城市、地级市（地区、州、盟）全部行政区域范围；纳税人无任职受雇单位的，为受理其综合所得汇算清缴的税务机关所在城市。

e.夫妻双方主要工作城市相同的，只能由一方扣除住房租金支出。

f.住房租金支出由签订租赁住房合同的承租人扣除。

g.纳税人及其配偶在一个纳税年度内不能同时分别享受住房贷款利息和住房租金专项附加扣除。

h.纳税人应留存住房租赁合同、协议等有关资料备查。

F.赡养老人。

纳税人赡养一位及以上被赡养人的赡养支出，统一按照以下标准定额扣除：

a.纳税人为独生子女的，按照每月3 000元的标准定额扣除；

b.纳税人为非独生子女的，由其与兄弟姐妹分摊每月3 000元的扣除额度，每人分摊的额度不能超过每月1 500元。可以由赡养人均摊或者约定分摊，也可以由被赡养人指定分摊。约定或者指定分摊的须签订书面分摊协议，指定分摊优先于约定分摊。具体分摊方式和额度在一个纳税年度内不能变更。

（3）综合所得应纳税额的计算

①计算公式。

$$应纳税额=应纳税所得额×适用税率-速算扣除数$$
$$=（每一纳税年度收入额-费用6万元-专项扣除-专项附加扣除-$$
$$依法确定的其他扣除）×适用税率-速算扣除数$$

a.劳务报酬所得、特许权使用费所得的收入额=收入×（1-20%）。

b.稿酬所得的收入额=收入×（1-20%）×70%。

②适用税率（表5.23）。

表5.23　个人所得税税率表
（综合所得适用）

级数	全年应纳税所得额	税率/%	速算扣除数
1	不超过36 000元的	3	0
2	超过36 000元至144 000元的部分	10	2 520
3	超过144 000元至300 000元的部分	20	16 920
4	超过300 000元至420 000元的部分	25	31 920
5	超过420 000元至660 000元的部分	30	52 920

级数	全年应纳税所得额	税率/%	速算扣除数
6	超过 660 000 元至 960 000 元的部分	35	85 920
7	超过 960 000 元的部分	45	181 920

【例5.9】　中国公民王某在国内甲公司任职,假设其2020年为乙公司提供一项设计服务,取得一次性收入4 500元,则在计算当年综合所得的应纳税所得额时,该项劳务报酬所得的收入额是多少?

解　该项劳务报酬所得的收入额=4 500元×(1-20%)=3 600元

【例5.10】　2020年李某取得综合所得30万元,全年专项扣除累计4.4万元,专项附加扣除累计3.6万元。请计算其2020年应缴纳的个人所得税。

解　应税所得额=(30-6-4.4-3.6)万元=16万元

综合应纳税额=(16×20%-16 920)元=15 080元

3)个人所得税税收优惠

(1)免税项目

①省级人民政府、国务院部委和中国人民解放军以上单位,以及外国组织、国际组织颁发的科学、教育、技术、文化、卫生、体育、环境保护等方面的奖金;

②国债和国家发行的金融债券的利息;

③按照国务院规定发给的政府特殊津贴、院士津贴,以及国务院规定免纳个人所得税的其他补贴、津贴;

④福利费、抚恤金、救济金;

⑤保险赔款;

⑥军人的转业费、复员费、退役金;

⑦按照国家统一规定发给干部、职工的安家费、退职费、基本养老金或者退休费、离休费、离休生活补助费;

⑧依照有关法律规定应予免税的各国驻华使馆、领事馆的外交代表、领事官员和其他人员的所得;

⑨中国政府参加的国际公约、签订的协议中规定免税的所得;

⑩国务院规定的其他免税所得(由国务院报全国人民代表大会常务委员会备案)。

(2)减税项目

有下列情形之一的,可以减征个人所得税,具体幅度和期限由省、自治区、直辖市人民政府规定,并报同级人民代表大会常务委员会备案。

①残疾、孤老人员和烈属的所得;

②因自然灾害遭受重大损失的。

国务院可以规定其他减税情形,报全国人民代表大会常务委员会备案。

【思考与练习】

一、单选题

1.下列各项中,不属于法律关系客体的是(   )。

    A.土地　　　　　　B.精神产品　　　　C.生产经营行为　　　　D.自然人

2.下列行为中,涉及的进项税额不得从销项税额中抵扣的是(   )。

    A.将外购的货物用于本单位集体福利

    B.将外购的货物分配给股东和投资者

    C.将外购的货物无偿赠送给其他个人

    D.将外购的货物作为投资提供给其他单位

3.根据增值税法律制度的规定,下列向购买方收取的费用,不构成销售额的是(   )。

    A.增值税税额　　　　　　　　　B.应税消费品的消费税税额

    C.违约金　　　　　　　　　　　D.优质费

4.根据个人所得税法律制度的规定,下列各项中应缴纳个人所得税的是(   )。

    A.年终加薪　　　　　　　　　　B.托儿补助费

    C.差旅费津贴　　　　　　　　　D.误餐补助

5.根据企业所得税法律制度的规定,下列企业和取得收入的组织中,不属于企业所得税纳税人的是(   )。

    A.事业单位　　　　　　　　　　B.民办非企业单位

    C.个人独资企业　　　　　　　　D.社会团体

6.根据个人所得税法律制度的规定,综合所得采用的税率形式是(   )。

    A.超额累进税率　　　　　　　　B.全额累进税率

    C.超率累进税率　　　　　　　　D.超倍累进税率

7.根据消费税法律制度的规定,下列各项中应征收消费税的是(   )。

    A.零售环节销售的卷烟　　　　　B.零售环节销售的鞭炮

    C.生产环节销售的金银首饰　　　D.进口环节购进的小汽车

8.根据个人所得税法律制度的规定,下列各项中属于个人所得税免税项目的是(   )。

    A.烈属所得　　　　　　　　　　B.外籍个人每季度一次的探亲费

    C.个人取得的拆迁补偿款　　　　D.个人取得的单张有奖发票奖金所得1 000元

9.下列各项中,属于企业所得税不征税收入的是(   )。

    A.股息收入　　　　　　　　　　B.国债利息收入

    C.财政拨款　　　　　　　　　　D.接受捐赠收入

10.甲公司为增值税一般纳税人,2020年12月采取折扣方式销售货物一批,该批货物不含税销售额10 000元,折扣额1 000元,销售额和折扣额在同一张发票的金额栏分别注明。甲公司当月该笔业务应确认的增值税销项税额为(   )元。

    A.1 035.40　　　　B.1 300　　　　C.1 181.82　　　　D.1 170

二、多选题

1. 下列各项中,能够成为法律关系主体的有(　　　)。

    A. 甲市财政局　　　　　　　　　B. 大学生张某

    C. 乙农民专业合作社　　　　　　D. 智能机器人阿尔法

2. 根据企业所得税法律制度的规定,下列企业中属于我国企业所得税居民企业的有(　　)。

    A. 依法在我国境内成立的外商投资企业

    B. 在英国注册,但是实际管理机构在我国境内的企业

    C. 在德国注册且实际管理机构也在德国,但有来源于我国境内所得的企业

    D. 在美国注册成立且实际管理机构不在我国境内,但是在我国设立机构场所的企业

3. 纳税人发生的下列行为中,按照建筑服务征收增值税的有(　　　)。

    A. 汽车养护服务　　　　　　　　B. 房屋加固服务

    C. 汽车修饰服务　　　　　　　　D. 房屋修补服务

4. 下列业务中,应缴纳增值税的有(　　　)。

    A. 企业为员工提供班车服务

    B. 单位为员工提供午餐服务

    C. 李某将其自有的一栋房屋出租给其任职的单位使用并收取租金

    D. 母公司向其全资子公司无偿转让一栋办公楼

5. 根据个人所得税法律制度的规定,下列所得中属于劳务报酬所得的有(　　　)。

    A. 作家取得的著作权侵权赔偿收入

    B. 证券经纪人从证券公司取得的佣金收入

    C. 编剧从电视剧制作单位取得的剧本使用费

    D. 高校教师从企业取得的培训收入

6. 下列各项中,在计算企业所得税应纳税所得额时不得扣除的有(　　　)。

    A. 向投资者支付的红利

    B. 企业内部营业机构之间支付的租金

    C. 企业内部营业机构之间支付的特许权使用费

    D. 未经核定的准备金支出

三、计算题

1. 甲设计公司为增值税一般纳税人,2020 年 12 月,销售设计服务取得含税销售额 53 万元;出租上月购进的一处房产,取得不含税租金 10 万元。已知,甲设计公司对不同种类服务的销售额分别核算。甲设计公司当月的销项税额为多少万元?

2. 中国公民杨某 2020 年总计取得工资收入 105 600 元,专项扣除 20 250 元。杨某夫妇有一个上小学的孩子,子女教育专项附加扣除由杨某夫妇分别按扣除标准的 50% 扣除。已知,综合所得,每一纳税年度减除费用 60 000 元;子女教育专项附加扣除,按照每个子女每年12 000 元的标准定额扣除。计算杨某 2019 年综合所得应纳个人所得税税额。

模块 6

建筑经济管理知识与实务

6.1 施工成本管理

施工成本也称工程成本或工程项目成本,是建筑企业成本的基础和核心。施工成本管理是建筑企业管理的重要内容。现代化大生产要求对施工成本实行全过程综合性、预防性和科学性管理,使工程项目实际成本能够控制在预定的计划成本范围内。

6.1.1 施工成本的构成及影响因素

1)施工成本的构成

施工成本是指工程项目在施工过程中所发生的全部生产费用的总和,包括所消耗的主、辅材料费用,构配件费用,周转材料的摊销或租赁费,施工机械台班费或租赁费,支付给生产工人的工资、奖金及施工单位(工程项目经理部、分公司、工程处)为组织和管理工程施工所发生的全部费用支出,但不包括建筑企业所发生的期间费用。

> **提示**
>
> 期间费用包括管理费用、销售费用和财务费用,应计入当期损益,不得计入施工成本。

按施工成本的经济性质、现行企业财务制度规定的核算科目,施工成本由直接成本和间接成本组成。直接成本是指施工过程中直接耗费的构成工程实体或有助于工程形成的各项支出,包括人工费、材料费、施工机具使用费和其他直接费(即措施费)。间接成本是指企业各施工单位(工程项目经理部、分公司、工程处)为施工准备、组织和管理施工生产所发生的全部间接费支出,包括施工单位管理人员的工资、津贴、奖金、工资附加费,以及行政管理用固定资产折旧费及修理费、物料消耗、低值易耗品摊销、取暖费、水电费、办公费、差旅费、财产保险费、检验试验费、工程保修费、劳动保护费及其他费用。

2）施工成本分类及比较

（1）施工成本分类

为了适应施工成本管理要求，需要按照不同计价标准对施工成本进行分类。

①预算成本。反映各地区建筑业平均成本水平，它根据施工图，由全国统一的工程量计算规则计算出工程量，结合全国统一的建筑、安装工程基础定额和由各地区市场劳务价格、材料价格信息及价差系数，并按有关取费的指导性费率进行计算。预算成本是施工成本的预计支出，是确定工程造价的基础，也是编制计划成本的依据和评价实际成本的依据。

②计划成本。也称目标成本，是指施工单位在预算成本的基础上，根据计划期有关资料，在实际成本发生前期计算应达到的成本标准。计划成本是建筑企业考虑降低成本措施后的成本计划数，反映企业在计划期内应达到的成本水平，对加强建筑企业和工程项目经济核算，建立和健全施工项目成本管理责任制，控制施工过程中产生的费用，降低施工成本具有十分重要的作用。

③实际成本。是施工项目在报告期内实际发生的各项生产费用的总和。

（2）预算成本、计划成本和实际成本的比较分析

对预算成本、计划成本和实际成本差异进行比较分析，是施工成本管理的有效方法。

①将实际成本与预算成本进行比较，可反映社会平均成本或企业平均成本的超支或节约，综合反映工程盈亏情况。预算成本与实际成本的差额称为实际成本降低额，实际成本降低额与预算成本的比值称为实际成本降低率。这两项指标都是企业综合收益水平的反映，其计算公式为：

$$实际成本降低额 = 预算成本 - 实际成本$$

$$实际成本降低率 = \frac{实际成本降低额}{预算成本} \times 100\%$$

②将实际成本与计划成本进行比较，可揭示成本计划的节约和超支，考核企业施工技术水平及技术组织措施的贯彻执行情况和企业经营效果。计划成本与实际成本的差额称为项目成本降低额，项目成本降低额与计划成本的比值称为项目成本降低率。这两项指标都是考核项目成本管理水平的依据，其计算公式为：

$$项目成本降低额 = 计划成本 - 实际成本$$

$$项目成本降低率 = \frac{项目成本降低额}{计划成本} \times 100\%$$

③将预算成本与计划成本进行比较，可反映计划成本与社会平均水平相比的节约或超出程度。预算成本与计划成本的差额称为计划成本降低额，计划成本降低额与预算成本的比值称为计划成本降低率。其计算公式为：

$$计划成本降低额 = 预算成本 - 计划成本$$

$$计划成本降低率 = \frac{计划成本降低额}{预算成本} \times 100\%$$

3）施工成本影响因素

施工成本的高低是由许多因素决定的。归纳起来，主要受以下 3 个因素的影响。

①工程内容和范围。工程范围限定了工程所包含的工作内容,也限定了施工成本发生的范围。对于分部分项工程而言,工程量清单就是明确了工程内容和范围。

②完成单位工程量所消耗的物资和活劳动数量,即人工、材料、施工机具消耗量。

③工程所消耗的物资和活劳动的单价,即人工工日单价、材料价格和施工机具台班单价等。

在工程量一定的条件下,物资和活劳动消耗越少,成本越低。前两项相对不变时,单价越低,成本越低。

> **提示**
>
> 物资与活劳动的消耗量和单价的高低又会受工程质量、工期和企业管理(如材料供应、劳动组织、技术方案、施工组织、机械设备利用、安全生产、文明施工)水平等因素的影响。

6.1.2 施工成本管理的流程及要求

施工成本管理
的流程及要求

施工成本管理是建筑企业正确核算工程成本、合理补偿生产耗费的手段,是建筑企业降低成本、增加利润的重要途径,是提高企业市场竞争力的重要保证。

1)施工成本管理流程

施工成本管理是一个有机联系与相互制约的系统过程,包括施工成本预测、成本计划、成本控制、成本核算、成本分析和成本考核等环节。施工成本管理流程如图6.1所示。成本预测是成本计划的编制基础,成本计划是开展成本控制和核算的基础;成本控制能对成本计划的实施进行监督,保证成本计划的实现,而成本核算又是成本计划是否实现的最后检查,成本核算所提供的成本信息又是成本预测、成本计划、成本控制和成本考核等的依据;成本分析为成本考核提供依据,也为未来的成本预测与成本计划指明方向;成本考核是实现成本目标责任制的保证和手段。

2)施工成本管理要求

(1)施工成本预测

施工成本预测是指根据成本信息和施工项目具体情况,运用专门的预测方法,对未来的成本水平及可能的发展趋势作出科学估计。进行施工成本预测时,需要搜集、整理施工成本预测所需资料,对影响施工项目成本的因素进行分析,比照近期已完工程项目或将完工项目的成本(单位成本),预测这些因素对施工成本的影响程度,估算出施工项目的单位成本或总成本。

(2)施工成本计划

施工成本计划是以施工组织设计和有关生产成本资料为基础,对施工项目成本水平进行的筹划。具体而言,施工成本计划是以货币形式表达的施工项目在计划期内的生产费用、成本水平、成本降低率,以及为降低成本所采取的主要措施和规划的具体方案。施工成本计划是目标成本的一种表达形式,是建立施工项目成本管理责任制、开展成本控制和核算的基础,也是施工成本控制的主要依据。

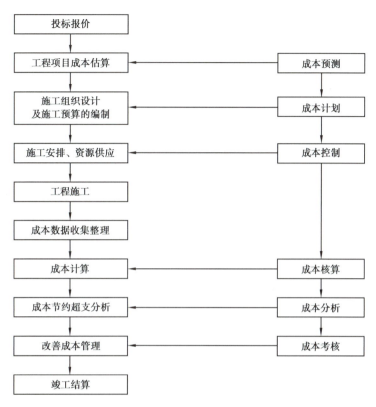

图 6.1　施工成本管理流程

> **提示**
>
> 　　施工成本计划的主要形式有整个工程项目施工成本计划,施工项目年、季、月成本计划,分部、分项工程施工成本计划等。

　　(3)施工成本控制

　　施工成本控制是指在工程项目实施过程中,对影响施工项目成本的各项要素,即施工生产所耗费的人力、物力和各项费用开支,采取一定措施进行监督、调节和控制,及时预防、发现和纠正偏差,保证施工成本目标的实现。施工成本控制是施工成本管理的核心内容,也是施工成本管理中不确定因素最多、最复杂、最基础的管理内容。施工成本控制应结合施工项目的实际情况,在事前、事中和事后均采取行之有效的控制方法和手段。

　　(4)施工成本核算

　　施工成本核算是指对工程项目施工过程中所发生的各项费用进行的归集,统计其实际发生额,并计算施工项目总成本和单位工程成本的管理活动。施工成本核算包括两个基本环节:一是按照规定的成本开支范围对施工费用进行归集,计算出施工费用实际发生额;二是根据成本核算对象,采用适当方法计算施工项目总成本和单位成本。

　　为充分发挥施工成本核算的作用,成本核算应满足以下要求:

　　①正确划分成本费用支出和非成本费用支出;

　　②正确划分施工成本和期间成本;

　　③正确划分各成本核算对象的成本界限;

④正确划分本期施工成本和非本期施工成本；

⑤正确划分已完工程成本和未完工程成本。

（5）施工成本分析

施工成本分析是指揭示施工项目成本变化情况及变化原因的过程。施工成本分析需要利用施工成本核算资料，与目标成本、预算成本及类似工程实际成本等进行比较，分析施工成本变动情况，同时分析主要技术经济指标对施工成本的影响，系统研究施工成本变动因素，深入揭示施工成本变动规律，寻找降低施工成本的途径，以便有效地进行成本控制。

（6）施工成本考核

施工成本考核是指施工项目完成后，按施工成本目标责任制的有关规定，对施工成本管理绩效进行总结评价并给予相应奖惩的过程。建筑企业应建立和健全施工成本考核制度，考核制度应对考核的目的、时间、范围、对象、方式、依据、指标、组织领导及奖惩原则等作出明确规定。

6.1.3　施工成本管理的内容及方法

施工成本管理的内容及方法

1）施工成本预测

（1）施工成本预测的内容

①根据工料分析表、技术措施（如钢筋搭接方式、混凝土配合比、掺合料的应用等），结合市场调研掌握的材料价格信息，预测构成工程实体的材料费。

②根据技术方案（包括脚手架搭设方案、模板方案、工期网络计划、周转料具进出场计划等），结合租赁价格或摊销计划，预测不能构成工程实体但有助于工程形成的其他材料费。

③根据工料分析表和劳务单价信息等，预测人工费。

④根据施工组织设计的设备计划、工期网络计划、设备进出场计划和租赁价格等，预测计划期内施工机械台班费。

⑤根据临建搭设计划，预测临时设施费。

⑥根据项目管理人员及其他非生产人员的配备计划及工期计划，预测计划期内管理人员工资费用、办公费用和差旅费用。

⑦根据检验试验计划、测量方案、工具用具计划、安全措施、材料二次转运计划、场地清理、文明施工计划，预测其他直接费用。

⑧参考上期计划成本情况，预测其他不可预见性费用。

（2）施工成本预测方法

施工成本预测方法分为定性预测和定量预测两大类。

①定性预测法。指成本管理人员根据专业知识和实践经验，通过调查研究，利用已有资料，对成本费用发展趋势及可能达到的水平进行的分析和推断。这种方法必须建立在对施工成本费用的历史资料、现状及影响因素深入了解的基础上。常用方法有专家会议法、专家个人预测法、访问、现场观察和函询调查法等。

A.专家会议法：专家会议是召开专家会议，针对提出的预测问题和提供的信息，专家们充分讨论，预测工程成本。参加会议的人员，一般选择具有较高的学识水平和丰富的实践经验,对经营管理熟悉,并有一定专长的各方面专家。例如,成本预测时,可请工程技术人员、成本核算人员、预算人员、经营人员、施工管理人员、高级经济师和会计师等参加会议。采用专家会议法,一般要事先向专家提供成本信息资料,以便通过会议对未来成本作出预测。

B.专家个人预测法:专家个人预测法是征求有关专家个人意见对工程成本进行预测,其优点是能够最大限度地利用专家个人的能力,意见易于集中。

现举例说明专家个人预测的方法。假设某项目经理部要预测某项目的成本降低率,可将该项目的建筑面积、工程结构、预算造价,上年度项目的成本报表,以及公司对降低成本的要求和本项目将采取的主要技术组织措施告诉各专家,请他们提出预测意见。假定专家预测的结果如下:有3名专家提出成本降低4%,5名专家提出成本降低5%,7名专家提出成本降低6%,3名专家提出成本降低7%,2名专家提出成本降低3%。将这些预测数据进行加权平均,有

$$\bar{X} = \frac{\sum X_f}{\sum f} = \frac{3 \times 4\% + 5 \times 5\% + 7 \times 6\% + 3 \times 7\% + 2 \times 3\%}{3 + 5 + 7 + 3 + 2} = 5.3\%$$

这项平均数据经过研究修正后,就可以作为该施工项目成本率的预测值。

②定量预测法。指利用历史成本费用统计资料及成本费用与影响因素之间的数量关系,通过建立数学模型来推测、计算未来成本费用的方法。常用的定量预测方法可分为以下两大类。

A.时间序列预测法。利用过去的历史数据来预测未来成本的方法,它是按时间(年或月)顺序排列的历史数据,承认事物发展的连续性,从这种排列的数据中推测出成本降低的趋势。

时间序列预测法的优点是简便易行,只要有过去的成本资料,就可以进行成本预测。缺点是撇开了成本各因素之间的因果关系,因为未来成本不可能是过去成本按某模式的翻版。所以这种方法用于长期预测时,准确性比较差,一般适用于短期预测。时间序列法有简单平均法、移动平均法、加权移动平均法和指数平滑法。下面介绍移动平均法和指数平滑法。

a.移动平均法:是时间序列分析中的一种基本方法,应用较广。它是从时间序列的第一项数值开始,按一定项数求序时平均数,逐项移动,边移动边平均。移动平均法又分为一次移动平均法、加权移动平均法、趋势修正移动平均法和二次移动平均法。这里介绍一次移动平均法和加权移动平均法。

一次移动平均法又称为简单移动平均法,其计算式为:

$$M_t = \frac{X_{t-1} + X_{t-2} + \cdots + X_{t-n}}{n}$$

式中　t —— 期数;

n—— 分段数据点数;

X_{t-n} —— 第 $t-n$ 期的实际值;

M_t—— 第 t 期的一次移动平均预测值。

一次移动平均法的递推公式为

$$M_t = M_{t-1} + \frac{X_{t-1} - X_{t-(n+1)}}{n}$$

【例6.1】 某建筑工程公司过去12个月的实际产值见表6.1,分别取 $n=3$，$n=5$,用一次移动平均法预测次年第1个月的产值。

表6.1　一次移动平均预测的产值

月份	实际产值 x_t/万元	M_t/万元（$n=3$）	M_t/万元（$n=5$）
1	30	—	—
2	13	—	—
3	27	—	—
4	26	23.33	—
5	37	22	—
6	29	30	26.6
7	32	30.67	26.4
8	34	32.67	30.2
9	31	31.67	31.6
10	32	32.33	32.6
11	33	32.33	31.6
12	42	32	32.4
次年1月	—	35.67	34.4

解　当 $n=3$ 时,第4个月的预测值为

$$M_4 = \frac{30+13+27}{3} \text{ 万元} = 23.33 \text{ 万元}$$

同理求得第5个月的预测值,或用递推公式求得

$$M_5 = M_4 + \frac{X_4 - X_{5-4}}{3} = 23.33 \text{ 万元} + \frac{26-30}{3} \text{ 万元} = 22 \text{ 万元}$$

同理可求得 $M_6,\cdots,M_{12},M_{13}$。M_{13} 即为次年1月的产值预测值。

当 $n=5$ 时,同理可求得各月份的预测值,同学们可自行计算并与表6.1进行核对。

加权移动平均法是在计算移动平均数时,对时间序列赋予不同的权重,考虑越是近期发生的数据,对预测值的影响越大,故权重越大。这种方法就是将每个时间序列的数据乘上一个加权系数。其计算式为

$$M_t = \frac{a_1 X_{t-1} + a_2 X_{t-2} + \cdots + a_n X_{t-n}}{n}$$

式中　M_t——第 t 期的一次加权移动平均数预测值;

a_n——加权系数,应满足 $\dfrac{\sum\limits_{i=1}^{n} a_i}{n} = 1^a$。

【例6.2】 某建筑工程公司过去12个月的实际产值见表6.2,用加权移动平均法预测次年第1个月的产值。

解 取加权系数 $a_1 = 1.3$，$a_2 = 1.0$，$a_3 = 0.7$，计算过程和结果见表 6.2。第 4 个月的预测值为：

$$M_t = \frac{1.3 \times 27 + 1.0 \times 13 + 0.7 \times 30}{3} \text{万元} = 23.03 \text{万元}$$

同理可计算第 5~13 个月的预测值。

从表 6.2 的计算结果可看出，采用加权移动平均法进行预测的结果比一次移动平均法更能接近实际。越接近预测期的数据权数越大，对预测值的影响越大。

表 6.2 加权移动平均法预测的产值

月份	实际产值 x_t/万元	M_t/万元 ($n=3$)	M_t/万元 ($n=5$)
1	30	—	—
2	13	—	—
3	27	—	—
4	26	23.33	23.03
5	37	22	23.3
6	29	30	31
7	32	30.67	30.97
8	34	32.67	32.17
9	31	31.67	32.17
10	32	32.33	32.23
11	33	32.33	32.13
12	42	32	32.2
次年 1 月	—	35.67	36.67

b. 指数平滑法：以指数形式的几何级数作为权数来考虑不同时期数据的影响，并将这些数据加权移动平均的一种预测方法。其计算式为：

$$S_t = \alpha X_t + (1 - \alpha) S_{t-1}$$

式中 S_t——第 t 期的一次指数平滑值，也就是第 $t+1$ 期的预测值；

X_t——第 t 期的实际发生值；

S_{t-1}——第 $t-1$ 期的一次指数平滑值，也就是第 t 期的预测值；

α——加权系数，$0 \le \alpha \le 1$。

【例 6.3】 某建筑工程公司过去 12 个月的实际产值见表 6.3，用指数平滑法预测次年第 1 个月的产值。取 $\alpha = 0.6$，则 2，3，…，12 月份的指数平滑值。

表 6.3 一次指数平滑预测法预测的产值

月份	实际产值 X_t/万元	指数平滑值 S_t/万元
1	30	30

续表

月份	实际产值 X_t/万元	指数平滑值 S_t/万元
2	13	19.8
3	27	24.12
4	26	25.25
5	37	32.3
6	29	30.32
7	32	31.33
8	34	32.93
9	31	31.77
10	32	31.91
11	33	32.56
12	42	38.22
次年1月	—	38.22

解 $S_1 = \alpha X_1 + (1-\alpha)S_0 = 0.6 \times 30$ 万元 $+ 0.4 \times 30$ 万元 $= 30$ 万元

$S_2 = \alpha X_2 + (1-\alpha)S_1 = 0.6 \times 13$ 万元 $+ 0.4 \times 30$ 万元 $= 19.8$ 万元

$$\vdots$$

$S_{12} = \alpha X_{12} + (1-\alpha)S_{11} = 0.6 \times 42$ 万元 $+ 0.4 \times 32.56$ 万元 $= 38.22$ 万元

S_{12} 即为次年第1个月的产值。

B. 回归分析预测法。为了测定客观现象的因变量与自变量之间的一般关系所使用的一种数学方法。在预测中,常用的回归预测有一元回归预测和多元回归预测。这里只介绍一元线性回归预测法。

一元线性回归预测法是根据历史数据在直角坐标系上描绘出相应点,运用最小二乘法在各点间作一直线,使直线到各点的距离最小。因此,这条直线就最能代表实际数据变化的趋势,用这条直线适当延长来进行预测是合适的,这种方法的优点是预测的数值比较准确,缺点是计算比较复杂。

一元线性回归的基本式为:

$$y = a + bx$$

式中 x——自变量;

y——因变量;

a,b——回归系数,也称待定系数。

求一元线性回归方程的思路:从 $y=a+bx$ 中可以看出,当 $x=0$ 时,$y=a$,a 是直线在 y 轴上的截距。Y 是由 a 点起,随着 x 的变化开始演变的。a 是根据最小二乘法计算出来的经验常数,b 是直线的斜率,也是根据最小二乘法计算出来的经验常数。根据最小二乘法,a,b 的求解参见式为:

$$b = \frac{n \sum xy - \sum x \sum y}{n \sum x^2 - (\sum x)^2}$$

$$a = \frac{\sum y - b \sum x}{n}$$

【例6.4】　某建筑公司投标承建某高校实验楼,为钢筋混凝土结构,建筑面积为2 500 m²,工期为2021年1—5月。在投标前,公司将对该项目进行施工成本的预测和分析,试用一元线性回归法预测成本。

解　(1)搜集近期的同类工程的成本资料,该公司总结的近期钢筋混凝土工程的成本资料见表6.4的实际总成本栏。

表6.4　某建筑公司工程成本换算表

工程代号	工程竣工日期	建筑面积/m²	实际总成本/万元	换算系数	2021年度成本
(1)	(2)	(3)	(4)	(5)	(6)=(4)×(5)
zh201901	2019.9	1 500	201.9	1.23×1.1	273.17
zh201902	2019.11	1 800	230.68	1.23×1.1	312.11
zh202001	2020.3	2 000	303.6	1.1	333.96
zh202002	2020.5	1 000	161.4	1.1	177.54
zh202003	2020.7	1 300	213.72	1.1	235.09
zh202004	2020.12	3 000	466.2	1.1	512.82

(2)将各年度的工程成本换算到预测期的成本水平。由于成本水平主要受材料价格的影响,因此可按建材价格上涨系数来计算,建筑公司根据国家发布的统计资料,测算的2020年建材价格上涨系数为23%,2021年上涨系数为10%,换算结果见表6.4。

(3)建立回归预测模型,线性回归方程式为

$$y = a + bx$$

编制最小二乘法计算表,见表6.5。

表6.5　最小二乘法计算表

序号	建筑面积/m² x_i	实际总成本/万元 y_i	x_i^2	$x_i y_i$
①	②	③	④	⑤
1	1 500	273.17	2 250 000	409 755
2	1 800	312.11	3 240 000	561 798
3	2 000	333.96	4 000 000	667 920
4	1 000	177.54	1 000 000	177 540
5	1 300	235.09	1 690 000	305 617
6	3 000	512.82	9 000 000	1 538 460

续表

序号	建筑面积/m^2 x_i	实际总成本/万元 y_i	x_i^2	$x_i y_i$
总计	10 600	1 844.69	21 180 000	3 661 090

按最小二乘法计算表6.5的填写方法。

a.将建筑面积和实际成本,按序号填入第②、③栏。

b.将各工程的工作量、总成本分别汇总。

c.将第②栏各数平方后,填入第④栏。

d.将第③栏各数同②栏各数相乘后,填入第⑤栏。

根据计算公式,求得倾向变动线的斜率b:

$$b = \frac{n \sum xy - \sum x \sum y}{n \sum x^2 - (\sum x)^2} = \frac{6 \times 3\ 661\ 090 - 10\ 600 \times 1\ 844.69}{5 \times 21\ 180\ 000 - 10\ 600^2} = 0.163\ 9$$

$$a = \frac{\sum y - b \sum x}{n} = \frac{1\ 844.69 - 0.163\ 9 \times 10\ 600}{6} = 17.89$$

y 对 x 的线性回归方程为 $y = 17.89 + 0.163\ 9x$。

根据上述施工费用曲线方程,可以预测2021年度该高校实验楼预测总成本为:

$$y = 17.89\ 万元 + 0.163\ 9 \times 2\ 500\ 万元 = 427.64\ 万元$$

2)施工成本计划

(1)施工成本计划的内容

施工成本计划一般由直接成本计划和间接成本计划组成。

①直接成本计划。主要反映施工项目直接成本的预算值、计划降低额及计划降低率;主要包括施工成本目标及核算原则、降低成本计划表或总控制方案、对成本计划估算过程的说明及对降低成本途径的分析等。

②间接成本计划。主要反映施工项目间接成本的计划值及降低额,在编制计划时,施工成本项目应与会计核算中间接成本项目的内容一致。

> **提示**
>
> 施工成本计划还应包括项目经理对可控责任目标成本进行分解后形成的各个实施性计划成本,即各责任中心的责任成本计划。责任成本计划又包括年度、季度和月度责任成本计划。

(2)施工成本计划的方法

①目标利润法。指根据施工项目合同价格扣除目标利润后得到目标成本的方法。在采用正确的投标策略和方法以最理想的合同价中标后,从标价中扣除预期利润、税金、应上缴的管理费等后的余额即为工程项目实施中所能支出的最大限额。

②技术进步法。指以工程项目计划采取的技术组织措施和节约措施所能取得的经济效果作为项目成本降低额,来求得项目目标成本的方法,即

项目目标成本=项目成本估算值-技术节约措施计划节约额(或降低成本额)

③按实计算法。指以施工项目实际资源消耗测算为基础,根据所需资源的实际价格,详细计算各项活动或各项成本组成的目标成本的方法,即

$$人工费 = \sum 各类人员计划用工量 \times 实际工资标准$$

$$材料费 = \sum 各类材料计划用量 \times 实际材料基价$$

$$施工机具使用费 = \sum 各类机具计划台班量 \times 实际台班单价$$

在此基础上,结合施工技术和管理方案等测算措施费、项目经理部管理费等,最后构成施工项目目标成本。

④定率估算法(历史资料法)。是当施工项目非常庞大和复杂而需要分为几个部分时采用的方法。首先将施工项目分为若干子项目,参照同类项目的历史数据,采用算术平均法计算子项目目标成本降低率和降低额;其次再汇总整个施工项目的目标成本降低率、降低额。

> **提示**
>
> 在确定子项目成本降低率时,可采用加权平均法或三点估算法。

3)施工成本控制

(1)施工成本控制的内容

施工成本控制包括计划预控、过程控制和纠偏控制3个重要环节。

①计划预控。指运用计划管理手段事先做好各项施工活动的成本安排,使施工项目预期成本目标的实现建立在有充分技术和管理措施保障的基础上,为施工项目的技术与资源的合理配置和消耗控制提供依据。

> **提示**
>
> 计划预控的重点是优化施工项目实施方案、合理配置资源和控制生产要素的采购价格。

②过程控制。指控制实际成本的发生,包括实际采购费用发生过程的控制,劳动力和生产资料使用过程的消耗控制,质量成本及管理费用的支出控制。应充分发挥施工项目成本责任体系的约束和激励机制,提高施工过程的成本控制能力。

③纠偏控制。指在施工项目实施过程中,对各项成本进行动态跟踪核算,发现实际成本与目标成本产生偏差时,分析原因,采取有效措施予以纠偏。

(2)施工成本控制的方法

①成本分析表法。指利用各种表格进行成本分析和控制的方法。应用成本分析表法可以清晰地进行成本比较研究。常见的成本分析表有月成本分析表、成本日报或周报表、月成本计算及最终预测报告表。

②工期—成本同步分析法。由于施工成本是伴随着工程进展而发生的,因此,施工成本与施工进度之间有着必然的同步关系。如果施工成本与施工进度不对应,则说明施工项目进展中出现虚盈或虚亏的不正常现象。

施工成本的实际开支与计划不相符,往往是由两个因素引起的:一是在某道工序上的成

本开支超出计划;二是某道工序的施工进度与计划不符。因此,要想找出成本变化的真正原因,实施良好有效的成本控制措施,必须与进度计划的适时更新相结合。

③挣值分析法。是对施工成本/进度进行综合控制的一种分析方法。

A.3个基本参数。

为了进行实际成本与预算成本(计划成本)的比较分析,首先需要计算以下3个基本参数:

a.已完工程预算成本(Budgeted Cost for Work Performed,BCWP)。这是施工承包单位可按施工合同约定获得的工程价款(挣值或赢得值),其计算式为:

$$已完工程预算成本(BCWP)= \sum 已完工程量(实际工程量) \times 预算单价$$

b.已完工程实际成本(Actual Cost for Work Performed,ACWP)。其计算式为:

$$已完工程实际成本(ACWP)= \sum 已完工程量(实际工程量) \times 实际单价$$

c.拟完工程预算成本(Budgeted Cost for Work Scheduled,BCWS)。其计算式为:

$$拟完工程预算成本(BCWS)= \sum 拟完工程量(计划工程量) \times 预算单价$$

B.4个分析指标。通过分析比较3个基本参数,既可得到施工成本偏差,还可通过计算后续未完工程的计划成本额,预测尚需成本数额,从而为后续工程施工成本、进度控制及寻求降低成本挖潜途径指明方向。

a.成本偏差(Cost Variance,CV)。其计算式为:

$$成本偏差(CV)= 已完工程预算成本(BCWP) - 已完工程实际成本(ACWP)$$

当CV>0时,说明施工成本降低;当CV<0时,说明施工成本超支。

b.进度偏差(Schedule Variance,SV)。其计算式为:

$$进度偏差(SV)= 已完工程预算成本(BCWP) - 拟完工程预算成本(BCWS)$$

当SV>0时,说明施工进度超前;当SV<0时,说明施工进度拖后。

c.成本绩效指数(Cost Performance Index,CPI)。其计算式为:

$$成本绩效指数(CPI)= 已完工程预算成本(BCWP) \div 已完工程实际成本(ACWP)$$

当CPI>1时,表示施工成本降低;当CPI<1时,表示施工成本超支。

d.进度绩效指数(Schedule Performance Index,SPI)。其计算式为:

$$进度绩效指数(SPI)= 已完工程预算成本(BCWP) \div 拟完工程预算成本(BCWS)$$

当SPI>1时,表示实际进度超前;当SPI<1时,表示实际进度拖后。

这里的绩效指数是相对值,既可用于施工项目内部的偏差分析,也可用于不同施工项目之间的偏差比较。而偏差(费用偏差和进度偏差)主要适用于施工项目内部的偏差分析。

挣值分析法的3个基本参数和偏差可以用挣值分析法曲线表示出来,如图6.2所示。

【例6.5】 某工程计划成本600万元,工期12个月,每月计划成本及统计得到的实际施工成本数据见表6.6。试分析该工程在第2个月末和第9个月末的成本偏差CV、进度偏差SV、成本绩效指数CPI和进度绩效指数SPI。

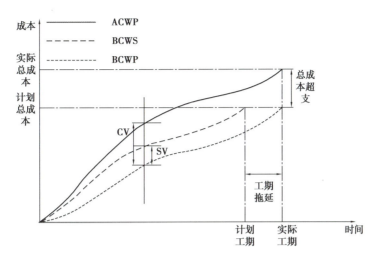

图 6.2　挣值分析法曲线

表 6.6　施工成本统计表

成本	1 月	2 月	3 月	4 月	5 月	6 月	7 月	8 月	9 月	10 月	11 月	12 月
预算成本（BCWS）/万元	20	40	60	70	80	80	70	60	40	30	30	20
累计预算成本（BCWS）/万元	20	60	120	190	270	350	420	480	520	550	580	600
实际成本（ACWP）/万元	20	40	60	80	90	100	70	60	50	40	30	—
累计实际成本（ACWP）/万元	20	60	120	200	290	390	460	520	570	610	640	—
净值（BCWP）/万元	10	20	50	60	70	110	80	70	60	40	30	—
累计净值（BCWP）/万元	10	30	80	140	210	320	400	470	530	570	600	—

解　（1）工程进行到第 2 个月末时：

成本偏差（CV）＝ BCWP−ACWP ＝（30−60）万元 ＝−30 万元

进度偏差（SV）＝ BCWP−BCWS ＝（30−60）万元 ＝−30 万元

表明施工合同执行到第 2 个月末时，施工成本超支 30 万元，施工进度拖后 30 万元（用成本表示）。

成本绩效指数（CPI）＝ BCWP÷ACWP ＝30÷60 ＝50%

进度绩效指数（SPI）＝ BCWP÷BCWS ＝30÷60 ＝50%

同样说明工程实际支出费用高于预算成本，实际施工进度落后于计划进度。

（2）工程进行到第 9 个月末时：

成本偏差（CV）＝ BCWP−ACWP ＝（530−570）万元 ＝−40 万元

进度偏差(SV)= BCWP-BCWS=(530-520)万元=10 万元

表明施工合同执行到第 9 个月末时,施工成本超支 40 万元,施工进度超前 10 万元(用成本表示)。

成本绩效指数(CPI)= BCWP÷ACWP =530÷570≈92.98%

进度绩效指数(SPI)= BCWP÷BCWS =530÷520≈101.92%

同样说明工程实际支出费用仍高于预算成本,但成本绩效指数相对于 2 月末有明显改善;实际施工进度超前,进度绩效指数相对于 2 月末有明显改善。

④价值工程法。是对施工成本进行事前控制的重要方法,在工程设计阶段,研究工程设计的技术合理性,探索有无改进的可能性,在提高功能的条件下,降低成本。在工程施工阶段,也可通过价值工程活动,进行施工方案的技术经济分析,确定最佳施工方案,降低施工成本。

4)施工成本核算

施工成本核算、分析及考核

(1)施工成本核算的对象和范围

施工成本核算应以单位工程为对象,以施工项目责任成本目标为基本核算范围进行全过程分月跟踪核算。根据工程当月形象进度,对已完工程实际成本按照分部分项工程进行归集并与相应范围的计划成本进行比较,分析各分部分项工程成本偏差的原因,在后续工程中采取有效控制措施并进一步寻找降本挖潜的途径。

(2)施工成本核算的方法

①表格核算法。指建立在内部各项成本核算的基础上,由各要素部门和核算单位定期采集信息,按有关规定填制一系列表格,完成数据比较、考核和简单的核算,形成施工成本核算体系,作为支撑施工成本核算的平台。表格核算法需要依靠众多部门和单位支持,专业性要求不高。其优点是比较简洁明了,直观易懂,易于操作,适时性较好。缺点是覆盖范围较窄,核算债权债务等比较困难;且较难实现科学严密的审核制度,有可能造成数据失实,精度较差。

②会计核算法。指建立在会计核算的基础上,利用会计核算所独有的借贷记账法和收支全面核算的综合特点,按工程项目施工成本内容和收支范围,组织工程项目施工成本核算。不仅要核算工程施工的直接成本,还要核算工程施工过程中出现的债权债务、为施工生产而自购的工具、器具摊销、向建设单位的报量和收款、分包完成和分包付款等。其优点是核算严密、逻辑性强、人为调节的可能因素较小、核算范围较大,但对核算人员的专业水平要求较高。

> **提示**
>
> 建筑企业应在工程项目上设成本会计,进行工程项目成本核算,减少数据传递,提高数据获取的及时性,便于与表格核算数据接口。

总之,用表格核算法进行工程项目施工各岗位成本的责任核算和控制,用会计核算法进行工程项目施工成本核算,二者互补,相得益彰,确保工程施工成本核算工作的开展。

5）施工成本分析

（1）施工成本分析的内容

①随着工程施工进展而进行的成本分析。包括分部分项工程施工成本、月（季）度工程施工成本、年度工程施工成本、竣工工程施工成本等。

②按成本项目进行的成本分析。包括人工费、材料费、施工机具使用费，其他直接成本费，间接成本费等。

③针对特定问题和与成本有关事项的分析。如分析不列入自行完成产值的分包工程成本、工期成本、资金成本、技术组织措施节约效果等。

（2）施工成本分析的方法

常用的施工成本分析方法有对比分析法、比率分析法、因素分析法、抽查法、实地测量法、估算法等。

①对比分析法。指通过成本对比找出差距、计算确定成本问题、研究查找成本差异原因，提出改进意见，以便在施工过程中加以克服，达到提高效益、改善管理的目的。

②比率分析法。指通过计算成本指标的比值进行成本分析的方法，可为相关比率分析、构成比率分析等。相关比率分析是把两个性质不同而又相关的指标进行组合，重新计算新的指标，如计划成本降低率等；构成比率分析是计算具有内在联系的各种因素构成情况，或是某一因素占总量的比重。

③因素分析法。也称连环替代法，是确定引起某个目标值变动的各个因素影响程度的一种分析方法。这种方法是在假定其他因素保持不变的条件下，分析一个因素发生变动产生的影响。采用因素分析法时，必须按一定顺序进行。首先确定差异总额和方向，其次分析差异构成和各因素的关系，然后从价差和量差上测定因素变动对差异的影响程度和方向。

例如，某种材料的结算量为40 t，每吨结算单价5 000元；空际耗用量为38 t，每吨购入单价为6 000元。需要分别计算量差和价差变动对成本节约额的影响。

$$节约额=结算量×结算单价-实际耗用量×购入单价$$
$$=（40×5 000-38×6 000）元=（200 000-228 000）元=-28 000 元$$
$$量差变动影响=（结算量-实际耗用量）×结算单价$$
$$=（40-38）×5 000 元=10 000 元$$
$$价差变动影响=（结算单价-购入单价）×实际耗用量$$
$$=（5 000-6 000）元×38=-38 000 元$$
$$差异合计=10 000 元-38 000 元=-28 000 元$$

由以上分析可以看出，材料成本超支的主要原因是购入单价影响。

> **提示**
>
> 在利用因素分析法进行分析时，要按构成因素的顺序依次替代。一般是先变动数量指标，后变动价值指标。

采用抽查法、实地测量法、估算法等方法进行分析时，只能找出各因素的影响程度。若想掌握施工生产过程中某一工序的节约情况、某工种的工时利用情况，就必须做进一步分析，进行重点解剖。

6) 施工成本考核

(1) 施工成本考核的内容

施工成本考核包括企业对项目成本的考核和企业对项目经理部可控责任成本的考核。

企业对项目成本的考核包括对施工成本目标(降低额)完成情况的考核和成本管理工作业绩的考核。

企业对项目经理部可控责任成本的考核包括以下5个方面。

①项目成本目标和阶段成本目标完成情况。

②建立以项目经理为核心的成本管理责任制的落实情况。

③成本计划的编制和落实情况。

④对各部门、各施工队和班组责任成本的检查和考核情况。

⑤在成本管理中贯彻责权利相结合原则的执行情况。

除此之外,为层层落实项目成本管理工作,项目经理对所属各部门、各施工队和班组也要进行成本考核,主要考核其责任成本的完成情况。

(2) 施工成本考核指标

①项目成本考核指标。

$$项目施工成本降低额=项目施工合同成本-项目实际施工成本$$

$$项目施工成本降低率=\frac{项目施工成本降低额}{项目施工合同成本}\times100\%$$

②项目经理部可控责任成本考核指标。

A. 项目经理责任目标总成本降低额和降低率：

$$目标总成本降低额=项目经理责任目标总成本-项目竣工结算总成本$$

$$目标总成本降低率=\frac{目标总成本降低额}{项目经理责任目标总成本}\times100\%$$

B. 施工责任目标成本实际降低额和降低率：

$$施工责任目标成本实际降低额=施工责任目标总成本-工程竣工结算总成本$$

$$施工责任目标成本实际降低率=\frac{施工责任目标成本实际降低额}{施工责任目标总成本}\times100\%$$

C. 施工计划成本实际降低额和降低率：

$$施工计划成本实际降低额=施工计划总成本-工程竣工结算总成本$$

$$施工计划成本实际降低率=\frac{施工计划成本实际降低额}{施工计划总成本}\times100\%$$

建筑企业应充分利用施工成本核算资料和报表,由企业财务审计部门对项目经理部的成本和效益进行全面审核,在此基础上做好工程项目成本效益的考核与评价,并按照项目经理部绩效,落实成本管理责任制的奖惩措施。

6.2　建设工程项目管理信息化

工程项目策划决策和建设实施过程,不仅是物质生产过程,而且还是信息的生产、处理、传递和应用过程。工程项目信息资源的组织与管理对项目成功实施有着重要作用。工程项目的实施需要人力资源和物质资源,信息资源也是工程项目实施的重要资源。信息是工程项目实施和管理的依据,是决策的基础,是组织要素之间联系的主要内容,是工作过程之间逻辑关系的桥梁。反过来,工程项目的实施又不断地产生新的信息。

实质:事实上,工程项目的实施过程是物质过程和信息过程的高度融合。

6.2.1　工程项目信息管理与信息系统

工程项目信息
管理与信息系统

1)信息与数据

(1)信息的内涵与特点

①信息的内涵。"信息"一词源于拉丁文,意思是解释、陈述。自美国贝尔实验室的申农第一次将其作为通信理论的专业术语进行深入研究并提出科学概念以来,信息这一概念已广泛渗透到其他各门学科,成为一个内容丰富、运用极广的概念。信息在自然界、社会以及人体自身都广泛存在着,人类进行的每一次社会实践、生产实践和科学实验都在接触信息、获得信息、处理信息和利用信息。

信息是指用口头方式、书面方式或电子方式传输(传达、传递)的知识、新闻,以及或可靠或不可靠的情报。声音、文字、数字和图像等都是信息的表达形式。在管理科学领域,信息通常被认为是一种已被加工或处理成特定形式的数据。信息的接收者将依据信息对当前或未来行为作出决策。工程项目信息是指反映和控制工程项目管理活动的信息,包括各种报表、数字、文字、图像等。

②信息的特点。与人们一般意义上理解的消息不同,信息在产生、传递和处理过程中具有以下特性和要求。

a.信息的准确性。信息客观反映现实世界事物的程度称为准确性。通常人们希望获得的信息是准确的,而事实并非总是如此。信息的准确与否增加了信息收集的鉴别工作量,此外,信息的准确性还要求传送和储存时的不失真。

b.信息的时效性。信息是有生命周期的,在生命周期内,信息有效。为保证信息有效,要求配备有快速传递消息的通道,同时也要求信息流经处理的道路最短,而且中间停顿最少。

c.信息的有序性。即信息发生先后之间存在一定的关系,在时间上是连贯的、相关的和动态的。人们可以利用过去信息的有序性分析现在,并从现在和过去预测将来。为保证信息的有序性,需要连续收集信息、存储信息和快速进行信息检索。

d.信息的共享性。表现在许多单位、部门和个人都能使用同样的信息。如在工程项目决策和实施过程中,许多信息可以被各个部门所使用,这样既可以保证各个部门使用信息的统一性,也保证了决策的一致性。为保证信息的共享性,需要利用网络技术和通信设备。

e.信息的可储存性。它是指信息存储的可能性。信息的多种形式必然产生多种存储方式,并影响其可存储性。信息的可存储性还表现在以下几个方面:能存储信息的真实内容而不畸变;能在较小空间中存储更多信息;能存储安全而不丢失;能在不同形式和内容之间很方便地进行转换和连接;能在已存储的信息中随时随地以最快的速度检索出所需信息。

f. 信息的适用性。信息是一种资源,但用来辅助决策的信息资源的利用价值可因人、因事、因时和因地而异,这就是信息的适用性。也就是说,信息资源的价值与不同的时空和用户有关。

g. 信息的系统性。包含信息构成的整体性、信息构成的全面性、信息运动的连续性和信息运动的双向性等内容。

工程项目信息包括在项目决策过程、实施过程(设计准备、设计、施工和物资采购过程等)和运行过程中产生的信息,以及其他与项目建设有关的信息,如项目的组织类信息、管理类信息、经济类信息、技术类信息和法规类信息。每类信息根据工程建设各阶段项目管理的工作内容又可进一步组分。如工程项目的组织类信息可以包含所有项目建设参与单位、项目分解及编码信息、管理组织信息等。工程项目的管理类信息包括项目投资管理、进度管理、合同管理、质量管理、风险管理和安全管理等各方面信息。工程项目的经济类信息包括资金使用计划,工程款支付,材料、设备和人工市场价格等信息。工程项目的技术类信息包括国家或地区的技术规范标准,项目设计图纸、施工技术方案和材料设备技术指标等信息。工程项目的法规类信息包括国家或地方的建设程序法规要求等。工程项目信息分类可以有很多方法,也可以按照信息产生的阶段、信息的管理层次和适用对象信息的稳定程度(相对固定和变动信息)等进行划分。进行工程项目信息分类标准化的研究和实践对整个建筑行业发展有着重要的理论和实践意义。

(2)数据及其与信息的关系

数据是用来记录客观事务的性质、形态、数量和特征的抽象符号。不仅文字、数字和图形可看成数据,声音、信号和语言也可被认为是数据。

信息是根据需求,将数据进行加工处理转换的结果。同一组数据可以按管理层次和职能不同,将其加工成不同形式的信息;不同数据若采用不同的处理方式,也可得到相同的信息。数据转化为信息的方式示意图,如图 6.3 所示。

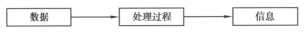

图 6.3　数据转化为信息的方式示意图

2)工程项目信息管理及其发展

(1)工程项目信息管理

工程项目信息
管理及其发展

信息管理是对信息的收集、加工、整理、存储、传递与应用等一系列工作的总称。信息管理的目的是通过有组织的信息流通,使决策者能及时、准确地获得相应的信息。为了达到信息管理的目的,就要把握信息管理的各个环节,并做到:了解和掌握信息来源,对信息进行分类;掌握和正确运用信息管理的手段(如计算机);掌握信息流程的不同环节,建立信息管理系统。

工程项目信息管理是指通过对各个系统、各项工作和各种数据的管理,使工程项目信息能方便和有效地获取、存储、存档、处理和交流。工程项目信息管理旨在通过信息传输的有效组织管理和控制为工程项目建设提供增值服务。

(2)工程项目信息管理的发展

工程项目管理信息化随着信息技术的不断进步而快速发展,自 20 世纪 70 年代开始,信息技术不断地迅速发展,在工程项目管理中的应用日益广泛。工程项目管理信息系统(Project Management Information System,PMIS)、项目信息门户(Project Information Portal,PIP)、建筑信息模型(Building Information Modeling,BIM)则是各个阶段代表性的技术应用,如图6.4所示。

图6.4　工程项目信息管理的发展

①工程项目管理信息系统。20世纪七八十年代,最初出现的是以解决某一问题为目的的单纯程序,如财务、材料、进度管理等软件。随着信息技术的发展,这些单项程序开始逐步集合形成程序系统,而后发展成为工程项目管理信息系统。PMIS随着项目管理理论、实践和信息技术的发展而产生,为工程建设管理和实施方(业主、设计方、承包商、供货商和咨询机构等)项目管理工作,提供信息处理结果和管理依据,为实现工程项目管理目标而服务,成为工程项目管理人员进行信息管理的重要手段。

PMIS主要运用工程项目管理理论和方法,采用动态控制原理,将项目管理的投资、进度和质量等实际值与计划值做比较,找出偏差,分析原因,采取措施,从而达到目标控制目的。因此,PMIS主要包括项目投资控制、进度控制、质量控制、合同管理和系统维护等功能模块。运用工程项目管理信息系统是为了及时、准确和完整地收集、存储和处理工程项目的投资、进度、质量及合同等计划与实际信息,以迅速采取措施,尽可能好地实现工程项目目标。

②项目信息门户。是20世纪80年代末、90年代初发展起来的基于网络平台的工程项目管理,其技术基础是网络平台,是在局域网或互联网上构建的信息沟通平台。

项目信息门户是指在网络基础上对项目信息进行集中存储和管理的系统,它为项目用户提供个性化的项目信息入口,并提供相互之间信息交流和沟通的渠道,从而为工程参建各方营造一个高效、稳定、安全的项目管理工作网络环境。

③建筑信息模型。20世纪末、21世纪初在计算机辅助设计与绘图的基础上发展起来的建筑信息模型,是以三维数字技术为基础、集成工程项目各种相关信息的数据模型,是对工程项目相关信息的详尽表达,是对一个设施实体和功能特性的数字化表达方式,用以解决建设工程在软件中的描述问题,使设计人员和工程技术人员能够对各种建筑信息作出正确应对,并为建设工程全寿命期集成管理提供坚实基础。因此,从建设工程整个寿命期最开始,BIM作为一个共享知识资源,成为实施管理和决策的可靠基础。

具体来说,建筑信息模型技术是指建筑信息模型的建立、维护和应用技术。美国国家建筑科学研究院对BIM给出以下3种定义:

a.第一种定义,BIM可以被认为是描述建筑的结构化数据集,此时BIM的英文全称为Building Information Model。

b.第二种定义,BIM 可以被理解为一种过程——创建建筑信息模型的行为,是建筑信息模型化过程,此时 BIM 的英文全称为 Building Information Modeling。

c.第三种定义,BIM 可以被理解为是提高质量和效率的工作与沟通的业务框架,此时 BIM 的英文全称为 Building Information Management。

上述定义中的 Building Information Modeling,作为 BIM 的定义被业界广泛使用,即强调建立建筑模型的活动过程,包括建模技术及流程。

此外,BIM 数据在模型中的存在是以多种数字技术为依托,且以这一数字信息模型为基础,为工程建设各项相关工作服务。也就是说,BIM 模型是一个多种数字技术支撑的数据模型,建设工程项目与之相关的各项工作都可以从建筑信息模型中获取各自需要的信息,既可支持相应工作又能将相应工作信息反馈到模型中。

更为重要的是,BIM 结构是一个包含有数据模型和行为模型的复合结构,除包含与几何图形及数据有关的数据模型外,还包含与管理有关的行为模型,两相结合通过关联为数据赋予意义,因而可用于模拟真实世界的行为,例如,模拟建筑结构应力状况、围护结构传热状况等。应用 BIM 技术,可以支持项目各种信息的连续应用及实时应用,这些信息质量高、可靠性强、集成程度高且完全协调,可大大提高整个工程建设的质量和效率,显著降低成本。

3)工程项目管理信息系统

工程项目管理信息系统

工程项目管理信息系统是以项目管理知识体系思想为指导,在统一框架体系下进行的项目管理业务处理系统,涵盖投资(成本)管理、进度管理、质量管理、安全管理、资源管理、文档管理及事务管理等功能。

工程项目管理信息系统与管理信息系统是两个完全不同的信息系统。工程项目管理信息系统是计算机辅助工程项目目标控制的信息系统,其功能是针对工程项目的投资(成本)、进度、质量、安全目标的规划和控制而设立的。管理信息系统是计算机辅助企业管理的信息系统,其功能是针对企业的人、财、物、产、供、销的管理而设立的。

针对工程建设参与各方的工程项目管理,即建设单位(业主方)、设计方、施工方、供货方、建设项目总承包方的工程项目管理,形成了不同类型的项目管理信息系统。

(1)工程项目管理信息系统的结构与功能

工程项目管理信息系统的结构如图 6.5 所示,主要由投资(成本)控制、进度控制、质量控制、HSE(职业健康、安全、环境)管理、合同管理 5 个子系统组成,5 个子系统共享数据库,既相对独立又互有联系。

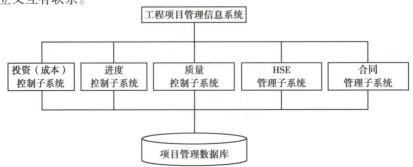

图 6.5　工程项目管理信息系统的结构

①投资(成本)控制子系统功能。其基本设想是通过工程项目的投资(成本)计划和投资(成本)实际值的不断比较,使投资(成本)控制者及时获得信息,以控制项目计划投资(成本)目标的实现。

在工程建设过程中,与项目投资有关的费用有投资估算、设计概算、施工图预算、标底(招标控制价)、投标价、合同价、工程结算、竣工决算等。投资计划值与实际值的比较是一个动态过程,即将以上与投资有关的费用进行比较,从中发现投资偏差。如果将工程设计概算作为计划投资目标值,在进行概算和预算比较时,概算是计划值,预算是实际值;在进行预算与合同价比较时,预算是计划值,合同价是实际值;在进行合同价与结算比较时,合同价为计划值,结算为实际值。而投资控制子系统的基本功能是开展投资切块分析,编制项目设计概算和预算,进行投资切块与项目设计概算的对比分析,项目设计概算与预算的对比分析、预算与合同价的对比分析、合同价与工程结算的对比分析,项目投资的变化趋势预测,项目投资的各类数据查询,提供针对不同管理平面的项目投资报表等。

投资(成本)控制子系统实施的基本方法是将工程项目总投资按照投资控制项进行切块,求出项目投资(成本)计划值与实际值的差及该差值在投资(成本)计划值中所占的比例,尤其应注重占据80%项目总投资(成本)额的20%的投资(成本)控制项。

②进度控制子系统功能。其基本设想是通过对项目计划进度和实际进度的不断比较,进度控制者可及时获得反馈信息,以控制项目实施进度。

进度控制子系统的基本功能是编制双代号网络计划、单代号搭接网络计划和多平面群体网络计划,进行工程实际进度的统计分析、实际进度与计划进度的动态比较、工程进度变化趋势预测、计划进度的定期调整、工程进度各类数据的查询,提供针对不同管理平面的工程进度报表,绘制网络图和横道图等。

进度控制子系统实施的基本方法是网络计划编制方法、计划进度与实际进度比较方法。计划进度与实际进度的比较可通过工作开始时间、工作完成时间、完成率、形象进度的比较来实现。

③质量控制子系统功能。其基本设想是辅助制订工程项目质量标准和要求,通过工程项目实际质量与质量标准、要求的对比,使质量控制者及时获得信息,以控制工程项目质量。

质量控制子系统的基本功能是制订工程项目建设的质量要求和质量标准,开展分项工程、分部工程和单位工程的验收记录及统计分析,进行工程材料验收记录、机电设备检验记录(包括机电设备的设计质量、监造质量、开箱检验情况、资料质量、安装调试质量、试运行质量、验收及索赔情况)、工程设计质量鉴定记录、安全事故处理记录、提供工程质量报表等。

质量控制子系统实施的基本方法是质量数据的存储、统计和比较。

④HSE(健康、安全、环境)管理子系统功能。其基本设想是将职业健康、安全和环境保护的理念融入工程项目管理活动全过程,通过规范安全健康环境管理业务流程,实现对工程项目建设全过程的监督和管理,保障整个工程安全文明施工和交付。

HSE子系统的基本功能,包括实现对HSE类体系、文件及安全方案的审批管理,危险源识别与控制,检查和考核过程控制,人员机具和车辆管理,事故报告及其他功能,具体内容包括以下7个方面。

a.按照施工过程WBS、特种资源和区域等对现场的不安全因素进行识别,尽可能全面地找出影响项目目标实现的风险事件,并依其对项目目标的影响程度和潜在损失的大小进行排序,列出详细的危害因素清单,并落实危害因素的责任人。

b.将项目危害因素的不确定性进行定量化,用概率论来评价项目风险的潜在影响。

c.安排制订安全计划(损失预防计划)、安全措施和安全预案。

d.安全法规教育、安全技术培训、安全活动、安检人员、特种作业人员、相关安全作业票、劳保用品领用管理等功能。

e.HSE 体系和 HSE 类文件审批。项目监理机构对承包商安全管理组织保证体系、施工安全生产保证体系、施工安全生产责任制等 HSE 体系和 HSE 类文件审批并分级共享。

f.安全检查、考核管理及不合格整改管理功能。

g.安全事故的记录和统计等。

HSE 管理子系统实施的基本方法包括安全健康环境保障体系的建立、监督、监察,安全计划、安全教育培训,安全健康环境检查与反馈,不符项管理、安全考核,风险控制及危险点分析,重要物项管理等。

⑤合同管理子系统功能。其基本设想是对涉及工程项目勘察设计、采购、施工、工程监理、咨询和科研等全部项目实施合同的起草、签订、跟踪管理、归档、索赔等全部环节进行辅助管理。

合同管理子系统的基本功能是提供和选择标准的合同文本,开展合同文件及资料管理、合同执行情况的跟踪和处理过程管理、涉外合同外汇折算、经济法规库(国内外经济法规)查询提供合同管理报表等。

合同管理子系统实施的基本方法是用于合同文本起草和修订的公文处理及合同信息的统计,通过合同信息的统计可以获得月度、季度、年度的应付款额、合同总数等信息。

(2)工程项目管理信息系统的实施

工程项目管理信息系统必须具备的条件如图6.6 所示。

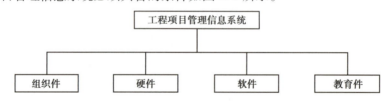

图6.6　工程项目管理信息系统的必备条件

①组织件。即明确的工程项目管理组织结构、工程项目管理工作流程和工程项目信息管理制度。工程项目信息管理制度是实施工程项目管理信息系统的基础,是软件系统能够正常运行的组织保证。

工程项目信息管理制度包含以下3 项内容。

a.项目管理信息结构图:是对项目管理组织结构图中各部门对外主导信息流程的规定。

b.项目管理信息编码:包含项目编码、参与项目实施的单位和部门的组织编码、投资控制信息编码、进度控制信息编码、质量控制信息编码、HSE 管理信息编码、合同管理信息编码等。

c.信息卡和信息处理表:即对每一条信息均明确信息分类编号、名称、内容、提供者、提供时间、处理者、处理结果、接收和归档者。

②硬件。即计算机设备，一般包括服务器、小型机、微机和微机网络等。

③软件。即保证工程项目管理信息系统正常运行的操作系统、系统软件和应用软件等软件环境。

④教育件。即对计算机操作人员、工程项目管理人员和领导进行培训。

> **提示**
>
> 　　计算机辅助工程项目管理是现代化项目管理的必备手段，许多工程项目的建设单位均有运用工程项目管理信息系统的迫切要求，若要成功地运用工程项目管理信息系统必须在组织件、教育件上下功夫。

6.2.2　项目信息门户

1）项目信息门户的特点和功能

项目信息门户是电子商务技术在工程项目实施中应用的具体表现。作为一种技术工具和技术手段，项目信息门户也是工程项目实施在信息时代的一个重大组织变革，国际学术界和工程界认为它是工程管理的一场革命。

不同于传统意义上的文档管理，项目信息门户可以实现多项目之间的数据关联，更强调项目团队的协作性并为之提供多种工具。项目信息门户可以通过在线查看、批注、讨论和自动通知等工具为项目参与各方创造一个多方的网上交流与协同的工作环境（图6.7），打破传统的组织障碍，加快项目文档流转和决策支持过程。项目团队还可利用项目信息门户中内置的表单和标准工作流程，在线进行信息询问、审批提交及变更申请等项目建设过程中的日常业务，通过任务分派，明确并固化管理职责。

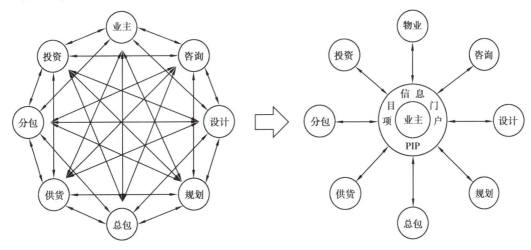

图6.7　项目信息门户改变工程建设过程中的交流方式

（1）项目信息门户的特点

①PIP 与 PMIS 的区别与联系。

a.PMIS 是参与项目的某一方或多方，为有效控制项目投资、进度、质量目标，主要利用信息处理技术,处理与项目目标控制有关的结构化数据,为工程项目管理者提供信息处理结果。项目参与各方有各自的工程项目管理信息系统,是一个相对封闭的信息系统,工程项目管理信息系统的核心功能是目标控制。而 PIP 则是项目参与各方为有效地进行信息沟通和共享,利用信息管理和通信技术,提供个性化的信息获取途径和高效协同工作的环境,可以集中存储、处理工程项目管理信息系统所产生的目标控制数据。项目的成功既需要工程项目管理信息系统提供有效的目标控制功能,也需要项目信息门户提供良好的信息沟通和协作功能。

b. 工程项目管理信息系统以专业功能见长,而项目信息门户在基于 Web 的跨组织多方协同工作平台、多种应用和信息的集成、决策支持 3 个方面具有明显优势。

项目信息门户的核心是针对项目信息提供的单一入口,为工程项目各参与方通过彼此之间的网络连接进行个人定制化的按需获取项目信息服务,而这些信息服务的收集渠道则是在生产过程中工程项目参与各方随着项目进展产生的各类信息的综合。这是基于互联网自身开放属性下的工作门户交流,同时为工程项目所有参与人员提供详尽周到的项目信息共享结果、信息、交流环境和进行协同合作的环境构建。

> **提示**
>
> 　　项目信息门户自身并不是由一款或者几款特定的软件构成的,而是当前在国际工程建设领域基于一系列高效的互联网技术和标准进行的信息交流系统构架的综合体。

②PIP 的管理及交流特点。与传统的工程项目信息管理方式相比,项目信息门户的管理及交流方式至少有以下 3 个全新的特点。

a. 项目信息门户是对信息自身的存储和沟通进行了各种意义上的增强。项目信息门户的核心管理理念就是以项目为整个活动的圆心,对整个信息进行集中及共享式高效存储和管理,与传统方式相比,这种方式对信息自身进行交流的效率及信息交流成本都进行了大幅度优化,使得整体信息的交流具有相当高的稳定性、准确性及对信息反馈速度极高的按时性。

b. 项目信息门户大幅度地提高了信息自身的可获得性和可重视性。如果参与者使用项目信息门户将其作为当前项目信息的主要获取途径,项目信息的基本使用者就可以不受当前时间点和使用位置的限制,也会使得当前的项目信息获取方式更加简化。同时,项目信息门户的自身构建可以对信息自身的传送方式进行更改,并且可以根据计算机网络的信息交流构架对当前信息的可重视性及可重复利用性进行增强构建。

c. 项目信息门户改变了当前构架下的项目信息自身获取的可使用途径,从被动的信息获取变成主动获取。在传统的工程项目信息管理模式中,项目参与者对当前必要信息的获取方式是信息推送,而这种方式的优点是面面俱到,大而全、无重点,导致有效信息被埋藏在对于参与者来说海量的无效信息中,直接导致信息量的稀释,也就是"信息过载"(information overloading)。但项目信息门户可以通过对信息的高效聚集表达,以及对信息进行条理化的高效管理,使得信息可以在参与者有意识的前提下进行个性化的获取,也就是参与者可以根据自身需求对当前的信息进行"拉取"(pull),这就直接缓解了信息过载的情况。

（2）项目信息门户的功能

①核心功能。项目信息门户的核心功能包括信息交流（project communication）、文档管理（document management）、协同工作（project collaboration）。

a.项目各参与方的信息交流。主要是使业主方及项目各参与方之间在项目范围内进行信息交流和传递。如电子部件传递信息功能、预定项目文档的变动通知功能等。

b.项目文档管理。包括文档查询、文档上传和下载、文档在线修改及文档版本控制等功能。如在建设工程项目全寿命管理模式下,项目信息门户的文档管理功能与 BIM 的设计文档生成功能必须进行有效集成,保证设计文档的及时更新和正确的版本信息。

c.项目各参与方的协同工作。主要体现在能够使项目参与各方在 PIP 中在线完成同一份工作,如工程项目相关事项的讨论功能、在线图纸信息编辑更改功能、在线报批功能。

在进行项目协同工作中,所谓的虚拟现实一般是指通过某种转换,把 CAD 的 3D 模型建构转换成虚拟现实模型建构语言且将其放置在网页上,可以让参与者都看到整体建筑完成后可能会出现的三维效果。同时,基于项目管理门户的各类管理及针对性的软件共享也都会归结到协同工作范畴。

> **提示**
>
> 在实际运用中,还需对具体项目进行分析,探索和研究项目流程的具体情况,以便使整个项目流程在可能的情况下最大限度地增值。

②扩展功能。项目信息门户的产品还有一些扩展功能,如多媒体信息交互、电子商务功能等。如图 6.8 所示是项目信息门户与工程项目管理信息系统之间的关系及工作机制,它涵盖了目前一些基于互联网的项目信息门户商品软件和应用服务的主要功能,是较为系统全面的基于互联网的项目信息门户的功能架构,在具体工程建设应用中可结合工程实际情况进行适当的选择和扩展。

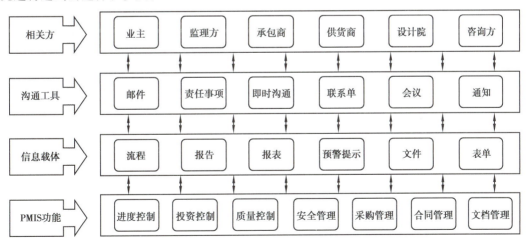

图 6.8　项目信息门户功能架构及与 PMIS 关系示意图

项目信息门户借助于现代信息技术建立一个信息平台,供工程项目各参与方共同使用,通过各参与方之间的协作和沟通,实现优势互补,从而使工程项目的整体效益最大化,进而实现各参与方利益,达到各参与方"共赢"的最终目的。

项目信息
门户的应用

2)项目信息门户的应用

(1)项目信息门户的应用优势

①有利于项目信息的集中存储和管理。与传统的工程项目信息分散保存和管理不同,项目信息门户是以工程项目为中心,对项目信息进行集中存储和管理,在分散的项目参与各方之间实现信息共享,有利于提高信息交流效率,降低信息交流成本,提高信息交流的稳定性、准确性和及时性。项目信息门户不是一个简单的文档系统,它是通过信息的集中管理和门户设置为项目参与各方提供一个开放、协同、个性化的信息交流平台。

②为项目用户提供个性化信息入口,有利于相互之间进行信息沟通。根据项目实施需要和项目岗位责任设置情况,项目信息门户为每一个项目成员设定了相应的信息处理和信息管理的职责和权限。在职责许可的条件下,项目成员可以从项目信息门户最大限度地获取所需的工程项目信息,在系统设定的范围和工作流程内有效地处理和利用工程信息,实现对工程项目信息管理全过程的有序和有效参与,从而提高对工程项目信息利用的效率,降低因信息缺损导致的工程决策失误。

③有利于形成一个共同、高效、稳定、安全的工作环境。项目信息门户使项目信息的传递和处理变得异常方便和灵活,项目参与各方都可以根据需要,在系统许可的情况下利用系统所提供的便利进行工作,不受时间和地点的限制,从而大大提高工作效率,并形成一个共同、高效的工作环境。同时,由一个系统软件在网络环境下对建设工程项目的信息存储、管理和交流等工作活动进行管理和监控,避免人为情况下的很多不稳定和不安全因素,从而为工程项目提供一个稳定和安全的工作环境。

(2)项目信息门户的实施模式

根据项目特点、规模、项目参与方的状况及信息化程度不同,项目信息门户实施模式也有所不同。一般来说,可以选择自行开发、购买商品化解决方案及租用应用服务供应商提供的服务(ASP服务)3种模式。前两种模式可以统称为"in house"模式,实施方一般是工程项目业主、项目管理单位或总承包商,实施后开放给项目其他参与方使用;而后一种模式往往由项目某一方作为发起方,参与各方同时租用某一个ASP服务来实现项目信息门户的功能。

①"in house"模式的特点。"in house"模式具有一次性投入费用比较大,同时需要专业人员进行系统维护的特点,主要针对大中型建设工程项目及要求建设数据高度保密的项目。而对于需要同时管理多个项目的业主、项目管理方和总承包商而言,"in house"模式也是不错的选择。一般来说,应优先考虑购买成熟的商品化解决方案,只有在无法购买到成熟产品或有特殊需求时才会自行开发。由于工程项目具有一次性特点,而软件产品的成熟又需要一定的时间,自行开发通常会出现当软件可供使用时,项目也基本结束的状况。

②ASP模式的特点。ASP模式是指一些第三方服务公司在Internet上建立站点,向远程访问的用户提供软件的计算能力。项目参与方不需要拥有自己的服务器和相应软件,只需要支付一定租金,就可通过客户端软件或浏览器来访问相应的应用程序。ASP模式减少了用户在硬件和软件及管理上的投资,缩短了应用准备时间。而且应用方式比较灵活,用户可以按需使用,对中小型项目和在费用比较敏感的情况下是比较好的选择。ASP模式的不足

在于当用户距离服务提供方较远时,网络延迟比较大,数据的保密性也不及"in house"模式。

（3）项目信息门户的应用案例

目前,在欧美等工业发达国家建筑业中,基于互联网的项目信息门户建设成为建筑业信息技术应用的热点。据统计,在全球范围内,专门为建筑业企业提供基于互联网的项目信息门户软件产品和应用服务的厂商就有200多家,其中既有像 Meridian、Primavera、Bentley、Framework technologies 和 Web project 这样著名的项目管理软件供应商,也有像 Bidcom. com、e-Builder Building. com 和 Crephen. com 这样的应用服务提供商。

Project Wise 是一个面向工程企业的三级客户/服务器体系结构、运行于 Microsoft Windows NT 网络操作系统上的工程信息管理系统。它是由美国 Bentley 系统公司提供的,可实现工程设计流程控制及图档管理需求。

Project Wise 是典型的三层体系结构,既能提供标准的客户端/服务器(CIS)访问方式,以高性能方式(稳定性和速度)满足那些使用专业软件(CAD/GIS 等)的用户需求,包括工程师、测绘人员、设计师等,同时也提供浏览器/服务器(B/S)访问方式,以简便、低成本方式满足项目管理人员的需求。

①大型工程项目业主建立的基于互联网的项目信息门户。著名的 3Com 公司作为一家实力雄厚的业主单位,在 Internet 上建立了自己的基于互联网的项目信息门户,作为管理公司建设项目的平台。它通过这一平台在全球建筑市场上完成的工程造价总额已达到 4.5 亿美元。作为参与投标的条件,要求所有项目的承包商和设计单位都必须与 Internet 连接,使用基于互联网的项目信息门户作为项目信息沟通的工具。使用基于互联网的项目信息门户的工程项目在设计和施工阶段节省了大量的时间和费用,而且作为在建项目的业主,3Com 公司在运营维护阶段还可以利用这些存储的信息对工程设施进行有效管理。

②实力雄厚的承包商采用基于互联网的项目信息门户进行项目信息交流和沟通。美国著名的建筑公司 Webcor,所承担的一个工程项目是在加州的 Santa Clara 兴建的一座 12 层办公楼,该项目合同总金额为 5 000 万美元,项目业主在纽约,项目设计单位则在旧金山,其他项目参与单位也是分布在全美各地。Webcor Builders 公司使用 Cephren 公司的 Project Net 系统进行信息交流和沟通,节省信息交流和沟通成本约 5 万美元。该公司总裁认为,若所有的分包商都采用这一系统进行项目信息交流,总的信息交流和沟通成本可以节约 20 万美元。

（4）项目信息门户应用的关键要素

项目信息门户的实施应注重实施前的组织与管理准备,包括项目实施各方在思想观念上的准备。以项目信息门户为核心的工程管理信息平台实施的要素可分为以下四大件。

项目信息门户
应用的关键要素

①硬件。项目信息门户的软件对硬件系统并没有非常特殊的要求。硬件系统包括系统运行所需的服务器、个人电脑和相应的互联网设施,不同的系统、不同的软件对硬件有不同的要求,但都需要硬件具有安全性、稳定性和高速度的特点。对于大多数拥有局域网络并已习惯使用计算机工作的公司而言,完全不存在技术、设备门槛的问题。

②软件。除了德国 Drees and Sommer 公司开发的 PKM 软件,国际上知名的项目信息门户应用软件公司还有美国 Buzzsaw 公司、Honeywell 公司等开发的软件。由于开发思路不同,

不同公司的软件产品在特点和功能上略有不同。PKM 系统由一个模块化设计(采用 Java 编写)的多层结构构成,通过一个视图管理器分离客户端(Web 浏览器)和服务器端组件,使设计和显示与内容分开。这样,在修改设计和改变用户界面语言时可以不必改变配置。新语言的描述语句可写成 XML 文件格式存储在系统中,每一个用户可选择自己的特定语言。管理员也可使用 Web 界面修改系统设计。

③教育件。项目信息门户是对传统的工程项目管理方式的革命性变革,它需要有关的工程管理人员和工程技术人员在观念上全面更新、在信息处理工作中能自觉行动、在软件运用上能熟练掌握,这些都需要进行充分的宣传和系统培训,在领导层、工程管理层和技术层中达成共识、化为行动。

④组织件。指项目信息门户运用过程中所进行的组织结构设置和工程管理信息化工作,如组织结构及岗位责任的设置、有关人员的任务分工及权限设定、工程信息分类和编码及信息处理制度的制定等。

> **提示**
>
> 教育件和组织件是更为关键的要素。

(5)项目信息门户应用的意义

①对工程管理和控制提供强有力的支持。项目信息门户的应用从根本上改变了传统工程建设过程中信息交流和传递的方式,使项目业主和各参与方能够在任何地方、任何时间准确及时地掌握工程项目的实际情况和准确信息,从而能够做到对项目实施全过程进行有效监控,极大地提高了对工程项目管理和控制的能力。在工程项目结束后,业主和各参与方可以十分方便地得到项目实施过程中的全部记录信息,这些信息对项目运营与维护有着极为重要的作用。从项目建设期和建成后运营期全生命周期来看,项目信息门户的应用将极大地提高工程建设效益。

②有利于降低工程项目实施成本。工程项目实施成本的节约来自两个方面:一是可减少花费在纸张、电话、复印、传真、商务旅行及竣工文档准备上的大量费用;二是提高了信息交流和传递效率,从而可减少不必要的工程变更。

③有利于缩短项目建设时间。据统计,在现代工程项目中,工程师工作时间的 10% ~ 30% 用在寻找合适的信息上,而项目管理人员则有 80% 的时间用在信息收集和准备上。由于信息管理工作的繁重,有人甚至称项目经理已变成项目信息经理。使用项目信息门户进行项目信息管理和交流,可以大幅度地缩短搜寻信息的时间,提高工作和决策效率,从而加快项目建设速度,并且可有效减少由于信息延误、错误所造成的工期拖延。

④有利于提高工程建设质量。项目信息门户可以为业主、设计单位、施工单位及供货单位提供有关设计、施工和材料设备供货的信息。在一定授权范围内,这些信息对业主设计单位、施工单位及供货商都是透明的,从而避免了传统信息交流方式带来的弊端,有利于工程设计、施工和材料设备采购的管理与控制,为获得高质量的工程提供有力保障。

⑤有利于降低工程实施风险。在工程建设过程中,采用项目信息门户以保证项目信息交流和传递在任何时候和任何地点都十分通畅,提高了决策人员对工程实施情况把握的准确性和对项目发展变化趋势的预见性,从而可以很好地应对工程实施过程中的风险和各种

干扰因素,保证项目目标能更好地实现。

6.2.3　建筑信息模型(BIM)及其应用

1)BIM 的技术特征及应用价值

（1）技术特征

①信息存储结构具有多元化特征。相比 2D CAD 设计软件,BIM 最大的特点是摆脱了几何模型束缚,开始在模型中承载更多的非几何信息,如材料耐火等级、材料传热系数、构件造价和采购信息、质量、受力状况等一系列扩展信息。也正是 BIM 构件信息的多元化特征,使其除具有一般 3D 模型的功能外,还可模拟建筑设施的一些非几何属性,如能耗分析、照明分析、冲突检查等。

②以参数化建模作为创建模型的主要技术。BIM 的主要技术是参数化建模技术。操作对象不再是点、线、圆这些简单的几何对象,而是墙体、门、窗、梁、柱等建筑构件。BIM 将设计模型(几何形状与数据)与行为模型(变更管理)有效结合起来,在屏幕上建立和修改的不再是一堆没有建立起关联的点和线,而是由一个个建筑构件组成的建筑物整体。

③以联合数据库的分类模型作为模型系统的实现方法。由于 BIM 内含的信息覆盖范围包括整个项目建设周期,因此,模型必须包含相当多的建筑元素才能满足项目各参与方对信息的需求,采用联合数据库的分类模型可让不同专业的组织参与方通过一个模型进行交流,从设计准备到初步设计再到施工图设计的各个阶段,项目不同参与方通过基本模型获取所需的信息来完成自己的专业模型,然后将各自成果通过 IFC 格式交换反馈到信息模型中,传递到下一个阶段以供使用和参考,这种系统可行性强,而且模型在建设工程全寿命期可以充分利用。事实上,目前使用的 BIM 系统大都采用联合数据库的分类模型,而最终的信息集成则依靠专门的集成软件来实现,如图6.9 所示。

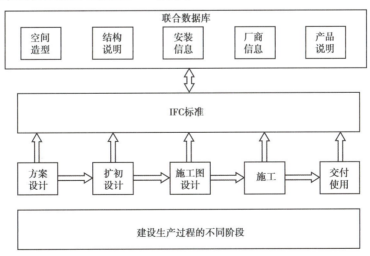

图 6.9　BIM 联合数据库分类模型

④以通用数据交换标准作为系统间信息交换的基础。BIM 的核心是信息的交换与共享,而解决信息交换与共享的核心在于标准的建立,有了统一的数据表达和交换标准,不同系统之间才能有共同的语言,才能实现信息的交换与共享。

（2）应用价值

BIM 应用对工程项目参建各方均具有重要价值,归纳起来,其应用价值主要包括以下 6 个方面。

①有利于提高生产效率。利用 BIM 技术可以大大加强各参与方的协同工作,提高信息交流的有效性,使决策速度和有效性均有提高,可减少返工次数,提高生产效率,节约成本。此外,基于 BIM 模型的工料测量和预算,相比基于 2D 图纸的费用预算更加快速、准确,可节约大量计算时间和人力。在美国 One Island East Office Tower 项目中,由于采用 BIM 算量方法,业主的不可预见费支出比平常更低。

> **提示**
>
> 在 Hillwood 项目中,工程造价人员采用 BIM 算量方法节约了 92% 的时间,降低了人工成本,并且误差与手工计算相比只有 1%。

②有利于提高业主对设计方案的评估能力。在项目进展的各个阶段,业主都需要有管理和评价设计方案的能力。在传统建设模式下,二维图纸限制了业主对设计方案的理解,业主对设计方案的管理和评价都是依靠设计人员对业主的描述及效果图来判断的,业主需求经常会发生变化,但有时很难判断新的需求是否已被实现。BIM 的可视化功能可以为业主在设计阶段提供建筑产品的模拟效果,极大地提高了业主对设计方案的理解能力,使得使用方在项目建设早期即可对建筑效果、性能进行审视和校核,将许多不满意及隐患（如设计碰撞等）解决在规划设计阶段。同时,有助于业主和设计人员及其他项目参与方之间进行更好的沟通。

③有利于提高业主对市场的反应速度。利用 BIM 技术,可以通过可视化交流和信息共享来加强团队合作,改善传统的项目管理模式和信息沟通模式,实现建设工程策划、设计、采购、加工预制、现场施工的无缝对接,减少延误,大大缩短工期。在美国通用汽车厂房扩建工程中,业主需要提高建设速度来抓住市场机遇,但同时又希望预算不要超支。项目团队运用全新的建设流程——基于 BIM 的建设工程项目集成交付模式（IPD）,运用自动化设计出图、模拟、场外构件生产等一系列创新方法,最后比业主要求的工期缩短 12.5%。由此可见,采用 BIM 技术可以有效提高建设速度,缩短项目工期,从而帮助业主更加快速地对市场变化做出反应。

④有利于提高建设设施的可持续性。据统计,一个 465 m² 的建筑物 1 年的能耗为 7.5 万美元到 10 万美元。使用节约能源系统每年可以减少 10% 的能耗费用,也就是 7 500 美元到 1 万美元。应用 BIM 技术进行设计和分析,使建筑物可以更好地适应环境变化,提高能源利用效率,从而减少能耗,提高建设设施的可持续性。

⑤能够为设施管理提供更好的平台。利用 BIM 竣工模型,可以迅速、准确、全面地向设施管理机构提供项目设计、采购与施工阶段信息,方便项目设施管理和维护。在美国海岸警卫队建筑设施规划中,设施管理者利用 BIM 来更新和编辑数据库,比传统的方法节省了 98% 的时间。由此可见,BIM 技术不但能提高信息管理效率,同时能节省很多用来输入这些信息的人力成本。

⑥有利于技术与管理创新。BIM 技术可以实现对传统项目管理模式的优化,便于各方

早期参与设计,在群策群力模式下,有利于吸取先进的技术与经验,实现项目创新。

BIM 正在改变建筑业内外部团队的合作方式,为了实现 BIM 的最大价值,需要重新思考项目管理团队成员的职责和工作流程,基于 BIM 的工作方式打破了原来不同的企业和数据使用者之间的固有界限,他们将通过协同工作实现信息资源共享。

BIM 技术的应用,能带来生产力和企业效率的提升,但在短期内却有可能因为对新技术的消化不够,从而引起对工作流程的干扰,导致旧有业务失衡,产生项目风险。因此,在充分了解 BIM 应用价值的同时,也应深刻理解 BIM 技术应用可能带来的问题。研究表明,大约有70%针对 BIM 技术应用而进行的业务工作流程改造项目,会因为 3 个原因而失败:一是缺乏持续有力的中高层领导的支持;二是不切实际的 BIM 项目目标和期望;三是项目成员对改变的抗拒。

2)BIM 技术的应用领域

2009 年,美国宾夕法尼亚州立大学计算机集成化施工研究组(The Computer Integrated Construction Research Program of the Pennsylvania State University)完成了一个 bSa (building SMART al-

liance)项目,其研究成果写成《BIM 项目实施计划指南》(*BIM Project Execution Planning Guide*)第一版,到了 2010 年又发表了 *BIM Project Execution Planning Guide* 第二版。在该指南中,对美国建筑市场上 BIM 技术的常见应用进行了调查、研究、分析、归纳和分类,得出了 BIM 技术的 25 种功能应用,涉及范围包括规划、设计、施工到运营各阶段,如图 6.10 所示。

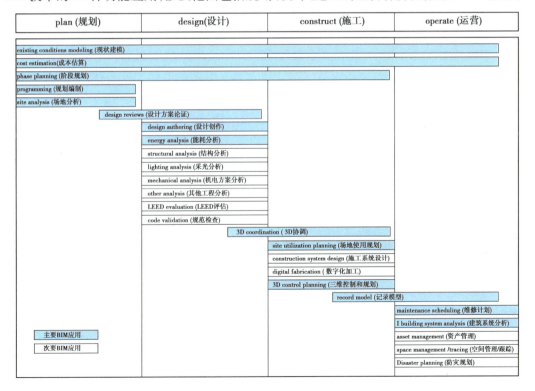

图 6.10　BIM 技术的 25 种功能应用

另外,美国教授 Salman Azhar、Michael Hein 等指出,BIM 模型是由包含建筑物的所有相关信息的一系列"SMART 对象"组成的,可用于可视化和参数化设计、图纸复核、法规分析、成本估计、建造模拟、界面和碰撞检测等方面。

(1)BIM 技术在规划阶段的应用

在前期规划阶段,BIM 能实现集成管理和全寿命期管理。BIM 以建筑产品为中心,其技术数据核心层能够为建设工程不同领域的数据模型提供统一的数据架构:为不同领域的数据交换提供总体指导;为各专业之间的信息交流提供平台。具体操作方法如下:首先在系统中形成一个 3D 模型,前期参与各方对该三维模型进行全面的模拟试验,业主能够在工程建设前就直观地看到拟建项目所展示的建筑总体规划、选址环境、单体总貌、平立面分布、景观表现等虚拟现实;其次 BIM 从 3D 模型的创建职能发展出 4D(3D+时间或进度)建造模拟职能和 5D (3D+费用或造价)施工的造价职能,让业主能够相对准确地预见到施工的开销花费与建设的时间进度,并预测项目在不同环境和各种不确定因素作用下的成本、进度、产出等变化;据此,业主就可对不同方案进行借鉴优化,并及时提出修改意见,最终选定一个较为满意的策划方案。

> **提示**
>
> 在前期策划中应用 BIM 能够加快决策进度,提高决策质量,大大减少建设过程中的工程变更,也使前期成本估算更加精准,同时还可惠及将来建筑物的运作、维护和设施管理,进而可持续地节省费用。

(2)BIM 技术在设计阶段的应用

①BIM 技术在建筑设计中的应用。在建筑设计中运用 BIM 相关软件,可以创建一个包含实际建筑所有特征的虚拟建筑模型,这个包含了实际建筑所有特征的 3D 数字模型将成为设计的核心。它不是只将纸质文件转变成电子文档,也不只是漂亮的 3D 渲染。利用 BIM 技术,将以模型为基础的 2D、3D 技术与信息相结合,建筑师就拥有了更加快速、更高质量、更加丰富的设计过程。这样不仅可以直观地表达设计意图,使得交流更加顺畅,从而降低设计变更的风险,而且质量控制也更加完善。此外,较低层次的任务,如绘制图纸、文档生成、创建进度表等都是自动生成的。这方面经典的案例是澳大利亚墨尔本的 Eureka 大厦,它是应用 BIM 技术进行设计的最大工程项目之一。工作人员发现应用 BIM 技术的益处很大:BIM 技术的运用使得设计流程不再明显划分为设计和绘图两个阶段,因为施工图可以作为设计模型的副产品;项目中的每个人都能集中精力于设计创新上,同时,也要求团队成员之间更高的协作,BIM 技术的运用提高了协作性,而不是孤立了设计成员;以三维可视化的模式来表现建筑,增强了项目团队对设计的理解;多个设计方案很容易就可以得到一个高度客观的分析、评价和比较,而在传统二维 CAD 模式下要实现这一效果是相当困难的。

②BIM 技术在结构设计中的应用。结构设计大体可分为 3 个阶段,即结构方案阶段、深化设计阶段和施工图设计阶段。结构设计阶段运用 BIM 技术可以无缝传递建筑设计阶段的数据模型,形成本阶段的几何、荷载、分析子模型,并且结构设计阶段任何信息的修改都可以结合 BIM 的参数化建模技术实时传递到上游的建筑设计阶段及下游的深化设计和施工图设计阶段,形成协同工作。

结构分析可能采用不同的有限元分析软件,目前,各种分析软件之间模型信息的转换是杂乱无章的。一个软件必须输出多种数据格式,也就是说,必须建立与多种软件之间的接口(如 SATWE 与 ANSYS、ABAQUS 等),而其中任何一个软件版本的更新和变动,都需要重新编写转换接口,各软件之间点对点的信息转换非常复杂且工作量巨大。但是,利用 BIM 技术可以形成中间共享的通用模型共享平台,实现专用有限元软件(如 SATWE、ETABS、SAP2000)和通用有限元软件(如 ABAQUS、ANSYS、ADINA、MARC 等)之间的结构分析模型的信息转换。采用统一标准后,各软件只要实现与中间通用模型转换平台之间的转换,就可以达到所有软件之间模型数据信息的转换。此外,由于是基于统一的 BIM 技术,因此这种间接转换也不会导致数据信息的丢失。

(3)BIM 技术在施工阶段的应用

传统的工程建造过程中,施工阶段是和设计阶段相互独立的,施工过程中若发现设计不合理,就需要重新回到设计阶段进行变更,设计变更所导致的附加成本要占一个项目投资额的 20% 左右,有些复杂项目甚至高达 30% ~40%。同时,施工阶段往往会产生大量的表单,人员、材料、机械等的会签由于传统方法信息集成度不高,经常发生错、漏现象,导致施工管理混乱,进度计划布置不合理。另外,针对工程造价分析,施工中主要部件节点与设备管线等非主要部件之间的施工冲突也是突出问题。解决这些问题的有效手段是建立信息的互联和互通,使得施工阶段能共享设计阶段的数据信息,本阶段的信息变化也能及时为上游阶段所捕捉,实现施工阶段的精细化管理。

BIM 应用系统创建的虚拟建筑模型是一个包含建筑所有信息的数据库,将 3D 建筑模型和时间或成本结合起来,就可以进行直观的 4D 或 5D 施工管理。如 4D 可以用于模拟建造一个项目,这个过程可以在设计或施工前确定施工方案的可行性,及时发现不合理或与规范不协调的部分。匈牙利 Graphisoft 公司开发的 Virtual Construction(虚拟施工)应用软件就是对 BIM 技术的最好实践,可以综合用于施工管理的 5D 建模解决方案。通过 3D 施工建模系统快速建立精确的施工模型,这个模型大大减少了设计文档中的错误,从而大大节约了成本。利用 3D 模型可以准确地获得工程量,加上工期和成本,就可以用于分析施工工序的合理性。此外,5D 施工管理解决方案可以自动将施工模型和工程进度链接起来,一旦链接起来,工程进度方案就可得到更有效的分析和交流,还可将预算过程中创建的信息分解到生产中,生成预定的采购计划,利用施工模型把成本与时间结合起来,生成费用列表用于财务分析。在整个施工管理系统中,设计、成本和进度是相互关联的,任何一个部分的变化都会自动映射到另外两个部分中。这将大大缩短评估和预算时间,显著提高预算的准确性。更重要的是,可以增强工程施工的可预见性,在工程设计和施工初期可及早发现问题。通过 3D 模型,设计、预算和进度可以同步获得,而且在施工的任意阶段,都可通过与 3D 模型关联,保持最新、准确的造价及进度。

(4)BIM 技术在运维阶段的应用

当今,在开发商狂热追求商业项目开发所带来的高利润下,运维阶段作为商业项目投资回收和盈利的主要阶段,节约成本,降低风险,提升效率,达到稳定有效的运营管理成为业主们首要追求的目标。显然,传统的运营模式已不能适应当今信息引领时代的浪潮,不能满足各大商户和消费群体不断更新换代的营销模式与快节奏生活方式,更不能提供对进行大型设施项目中大量流动人群的安全保障。传统的运营管理技术不能实现业主们的愿望,还会给业主们带来巨大的经济损失。简单来说,传统运营管理的弊端主要体现在成本大、缺乏主动性和应变性及总控性差等方面。而 BIM 技术的运用有效地整合了规划设计阶段及施工管理阶段的关联基础数据,完整无误地将其导入运营数据库,再结合相关的网络技术,使商业运营管理更具有应变性和可控性。BIM 技术在运营管理中的主要应用为:设备的运行和管控、建筑的能耗监测和管控、安保和应急疏散管理及数据分析和资料整合等。

①设备的运行和管控。BIM 的三维可视化模型,可帮助业主轻松查询、搜索、定位到其所需设备,并且直观地了解到设备全部信息,这里的信息不只是传统运营管理下二维平面中的长宽高,非几何信息也可以清晰表达,如设备型号、生产日期、使用年限、采购人员等。BIM 模型不仅提供了完整的设备信息,并在可视化下实现精准的设备定位,使得设备的安装拆卸与维修变得简单。通过 BIM 和相关运营技术的结合,不仅可以便捷快速地进行设备运行检查、维护和控制,同时使设备拟人化,具有感知功能,当室内外温差或室内有毒气体的含量等达到相应标准时,设备会自动对管控中心发出警报。BIM 技术下的运营管理使设备更加智能化、更具生命力,这不仅加强了业主对设备的管理效率,还大大降低了由查询、定位、检查设备信息等所造成的劳动力成本。

②建筑的能耗监测和管控。中国建筑使用能耗约占全社会总能耗的 28% ,其中商业建筑能耗更为惊人。基于 BIM 的运营能耗管理可以大大减少建筑使用能耗,BIM 可以全面了解建筑的能耗水平,收集建筑物内所有设备用能的相关数据,并进行能耗分析和建筑运行的节能优化,从而促使建筑在平稳运行时达到能耗最小。BIM 还通过与物联网、云计算等相关技术的结合,将传感器与控制器连接起来,对建筑物能耗进行诊断和分析,当形成数据统计报告后可自动管控室内空调系统、照明系统、消防系统等所有用能系统,它所提供的实时能耗查询、能耗排名、能耗结构分析和远程控制服务,使业主对建筑物达到最智能化的节能管理,摆脱传统运营管理下由建筑能耗大引起的成本增加。

③安保和应急疏散管理。在商业项目中,为人们提供安全保障是商业运营管理的基本前提。BIM 技术所采用的主动化应急管理措施为应急疏散提供了最快且最安全的保证。当发现异常情况时,业主可通过控制平台直观地确定异常情况的发生地点,控制设备运行(如及时切断电气开关,打开最近的消防装置等),防止异常情况扩散,并且找出最安全、最便捷的疏散通道,通过 BIM 技术还可确定安保人员的位置,快速地指导各个安保人员对人群进行保护。

> **提示**
>
> 基于 BIM 技术的运营管理不仅能对应急事件进行快速指导,还能进行应急预案的模拟,如日常的火灾模拟、人员疏散模拟等,以此减少当真正异常情况发生时,因组织不当和管理失责所造成的巨大损失。

④数据分析和资料整合。运营管理离不开对数据的整合和分析,基于 BIM 和物联网以及云计算技术进行的运营数据资料分析、整合及共享,将取代传统运营以互联网为依托的数据整理和传递过程,便于业主进行项目总控。项目运营中不断积累的大量数据是运营管理的基础资料,BIM 技术可将资料进行分门别类的整合,细化各个阶段和步骤,对信息进行最

完整的保存,它还以最快捷的信息共享方式将各大商业运营项目资料传递给总部,使总部实时了解项目运营状态,其分类整合、精确分析及信息集成共享将能够给予总部最快捷的决策支持,成为业主运营管理中最有效的决策依据。

以 BIM 技术为核心的运营管理可解决传统运营管理中难以克服的问题,有利于业主把被动化的运营管理变成主动化,增强控制性,提高投资回报。

3) BIM 技术的发展趋势

BIM 技术的发展意味着其要素,即 BIM 应用点、BIM 应用软件及 BIM 应用标准的发展。其中,BIM 应用点是源头。根据 BIM 的特性及工程实际工作中的问题,有关人员首先提出具有应用价值的新 BIM 应用点,会成为相应 BIM 应用软件开发的起点。而 BIM 应用软件的发展直接带动 BIM 技术的发展。在面对一个工程项目时,即使相关人员懂得可用的 BIM 应用点及其应用价值,如果不能获得相应的、适用的 BIM 应用软件,BIM 技术的应用也无从谈起。

目前,市面上 BIM 应用软件已有很多,但大多是一些基础性软件,如建模软件、碰撞检查软件等,发展潜力还很大。如何结合我国工程实际,开发具有自主知识产权、基础性、关键性的 BIM 应用软件,是我国建设工程信息化的努力方向。在 BIM 应用软件发展方面除了新软件开发,既有软件二次开发也是一个重要方向。例如,在一些已经成熟的平台软件上进行二次开发,结合我国相关规范完善其数据库和方法库是一种投资少、见效快的方法。另外,一些国内软件开发商和应用单位一起,结合一些标志性工程开发 BIM 技术的新应用点并与管理软件集成在一起,是目前我国 BIM 技术发展的一个突出现象。而 BIM 应用标准的发展可以为 BIM 技术的应用和发展创造一个良好的环境。BIM 应用标准可分为数据标准、内容标准、协同工作标准等。数据标准规定 BIM 数据格式,内容标准规定 BIM 所应包含的内容,而协同标准规定数据提交方式。有了这些标准,工程项目多参与方、多专业之间基于 BIM 技术的协同工作就变得十分有序,并可使各方及各专业之间为进行沟通所花费的精力大大减少,从而降低成本。

> **提示**
>
> BIM 应用标准的发展可为 BIM 技术的应用和发展创造一个良好的环境,而 BIM 应用标准的编制也将朝着更多地借鉴先进经验、更加实用的方向发展。

一般而言,BIM 技术未来将有以下发展趋势。

①BIM 模型自动检测是否符合规范和可施工性。在新加坡,一些项目的 BIM 模型已具备自动检测是否符合规范与可施工性的性能。而一些以创新为主的公司,如 Solibri 和 EPM,其基于 IFC 标准已开发出具有模型自动检测功能的软件(如 Jotne2007、Solibri2007)。

②制造商启用 3D 产品目录。越来越多的制造商顺应 BIM 发展趋势,将其产品目录以 3D 格式上传网络,用户可以下载需要的 3D 产品,并将其插入已建的 BIM 模型中检查是否符合要求。

③多维(nD)项目管理模式。未来项目管理的维度将由三维(3D)发展到四维(4D)、五维(5D)甚至是多维(nD),虚拟建设模式已不再停留在研究领域而是被广泛地应用到项目管理中,并且越来越多的软件涌现出来支撑其应用。

④实现预制加工工业化与全球化。依靠 BIM 模型详尽且准确的信息,场外预制加工得以实现,且未来的发展将是实现预制加工的工业化与全球化,这些都可大大节省工期,提高生产效率。

⑤BIM 与 GIS。地理信息系统(Greographic Information System,GIS)是用来收集、存储、分析、管理和呈现与地理位置有关的城市信息数据,如城市的道路、燃气、电力、通信和供水等。在 2D 图纸时代,建筑信息与其他城市信息一起仅能呈现其位置,其间的联系与影响无从体现与管理。而到了 3D 模型时代,BIM 参数模型融入 GIS 系统中,二者相互联系,相互影响,BIM 建模过程需要充分考虑是否与周围的城市信息数据相冲突,而城市设施的改造等也将考虑到既有建筑,其 BIM 模型将为决策提供指导意义。到了"3D+环境"的时代,BIM 与GIS 的结合将发挥更加智能化的作用,但无论是技术还是管理,所面临的挑战都无疑是巨大的。

因此,BIM 技术发展趋势可归纳为基于 BIM 的特性及工程建设中遇到的实际问题,更多新的 BIM 应用点将被确定,并带动 BIM 应用软件的发展,而 BIM 应用软件将朝着新 BIM 应用软件的开发、现有软件的二次开发和完善及 BIM 应用软件与管理软件的集成三者并行的方向发展。

模块 7

货币银行学

7.1　信用和货币

7.1.1　信用

信用是现代金融的基石,是商品经济高度发展的产物。现代社会中多种多样的金融交易都是以信用为纽带来开展的,它是一种以偿还为前提的且特殊的价值运动形式。随着资本主义经济的发展,信用的形式越来越多样化,而我国在发展和完善社会主义市场经济的过程中,同样需要利用信用的各种形式。本节将从信用的定义及特征开始,详细介绍信用及信用的形式。

> **提示**
>
> "信用"一词自古就有。中国古语称:"人之道德,有诚笃不欺,有约必践,凤为人所信任者,为之信用。"

1)信用的定义及特征

(1)信用的定义

信用是以偿还本金和支付利息为条件的借贷行为。借贷与买卖不同,借贷是以偿还为条件的付出,是关于债权与债务关系的约定,即商品或货币所有者以到期取得利息为条件让渡商品或货币的使用权,从而成为贷者或债权人,

信用的定义及特征

并有权根据借贷契约规定的条款对借者进行监督,而作为借者或者债务人以到期还本付息为条件取得商品或货币的使用权,并有义务履行借贷契约规定的条款。在社会行为中,借贷行为很普遍,无息借贷也司空见惯,但无息借贷一般不是信用关系,而是互助互爱的社会关

系。当然,有些特殊的无息借贷属于信用关系,例如,一些西方国家的银行对企业的活期存款不支付利息,这虽然使企业损失了一定的经济利益,但银行却给这些企业相应的服务和获得贷款的权利,因此,这些企业的银行存款也是有利息的。

(2)信用的特征

若与简单商品买卖中的价值运动相比较,信用是价值运动的特殊形式,两者的主要差别在于:

①信用过程中的价值运动形式是 $G-G$,而商品买卖中的价值运动形式是 $W-G-W$(其中 G 表示货币,W 表示商品)。

②信用过程的价值运动必然有或长或短的间隔期,而商品买卖中的价值运动是钱货两清,没有间隔期,买卖过程中,卖者让渡商品的所有权和使用权,并取得货币的所有权和使用权,而买者则相反,这种买卖关系所形成的等价交换在买卖双方交割之后即宣告完成,即双方同时获得等价。

③信用过程中的价值运动只是让渡商品或货币的使用权而不改变所有权。贷出者只是暂时让渡商品或货币的使用权,而所有权并没有发生改变,在信用关系中,等价交换的对象是商品或货币的使用权。

(3)信用的作用

①流通作用。信用节约了现金流通和流通费用,信用主要通过 3 种方式实现现金流通的节约:

第一,信用大部分交易使用赊销和赊销债权债务相互抵消来清偿。

第二,闲置的货币通过银行放贷到流通领域,使货币流通速度加快,节约了货币。

第三,首先金、银币为银行券和纸币所代替,从而节约了金属货币。其次,信用加快了资本形态的变化,从而使社会再生产过程加快,有效减少了占用在商品储存上的资本,节约了商品保管费,流通费是非生产费用,把节约的流通费用投入生产领域,可以使得生产规模扩大,促进经济快速发展。

②调剂作用。首先,信用调剂了资源余缺,更好地实现资源优化配置。信用关系在资金流量分析中表现的是对社会资源余缺的调剂,经济主体可以大体划分为个人、企业、政府、金融机构和国外部门。国民收入从收入形态上可以包含这 5 个部门的收入,而从支出形态上也是包括这 5 个部门的支出,国民收入从收入交付计算和从支出角度计算结果应是相等的,但每个部门具体的总收入与总支出大部分时间又不相等,有的部门收入大于支出,有的部门必然有收入小于支出,将多余的支出暂时让渡给支出过大的部门使用,有利于资源合理配置,促进经济发展。其次,信用将众多分散的小额资金汇聚成庞大的社会资本,提高一国的储蓄水平,从规模经济、收益与风险等方面的分析中,可以发现,信用关系在动员储蓄、降低投资风险、实现规模经济,从而提高投资效益等方面有巨大作用。

> **提示**
>
> 信用关系能够动员储蓄的原因在于信用关系动员资金具有自愿性和有偿性,信用关系能够降低风险,实现规模经济的原因在于投资者对风险和效益的评估水平要大大高于储蓄者,即资金贷出者的评估水平。

2) 信用的分类

信用分类可以有不同的分类标准,常见的有期限、地域和信用主体等。按期限分,可分为长期信用和短期信用;按地域分,可分为国内信用和国际信用;按信用主体分,可分为商业信用、银行信用、消费信用、国家信用、合作信用;信用还有其特殊形式,如高利贷信用和资本信用。

信用的分类

本节将重点介绍按信用主体来划分的各种信用相关内容。

(1) 商业信用

商业信用是指企业之间以赊销商品和预付货款等形式提供的信用,是现代信用制度的基础。赊销和预付货款是商业信用的两种基本形式,其他形式还有如委托代销、分期付款、预付定金、按工程进度预付工程款、补偿贸易等。

> **提示**
>
> 如 A 企业从 B 企业购进原材料,约定 2 个月后付款,或者是分批付款。再如,某企业货物特别畅销,一些购货单位需要提前支付定金,这都属于商业信用。

①商业信用之所以能够成为主要的信用形式,原因主要有两个:

一是商品交易最基本的形式并非现金现货交易,即不在同一时点上的货款两清,生产时间和流通时间往往存在不一致现象,而是会有预付货款或者是延迟付款。预付与延迟就必然伴随着信用关系。

二是商业资本和产业资本分离。如果要求所有商业企业用自己的资本金购买全部商品,则会发生商业资本奇缺的困难。

②商业信用的优点。在于及时、方便。在找到商品的买主或卖主时,既解决了资金融通的困难,也解决了商品买卖的矛盾,从而缩短了融资时间和交易时间。而且商业票据一般都可以到商业银行贴现或者背书后转让给第三者。当有商业汇票时,持票人可以通过这种方式同时获得部分资金或者抵偿部分债务。商业信用的票据化使分散的商业信用统一起来,票据化的结果是法律化,用法律手段约束商业信用,保证商业信用健康发展,票据化的另一结果是银行信用可以参与商业信用,从而提高商业信用的信用度,银行信用参与商业信用的途径是票据贴现和承兑。

③商业信用的局限性:其实是由它的特点所决定的。

a. 商业信用的规模受工商企业资本量的限制。商业信用是由工商企业之间彼此提供,因而商业信用只是在企业之间再分配已有的资本,而无法在现有资本总额之外获得更多资本。

实质:商业信用的最大限度是现有资本最充分的运用。

b. 一般是由卖方提供给买方,受商品流转方向的限制。生产资料的企业只能向需要生产资料的企业进行赊销,而不能进行相反的业务。如服装厂可以向面料厂赊购面料,却无法向面料厂赊销商品。

c. 商业信用期限的局限性。受生产和商品流转周期的限制,一般只能是短期信用。因为商业信用所提供的资本未退出再生产过程,属于生产过程的资本,所以只适用于短期,长期信用一般不采用这种方式。

d.商业信用在管理和调节上有一定的局限性。商业信用是在工商企业之间自发产生的,常会形成一条债务链条。如 A 欠 B,B 欠 C 等,链条上任何一环出现问题,整个债务体系都将面临危机。并且国家经济调节机制对商业信用的控制能力又很微弱,商业信用甚至对中央银行调节措施作相反反应,如央行紧缩银根,使得银行信用获得较为困难时,正好为商业信用活动提供条件,所以只有当央行放松银根,使银行信用获得较为简单时,商业信用活动才有可能相对减少。

> **提示**
>
> 各国央行和政府都难以有效地控制商业信用膨胀所带来的危机。

④商业信用的中介工具。在前面讲商业信用的优点时,我们已提到,商业信用一般是通过商业票据来完成的。商业票据其实是一种很古老的商业信用工具,产生于 18 世纪,20 世纪 20 年代初具规模,20 世纪 60 年代后期才真正成为货币市场工具而大量使用。所谓商业票据,是由金融公司或某些信用较高的企业开出的无担保短期票据,有确定的金额和到期日,是一种可以转让的金融工具。

> **提示**
>
> 我国《境内机构发行外币债券管理办法》中对商业票据的定义是:"商业票据是指发行主体为满足流动资金需要所发行的期限为 2～270 天的可流通转让的债务工具。"

A.票据的种类,如图 7.1 所示。

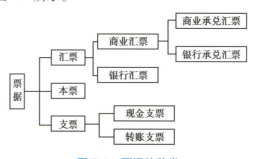

图 7.1　票据的种类

a.按出票人不同,可分为银行汇票(Bank Bill)、商业汇票(Trade Bill)。

b.按承兑人的不同,可分为商业承兑汇票(Commercial Acceptance Bill)、银行承兑汇票(Bank's Acceptance Bill)。

c.按付款时间不同,可分为即期汇票(Sight Bill or Demand draft)、远期汇票(Time Bill or Usance Bill)。

d.按有无附属单据,可分为光票(Clean Bill)、跟单汇票(Documentary Bill)。

B.商业票据的特征。

a.票据是可流通的证券。除了票据本身的限制,票据是可以背书转让的,流通转让是票据的基本特性。票据是流通证券,票据的流通主要是通过票据转让实现的,不附加任何限制条件的自由转让是票据实现各项功能的客观要求;但是,基于票据权利的私权利性质,以及维护票据信用和票据安全的需要,法律在保障票据流通性的同时,又规定了对票据流通的某些限制。

b.票据是具有付款请求权和追索权的有效凭证。只要票据不是伪造的,票据所载条件的付款人就无权以任何理由拒绝履行行为,同时只要持票人拿到票据后,就已经取得票据所赋予的全部权力,这称为商业票据的不可争辩性。

c.票据的形式和内容必须保持标准化和规范化。票据的形式要符合法律规定,票据上必要记载项目必须齐全且符合规定。票据是一种要式证券,即票据的制作要具备法定的必要形式和内容。换言之,票据必须按照票据法规定的格式进行出票、背书、保证、承兑等票据行为。而票据上记载的文字也在符合格式要式的范围内发生票据法上的文义效力。只有形式和内容都符合法律规定的票据,才是合格票据,才会受到法律保护,持票人的票据权利才能得到保障。

d.虽然商业票据产生于商品交易中,即它有商品交易的背景,但商业票据只反映由此而产生的货币债权和债务关系,而不反映交易的内容,因为交易行为已经完结,商品已经过户,这一特性成为商业票据的抽象性。

e.商业票据的签发不需要提供其他保证,只靠签发人的信用即可。这一特性被称为商业票据的无担保性。

C.贴现。我们都知道,票据都有一个持票期限,那么请大家思考一下,如果在期限未到时想要申请兑现,应怎样做? 解决方法之一就是转让给银行,即贴现。贴现一般是指银行承兑汇票的持票人在汇票到期日前,为了取得资金,贴付一定利息将票据权利转让给银行的票据行为,是银行向持票人融通资金的一种方式。

贴现期、票据期和持票期的关系如图7.2所示。

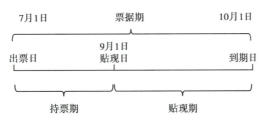

图 7.2　贴现期、票据期和持票期的关系

那么,持票人将票据进行贴现,银行扣除相关利息后,持票人能够得到的具体金额数是多少? 这就涉及贴现净额的计算,计算贴现净额,一般有以下4个步骤:

步骤一,计算贴现天数:从贴现日至到期日的时间间隔,算头不算尾或算尾不算头。或采用公式法。

步骤二,计算贴现息:

$$贴现息 = 票据到面值(期值) \times 日贴现率 \times 贴现天数$$

步骤三,计算贴现净额:

$$贴现得款 = 票据到面值(期值)期值 - 贴现息$$

步骤四,作出账务处理。

【例7.1】 2021年9月12日某公司将持有的银行承兑汇票向银行贴现,票据到期日为11月7日,票据面值11.7万,贴现年利率为6.2%,取得贴现款存入银行。请计算该公司可以获得的资金净额并做出该笔业务的会计分录。

贴现天数 = [19(9月)+31(10月)+6(11月)]天 = 56天

贴现息 = (117 000×6.2%×56/360)元 = 1 128.40元

贴现款 = (117 000−1 129.40)元 = 115 871.60元

会计分录:

借:银行存款　　　　115 871.60

　　财务费用　　　　1 128.40

　　贷:应收票据　　　　111 700

【例7.2】 某公司7月31日因周转资金的需要,将一张3月30日开出的为期6个月的面值为23.4万元的银行承兑汇票至其开户行贴现,贴现年利率为8%,同时将贴现所得款存入银行,请计算该公司可以获得的资金净额并做出该笔业务的会计分录。

贴现天数:1天(7月)+31天(8月)+29天(9月) = 61天

贴现利息:234 000元×8%×61/360 = 3 172元

贴现得款:234 000元−3 172元 = 230 828元

会计分录:

借:银行存款　　　　230 828

　　财务费用　　　　3 172

　　贷:应收票据　　　　234 000

(2)银行信用

银行信用
和国家信用

银行信用是指以银行或者其他金融机构为媒介、以货币为对象向其他单位或者个人提供的信用。银行信用是伴随着现代资本主义银行的产生,在商业信用的基础上发展起来的一种间接信用。银行信用在规模上、范围上、期限上都大大超过了商业信用。

①银行信用的特点。

a.银行信用中所贷出的资本是从产业资本中游离出来的资本,即脱离了产业资本的循环而可以独立进行转移的货币形态资本。

b.银行信用的债权人是银行自身,债务人是工商企业和个人。

c.银行信用与产业资本的动态是不完全一致的。这是因为:第一,银行信用中的借贷资本是脱离产业资本循环的暂时闲置的货币资本;第二,用于借贷的货币资本源于社会各个方面,不只限于工商企业。

②银行信用的优点。

a.银行信用所贷出的资本是货币资本以及社会上闲置的货币资金。除了借贷资本家拥有以获取利息为目的的货币资本,在产业资本循环中未使用的闲置货币资金和闲置积累、居民闲置货币收入也是银行信贷资金的重要来源。

b.银行信用的债权人是货币资本家,银行信用的债务人是职能资本家。从这个意义上说,银行信用中的货币资本家可称为实际的或最终债权人。

c.在产业资本循环周期的各个阶段上,银行信用的动态(即伸缩)和产业资本的动态是不一致的,这是货币资本的变动和产业资本的变动不一致造成的,这在经济危机时期表现得尤为明显。

d.银行信用所提供的货币贷款,一般也运用于生产和商业流通,20 世纪 70 年代起,资本主义银行业务范围急剧扩张,银行的信贷资金不一定只用于直接生产和商品销售业务。

(3)国家信用

国家信用是政府以债务人的身份,筹集资金的一种借贷行为。国家信用是以国家和地方政府为债务人的一种信用形式。它的主要形式是通过金融机构发行公债,在借贷资本市场上借入资金。

> **知识链接**
>
> 　　春秋战国时,秦国的商鞅在秦孝公的支持下主持变法,当时正处于战争频繁、人心惶惶之际,为了树立威信,推进改革,商鞅下令在都城南门外立一根三丈长的木头,并当众许下承诺:谁能把这根木头搬到北门,赏金十两。围观的人不相信如此轻而易举的事就能得到如此高的赏赐,结果没人肯出手一试。于是,商鞅将赏金提高到 50 金,重赏之下必有勇夫,终于有人站起来将木头扛到北门,商鞅立即赏了他 50 金,商鞅这一举动,在百姓中树立了威信,而商鞅接下来的变法就很快在秦国推广开来,新法使秦国逐渐强盛,最终统一六国。

国家信用包括国内信用和国外信用两种。国内信用是以国家为债务人身份向国内居民、企业团体取得信用,形成于一国的内债。国外信用是国家以债务人身份向国外居民、企业团体和政府取得的信用,形成于一国的外债。

国家信用所筹集的资金主要用于政府的各项支出。

①国家信用的积极作用。

a.国家信用最主要的作用是平衡财政赤字,从而缓解货币流通,保持物价稳定。当一国出现财政赤字时,可以有多种方法用于弥补,但最好的方法就是举借内债,政府举借内债可以通过两条途径来缓解总供求的矛盾。其一,由于内债源于国内投资和消费,因此,举借内债势必减少国内投资和消费的数量。其二,由于本年财政收入因债务收入而增加,财政赤字得以减少或消除,因此,举借内债弥补财政赤字不会改变一国的货币流通量,因而在总体上不影响一国的物价水平。

b.举借内债影响经济增长。这一影响主要通过投资总量和投资效率这两个影响经济增长的两个决定性因素体现。由于社会可以划分为居民个人、企业、金融机构、政府 4 个部门,举借内债就是政府通过发行债券从其他 3 个主体中筹集资金,而这 3 个主体的边际投资倾向与政府的边际投资倾向是不一样的,因此,举借内债后,会改变一国的投资总量。例如,一国居民个人的投资倾向只有 30%,政府向居民个人发行债券,且将全部举债收入用于投资,那么举债的结果就是使得全国的投资总量增加。举债导致投资总量增加还有一条更重要的途径:国债拉动其他投资,由于国债是国家行为,政府通过国债投资产生信号传递效应,从而引起银行贷款、民间投资增加。同时,举债又可以改变一国的投资效率。投资主体间的投资效率是不同的,举债改变了投资主体结构,因此,投资效率也会发生变化。如果政府的投资效率高于居民、企业的投资效率,而且由于政府可以向存在瓶颈的基础产业进行投资,从而投资的乘数作用大于居民、企业投资的乘数作用,那么政府举借内债并从事投资,就会提高全社会的投资效率。

c.国债市场的存在与发展,为一国的利率政策发挥有效作用提供了场所。在利率市场化的今天,一般中央银行只能通过调整短期基准利率,主要是再贴现率,来影响整个市场的利率水平,而国债市场的发展,提升了利率传导的效率,通过迅速影响到期收益率曲线,进而影响全社会的利率水平,实现中央银行利率政策的意图。

d.国债市场的存在和发展,为一国货币政策中的公开市场业务提供了发挥效力的场所。一般情况下,中央银行公开市场业务买卖的证券是高级别的短期债券。这是因为中央银行为了调控基础货币,没有必要承担违约风险。之所以主要购买短期债券,是因为短期债券的利率风险低,中央银行购买短期债券不必承担过多的利率风险。正因为如此,国债市场的发展,还意外产生了重要作用,即有助于实现国家的金融与货币政策。

②国家信用的消极作用。

国债的发行与交易产生消极作用,主要是指国债规模较大时。

a.主权违约风险增大,伤害融资环境。债务规模过大,还本付息压力重,导致利率水平攀升,影响一国经济增长。当债务危机来临时,并非提高利率就能顺利融到资金,有时被迫需进行债务重组,债务重组必然导致重大资本损失,这会引起信贷紧缩,进一步威胁经济增长。债务违约发生时,违约者想筹措长期资金是不容易的,其会被迫筹措短期资金,因为债务结构更加脆弱。

b.伤害经济增长。前面提到,债务违约时,利率提高,银根紧缩,债务结构更加脆弱,这会影响经济增长。不但如此,影响经济增长的因素还包括偿债规模的加大,会牺牲更高投资效率的投入,如教育、科技、卫生以及基础设施建设,经济波动加剧,损害资本积累,甚至部分资金流失海外。

c.伤害金融和社会稳定。当国债规模较大时,一国为了降低债务的实际价值,会有意识提高物价水平,这种通过货币贬值带来的利益是短期的,代价却是长期的,因为高通货膨胀会导致资源的不合理配置。另外,前面提到,债务危机导致利率升高,而高利率又会引起债务负担加重,最终国家只能增发货币。

> **提示**
>
> 高债务国家为缓解债务压力,会被迫紧缩财政支出,有些行业会裁员或降薪,这必然导致受害群体的不满,一旦国家的社会稳定被破坏,就需要相当长的时间和巨大努力才能恢复稳定。

(4)消费信用

消费信用是指企业、银行和其他金融机构向消费者个人提供的,用于生活消费目的的信用。

消费信用的形式多种多样:商业企业直接以赊销的方式,特别是以分期付款的方式,对顾客提供信用;银行和其他金融机构直接贷给消费者货币用于购买住房、耐用消费品等;银行和其他金融机构对个人提供信用卡,客户可以凭借信用卡,在可以接受信用卡消费的场所进行消费,等等。

①消费信用的积极作用。

a.消费信用在一定条件下可以促进消费品的生产与销售,甚至在某些条件下可以促进经济的增长。居民购买力大小决定了消费市场的大小,消费信用的增加促进了消费市场额的发展,推动一国经济增长。

b.消费信用对促进新技术的应用、新产品的推销以及产品的更新迭代,也具有不可估量的作用。

c.消费信用可提高人们的消费水平,改变消费结构。

②消费信用的消极作用。消费信用在一定情况下也会对经济发展产生消极作用。消费信用形成的购买力具有一定的虚假性和盲目性,如果消费需求过高,生产扩张能力有限,消费信用则会加剧市场供求紧张状态,促使物价上涨,为经济发展增加不稳定因素。

7.1.2 货币

1)货币的定义和起源

什么是货币?西方经济学中常见的货币定义,凡是在商品与劳务交易和债务清偿中,可作为交易媒介与支付工具、被普遍接受的手段就是货币。

马克思认为,货币首先是商品,货币是从商品中分离出来的,固定地充当一般等价物的一种特殊商品。货币首先从商品的价值表现开始,而商品的价值必须通过商品交换才能表现出来。商品关系发展的早期,商品交换只表现为直接的商品交换,也就是物物交换,还不需要独立的价值表现形式。随着商品关系以及商品生产者的社会性质的进一步发展和扩大,伴随着价值形式从简单的、个别的或偶然的价值形式发展到总和的、扩大的价值形式,一般价值形式到最后的货币形式,处于等价形式上的商品也逐渐由个别等价物发展到特殊等价物、一般等价物,最后由金银来固定充当一般等价物。

(1)简单的、偶然的价值形式

最初的交换带有偶然性质,一种商品的价值偶然地、简单地由另一种商品来表示。原始社会后期,生产力水平低下,没有社会分工,不存在商品生产,只是偶然把剩余产品用来交换,与这种偶然的直接物物交换相适应,商品的价值表现也有偶然性。一种商品的价值偶然的、简单的表现在另一种商品上,这种价值形式叫作简单或偶然的价值形式。这样的交换可以写成"$A=B$",表示产品 A 很偶然的和商品 B 发生了一次交换。1 只绵羊=2 把斧头。等式的两端商品所处地位和作用不同,左边的商品绵羊处于主动地位,需求把自己的价值相对的表现在另一种商品斧子上,因此叫作相对价值形式;右边的商品斧子则处于被动地位,是绵羊价值的表现材料,与绵羊价值相当,叫作等价形式。

(2)扩大的价值形式

第一次社会大分工后,农业和畜牧业分离,交换逐渐成为一种经常的现象,价值的表现也发展到扩大的价值形式。这时,一种商品已经不是偶然地和另一种商品交换,而是经常地和其他许多商品交换。因此,一种商品的价值也就不能简单地、偶然地在另一种商品上表现出来,而是经常地表现在许多种商品上。例如,1 只绵羊的价值可以由 2 把斧头、10 斤大米、5 捆烟叶表现出来,这 2 把斧头、10 斤大米、5 捆烟叶都可看成 1 只绵羊的等价物。这种价值的表现形式称为"扩大的价值形式"。在扩大的价值形式中,处于等价形式的商品不再是一种而是许多种商品。

但此时,还未分离出一种固定的、充当一般等价物的商品,仍处于直接的物物交换阶段。物物交换无法解决交换者对商品的特殊需要问题。只要交易双方需要对方产品在时间、地点、数量上不同,商品交换就会遇到困难,价值就会难以实现。

(3)一般价值形式

物物交换有极大的局限性,必须是双方同时需要对方的产品,且要有足够的可用于交换的数量才可以,这使交换发生非常困难。人们在交换中发现有一种商品在交换中出现的次数会非常多,因为它的使用价值是被广泛需要的,如果有了这种商品再去交换自己需要的产品会很容易。这种产品就成了一般等价物,这时,商品交换就分解成了两个步骤,即先用自己的产品换成一般等价物,再用一般等价物交换自己需要的产品。一般价值形式克服了扩大价值形式的缺点,推动了商品交换的发展。

一般价值形式为:

$$商品\ A = 一般等价物 = 商品\ B$$

想一想

一般价值形式不足之处?

(4)货币价值形式

一般价值形式的出现,说明商品生产关系的日益确立,但那时的一般等价物是不固定的,不同地区、不同时间充当一般等价物的商品都不一样,一般等价物的不唯一阻碍了商品交换的进一步发展和扩大,商品交换的发展需要一般等价物的统一,当一般等价物最后固定在贵金属金银上时,就出现了货币商品。以货币为媒介的商品交换称为商品流通。此阶段可写成商品 A = 货币 = 商品 B。

由此可以看出,货币是随着商品的产生和交易额发展而产生的,它是商品内在矛盾的产物,是价值表现形式的必然结果。货币的产生过程,见表 7.1。

表 7.1　货币的产生过程

简单的、偶然的价值形式	扩大的价值形式	一般价值形式	货币价值形式
1 只绵羊 = 2 把斧头	1 只绵羊 = $\begin{cases}2\ 把斧头 \\ 10\ 斤大米 \\ 5\ 捆烟叶\end{cases}$	$\left.\begin{array}{l}2\ 把斧头 \\ 10\ 斤大米 \\ 5\ 捆烟叶\end{array}\right\} = 1$ 只绵羊	$W = G = W$ ↓ 固定
价值量不稳定 交换困难	一 = 多 $W — W$ 价值相同 价值量相对稳定	多 = 一 $W — 等价物 — W$ 不固定	金银天然不是货币 货币天然是金银

2）货币的本质和职能

（1）货币的本质

货币也是商品，具有商品的共性，在讲货币的本质之前，先厘清商品的相关知识。我们把商品定义为用于交换的劳动产品。一般从以下 4 点掌握商品的含义：

①作为商品必须同时具备两个条件：第一，必须是劳动产品，不是劳动产品的一定不是商品；第二，必须用于交换，不用于交换的劳动产品不是商品，交换是商品的基本特征。

②商品一定离不开流通领域，必须用于交换，这里的交换不仅指"正在交换"，还包括"等待交换"。一旦进入消费领域就成为消费品，而不是商品。

③凡是商品都有使用价值，但有使用价值的东西不一定都是商品。

④商品一定是劳动产品，但劳动产品不一定是商品，并非所有的物品都是劳动产品。

> **想一想**
>
> 妈妈亲手为你织的毛衣是不是商品？过年了，你在商店里买了一份礼物，送给妈妈，这份礼物是……

商品……————价值和使用价值。商品的使用价值是指商品能够满足人们某种需要的……与物的关系。而商品的价值是指凝结在商品中的无差别的人类劳动，价值……属性和社会属性，反映的是人与人之间的关系。商品的价值和使用价值的关……的，所谓对立是指商品生产者要想获得商品的价值就必须让渡商品的使用价值；商品的消费者要想获得商品的使用价值就必须支付价值。而统一是指商品是使用价值与价值的统一体，使用价值是价值的物质承担者，使用价值也离不开价值。

货币是固定充当一般等价物的特殊商品，它体现了一定的社会生产关系。

第一，货币是商品，具有商品的共性，具备商品的价值和使用价值两个基本属性。价值形式发展的历史表明，货币是在商品交换过程中，从普通商品中间分离出来的。例如，黄金，它一方面可以和其他商品一样，用来交换其他劳动产品，都是价值的凝结体；另一方面也能满足人们某些方面的需要，如制成装饰品，具有使用价值。

第二，货币不是普通商品，而是特殊商品。之所以特殊，是因为它在商品交换中取得了一般等价物的独占权，只有它才能起着一般等价物的作用。具体表现在：其一，货币能够表现一切商品的价值，在交换中，普通商品是以各种各样的使用价值出现的。其二，货币对一切商品具有直接交换的能力，用它可以购买一切商品，从而货币就获得了一般的、社会的使用价值，即拥有货币就可以得到任何一件使用价值。

第三，货币在充当一般等价物的过程中，体现着不定期的社会生产关系。商品生产者互相交换商品，实际上是互相交换各自的劳动，只不过他们之间的劳动不能直接表现出来，所以才采取了以商品的形式来进行交换。因此，货币作为商品的一般等价物，也就使商品的不同所有者，通过等价交换，实现了他们之间的社会联系。这种联系就是人和人之间的、一定的社会生产关系。

马克思将货币定义为"固定地充当一般等价物的特殊商品"，并将黄金视为货币的最高阶段，得出"货币天然是金银"的论断。但如今人们分析"货币是固定地充当一般等价物的特殊商品"这一表述时，应该认识到"一般等价物"是货币的本质，"特殊商品"是一定历史条件下的"一般等价物"的载体。

(2)货币的职能

货币的基本职能是指货币在经济生活中所起的作用,是货币本质的体现。关于货币的职能,许多经济学家都认为货币具有4个职能,但他们对货币职能的具体表述和排列顺序都有着不同的看法,马克思认为货币具有5个职能,本书将按照马克思所持观点给大家介绍货币的基本职能,分别是价值尺度、流通手段、贮藏手段、支付手段和世界货币。

①价值尺度。指货币充当衡量商品价值量大小的尺度职能,用货币表现和衡量其他一切商品的价值。价值尺度是货币的基本职能之一。例如,1台数码相机值10 000元人民币,某人从超市拿走200元的矿泉水,当场付钱,这都体现着货币的价值尺度职能。

马克思在《资本论》中这样阐述:"金的第一个职能是为商品世界提供表现价值的材料,或者说是把商品价值表现为同名的量,使它们在质的方面相同,在量的方面可以比较。""商品并不是由于有了货币才可以通约。恰恰相反。因为一切商品作为价值都是物化的人类劳动,它们本身就可以通约,所以它们能共同用一个特殊的商品来计量自己的价值,这样这个特殊的商品就成了他们共同的价值尺度或货币。"货币之所以能执行价值尺度的职能,是因为它自身是商品,并具有价值。货币执行价值尺度的职能,是把商品价值表现为一定的价格,商品价值量大,表现的货币量就多,价格就高;商品价值量小,表现的货币量就少,价格就低,所以,商品价值量的大小是通过价格的高低变化来区分的,某种商品的价格=该种商品的价值/货币的价值。然而,价格是商品价值的货币表现并不是说价格在任何时候都能和商品价值保持一致,价格常常围绕价值上下波动,有时高于价值,有时低于价值,这是因为商品供求关系的影响,商品供大于求,价格下跌,供小于求,价格上涨,这就是价值规律。

货币表现商品的价值就是给商品标价,这时不需要现实中的货币,只是观念上的或想象中的货币。也就是说,货币在给商品标价时,并不需要在商品旁边真的摆上若干数量的货币,只要是观念上进行比较即可。

②流通手段。是货币的另一个基本职能,是指货币充当商品交换媒介的职能。在货币执行流通手段这一职能时,商品与商品不再是互相直接交换,而是以货币为媒介来进行交换。商品所有者先把自己的商品换成货币,然后再用货币去交换其他的商品。这个过程可以表示为商品—货币—商品,这种有货币作媒介的商品交换叫作商品流通,商品流通强调商品交换形式,商品流通与流通手段的区别如图7.3所示。

货币作为流通手段,也就是货币充当商品交换的媒介。我们平常从商品买卖过程中所看到的货币的作用,就是属于这一种。不说自明,作为流通手段的货币,不能是观念上的货币,而必须是实在的货币。任何一个企业或个人绝不会允许有人用空话来拿走他的商品。商品购买者不能凭着观念上的货币就能买到商品,商品销售者也不会拿自己的商品去和观念上的货币交换。在商品买卖时,必须有实实在在的货币去和商品交换。

图 7.3　商品流通与流通手段的区别

在"商品—货币—商品"的流通过程中,"商品—货币"阶段的变化既重要又困难,"是商品的惊险的跳跃",这个跳跃如果不成功,为什么摔坏的不是商品,而是商品所有者。这是因为商品生产者要为购买者着想,生产适销对路、质量上乘的商品。货币产生后,商品交换中的买卖分离,商品生产者只有把商品卖出去,并且卖出好价钱,才能生存发展下去。如果商品卖不出去,就意味着他白白付出了劳动,他所需要的商品也买不回来。

想一想

　　作为流通手段的货币量应该需要多少?

在流通领域,一定有买方,也一定有卖方,彼此对立着。要购买商品,就要付出与这些商品价格总额相等的货币量,所以作为流通手段的货币量,首先是由商品价格总量决定的。商品价格总量由两个因素决定:一是商品总量;二是商品的价格水平。在货币价值不变的情况下,如果每种商品的价格不变,则商品的价格显然是由流通领域里的商品量决定的;如果商品总量不变,则商品价格总额由流通领域中的商品价格水平决定。货币量的大小与流通中商品的价格和数量成正比例地增减变化。但是作为流通手段的货币量也并不需要同商品价格总额相同。因为作为流通手段,在一定的时间里的货币是可以为多次的商品交易作媒介的。如工厂将自己生产的产品销售出去后获得货币,再由财务人员用这些货币支付工人工资,工人拿到工资后去购买自己所需的生活用品,这样一枚货币可以在流通中为数倍于它的商品做媒介。在一定时间内,货币实现的交易次数,也称为货币流通速度或货币流通次数。货币在一定时间内流通的次数越多,可以实现的商品价格总额就越大,流通中需要的货币量也就越小。因此,货币流通速度同流通领域中所需的货币量成反比。其计算式为:

$$\text{流通中需要的货币量} = \frac{\text{商品和服务的价格总额}}{\text{货币流通速度(次数)}}$$

执行流通手段职能的货币,必须是实实在在的货币,不能是想象中或者观念中的货币,但可以用货币符号来代替,作为货币符号的纸币,就是从货币的流通手段职能中产生的。

提示

　　纸币发行量必须以流通中所需的金属货币量为限度,太多或者太少都不合适。

想一想

　　市场上有待售商品和服务价格总额为 2 000 亿元,每一元的货币只流通 2 次,问国家应发行多少纸币?

当货币流通规律所确定的流通中金属货币量具有的价值量不变时,纸币发行量增加会使单位纸币所代表的价值量减少,导致物价上涨。货币流通规律所确定的流通中金属货币量具有的价值量会随着社会劳动生产率、货币流通速度和货币价值量等因素的变化而变化。当纸币发行量的增加速度高于流通规律所确定的流通中金属货币量具有的价值量的增加速度时,单位纸币所代表的价值量就会下降,物价就会上涨。这就是所谓的通货膨胀,反之,则是所谓的通货紧缩。纸币发行量增加过快是物价上涨的一个原因,但不是唯一的原因。

③贮藏手段。是货币退出流通领域被人们当作独立的价值形态和社会财富的一般代表保存起来的职能。贮藏手段职能是在价值尺度和流通手段职能的基础上产生的。价值尺度功能使货币成为其他一切商品的价值代表,流通手段职能使人们可以用货币购买其他一切商品,因此,货币才能作为社会财富的一般代表,才具有贮藏的价值。作为贮藏手段的货币,既不能像充当价值尺度时那样只是想象的货币,也不能像充当流通手段时那样用货币符号来代替,它必须既是实在的货币,又是足值的货币。因此,只有最初金银铸币或者金银条块等才能执行贮藏手段的职能。货币产生至今,其形式已发生了变化,从足值货币发展到现在的信用货币,货币贮藏形式也已发生变化,从以足值货币的金银贮藏价值到现在以信用货币——价值符号的替身作为价值贮藏的典型形态。金银的价值高,性质稳定,不会因贮藏时间长而减少价值,因此即使现在金银已经不再是货币了,人们也仍会用贮藏金银的形式贮藏价值。马克思认为,在金属货币与货币符号同时流通的情况下,货币符号没有贮藏的职能,因为货币符号只有作为流通手段才有价值,一旦退出流通就一钱不值了。现在的情况和马克思当时所描述的时代背景不同,流通中已经没有金属货币,而是以银行券、存款货币为主的信用货币作为一般等价物的代表,发挥货币的各种作用。因此,人们便以银行券和存款货币的形式来贮藏价值,这也是货币形式发展的结果。当然,信用货币执行这一职能是有条件的,即必须以币值稳定或急需的物品顶替它,继续充当价值贮藏的载体。

货币作为贮藏手段具有自发调节货币流通量的作用,形象称为自动调节货币流通的"蓄水池"。当流通中所需的货币量减少时,多余的金属货币便会退出流通成为贮藏货币;反之,当流通中所需的货币量增多时,一部分贮藏货币又会重新进入流通成为流通手段。由于贮藏货币具有这种作用,因此在足价的金属货币流通的条件下,便不会产生流通中货币量过多的现象,不会发生通货膨胀。

④支付手段。当货币不是用作交换的媒介,而是作为价值的独立运动形式进行单方面转移时,就执行支付手段职能。支付手段是指货币在商品赊购赊销过程中的延期支付以及用于清偿债务或者支付赋税、租金、工资等的职能。由于充当支付手段的货币的发展,就必须积累货币,以便到期偿还债务。随着资本主义阶级社会的发展,作为独立的支付形式的货币贮藏消失了,而作为支付手段准备金的形式的货币贮藏却增加了。

货币作为支付手段,一方面,暂时解决了因缺乏现金而不能购买商品等矛盾,减少了流通中所需的货币量,有利于商品经济的发展;另一方面,在货币作为支付手段的情况下,由于很多商品生产者互相欠债,他们之间便结成了一个债务锁链,例如,甲欠乙的钱,乙欠丙的钱,丙又欠了丁的钱,……如果有其中某一个商品生产者因为生产和销售的困难而不能按期支付欠款时,就会引起一系列的连锁反应,造成全线崩溃的局面。

提示

货币作为流通手段的职能,使经济危机在形式上的可能性有了进一步的发展。

货币作为支付手段,等值的商品和货币在交换过程的两极不再同时出现,货币不再是交换的媒介,而是作为补充交换行为的一个环节,作为交换价值的绝对存在,独立地结束商品交换的整个过程,是价值的单方面转移。这里需要区别理解一下流通手段和支付手段,流通手段的职能是货币作为商品交换的媒介,即购买手段的职能。其主要特点是在商品买卖中,商品的让渡和货币的让渡在同一时间内完成,通俗地说是一手交钱、一手交货。因此,从价值运动的角度观察,货币执行流通手段职能时,在同一时间内,价值的运动是双向的。即卖方在得到价值的同时出让使用价值,买方在让渡价值的同时获得使用价值。支付手段则不同,它是货币在商品赊购赊销过程中的延期支付以及用于清偿债务,支付赋税、租金、工资等职能。其主要特点是在商品买卖或租赁等活动中,使用价值或商品使用权的让渡与价值的让渡在时间上是分开的——或延期支付,或提前预支。债务的清偿、支付赋税和支付工资就是如此。如果说货币执行流通手段的职能时是一手交钱、一手交货的话,那么货币执行支付手段的职能时,则不然,而是一手交钱,对方并不一手交货,“货”——商品或劳务或某种使用权已先于付款发生时付过了。货币支付手段职能出现后,一定时期流通中需要的货币也发生了相应的变化,因此作为支付手段的货币也必须是现实的货币,在流通过程中,货币的流通手段和支付手段职能不是截然分开的,而是交替地发挥着两个作用。因此,流通中需要的货币量不仅包括流通手段的量,还包括支付手段的量。

⑤世界货币。指货币越出国内流通领域,在世界市场上执行一般等价物作用的职能。能够作为世界货币的只有黄金或白银,铸币和纸币是不能充当世界货币的,因为铸币和纸币一旦超出本国范围便失去了原来的法定意义,当代少数经济实力强大国家的货币,在一定程度上也执行了世界货币的职能,如美元、日元、欧元、英镑等。

世界货币职能主要体现在以下3个方面:

a.作为国际购买手段,购买国外商品;

b.作为国际支付手段,平衡国际贸易的差额;

c.作为社会财富的代表,由一国转移到另一国,如支付战争赔款、对外贷款以及转移财产等。

3)货币的表现形式

货币作为一种人们能够共同接受的价值体化物,在不同的时期有着不同的表现形式。在漫长的岁月中,货币的表现形式经历着由低级向高级的不断演变过程,同时也消除了前一种货币形式无法克服的缺点。货币的演变形式如图7.4所示。

货币的
表现形式

实物货币 ⟹ 金属货币 ⟹ 信用货币 ⟹ 电子货币

图7.4 货币的演变形式

(1)实物货币

实物货币又称为商品货币,它是货币形态发展的最原始形式。实物货币的特点:它作为货币用途的价值与作为非货币用途的价值相等,即实物货币是以货币商品本身的价值为基础的。也就是说,货币商品本身所包含的社会必要劳动时间,既决定了货币商品的价值,又决定了实物货币的价值。

在人类历史上,各种商品,如米、布、木材、贝壳、家畜等,都曾在不同时期内扮演过货币的角色。贝类是中国最早的货币之一,它以产于南洋海域的海贝为材料,这种海贝原来是用作饰物的,由于它坚固耐用,价值高,携带方便,有天然单位,而被当作货币使用,贝的货币单位为"朋",通常十贝为一朋。中国使用贝币的时间很长,从殷商时期开始,至秦始皇统一中国货币后废除贝币,有近千年时间,在中国云南一带,贝币一直使用到清初。

实物货币也存在着不少缺点。如有些实物货币体积太大,不便携带;有的质地不均匀,不易分割;有的质量很不稳定,不易保存等。因此,随着商品交换的进一步发展,实物货币必然逐渐被金属货币所代替。

(2)金属货币

由于冶炼技术的提高,使金属作为商品参加到交换的行列中去,于是导致了实物货币向金属货币的过渡。

从金属货币本身而言,经历了从贱金属到贵金属的演变过程。贱金属一般指货币的材质是用铁、铜等作为原材料,而以贵金属黄金作为货币材料是金属货币发展的鼎盛时期。

金属充当货币材料采用这两种形式:一种是称量货币;另一种是铸币。

称量货币是以金属条块发挥货币作用的金属货币,通过检验成色、称重来确定其价值。称量货币在中国历史上使用时间很长,典型的形态是白银。从汉代开始使用的白银,一直是以两为计算单位,以银锭为主要形式。白银在使用时,每次都要验颜色、称重量,很不方便。

由于称量货币存在以上问题,于是产生了铸币,铸币是铸成一定形状、并有国家印记证明其重量和成色的金属货币(形状、花纹、文字),具有一定形状、重量、成色并标明面值的金属货币,如铜币、银币、金币。

在金属货币流通条件下,由于金银的采掘跟不上商品生产和流通发展的需要,就逐渐产生了代用货币,用以代替金属货币,实现商品交易,从而在一定程度上克服流通中对金银需要量日益增加的矛盾。代用货币的基本特征是作为货币的物品本身的价值低于它所代表的货币价值,它的形态有国家铸造的不足值的铸币、政府或银行发行的纸币等。这种代用货币所代表的是金属货币,也就是说,代用货币尽管在市面上流通,从形式上发挥着交换媒介的作用,但是它却有十足的贵金属准备,其特点是可与所代替的贵金属自由兑换。

代用货币产生的可能性在于,货币作为交换的媒介,只是交换的手段,而不是交换的目的。正如马克思所说,货币处在流通领域中,"只是转瞬即逝的要素。它马上又会被别的商品代替,因此,在货币不断转手的过程中,单有货币的象征存在就够了"。

(3)信用货币

信用货币是凭国家信用发行并强制流通的价值符号,不需要贵金属作为发行准备,也不能与贵金属相兑换。信用货币是代用货币进一步发展的产物,而且也是目前世界上几乎所有国家采用的货币形态。信用货币的出现是金属货币制度崩溃的结果。在金银复本位制度下,由金和银两种铸币同时充当价值尺度,如果金属货币的法定价值和实际价值发生偏差,人们往往把实际价值较高的货币收藏、熔化或输出国外,流通中剩下的则是实际价值较低的金属货币,造成劣币驱逐良币的现象。20 世纪 30 年代的世界性经济危机和金融危机,使各国相继放弃了金银本位制,实行不兑现的纸币流通制度,这就使得信用货币应运而生。

信用货币之所以能够取代金属货币:一是由于生产和流通的进一步扩大,贵金属币材的数量不能满足扩大货币供应对其的需求,而且越来越多的大宗商品交易使用金属货币极为不便;二是由于货币在充当交换媒介时本身就包含着信用货币出现的可能性。作为交换媒介,人们关心的是借助它能否换到价值相当的商品,而不是货币本身,只要人们乐于接受,货币就完全可以用价值较低的商品甚至没有价值的符号去代替。

在当代经济中,信用货币包括以下几种主要形态:现金或纸币、银行存款、银行票据等。

①纸币。分为主币和辅币。主币就是本位币,是一个国家流通中的基本通货,它是国家法定的计价、结算货币单位。辅币即辅助货币,是本位币单位以下的小额货币,主要用来辅助大面额货币的流通,供日常零星交易或找零之用。辅币一般多为金属铸造的硬币,也有一些纸质的纸币。

②银行存款。指企业存放在银行和其他金融机构的货币资金。按照国家现金管理和结算制度的规定,每个企业都要在银行立账户,称为结算户存款,用来办理存款、取款和转账结算。目前的银行制度产生了多种多样的存款,但作为货币执行一般媒介手段的主要是以银行活期存款形式存在的。这些活期银行存款实质上是存款人提出要求即可支付的银行债务,是存款人对银行的债权,因此这种货币又可称为债务货币,存款人可借助支票或其他支付指示,将本人的存款支付给他人,作为商品交换的媒介。这种存款人对银行的债权,或者说银行对存款人的负债,在经济交易中已被人们普遍接受,用以支付债务和支付商品与劳务。在整个交易中,用银行存款作为支付手段的比重几乎占绝大部分。

③银行票据。指由银行签发或者银行承担付款义务的票据。主要包括银行支票、银行本票、银行汇票等。银行支票是银行存款户对银行签发的要求银行对特定持票人在见票时无条件支付一定金额的支付命令,分为现金支票、转账支票和普通支票 3 种。本票是指申请人将款项交存银行,由银行签发的承诺自己在见票时无条件支付确定金额给收款人或持票人的一种票据。商业汇票是指出票人签发,委托付款人在见票或者在指定日期无条件支付一定金额或者持票人的票据。

3 种票据的区别,见表 7.2。

表 7.2　3 种票据的区别

项目	票据种类		
	支票	本票	汇票
定义	银行存款户对银行签发的要求银行对特定持票人在见票时无条件支付一定金额的支付命令	申请人将款项交存银行,由银行签发的承诺自己在见票时无条件支付确定金额给收款人或持票人的一种票据	出票人签发,委托付款人在见票或者在指定日期无条件支付一定金额或者持票人的票据
性质	委托票据	自付票据	委托票据

续表

项目	票据种类		
	支票	本票	汇票
当事人	出票人,付款人,收款人	出票人,收款人	出票人,付款人,收款人
种类	普通支票、现金支票、转账支票	银行本票(定额、不定额)	银行汇票、商业汇票(商业承兑汇票、银行承兑汇票)
出票人	有直接支付责任	有直接支付责任	商业汇票由第三人承兑,出票人无直接支付责任,只有担保责任

（4）电子货币

电子货币是通过电子化方式支付的货币,即用一定金额的现金或存款从发行者处兑换并获得代表相同金额的数据,通过使用某些电子化方法将该数据直接转移给支付对象,从而能够清偿债务。电子货币具有匿名性、节省交易费用、节省传输费用、持有风险小、支付灵活方便、防伪造及防重复性、不可跟踪性的特点。具体表现为:以电子计算机技术为依托,进行储存、支付和流通;可广泛应用于生产、交换、分配和消费领域;集金融储蓄、信贷和非现金结算等多种功能为一体;电子货币具有使用简便、安全、迅速、可靠的特征;现阶段电子货币的使用通常以银行卡(磁卡、智能卡)为媒体。电子货币可分为4个类型,分别是储值卡、借记卡(信用卡)、电子现金、电子支票。

①储值卡。指某一行业或公司发行的可代替现金用的 IC 卡或磁卡,如电话充值卡。

②借记卡(信用卡)。银行或专门的发行公司发给消费者使用的一种信用凭证,是一种把支付与信贷两项银行基本功能融为一体的业务。同时具备信贷与支付两种功能。

③电子现金。又称电子钱包,是电子商务活动中网上购物顾客常用的一种支付工具,是在购物时常用的新式钱包。

④电子支票。是一种电子货币支付方法,其主要特点是,通过计算机通信网络安全移动存款以完成结算。

> **提示**
>
> 使用过程:无论个人或企业,负有债务的一方,签发支票或其他票据,交给有债权的一方,以结清债务,约定的日期到来时,持票人将该票据原件提交给付款人,即可领取到现金。

4）货币制度

前资本主义社会的货币流通具有以下3个特征:一是铸造权分散,造成流通领域混乱;二是铸币的材料以贱金属为主;三是铸币的质量不断下降,质量减小,成色下降。这种铸造权分散、铸币不断贬值的现象使当时的货币流通变得很不稳定,这种不稳定的货币流通严重阻碍了商品经济的发展。到了资本主义社会,新兴的资产阶级便着手建立统一的、稳定的货币制度,取得政权的资产阶级为了发展资本主义经济,对货币制度提出了3个要求:首先,要求有统一的货币制度;其次,要求有稳定的货币流通;最后,要求货币流通具有较大的弹性。

(1)货币制度的构成要素

货币制度又称"币制"或"货币本位制",是指一个国家或地区以法律形式确定的货币流通结构及其组织形式。为了有效地发挥货币的作用,就需要对货币流通的结构和组织形式进行规范。货币制度的宗旨是加强对货币发行和流通的管理,维护货币的信誉,管理金融秩序,促进经济发展。在资本主义制度建立后,资产阶级政府通过立法将货币流通的结构和组织形式确定下来,这就产生了货币制度。货币制度一般而言,构成要素有5个:

①货币材料(币材)。指规定一种货币用什么材料或物品制成,是货币制度最基本的内容。货币制度规定以何种金属铸造本位货币,就称为什么本位币制度。确定以白银作为货币材料,称为银本位制,以黄金为货币材料,称为金本位制,以金银同时作为货币材料,称为金银复本位制。

货币材料虽然是由国家规定的,但是国家不能随心所欲地任意指定某种金属为货币材料,它是由客观经济发展的进程所决定的。在资本主义初期,商品经济还不发达,商品交易规模也不大,用白银作为货币材料已能满足流通的需要。而当商品经济发展了,商品交易规模扩大了后,白银因其价值含量较低并且价值不够稳定而不再能适应流通需要了,此时黄金开始进入流通,成为本位币材料。到20世纪初,由于商品经济进一步发展,商品交易的规模已远远超过了黄金存量规模,如果再坚持用黄金作为货币材料,必然会阻碍商品经济的发展,因此黄金不再流通,取而代之的是纸币制度。

②货币单位。首先需确定货币名称,目前世界上的货币名称有100多种,其中用元、镑、法郎作为货币名称的较多。据统计,用"元"作为货币名称的国家超过50个,如人民币元、美元、日元等;用"镑"作货币单位的国家超10个,如英镑、苏丹镑等;用"法郎"作货币单位的国家超30个,如法国法郎、瑞士法郎、马里法郎等。

在确定货币名称的同时,还要确定货币单位,也就是价格标准。例如,英国的本位币单位为"镑",镑以下为"便士""先令"等,我国人民币的单位为"元",元以下有"角""分"等。

③本位币与辅币的铸造及偿付能力。本位币也称为主币,是一个国家的基本通货和法定的计价结算货币。在金属货币流通条件下,本位币实际价值(金属价值)与名义价值(面值)一致,为足值货币。本位币具有无限法偿能力。

> **提示**
>
> 无限法偿能力,就是国家法律规定本位币有无限制支付的能力,无论每次支付金额多大,卖者和债权人都不得或者不会拒绝接受。

本位币可以在国家集中铸造的前提下自由铸造。这种自由铸造是指公民有权把货币金属送到国家造币厂铸成本位币,不受数量限制。造币厂代铸货币,不收或只收少量的铸造费在当代纸币本位制度下,纸币已成为独立的本位币,由该国货币制度所确定,是流通中的价值符号。

辅币是本位币以下的小额货币,主要供小额零星交易和找零之用。在金属货币流通条件下,辅币以贱金属铸造,其实际价值低于名义价值,为不足值货币。辅币是有限法偿货币,在一次支付中若超过规定的数额,收款人有权拒收,但在法定限额内不能拒收。

法律规定辅币可按固定比例与本位币自由兑换。同时规定辅币限制铸造,即公民不能自由地请求政府代铸辅币,辅币的铸造权完全由政府控制。这样作可保证辅币铸造收入归国家所有,也可保证辅币与本位币的固定比例不被破坏。

④银行券与纸币发行流通。银行券是一种信用货币,是在商业票据流通的基础上由银行发行的,用于代替商业票据的银行票据。它产生于货币的支付手段职能,是代替金属货币充分支付手段和流通手段职能的银行证券。银行券出现于17世纪,当一些持有商业票据的人因急需现金到银行要求贴现时,银行付给他们银行券,于是,银行券就通过银行贷款程序投入流通。

纸币是本身没有价值的,是由国家财政发行并依靠国家政权的力量强制流通的货币符号,且不能兑换。是由于战争、财政赤字或其他需要而由国家强制发行的,既不需要发行的黄金保证,也不需要规定其含金量。如果得不到社会的公认,就只不过是一文不值的废纸,根本起不到货币符号的作用。很明显,绝对不是人和人发行一张货币符号都能在市场上流通的,纸币之所以能够成为代替真实货币流通的价值符号,国家的强制力起着关键的作用,国家发行纸币,并凭借自己的权力,强制居民必须接受它,这才使得纸币得到社会的公认,成了大家能接受的货币符号。

在当代社会经济中,银行券和纸币已基本成为同一概念。因为一是各国银行券已经不再兑现金属货币;二是各国的纸币已经完全通过银行的信贷程序发放出去,两者已经演变为同一事物。

⑤准备制度。又称黄金储备制度。为了稳定货币,各国货币制度中都包含有准备制度的内容。它是一国货币稳定的基础,也是一个国家经济实力强弱的重要标志之一。世界上大多数国家的黄金储备由中央银行或财政部门掌握。准备制度主要是建立国家的黄金储备,主要用于3个方面:作为兑付银行券的准备金;作为流通中的货币量的调节准备金;作为国际支付的准备金。

现代的黄金准备制度已经没有前面两个方面的用途了,只是形成国家储备中的黄金储备,作为国际支付的最后手段,用于国际购买、国际支付和国际财富转移等。目前,各国中央银行发行的信用货币虽然不能再兑换黄金,但仍然保留着发行准备制度。

(2)货币制度的演变

从币材变化的过程可以看出,货币制度主要经历了金属货币本位制和信用货币本位制两个阶段,如图7.5所示。在金属货币本位制中又可以划分为三类典型的货币制度,即银本位制、金银复本位制和金本位制。

①银本位制。以白银为货币金属,以银币为本位币的一种货币制度。它是历史上最早出现、实施时间最长的一种货币制度。在这种货币制度下,白银可以流通,黄金不是货币金属,不进入流通。银本位制在一定程度上适应了当时商品经济不是很发达的社会需要。但随着资本主义的发展,交易规模不断扩大,这时,银本位制的缺点便显露出来。主要缺点有两个:一是白银价值不稳定。由于白银储藏量相对丰富,白银的开采技术提高较快,使得白银的产量较多,导致白银价值不断下降。而作为一种货币金属,只有当其价值能保持相对稳定,才适合于作货币材料,才能保证货币价值的稳定性。二是白银价值相对较低,为商品交易带来许多不便。

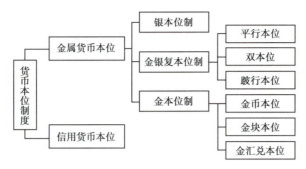

图 7.5　货币制度的演变

提示

　　商品经济的进一步发展需要价值含量更高、更稳定、携带更方便的货币。到 20 世纪初，除了中国、印度、墨西哥等少数国家仍实现银单本位制，主要的资本主义国家已放弃了这种货币制度。

　　②金银复本位制。随着商品经济的发展，在商品交易中，对金、银两种贵金属的需求都增加了，白银主要用于小额交易，黄金则用于大宗交易，这样就形成了白银与黄金都作为主币流通的局面，客观上产生了建立金银复本位制的要求。16—18 世纪，欧洲国家纷纷建立金银复本位制度。在金银复本位制下，法律规定金、银两种贵金属都是铸造本位币的材料，可自由输出、输入，金币和银币可同时流通，都可自由铸造，都具有无限清偿能力。

　　A. 平行本位制。即金币和银币是按照它们所含的金银实际价值进行流通的。这种货币制度的缺点是显而易见的。因为在金银复本位制下，两种不同金属的货币同时充当价值尺度，商品具有金币和银币表示的双重价格，金银市场比价波动必然引起商品双重价格比例波动，给商品交易带来很多麻烦。

　　B. 双本位制。为了克服平行本位制的问题和困难，国家便以法律规定金币和银币之间的固定比价，即金币和银币是按法定比价进行流通和交换的。例如，法国曾规定 1 金法郎 = 15.5 银法郎。这样做虽然可以避免双本位制带来的弊病，但这种法律规定与价值规律的自发作用和货币的排他性、独占性的要求发生矛盾，当金银的法定比价与市场比价不一致时，就产生了"劣币驱逐良币"的现象。由于这一现象是由 16 世纪英国财政大臣托马斯·格雷欣发现并提出的，所以又将这一现象称为"格雷欣法则"。

　　知识链接："格雷欣法则"即"劣币驱逐良币"规律，是指在金属货币流通条件下，当一个国家同时流通两种实际价值不同而法定比价不变的货币时，实际价值高的货币（也称良币）必然被人熔化、收藏或输出而退出流通，而实际价值低的货币（也称劣币）反而充斥市场。

　　例如，当国家规定 1 金币 =15 银币的法定比价，而市场价为 1 金币 =16 银币

　　15 金币 =240 银币（按市场价）　　240 银币 =16 金币（按法定价）

　　16 金币 -15 金币 =1 金币

　　人们会将多得的金币收藏、熔化或输出国外。如此循环往复，必然使流通中的金币越来越少，银币则充斥市场。这一规律告诉我们：一个国家在同一时期内只能流通一种货币。如果同时使用两种货币，在金属货币流通条件下，就会出现"劣币驱逐良币"的现象。

C.跛行本位制。为了解决"劣币驱逐良币"的现象,资本主义国家又采用跛行本位制,即金、银币都是本位币,但国家规定金币能自由铸造,而银币不能自由铸造,并规定银币不具有无限清偿能力,金币和银币按法定比价交换。这种货币制度中的银币实际上已成了辅币。这种跛行本位制是金银复本位制向金单本位制的过渡形式。

③金本位制。以黄金作为本位货币的一种货币制度。金本位制又可分为金币本位制、金块本位制和金汇兑本位制。

A.金币本位制:国家规定以黄金作为货币金属,以一定重量和成色的金铸币作为本位币的货币制度。在这种制度下,发行并流通于市场的货币是金币。

金币本位制的主要特点如下:

第一,金币可以自由铸造,而其他金属货币(包括银币)则限制铸造。这就保证了黄金在货币制度中的主导地位,并克服了复本位制下金银频繁交替执行价值尺度职能的混乱现象。同时,金币实行自由铸造,能使金币数量自发地适应商品流通的需要,使金币名义价值与实际价值保持一致。

第二,金币可以自由流通,价值符号(辅币和银行券)可以自由兑换为金币。辅币和银行券可以按照其面额价值自由兑换金币,就能稳定代表一定数量的黄金进行流通,从而避免了价值符号对黄金的贬值现象。

第三,黄金在各国之间可以自由地输出、输入。在金本位制度下各国货币单位之间按其所包含的黄金重量而有一定的比价,同时黄金又可在各国之间自由转移,这就保证了世界市场有统一的价值尺度和外汇行市的相对稳定。

第四,国家的金属准备全部都是黄金。

金币本位制是一种具有相对稳定性的货币制度,对资本主义经济发展起着积极作用。金币的"自由铸造"和"自由熔化",使得金本位货币与其所含的一定量的黄金价值保持了等值关系,从而起到对一国的物价水平与国际收支进行自由调节的作用,维持了物价稳定和国际收支平衡。

其一,以物价水平为例,当物价水平上涨时,单位货币所能购买的商品数量减少了,单位货币所能买到的黄金数量也减少了,这表明币值下跌,黄金价格上涨,此时人们就会将金币熔化成黄金而出售,于是流通中的金币数量减少,物价水平就会相应地降下来,币值回升以至与黄金平价。相反,当物价水平下跌时,币值上升,民间又会将黄金铸造成金币,造成流通中的金币数量增加,物价上涨币值下跌,最终达到金币与黄金平价。

其二,再看国际收支,当一国的国际收支出现逆差时,说明该国的出口小于进口,造成金币流向国外,从而减少了国内的金币数量,造成国内物价水平下降,而物价水平下降就会使进口减少,出口增加,从而使得国际收支逆差得到调整并逐渐消失。相反,当出现国际收支顺差时,出口大于进口,金币从国外流向国内,导致国内金币数量增加,物价上涨,而物价上涨又会使出口减少,进口增加,从而使得国际收支顺差得到调整并逐渐消失。金币本位制度除了具有维持物价稳定和国际收支平衡的作用,黄金与金币自由输出与输入,还可以让金本位货币的外汇汇率保持稳定,因为在国际金本位制度下,汇率是以各国货币的含金量为基础的。比如,在1914年以前,英镑对美元的基本汇率为:一英镑等于4.866 5美元,但是,实际汇率是由外汇供求决定的,不一定与基本汇率一致,一旦实际汇率发生变动,偏离了基本汇率,那么通过黄金的输出和输入,便可对汇率进行自动调节,使实际汇率偏离基本汇率的程度不会超过输出与输入黄金所需的费用,从而维持了汇率的稳定。

当然,金币本位制也有一些缺陷,主要体现以下 3 个方面:

其一,各国拥有的黄金不均衡;

其二,价值符号(主要是银行券)对金币的自由兑换受到限制;

其三,黄金在国际的自由转移受到限制。

B. 金块本位制:是第一次世界大战以后的产物,金块本位制又称为生金本位制,是指在国内不铸造、不流通,只发行代替一定黄金重量的银行券来流通,而银行券又不能自由兑换成黄金和金币,只能按一定条件向发行银行兑换金块的一种金本位制。具有以下 4 个特点:

第一,黄金集中由政府储存,废除了金币可以自由铸造、自由流通的规定。

第二,金币虽然依然是本位货币,但在国内不允许流通,只有纸币流通。

第三,规定了纸币的含金量,纸币具有无限法偿能力。

第四,纸币可以兑换金块,但数量受到限制,且这种兑换的起点都很高。例如,法国 1928 年规定用银行券兑换黄金的起点是 21 500 法郎。这么高的兑换起点,等于剥夺了绝大多数人兑换的权利。

金块本位制节省了黄金使用量,减少了黄金向国外输出,同时又加强了货币当局管理货币的力度,一定程度上暂时缓解了黄金短缺与商品经济发展之间的矛盾,但并未从根本上解决问题。

C. 金汇兑本位制:金汇兑本位制也称为虚金本位制,是指一国的货币与黄金间接兑换的货币制度。在这种货币制度下,一国货币按法律程序规定其含金量,但不能直接与黄金兑换,它可以自由地兑换为某一种外币,而这种外币可以直接兑换为黄金。实行这种货币制度的优点在于,实行这种制度的国家其货币准备金可以不是黄金,而是外币债权。

金汇兑本位制实质上是一种附庸的货币制度,在对外贸易和财政金融上必然受到与其相联系的国家的控制,一般为殖民地所采用。第一次世界大战后,德国、意大利、中国、波兰等实行这种制度。

④不兑现信用货币制度。指以纸币为本位币,纸币是作为流通手段职能而产生的,且纸币不能兑换黄金的货币制度,黄金不再是确定货币币值和各国汇率的标准。

不兑现信用货币制度的基本特点:

a. 不兑现的信用货币,一般是由中央银行发行的,并由国家法律赋予无限清偿的能力。

b. 货币不与任何金属保持等价关系,也不能兑换黄金,货币发行一般不以金银为保证,也不受金银的数量控制。

c. 货币是通过信用程序投入流通领域,货币流通是通过银行的信用活动进行调节,而不像金属货币制度下,由金属货币进行自发地调节。银行信用扩张,意味着货币流通量增加;银行信用紧缩,意味着货币流通的减少。

d. 当国家通过信用程序所投放的货币超过了货币需要量,就会引起通货膨胀,这是不兑现的信用货币流通所特有的经济现象。

e. 流通中的货币不仅指现钞,银行活期存款也是通货。

不兑现的信用货币制度的优势:

a.纸币发行不受黄金供给的限制,可以根据经济发展的实际需要调整货币供应量。

b.纸币是用纸作为货币材料,纸的价值含量很低,即使有了磨损,也不会造成社会财富的巨大浪费。

c.纸币还具有易于携带、保管、支付准确等好处。这些都是金属货币所不能及的。

由于纸币是货币金属的价值符号,不同于金属货币,所以纸币有其特殊的流通规律,这一规律体现的是纸币和货币金属之间的比例关系,用公式表示为:单位纸币所代表的货币金属量(即单位纸币的购买力水平)= 流通中所必需的货币金属量/流通中的纸币总量。

提示

如果流通中所必需的货币金属量总值为 100 亿元,而流通的纸币总量是 200 亿元,那么单位纸币所代表的货币金属量价值就是 0.50 元。由此可见,国家有任意发行纸币的权力,但无法改变纸币流通规律,发行过多,必然导致币值下跌,甚至使货币制度崩溃。

---

(3)我国的货币制度

我国的货币制度是人民币制度。人民币是我国的法定货币。它是于 1948 年 12 月 1 日由同时成立的中国人民银行发行并投入流通的。人民币是信用货币,包括现金和存款货币。人民币制度的基本内容包括:

①我国法定货币是人民币,人民币是具有无限法偿能力的本位币。

②人民币是我国唯一的合法通货。

③人民币制度是一种不兑现的信用货币制度。

④人民币的发行实行高度集中统一和经济发行原则。

⑤人民币是一种管理货币,实施严格的管理制度。

⑥人民币是独立自主的货币。

7.2   外汇及国际收支

7.2.1   外汇的基本知识

外汇的定义

1)外汇的定义

每个国家都有自己的本国货币,中国是人民币,美国是美元,俄罗斯是卢布,日本是日元。任何国家对外经济交往都离不开外汇,各个国家之间的贸易关系引起不同货币之间的相互交换。例如,当中国的一个投资者购买外国商品、劳务或者金融资产时,必须把人民币(通常是以人民币计值的银行存款)兑换成外国货币。

所谓外汇就是外国货币或以外国货币表示的能用于国际结算的支付手段。"外汇"一词有两个方面的含义:一是动态(动词角度)含义;二是静态(名次角度)含义。动态含义指把一国货币兑换成另一国的货币,并利用国际信用工具汇往另一国,借以清偿两国因经济贸易等往来而形成的债权债务关系的交易过程,这个意义上的外汇概念等同于国际结算。静态含义指外汇是一种以外币表示的用于国际结算的支付手段。按照 2008 年 8 月 1 日修正的

《中华人民共和国外汇管理条例》规定,外汇是指下列以外币表示的可以用作国际清偿的支付手段和资产:外国货币,包括纸币、铸币;外币支付凭证,包括票据、银行存款凭证、邮政储蓄凭证等;外币有价证券,包括政府债券、公司债券、股票等;特别提款权、欧洲货币单位;其他外汇资产。

根据国际货币基金组织的定义,所谓外汇是"货币行政当局(中央银行、货币管理机构、外汇平准基金组织及财政部)以银行存款、财政部债券、长短期政府债券等形式所保有的在国际收支失衡时可以使用的债券"。这一定义是从国家信用和银行信用的角度来给外汇下的定义,没有考虑风险较大的商业信用;并且将一国居民所持有的外币债权排斥于外汇概念之外,只适用于一国官方所持有的外汇储备。

2)外汇的特点

由于外汇用于国际结算,清偿不同国家之间的债权债务,便于国际资金的转移和实现各国货币购买力的工具和手段,因此它具有以下几个特点:

(1)国际性

国际性即外汇必须是国际上普遍能接受的外币资产。外汇是一种以外币计值的金融资产,所以它一样具有普通金融资产的收益性、风险性、流动性特征,美元在美国以外的其他国家是外汇,在美国则不是。外汇也是以外币表示的一种支付手段,因此用本国货币表示的支付手段不能视为外汇,如我国从美国进口一批机器设备,以美元支付,那么,我国是支出的外汇,但作为美国出口商却不能说是收到了外汇。

(2)可兑换性

可兑换性即外汇必须能够自由兑换成其他外币资产或支付手段。作为外汇的货币必须能够自由兑换成其他国家货币或购买其他信用工具以进行多边支付,由于各个国家(地区)的货币制度不同,外汇管理制度各异,因此,一般而言,一个国家的货币不能直接在另一国家自由流通,为了清偿由于对外经济交易而产生的国际债权、债务关系等,一种货币必须能够不受限制地按照一定比例兑换成别的国家的货币或其他形式的支付手段,才能被其他国家普遍接受为外汇。

(3)可偿性

可偿性即外汇表示的资产债权在国外保证得到偿付。外汇必须有可靠的物质保证,并且能为各国所普遍承认和接受。

> **提示**
>
> 一国的货币能够普遍作为外汇被其他国家接受,意味着该国具有相当规模的生产能力和出口能力,或者该国拥有其他国家所缺乏的丰富资源。

3)外汇的种类

外汇的分类较为复杂,按照不同的区分标准,大致可分为以下几大类:

(1)按外汇交割期限不同分,可分为即期外汇和远期外汇

即期外汇交易,又称为现货交易或现期交易,是指外汇买卖成交后,交易双方于当天或两个交易日内办理交割手续的一种交易行为。远期外汇交易是以约定的汇价在将来某一约

定的时间进行交割的交易。

即期外汇交易和远期外汇交易将在后续外汇市场内容中详细介绍。

(2)按外汇的来源和用途分,可分为贸易外汇和非贸易外汇

贸易外汇是指通过出口贸易而取得的外汇以及用于购买进口商品的外汇。贸易外汇包括进出口贸易货款及其从属费用(运费、保险费、广告宣传费等),是一国外汇收支的主要项目。

非贸易外汇包括劳务、旅游、侨汇、捐赠及援助外汇以及属于资本流动性质的外汇等。

(3)按外汇是否可以自由兑换分,可分为自由外汇和记账外汇

自由外汇是指不需要经过货币发行国的批准,就可以随时自由兑换成其他国家(或地区)的货币,用以向对方或第三国办理支付的外国货币及其支付手段。如美元、英镑、日元、欧元等,这些货币发行国基本取消了外汇管制,持有这些货币,可以自由兑换成其他国家的货币或者第三国进行支付。

记账外汇又称双边外汇、协定外汇或清算外汇,指必须经过货币发行国的批准,否则不能自由兑换成其他国家的货币或对第三国进行支付的外汇。记账外汇只有在双边的基础上才具有外汇意义,它是在有关国家之前签订的"贸易支付(或清算)协定"的安排下,在双方国家的中央银行互立专门账户进行清算,一般是在年终,双方银行对进出口贸易及有关费用进行账面轧抵,结出差额,发生的差额或者转入下一年度的贸易项目平衡,或者采用预先商定的自由外汇进行支付清偿。

4)外汇市场的概念和构成

所谓外汇市场,是指由各种经营外汇业务的机构和个人汇合在一起进行具有国际性的外汇买卖的活动和交易场所,简言之,是经营外汇买卖的机构场所和交易网络。外汇市场上进行的交易决定了一种货币与另一种货币相互交换的比率,而这种比率又决定了购买外国商品、劳务和金融资产的成本。

从组织形态上看,外汇市场基本上包括有形市场和无形市场两种。有形市场,也称具体市场,是指外汇交易在固定场所、固定时间内,交易双方进行交易的场所。无形市场,也称抽象市场,是指外汇交易双方利用电话、电报、电传等通信设备进行的交易,而没有固定场所,也没有固定时间,是24 h都可以进行的交易。目前外汇交易中,绝大多数交易都是在无形市场上进行的。

5)外汇市场交易的主要特点

目前世界上较大的外汇市场有30多个,其中最重要的有伦敦、纽约、东京、新加坡、苏黎世、香港、巴黎和法兰克福外汇市场。外汇市场交易主要具有以下特点:

①外汇市场在时间和空间上联成一个国际外汇大市场,全天24 h连续运作的市场,如图7.6所示。投资者可以根据自己的作息时间进行交易,可以在任何时间、任何地点完成交易,外汇市场适合每一位投资者。

图7.6 世界主要汇市交易时间表(北京时间)

②全球外汇交易市场的交易规模日益增长,但市场集中程度较强,目前外汇交易主要集中在英国伦敦、美国纽约、日本东京,仅纽约证券交易所的日成交量约为1 500亿,如图7.7所示。

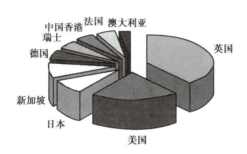

图7.7 外汇交易集中国家和地区

③可以双向交易,行情涨跌都赚钱。

④套汇交易使外汇市场的交易价格趋于单一化,汇率差异日益缩小,绝大多数外汇交易涉及美元。

⑤外汇市场金融创新不断涌现的市场、汇率波动剧烈的市场、政府干预较频繁的市场。

6)外汇市场交易主要参与者

外汇市场主要包括客户、外汇指定银行、外汇经纪人、其他非银行金融机构以及中央银行及其他官方机构等几个不同的角色。

(1)客户

外汇银行的客户包括交易性的外汇买卖者,如进出口商、国际投资者、旅游者等;保值性的外汇买卖者,如套期保值者;投机性的外汇买卖者,如外汇投机商等。

（2）外汇指定银行

外汇指定银行是指中央银行指定或者授权经营外汇业务的银行。主要包括以外汇为专营业务的本国专业银行；兼营外汇业务的本国商业银行；外国银行在本国的分行与本国的合资银行。

外汇银行是外汇市场最重要的参与主体。为了避免遭受汇率风险，银行在经营外汇业务时遵循买卖平衡原则。通常所说的外汇头寸（敞口头寸）即外汇银行所持有的各种外币账户余额变化状况，有两种情况：一种是如果客户购买外汇，某种外汇余额减少（卖出多于买进），称为空头头寸；另一种是如果客户出售外汇，银行的某种外汇余额增加（买进多于卖出），称为多头；银行为轧平头寸，要将多头抛出，空头补进，简称为抛补。

银行利用外汇市场，除了进行"头寸管理"，有时还积极制造头寸，谋取风险利润，进行外汇投机。

（3）外汇经纪人

外汇市场上的大部分交易活动都是在银行同业之间进行的，银行同业之间的交易占外汇交易额的90%以上。银行之间的外汇交易常常由外汇经纪人充当中介安排成交，外汇经纪人是在外汇市场上为交易双方接洽业务并收取佣金的中介机构。一般分为两类：一是大经纪公司，既开展经纪业务，也开展自营业务；二是跑街经纪人，小经纪公司，仅开展经纪业务。

（4）其他非银行金融机构

自20世纪80年代初以来，金融市场日益非管制化和自由化，投资公司、保险公司、财务公司、信托公司等非银行金融机构越来越多地介入外汇市场。

（5）中央银行及其他官方机构

中央银行既是外汇市场的管理者，也是外汇交易的参与者，而且不是一般的外汇市场参与者，在一定程度上可以说是外汇市场的实际操纵者。中央银行参与外汇市场的活动有两个目的：一是储备管理；二是汇率管理。

除了中央银行，其他官方机构（如财政部）为了不同的经济目的，也会进入外汇市场进行交易。

7）外汇交易的种类

外汇交易是指在外汇市场上进行各种外汇买卖的活动。通常交易的货币主要有美元、欧元、英镑、日元、加拿大元等，其中美国的交易量最大。2002年后，欧洲联盟各国的货币逐渐退出市场，由欧元代替。欧元也成为外汇市场上的主要交易对象。外汇市场交易时通常用到的各个币种代码见表7.3。

表7.3　世界各国（地区）货币代码

国别	中文	标准符号	国别	中文	标准符号
中国香港	港元	HKD	奥地利	奥地利先令	ATS
中国澳门	澳门元	MOP	瑞士	瑞士法郎	CHF
中国台湾	中国台湾元	TWD	荷兰	荷兰盾	NLG

续表

国别	中文	标准符号	国别	中文	标准符号
中国	人民币	CNY	英国	英镑	GBP
马来西亚	马元	MYR	法国	法郎	FRF
新加坡	新加坡元	SGD	西班牙	比塞塔	ESP
泰国	泰铢	THP	希腊	德拉马克	GRD
日本	日元	JPY	加拿大	加元	CAD
欧洲货币联盟	欧元	EUR	美国	美元	USD
俄罗斯	卢布	SUR	澳大利亚	澳大利亚元	AUD
德国	马克	DEM	新西兰	新西兰元	NZD

外汇市场上的外汇交易主要有以下几种:

(1)即期外汇交易

即期外汇交易(现汇交易)是指银行与其客户或其他银行之间的外汇买卖成交后,应在当天或两个营业日内办理交割的外汇业务。成交是指确定外汇买卖协议,交割是指成交后,买卖双方实际收付货币的行为。即期外汇交易是目前外汇市场上交易量最大的一种外汇交易,是最基本的外汇交易。其主要作用是:满足临时性的付款需要,实现货币购买力的转移;调整各种货币头寸,避免外汇风险:进行外汇投机等。

外汇交割的日期称为交割日(Delivery Date),又称起息日,是指外汇买卖双方必须履行支付义务的日期,交易双方在这一天将各自的货币交割完毕。即期外汇交割日根据交割的时间不同,又分为以下3种情况。

①当日交割($T+0$),即交割日为成交当日(Cash)。

②翌日交割(明日交割)($T+1$),即成交后的第一个营业日(Tom.)。

③即期交割($T+2$),即成交后的第二个营业日,此为标准交割日。

确定即期交割日的规则:首先交割日必须是两种货币共同的营业日,至少应是付款地市场的营业日。其次交易必须遵循"价值抵偿原则",即一项外汇交易合同的双方必须在同一时间进行交割。最后所推算的交割日若是非营业日,则即期交割日后延。

即期外汇交易的报价与交易程序中,外汇银行的报价一般都采用双向报价方式,即银行同时报出买价和卖价。习惯上将汇率标价法分为直接标价法和间接标价法。

①直接标价法。又称价格标价法或应付标价法(Giving Quotation),是将一定单位(1个或100个、10 000个单位)的外国货币表示为一定数额的本国货币,汇率是单位外国货币以本国货币表示的价格。在直接标价法下,外国货币的数额保持不变,汇率的变动都以本币数额的相对变动来表示。如果汇率升高,意味着需要比原来更多的本币才能兑换到1个单位的外币,说明外币升值(本币贬值)或外汇汇率上涨(本币汇率下跌);反之,如果汇率下跌,意味着仅需要比原来更少的本币就能兑换到1个单位的外币,说明外币贬值(本币升值)或外汇汇率下跌(本币汇率上涨)。

②间接标价法。又称数量标价法或应收报价法(Receiving Quotation),是将一定单位的本国货币表示为一定数额的外国货币,汇率是单位本国货币以外币表示的价格。在间接标价法下,本国货币的数额不变,汇率的涨跌都以外国货币数量的相对变化来表示。如果汇率升高,意味着1个单位的本国货币可以兑换到比原来更多数额的外币,说明外币贬值(本币升值)或外汇汇率下跌(本币汇率上涨);反之,如果汇率下跌,意味着1个单位的本国货币只能兑换到比原来更少数额的外币,说明外币升值(本币贬值)或外汇汇率上涨(本币汇率下跌)。

提示

世界上大多数国家都采用直接标价法,采用间接标价法的国家很少,我国人民币目前也采用直接标价法。

以直接标价法和间接标价法表示的汇率之间存在倒数关系。例如,某日公布的按直接标价法报出的汇率100美元=761.350 0元人民币,可推算出以间接标价法表示的汇率为1元人民币=0.131 3美元(100÷761.350 0)。

由于外汇报价涉及两种货币的价格,因此汇率变动实际上意味着两种货币价格的同时变动。例如,假定某日在纽约市场上,瑞士法郎的汇率从原来的1美元=1.217 0瑞士法郎变成1美元=1.215 0瑞士法郎,这意味着1美元的瑞士法郎价格从原来的1.217 0瑞士法郎下降到1.215 0瑞士法郎;同时也意味着1瑞士法郎的美元价格从0.821 7美元上升到0.823 0美元。换言之,我们既可以说每美元对瑞士法郎下跌了0.002 0,也可以说每瑞士法郎对美元上浮了0.001 7。

外汇指定银行发布的即期汇率由两个价格组成,即买入价和卖出价。例如,USD/HKD的即期汇率7.785 6/7.786 6,其中7.785 6为买入价,表示银行买入1美元支付7.785 6港元;7.786 6是卖出价,表示银行卖出1美元要收入7.786 6港元。外汇指定银行在即期外汇交易中获得买卖的价差收益。银行的买入价就是客户的卖出价,银行的卖出价就是客户的买入价。一般所说的买入价和卖出价是从银行的角度来说的。在直接标价法中,第一个价格是银行的买入价,第二个价格是银行的卖出价;在间接标价法中,第一个价格是银行外币卖出价,第二个价格是银行外币买入价。第二个价格与第一个价格相同的部分省略,只写出不同的部分,USD/HKD=7.785 6/7.786 6记为USD/HKD=7.785 6/66。对于银行报价来说,买卖的都是"/"左边的货币。

两种标价法的内在本质其实是相同的。因此,我们可以这样判断:在任何一个汇率报价中,针对作为折算标准的货币而言,前一个较小的数值为买入价,后一个较大的数值为卖出价;而对于作为折算单位的另一种货币来讲,前一个较小的数值为卖出价,后一个较大的数值为买入价。对单位货币,银行遵循高价卖出,低价买进原则。

(2)远期外汇交易

小故事

某日本进口商从美国进口一批商品,按合同规定,日本进口商3个月后需向美国出口商支付100万美元货款。签约时,美元兑日元的即期汇率为118.20/50,付款日的市场即期汇率为 120.10/30,假定日本进口商在签约时未采取任何保值措施,而是等到付款日时在即期市场上按 120.30 的价格买入美元支付货款,显然因计价货币美元升值,日本进口商需付出更多的日元才能买到 100 万美元,用以支付进口货款,由此增加进口成本,遭受汇率变动的风险。外汇市场上有没有交易手段可使日本进口商能够预先锁定进口成本,避免因汇率变动而遭受损失?

远期外汇交易(期汇交易)即预约买卖外汇的方式,指外汇交易双方预先签订合同,规定交易的币种、金额及汇率,于将来约定的时间进行交割的外汇交易。最常见的远期外汇交易交割期限一般有 1 个月、2 个月、3 个月、6 个月、12 个月。远期外汇交易的主要目的不在于满足国际结算的需要,而是为了保值或投机,它使交易者能够获得一种货币的确定未来汇率,从而避免外汇风险;也可使投机者在汇率变动中赚取好处。在远期外汇交易中,外汇报价较为复杂,因为远期汇率不是已经交割,或正在交割的实现汇率,它是人们在即期汇率的基础上对未来汇率变化的预测。

①远期外汇交易确定其交割日或有效起息日的惯例:

a. 任何外汇交易都以即期交易为基础,所以远期交割日是以即期加月数或星期数。若远期合约是以天数计算,其天数以即期交割日后的日历日的天数作为基准,而非营业日。如一笔发生在 6 月 25 日的交易及其交割日为 6 月 25 日,那一个月后的远期交割日就应该是 7 月 25 日。

远期外汇交易

b. 远期交割日不是营业日,则顺延至下一个营业日。顺延后跨月份的则必须提前到当月的最后一个营业日为交割日。如果 7 月 25 日在某个交易中心正好是一个假日,或者交割地点的银行恰好不营业,那么要将结算日延迟到第一个合适的日子,但绝不能延迟到下一个月,上例中,则不能推迟到 8 月,如正好赶上月末,则应提前到第一个合适的日子。

c. "双底"惯例。假定即期交割日为当月的最后一个营业日,则远期交割日也是当月的最后一个营业日。如果发生在今天的即期交易交割日是 2 月 28 日,是 2 月的最后一个营业日,那么今天发生的 1 个月远期合约的交割日就应是 3 月的最后一个营业日,如果 3 月 31 日是最后一个营业日,则 3 月 31 日即为交割日,而不是 3 月 28 日(即使它是营业日)。

②远期汇率的报价方式。

A. 直接远期报价法:与现汇报价相同,即直接将各种不同交割期限的期汇买入价与卖出价表示,见表 7.4。

表 7.4　直接远期报价表

	GBP/USD	USD/JPY	EUR/USD
即期汇率	1.924 0/50	104.50/60	1.323 0/40
1 个月	92/90	44/47	47/43
3 个月	231/228	62/65	137/134
6 个月	415/410	100/105	265/260
12 个月	703/693	100/110	455/445

B.差额表示法:即标出远期汇率和即期汇率的差额。远期汇率相对于即期汇率,会出现"升水"或"贴水",远期汇率比即期汇率高的现象,称为远期升水;反之,则称为远期贴水;两者一致则称为平价。

方法一:以升水、贴水、平价表示方法,其计算方法如下:

直接标价法下:远期汇率=即期汇率+升水

远期汇率=即期汇率−贴水

间接标价法下:远期汇率=即期汇率−升水

远期汇率=即期汇率+贴水

银行报出的远期差价值在实务中常用点数表示,每点为万分之一,即0.000 1。

【例7.3】 在巴黎外汇市场上,美元即期汇率为USD1=FRF5.100 0,3个月美元升水500点,六月期美元贴水450点。则在直接标价法下,

三月期美元汇率为 USD1=FRF(5.100 0+0.050 0)=FRF5.150 0

六月期美元汇率为 USD1=FRF(5.100 0−0.045 0)= FRF5.055 0

【例7.4】 在伦敦外汇市场上,美元即期汇率为GBP1=USD1.550 0,一月期美元升水300点,二月期美元贴水400点。则在间接标价法下,

一月期美元汇率为:GBP1=USD(1.550 0−0.030 0)=USD1.520 0

二月期美元汇率为:GBP1=USD(1.550 0+0.040 0)=USD1.590 0

方法二:点数报价法。

"点"是表明货币比价数字中的小数点后的第四位数。计算原则:前小后大"+",前大后小"−"。

【例7.5】 即期汇率:USD/DEM 1.831 0/20　　USD/HKD 8.113 0/50

3个月汇水　　　　　　　　　　30/40　　　　　　　　25/15

3个月远期汇率 USDA/DEM 1.834 0/60　　　USD/HKD 8.110 5/35

③远期外汇交易的目的。

> **提示**
>
> 人们利用远期外汇交易主要是为了套期保值和投机。

a.套期保值:指为了避免汇率变动的风险,对持有的资产和负债进行卖出或买入该种货币的远期交易,即采取某种措施减少由于汇率变化的不确定性引起的汇率风险。套期保值的目的在于避免外汇风险而非赚取利润。

【例7.6】 中国某公司欲从美国进口价值2 000万美元的一批设备,3个月后付款。为了避免美元升值,中国某公司可从美国花旗银行购买2 000万美元的3个月远期外汇,价格为8.232 5RMB/＄。如果3个月后美元果然升值,价格为8.315 0RMB/＄,则远期外汇合约使中国公司避免了(8.315 0−8.232 5)×2 000=165万元人民币的损失。相反,如果3个月后美元贬值,价格为8.183 5RMB/＄,那么中国某公司需要多支付(8.232 5−8.183 5)×2 021=98万元人民币。因此,在远期外汇合约避免交易中产生汇率风险的同时,也带来了损失的可能性,这种可能性就是套期保值必然的机会成本。

另外,外汇银行也会为轧平外汇头寸而进行套期保值。

【例7.7】　某日在三个月期美元期汇市场,一家伦敦银行从顾客手中共买进16万美元,卖出9万美元,从而形成7万美元的三个月期美元期汇多头。为避免3个月后美元跌价,银行就必须向其他银行卖出7万美元的3个月期美元期汇,从而轧平外汇头寸。

b.投机:指根据对汇率变动的预期,有意持有外汇的多头或空头,希望利用汇率变动来从中赚取利润。

【例7.8】　美国投机商预期英镑将大幅下跌,假设当时英镑3个月远期汇率为GBP/USD＝1.678 0。该投机商卖出100万远期英镑。如果交割日前英镑果然贬值,远期英镑汇率跌为GBP/USD＝1.478 0,则该投机商再次进入远期市场,买入100万远期英镑,交割日与卖出远期英镑交割日相同,将获利(1.678 0-1.478 0)×100万＝200 000美元。

【例7.9】　6月15日,纽约外汇市场上3个月港元远期汇率为7.812 5HK/＄,据投机者预测,港元将在3个月中升值,即美元对港元的远期汇率下降。于是,决定买入1 000万3个月远期港元,交割日为9月17日。如果港元果然升值,如8月17日,1个月远期美元汇率为7.810 5HK/＄,则该投机者将签订另一份合约,卖出1个月远期港元,交割日为9月17日,到期将获利(1/7.810 5-1/7.812 5)×1 000万美元。如果判断失误,3个月后港元贬值,则该投机者遭受损失。

远期外汇交易与即期外汇交易的主要区别在于:

第一,目的不同。即期交易主要是出于实际需要,属兑换性质,而远期交易主要是保值。

第二,汇率不同。即期交易是按当天、当时的汇率成交的,而远期交易是按远期汇率成交的。

第三,交割日不同。即期交易在成交后两个营业日内要交割完毕,远期交易则在约定的到期日或期限内才交割。

第四,交割方式不同。即期交易必须在交割日足额交割,而远期交易在交割时不一定足额,可作差额交收。

(3)掉期交易

掉期交易是指买入(或卖出)一笔即期外汇的同时卖出(或买入)相同金额的同一货币的远期外汇交易。从定义中不难看出,掉期交易有着以下显著特点:其一,买与卖是有意识地同时进行的;其二,买与卖的货币种类相同,金额相等;其三,买卖交割期限不相同交易。

> **提示**
>
> 　　在买进美元现汇的同时,卖出3个月美元的期汇,从而转移此间美元汇率下跌而承担的风险。

目前,掉期交易可分为即期对远期和远期对远期两种类型。

①即期对远期的掉期。指买进或卖出一笔即期外汇的同时,卖出或买入一笔远期外汇。远期外汇的交割期限可以是一周、一个月、两个月、三个月、六个月等,这是掉期交易中最常见的形式。

如南洋银行在3个月内需要英镑,它可以与东亚银行签订一个掉期协议,买入即期英镑,同时卖出3个月远期英镑,这样,既满足了对英镑的需求,又避免了持有外汇的风险。对于参加掉期交易的人来说,他们关心的不是具体即期汇率和远期汇率,而是两者之差,即掉期率。在掉期外汇交易中,银行在买进和卖出某种货币的两笔交易中所使用的汇率是不同的,两者之间有一个差额,该差额就是这笔掉期交易的价格,即掉期率,实际上掉期率就等于远期汇水。掉期汇率与远期汇率的含义是不同的,远期汇率是即期汇率加减远期汇水而成的,而银行在报掉期率时一般都同时报出两个价格。在上例中,如果即期汇率是 1 英镑=2.00 美元,3 个月期汇率是 1 英镑=2.10 美元,那么 3 个月的掉期率为 0.10,将它折算为年利率如下:0.10/2.00×12/3×100% =20% ,这意味着与银行可以选择的其他盈利机会相比,这笔掉期业务每年可以获得 20% 收益。

银行可以利用掉期交易轧平外汇头寸。例如,一家公司从某银行买入 6 个月期远期英镑 10 万,银行因出售远期英镑而有了空头英镑,为了轧平头寸,银行需买进远期英镑 10 万。如果这笔远期交易是银行同业市场上进行的,那么一般采用掉期的形式,银行可以做如下掉期:卖出即期 10 万英镑,同时买入 6 个月远期英镑 10 万。掉期后,远期英镑头寸轧平,但又有了即期英镑头寸,因此,该银行必须在即期市场上买入 10 万英镑,轧平即期头寸。

②远期对远期的掉期。指同时买入并卖出币种相同、金额相同但交割期限不同的远期外汇。这种掉期的原理与即期对远期相同,但使用较少。如一家美国银行一个月后将有 10 万瑞士法郎的支出,而 3 个月后又有 10 万元瑞士法郎的收入。为此,银行做一笔 1 个月对 3 个月的掉期,即买入 1 个月的远期 10 万瑞士法郎,同时卖出 3 个月的远期 10 万瑞士法郎。

远期对远期的掉期

③掉期交易、即期交易、远期交易的区别:即期与远期交易是单一的,要么做即期交易,要么做远期交易,并不同时进行,因此,通常称为单一的外汇买卖,主要用于银行与客户的外汇交易中。掉期交易的操作涉及即期交易与远期交易或买卖同时进行,故称为复合的外汇买卖,主要用于银行同业之间的外汇交易。

④掉期交易与一般套期保值的区别:

a.掉期交易改变的不是交易者手中外汇的数额,而是期限。

b.掉期交易的买进与卖出的同时性,而一般套期保值交易发生在第一笔交易之后。

c.掉期交易大部分针对同一对手进行。

d.掉期交易的两笔交易金额一定相同,而一般套期保值交易金额往往要小于第一笔交易的金额,即只做不完全的套期保值。

(4)套汇交易

小故事

很久以前,在墨西哥与美国的某段边境处,存在着一种特殊的货币兑换情形,即在墨西哥境内,1 美元只值墨西哥货币 90 分,而在美国境内,1 个墨西哥比索(100 分)只值美国货币 90 分。一天,一个牧童先在一家墨西哥酒吧喝了一杯啤酒,价格是 10 个墨西哥分,于是他用余下的 90 个墨西哥分换了 1 美元,然后又走过边境进了一家美国酒吧,喝了一杯啤酒,价格是 10 美分,他用余下的 90 美分又换成 1 个墨西哥比索。如此这般,牧童每天愉快地喝着啤酒,而口袋里的 1 比索却始终没有减少。这到底为什么? 其实,这位牧童所做的,就是套汇交易。

所谓套汇交易,是指人们利用同一时刻国际汇率的不一致,以低价买入同时又以高价卖出某种货币,以谋取利润的做法。套汇可分为直接套汇和间接套汇。

A. 直接套汇:又称双边套汇或两角套汇,指利用同一时刻两个外汇市场之间出现的汇率差异进行套汇。这是最简单的套汇方式。

例如,某日,纽约:£1=＄1.532 1/58,伦敦:£1=＄1.603 5/50,假设投资者用15 358美元进行套利交易:首先在纽约外汇市场用15 358美元买入10 000英镑。然后在伦敦外汇市场卖出10 000英镑买入16 035美元。通过两地套汇交易,共获利16 035美元－15 358美元=677美元。

例如,某日,伦敦:£1=＄1.98,纽约:£1=＄2.00,由于英镑供给不足,则先在伦敦花19 800美元买10 000英镑,再在纽约卖掉收入20 000美元,一买一卖赚得200美元。

B. 间接套汇:也称为三角套汇,是指利用同一时刻3个外汇市场的汇率差异进行的套汇。

判断3个市场或者3个以上市场之间有无套汇机会相对比较复杂。一个较简单的判断方法是将3个或更多外汇市场的汇率按照同一种标价方法即直接标价法或间接标价法列出,将它们依次连乘,如果乘积为1,说明没有套汇机会,如果不为1,则说明有套汇机会,即

$$e_{ab} \times e_{bc} \times e_{cd} \times \cdots \times e_{mn} \times e_{na} \neq 1$$

其中,e_{ab}表示1单位A国货币可以折算成多少B国货币,其他汇率表示与此相同。

在现实的套汇交易中,汇率均表现为买入汇率和卖出汇率;且在当今世界,外汇市场与外汇交易已日趋全球化、同步化。对于套汇来说,其赖以存在的基础——汇率差异在迅速减少或不复存在,套汇机会也由此大大减少了。

(5)套利交易

套利交易又称利息套汇,是指两个不同国家的金融市场短期利率高低不同时,投资者将资金从利率低的国家调往利率较高的国家,以赚取利息收益的外汇交易。

套利交易分为抛补套利和不抛补套利两类。抛补套利是指套利者把资金从低利率货币转向高利率货币的同时,在外汇市场上卖出高利率货币的远期,以避免汇率风险。不抛补套利是指套利者单纯地把资金从低利率货币转向高利率货币,从中谋取利差的行为。

假定一个美国人手中拥有暂时闲置的资金100 000美元,此时美国货币市场上的一年期利率是5%,英国货币市场上一年期利率为10%,即期汇率为1英镑=2.00美元。12个月远期汇率为1英镑=1.96美元。该投资者可以有两种投资选择,既可以在美国投资(存美元),也可以在英国投资(存英镑)。

如果在美国投资,那么一年后,该投资者可以获得的本利和为:

$$100\ 000\ 美元 \times (1+5\%) = 105\ 000\ 美元$$

如果在英国投资,则必须先将美元按照即期汇率兑换成英镑(50 000英镑),那么一年后,该投资者可以获得的本利和为

$$50\ 000\ 英镑 \times (1+10\%) = 55\ 000\ 英镑$$

如果汇率不变,他把在英国投资的收益换回美元,可以得到110 000美元,获得两国利差5 000美元。如果汇率有所波动(上浮或下浮),该投资者在英国获得的英镑收益在换回美元时就面临不确定性,有可能遭受汇差损失或获得额外的汇差收益。

若一年后,英镑相对美元升值,1 英镑=2.10 美元,则英镑收益相当于 115 500 美元,投资者不仅获得利差收益 5 000 美元,而且还获得汇差收益 5 500 美元;如果一年后,英镑相对美元贬值,1 英镑=1.80 美元,则英镑收益相当于 99 000 美元,投资者不仅未获得利差收益,汇率的损失(11 000 美元)还超过了利率的优惠(5 000 美元),净损失 6 000 美元。

可以看出,这种纯粹的套利行为面临汇率变动不确定性所带来的风险。套利者只利用不同货币利率差,将利率较低货币转变成利率较高货币以赚取利润(只买不卖或只卖不买),银行不求外汇头寸平衡,只买不卖或只卖不买,由于投资者没有对外汇风险进行弥补,因此称为"非抵补套利"。为避免汇率风险,套利者按即期汇率把利息率较低的通货兑换成利息率较高的通货并存入利率较高国家的银行,同时按远期汇率把利息率较高的通货兑换成利息率较低的通货,这就是"抵补套利"。

在此例中,该美国投资者在英国投资的同时,可以在远期外汇市场上将到期应获得的本利和 55 000 英镑,按照 1 英镑=1.96 美元的远期汇率卖出一年期外汇。这样,他从投资一开始就知道在英国投资将比在美国投资多赚多少,即

$$55\ 000\ 英镑\times1.96\ 美元/英镑-105\ 000\ 美元=2\ 800\ 美元$$

从而抵补了汇率变动可能带来的风险。这种抵补套利的实质是占尽利率不同的便宜,规避汇率变动的风险。而结果是使高利率货币的即期汇率不断提高,而远期汇率不断降低,即贴水额增大;而利率低的货币则即期汇率降低,远期汇率提高,即升水额变大。这种变动,会使套利收益逐渐减少,等到利差相互抵消时,套利活动就会停止。也就是说,如果市场上以套利为职业的交易者都很圆满地完成了任务,那么很快就不会再有套利机会了,交易商们这样做无疑于使自己失业。

(6)择期交易

择期交易是指买卖双方在订立合约时,事先确定了交易价格和期限,但订约人可以在这一期限内的任何日期买进或卖出一定数量的外汇。可见,择期交易的交割日期是不确定的。

在国际贸易中,许多时候往往既不可能事先十分明确地知道货物运出或抵达的日期,也不可能肯定地知道付款或收款的确切日期,而只是知道大约在哪段时间内。在这种情况下,若是采用通常的远期外汇交易,有可能产生不便,如外汇合约到期,却没能如期收回货款。

一方面,择期交易为贸易商提供了很大的方便,不论他何时收到货款,都可以根据择期合约中已规定好的汇率买卖外汇,从而避免了外汇风险。如果一个出口商知道出口货款会在第三个月内到达,但具体哪天却不确定,他就可以与银行签订一份择期合约,卖出三个月期的外汇出口收入,择期在第三个月。他根据这一合约确定汇率,并可选择他认为最方便的日期结算。如果他有可能在第二个月或第三个月收到出口货款,他也可以签订 3 个月期的合约,择期在第二个月或第三个月。如果他有可能在这三个月中的任何时候收到货款,那么他可以卖出三个月期的远期外汇,择期 3 个月。

另一方面,择期交易给银行带来了不便,因为客户有可能在择定期限的第一天,也有可能在最后一天,或者在中间的任何一天进行交割。这使银行在择定期限内总需持有这笔交易所需的资金,可能给银行带来风险。为了平衡客户与银行之间的有利与不利、收益与损失,银行总是会选择在择定期限内对客户最不利的汇率。

（7）外汇期权交易

　　外汇期权交易是指外汇期权合约购买者向出售者付出一定比例的期权费后，即可在有效期内享有按协定价格和金额履行或放弃买卖某种外币权利的交易行为。这是一种期汇交易权利的买卖，也是一项新兴的外汇业务。1982 年 12 月诞生于美国费城股票交易所。从其作用来看，有保值性和投机性两种。例如，某一日本出口企业出口价值 1 000 万美元的货物，一个月后收回外汇。假定该出口企业签订的卖出一个月期的 1 000 万美元的合同，合同中规定的汇率为 1 美元＝100 日元，但合同到期执行时，市场的实际汇率为 1 美元＝102 日元，那么该出口企业将损失 2 000 万日元，如果出口商购买一个外汇期权合同，那么它就可以放弃原来所签订的外汇交易合同，从而按 1 美元＝102 日元交易。

　　（8）投机交易

　　外汇投机交易是投机商利用外汇汇率的变动进行交易，并期望从中获利的外汇交易，它是建立在投机商对外汇市场的预期基础上的。投机交易一般是利用远期交易进行的，如欧洲某投机商预计美元在未来 3 个月内有上涨的可能，便买入 3 个月美元远期外汇，当 3 个月后美元汇率真的上涨了。他则先按照远期合同规定的汇率买入美元外汇，再以上涨的汇率在即期市场上卖出外汇，从而获取低进高出的差价收入，这种先买后卖称为"多头"；相反，如果该投机商预计美元汇率在未来 3 个月内可能下跌，他会先卖出 3 个月美元远期外汇，当 3 个月后美元汇率下跌后，他再以下跌了的汇率在即期市场上买入与远期合同所规定的数量相同的美元去交割远期合同，从中获取利润，这种先卖后买称为"空头"。

　　以上介绍了常见的几种外汇交易业务。随着国际金融的不断发展，国际经济活动日益更新，出现了许多新的外汇交易种类，并已经有了很大的发展，如外汇期货、外汇期权交易等。

7.2.2　汇率

1）汇率的定义及其内涵

汇率的定义及
其内涵和汇率
的标价方法

　　汇率又称汇价，是一种货币用另一种货币表示的价格，是一国货币兑换成另一国货币的比率或比价。由于汇率在外汇市场上是不断波动的，因此又称为外汇市价。在我国，人民币对外币的汇率通常在中国银行挂牌对外公布，故汇率又称外汇牌价。

　　汇率之所以重要，首先是因为汇率将同一种商品的国内价格与国外价格联系起来。对于一个中国人来说，美国商品的人民币价格是由两个因素的相互作用决定的：①美国商品是以美元计算的价格；②美元对人民币的汇率。

　　例如，假定王先生想要购买一台计算机，如果该品牌的计算机在美国市场的售价为 1 000 美元，而汇率是 1 美元＝6.60 元人民币，则可以换算出王先生需要支付 6 600 元人民币(=1 000 美元×6.60)。现在,假定王先生因财力困扰而不得不推迟两个月购买,此时美元的汇率已上升到 1 美元=7.00 元人民币,此时尽管该计算机在美国生产的价格仍然是 1 000 美元,王先生却必须支付更多的人民币(7 000 元人民币),即外汇汇率上升使外国商品的人民币价格升高了。

与此同时,美元汇率上升却使中国商品在美国的价格变得较为便宜。在汇率为 1 美元=6.60 元人民币时,一台标价为 7 260 元人民币的海尔空调,美国消费者布朗先生需要花费 1 100 美元;如果汇率上升到 1 美元=7.00 元人民币,布朗先生只需花费 1 037 美元,即外汇汇率上升使本国商品以外币表示的价格降低了。

相反,美元汇率下跌将降低美国商品在中国的价格,同时提高中国商品在美国的价格。如果美元对人民币的汇率从 1∶6.60 下降到 1∶6.40,那么王先生购买上述一台 BIM 电脑只需花费 6 400 元人民币,而布朗先生购买上述一台海尔空调的支出却上升到 1 134 美元。

因此,在两国国内价格均保持不变的前提下,当一个国家的货币升值时,该国商品在国外就变得较为昂贵,而外国商品在该国则变得较为便宜;反之,当一国货币贬值时,该国商品在国外就变得较为便宜,而外国商品在该国则变得较为昂贵。

> **实质**
>
> 汇率实际上是把一种货币单位表示的价格"翻译"成用另一种货币表示的价格,从而为比较进口商品和出口商品、贸易商品和非贸易商品的成本与价格提供了基础。

2)汇率的标价方法

按照汇率是以本国货币还是以外国货币作为折算标准,汇率的标价方式可区分为直接标价法和间接标价法两种。之前已详细介绍过这两种标价方法,此处略过。

3)汇率的种类

根据不同的分类标准,汇率可划分为不同的种类。

(1)买入汇率、卖出汇率和现钞汇率

从银行买卖外汇的角度不同,汇率可分为买入汇率、卖出汇率和现钞汇 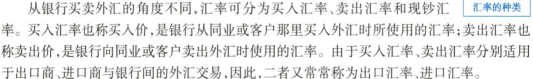 率。买入汇率也称买入价,是银行从同业或客户那里买入外汇时所使用的汇率;卖出汇率也称卖出价,是银行向同业或客户卖出外汇时使用的汇率。由于买入汇率、卖出汇率分别适用于出口商、进口商与银行间的外汇交易,因此,二者又常常称为出口汇率、进口汇率。

买入汇率和卖出汇率的算术平均数称为中间汇率,其计算式为:中间汇率=(买入汇率+卖出汇率)/2。中间汇率通常在计算远期升水率、贴水率和套算汇率中使用,各国政府规定和公布的官方汇率以及经济理论著作或报道中出现的汇率一般也是中间汇率,因此,中间汇率不是在外汇买卖业务中使用的实际成本价。

现钞汇率是指买卖外币现钞的兑换率。由于外国货币一般不能在本国流通,因此只能将之兑换成本国货币,才能购买本国的商品和劳务。尽管理论上买卖外币现钞的兑换率与外汇买入价和卖出价应相同,但是,由于外币现钞只有运到发行国后才能成为有效的支付手段,银行在收兑外币现钞时,必须将运输、保险等费用考虑在内,给出一个较低的汇率,通常比外汇买入价低2%~3%,而卖出外币现钞的汇率和外汇卖出价相同。

(2)同业汇率和商人汇率

按照买卖外汇的对象不同,汇率可分为同业汇率和商人汇率。所谓同业汇率,是银行与银行之间买卖外汇时采用的汇率。而商人汇率则是银行与客户之间买卖外汇时采用的汇率。一般而言,在正常情况下,银行同业之间买卖外汇所采用的汇率买卖差价比银行与一般客户交易的买卖差价要小。

(3)固定汇率和浮动汇率

按照国际货币制度的演变不同,汇率可分为固定汇率和浮动汇率。固定汇率是指一国货币同他国货币的汇率基本固定,汇率的波动仅限制在一定幅度内。在金本位制下,这种汇率可以在黄金输送点的界限内波动;在布雷顿森林体系下,汇率可在铸币平价上下1%的幅度内波动。而浮动汇率是指一国货币当局不规定本国货币与他国货币的官方汇率,听任市场供求来决定汇率。在外汇市场上,如果外币供给大于需求,则外币贬值,本币升值;如果外币需求大于供给,则外币升值,本币贬值。

(4)电汇汇率、信汇汇率和票汇汇率

按照银行的付汇方式不同,汇率可分为电汇汇率、信汇汇率和票汇汇率。

电汇汇率(Telegraphic Transfer Rate,T/T Rate)是经营外汇业务的本国银行,在卖出外汇后,立即以电报委托其海外分支机构或代理机构付款给收款人时所使用的汇率。电汇汇率是外汇市场的基准汇率,是计算其他各种汇率的基础。

信汇汇率(Mail Transfer Rate,M/T Rate)是经营外汇业务的本国银行,在卖出外汇后,开具付款委托书,用信函方式通过邮局通知国外分支行或代理行解付所使用的汇率。

票汇汇率(Demand Draft Rate,D/D Rate,或Sight Bill Rate)是指经营外汇的本国银行,在卖出外汇后,开立一张由其国外分支机构或代理行付款的汇票交给收款人,由其自带或寄往国外取款时所采用的汇率。票汇又分为短期票汇和长期票汇,由于银行能够更长时间地占用客户资金,因此长期票汇汇率低于短期票汇汇率。

(5)即期汇率和远期汇率

按照外汇买卖交割期限不同,汇率可分为即期汇率和远期汇率。即期汇率又称现汇汇率,是买卖外汇的双方成交后,在两个营业日内办理外汇交割时所得汇率。即期汇率的高低取决于即期外汇市场上交易货币的供求状况。

远期汇率又称期汇汇率,是买卖双方预先签订合约,约定在未来某一日期按照协议交割所使用的汇率。远期汇率建立在即期汇率的基础上,反映即期汇率变化的趋势。一般来说,即期汇率与远期汇率是同方向变动的。

(6)官方汇率和市场汇率

按对外汇管理的宽严程度不同,汇率可分为官方汇率和市场汇率。官方汇率是指由一国货币当局(财政部、中央银行或外汇管理当局)规定的汇率,一切外汇交易都必须按照这一汇率进行。例如,以前我国国家外汇管理局公布的牌价即为官方汇率。

官方汇率通常可分为单一汇率和多重汇率。单一汇率是国家机构只规定一种汇率，所有外汇收支全部按此汇率计算；多重汇率是一国政府对本国货币规定一种以上的汇率，是外汇管制的一种特殊形式。其目的在于限制资本的流入或流出，以改善国际收支状况。双重汇率是多重汇率的一种，是对本国货币与另一国货币的兑换同时规定两种不同的汇率。

市场汇率是指在自由外汇市场上买卖外汇所使用的实际汇率，随着外汇市场上供求关系的变化而上下浮动，因此能够比较客观地反映本国货币的对外比价。在外汇管制较松的国家，官方汇率往往有行无市，只起中心汇率的作用，实际的外汇买卖则按市场汇率进行。由于政府干预的存在，市场汇率尽管通常高于官方汇率，却不会偏离官方汇率过远。

4）汇率制度

汇率制度

汇率制度又称汇率安排，是指一国货币当局对其货币汇率的变动所做的一系列安排或规定。汇率制度作为有关汇率的一种基本原则，通常具有普遍适用和相对稳定的特点。一种汇率制度应包括以下几个方面的内容：第一，规定确定汇率的依据；第二，规定汇率波动的界限；第三，规定维持汇率应采取的措施；第四，规定汇率应怎样调整。

根据汇率波动的剧烈程度和频繁程度，可将汇率制度分为固定汇率制和浮动汇率制两大类型。前者指汇率取决于铸币平价，汇率的波动幅度被限制在一定范围内；后者指汇率不受铸币平价限制，而是取决于外汇市场上的供求关系。从历史发展来看，从19世纪末（约1880年）至1973年，世界主要国家采取的主要是固定汇率制；1973年后，则主要采用浮动汇率制。

（1）固定汇率制

固定汇率制包括金本位制下的固定汇率制和纸币流通条件下的固定汇率制。

①二者的共同点：

a.各国都对本国货币规定了金平价，各国货币的汇率由它们的金平价对比得到。

b.外汇汇率比较稳定，围绕中心汇率上下波动的汇率幅度较小。

②二者的不同点：

a.在金本位制下，各国规定了货币的法定含金量，金币可以自由兑换、自由铸造、自由输出入，汇率的波动幅度不会超过黄金输送点，固定汇率是自动形成的。在纸币流通条件下，固定汇率制是人为建立的，是通过各国之间的协议达成的，各国货币当局通过虚设的金平价来确定汇率，通过外汇干预或国内经济政策等措施来维持汇率，使它在较小的范围内波动。

b.在金本位制下，各国货币的法定含金量始终不变，从而保障了各国货币间的汇率保持真正的稳定。而在纸币制度下，各国货币的金平价是可以变动的。因此，金本位制下的固定汇率是真正的固定汇率制，而纸币制度下的固定汇率制只可称为"可调整钉住汇率制"。

（2）浮动汇率制

1973年2月后，西方主要工业国纷纷实行浮动汇率制。在浮动汇率制下，一国不再规定金平价，不再规定本国货币与其他国家货币之间的汇率平价，当然也就无所谓规定汇率波动的幅度以及货币当局对汇率维持义务。

根据货币当局是否干预可将浮动汇率制分为自由浮动和管理浮动。自由浮动也称清洁浮动（Clean Floating），即指货币当局对外汇市场不加任何干预，完全听任外汇供求关系影响汇率的变动。管理浮动又称肮脏浮动(Dirty Floating),指货币当局对外汇市场进行干预,以使汇率朝着有利于本国利益的方向发展。目前世界上各主要工业国所实行时都是管理浮动,绝对的自由浮动只是理论上的模式而已。管理浮动制从长期来看可以反映各国经济实力的对比,在一定程度上避免了可调整钉住汇率制缺乏弹性的问题,从而避免了可能导致的破坏性的单向投机活动所带来的经济冲击。

浮动汇率制有不同的形式,可分为单独浮动、钉住浮动、联合浮动 3 种形式。

①单独浮动是指本国货币不与其他任何国家的货币保持固定联系,其汇率按照外汇市场的供求状况单独浮动,美国、日本、新加坡、冰岛、新西兰等国均实行单独浮动汇率制。

②钉住浮动是指本国(地区)货币与某一货币或一组货币保持固定联系,汇率与被钉住货币确定一个固定的比价并随被钉住货币汇率的变动而变动。采用钉住汇率制的多为发展中国家(地区)。我国香港地区执行的联系汇率制就是一种特殊形式的钉住汇率制。

③联合浮动是指参加联合浮动的国家彼此之间的汇率基本保持固定,而对联合体以外国家货币的汇率则采取共同浮动。

(3)爬行钉住汇率制

爬行钉住汇率制是当今一些发展中国家采用的独具特色的汇率制度。在该汇率制度下,政府当局经常按一定时间间隔以事先宣布的百分比对汇率平价作小幅度的调整,直至达到均衡。例如,若某国需要对本国货币贬值6%,将汇率平价从 2.00 变为 2.12。在可调整钉住汇率制下,汇率平价将在一夜之间发生变化,而在爬行钉住汇率制下,该国货币当局则会将这一贬值分在 3 个月内进行,每个月月末贬值2%。

实行爬行钉住汇率制的国家,其货币当局有义务维持某一汇率平价或将汇率波动维持在一定范围内,避免可调整钉住汇率制下汇率偶然地、大幅度地变动情况。爬行钉住可分为消极爬行钉住和积极爬行钉住两种。若实行消极爬行钉住,政府根据国内外通货膨胀率等指标进行事后调整;若实行积极爬行钉住,政府根据自己的政策目标,对汇率平价进行经常的、小幅度的调整,诱导汇率上浮或下浮。

5)汇率决定理论

汇率决定理论所阐述的是什么因素决定汇率的大小,又有哪些因素影响汇率的上下波动。汇率理论与国际收支理论一样,是国际金融理论的基础与核心,同时,它们也是随着经济学理论的发展而发展的,是一国货币当局制定宏观经济政策的理论依据。下面对目前仍然有重大影响的购买力平价理论做一个阐述。

知识链接

　　购买力平价理论,是西方众多汇率决定理论中最有影响力的理论,瑞典经济学家、瑞典学派的早期代表人物卡塞尔从 1916 年起提出并发展了这一理论。1922 年,他出版了《1914 年以后的货币与外汇》一书,该书奠定了购买力平价说在外汇汇率决定理论方面的基础。卡塞尔认为,人们对外国货币的需求,是由于用它可以购买外国商品与劳务;外国人需要本国货币,也是因为用它可以购买本国的商品与劳务。因此,本国货币与外国货币的交换,即等于本国与外国的购买力相交换。所以用本国货币表示的外国货币的数量的多少,决定于这两种货币相对的购买力。

购买力平价说有两种形式:绝对购买力平价说和相对购买力平价说。前者解释某一时点上汇率决定的基础;后者解释某一时间段上汇率变化的原因。

(1)绝对购买力平价说

这一学说认为,在某一时间点上,两国货币之间的兑换比率取决于两国货币的购买力对比,而货币的购买力指数则是某一时点物价水平指数的倒数。这里蕴含着一个重要假设,就是在自由贸易条件下,同一商品在世界各地的价格是等值的,由于各国所采用的货币单位不同,同一商品以不同货币表示的价格经过均衡汇率的折算,最终是相等的,这就是著名的"一价定律"。

如果汇率无法使"一价定律"成立,那么各国之间就会产生商品套购,即套购者根据贱买贵卖的原则,在低价国购买,运到高价国出售,以获取无风险的套购利润。例如,同一匹布在英国价值1英镑,在美国价值2美元,则根据绝对购买力平价说:1英镑=2美元。如果此时的汇率不是1英镑=2美元,而是1英镑=2.5美元,那么,人们就会发现套购商品是有利可图的,即从美国买入1匹布,花费2美元;运至英国出售,收入1英镑,将英镑在外汇市场上卖出,则可以得到2.5美元,净赚0.5美元。套购商不断在美国买入布匹,在英国卖出布匹,会使布的价格差异在两国发生变化;另外,套购商不断在外汇市场上卖出英镑,买入美元,又会使英镑贬值,美元升值,这些变化将一直持续到绝对购买力平价成立为止。

汇率取决于可贸易商品价格水平之比,即不同货币对可贸易商品的购买力之比。这一理论的前提是,第一,对于任何一种可贸易商品,一价定律都成立;第二,在两国中,各种可贸易商品所占的权重相等。

购买力平价理论的支持者认为,尽管"一价定律"不一定严格成立,但价格和汇率不会与购买力平价所预测的关系偏离太远。原因是一国商品和劳务的价格比其他国家高时,对该国货币和商品的需求就会下降,这一力量会使其国内价格拉回到购买力平价所预测的水平上,这会使各国货币的购买力与其汇率相一致。

(2)相对购买力平价

在纸币流通的条件下,由于各国经济状况的变化,各国货币的购买力必然会经常变化,相对购买力平价来说就是要使汇率反映这种变化,汇率的变化与同一时期内两国物价水平的相对变动成比例。

续上例,假如一匹布的价格在英国由1英镑上涨到2英镑,而在美国由2美元上涨到6美元,那么英镑与美元之间的汇率就会由1英镑=2美元上升到1英镑=3美元。相对购买力平价说明,汇率的升值与贬值是由两国物价上升水平的差异决定的。当A国发生通货膨胀时,其货币的国内购买力降低,若同时,B国的物价水平维持不变,或涨幅小于A国,则A国货币对B国货币的汇率就会降低;反之,B国的物价水平涨幅比A国大,则A国货币对B国货币的汇率就会上升;若两国都发生通货膨胀且幅度相等,则汇率不变。相对购买力平价突破了交易成本为零的假定,这是"一价定律"的前提。相对购买力平价针对的是跨期分析,可以通过比较两国价格指数的变化得出,而不必假定两国贸易品的权重相等。

6)汇率变动对经济的影响

汇率作为宏观经济的重要变量和国民经济的重要杠杆,其变动对国内外经济有着广泛而深远的影响。

（1）汇率变动对世界经济的影响

①对国际贸易的影响。汇率稳定有利于国际贸易的发展，若汇率不稳，则会使进出口商无法准确折算进出口贸易的成本与收益，增加国际贸易风险，影响国际贸易总量的增长和扩大。

②对资本流动的影响。汇率稳定能够确保国外投资者获得预期利润，减少投资的汇率风险，促进资本输入、输出的发展，而汇率动荡往往使资本在各国之间频繁流动，增强国际游资的投机性，不利于世界经济的稳定发展。

③对国际关系的影响。汇率不稳，往往加剧各国之间的矛盾。如20世纪80年代初期至中期美元坚挺，一路攀升，加重了拉美等发展中国家的外债还本付息负担，最终爆发了债务危机，从而加剧了债务国与债权国之间的矛盾。另外，由于汇率的升降，直接影响相关国家的外贸与资本流向、流量，因此，一些国家操纵市场汇率，进行所谓的"外汇倾销"，这必然会招致有关国家的反对和报复，从而加剧这些国家的矛盾与斗争。

（2）汇率变动对国内经济的影响

汇率变动对国内经济的影响是多方面的，影响的广度和深度受一国的对外开放程度、经济结构、外汇和资本管制宽严等因素的制约，具有不确定性，必须具体情况具体分析。一般来说，汇率变动对国内经济的影响主要表现在以下两个方面。

①对进出口贸易收支的影响。如果本币汇率下浮，在进出口商品需求弹性较高，以及存在闲置资源用于出口品和进口替代品的生产的情况下，由于以外币表示的出口商品价格下降和以本币表示的进口商品价格上升，将使出口增加和进口减少，从而改善进出口贸易收支状况。反之，如果本币汇率上浮，通过"相对价格效应"将会抑制出口，鼓励进口，扩大贸易收支逆差，影响贸易收支的改善。

②对物价水平的影响。如果本币汇率下浮，由于"相对价格效应"的作用，出口增加，进口减少，将使国内商品供货减少，通货膨胀压力加大。另外，进口价格上涨，从货币工资机制来讲，会推动生活费用的上涨，导致名义工资的提高。从生产成本机制来讲，会使以进口商品为原材料的产品成本增加，这两者既有可能诱发货币投放的增加，又有可能形成成本推进型通货膨胀，从而导致国内物价水平上升。反之，如果本汇率上浮，则进口供给增加，进口成本降低，使进口商品心进口原料生产的商品价将下降，进而推动国内整个物的水平下降。

（3）对资本流动的影响

汇率变动主要影响以保值或追求短期收益为目的的短期资本的流动，而对长期投资资本的流动影响不大。如果本币贬值，外汇汇率上浮，则短期资本为了避免因持有本币资产的价值相对下降而带来的损失，会纷纷逃往其他货币坚挺或汇率稳定的国家。如果本币升值，则意味着以本币表示的各种资产价值增加，短期资本为了投机获利或保值而流入国内。大规模的短期资本流动，不管是流出国外，还是流入国内，对国内经济、国际收支都将产生不利的影响。

（4）对外汇储备的影响

汇率变动主要是影响外汇储备的数量和实际价值的变动。当本币汇率下浮时，出口增加，进口减少，外汇收入增多，外汇支出减少，外汇储备相应增加，但汇率下跌又会引起资本外流，减少外汇储备；当本币汇率上浮时，出口减少，进口增加，会减少本国外汇收入，增加外汇支出,但同时又会使保值性和投机性资本流入,增加外汇储备。目前世界各国所持有国际储备的绝大部分是外汇储备,如果储备货币汇率发生变动,必然影响一国国际储备的实际价值,从而造成外汇储备风险损失或风险收益。

> **提示**
>
> 汇率变动对外汇储备数量增减变动的影响取决于进出口外汇收支变化与资本项目收支变化的对比情况。

（5）对国内就业水平和收入的影响

传统理论认为本币汇率下浮对经济影响具有扩张效应,在乘数的作用下,通过增加出口,增加进口替代品的生产,使国民收入得到多倍增长,并提高国内就业水平。本币汇率上调,则会使出口减少,进口增加,减少国内总需求,抑制生产发展,从而导致国民收入水平和就业水平下降。

（6）对产业结构的影响

本币汇率的上浮或下浮,可以说是一种税负行为,本币汇率下浮是对出口的一种补贴,对进口的一种征税,而本币汇率上浮则正相反。当本币汇率下浮时,通过"税负效应",一方面引起出口增加,使生产出口商品的企业和部门收益增加,导致资源由其他部门向该类部门转移;另一方面使进口减少,国内需求转移到同类的商品上,使生产进口替代品的部门收益增加,引起资源的再分配。当本币汇率上浮时,"税负效应"则使稀缺资源从出口部门和生产进口替代品部门转移到其他部门上。因此,汇率的变化,使资源在各部门之间重新分配,从而导致产业结构的变化。

7.2.3 国际收支

1）国际收支的概念

国际收支是指一国居民与其他国居民之间在一定时期内（通常为一年）进行的各种经济交易的系统记录。为了正确把握这一概念的内涵,需进一步对国际收支这一定义作出说明。

（1）国际收支与国际借贷

国际收支与国际借贷是两个不同的概念。国际借贷是指一国在一定时期对外债权债务的余额,反映的是在一定时点上的一个具体的数值,是一个存量概念。国际收支说明的则是在一定时期内（一段时间）一国所发生的对外经济交易的动态状况,是一个流量概念,二者具有不同的属性。此外,国际收支与国际借贷所包含的内容也不完全一致。国际借贷只包括产生债权和债务的经济交往,如商品、劳务的进出口,资本的流出流入等,但不产生债权债务的经济交往,如无偿援助、赠与、赔款、侨汇等都没有包括在内。但这些经济交易的存在,客观上对一国经济产生着一定的影响,是一国对外经济交往中不可忽视的一种因素。国际收支适应了这一形势的要求,不但反映了产生债权债务的经济交往,也包括了不产生债权债务的经济交往。

国际收支的
概念

（2）居民与非居民的确定

国际收支概念中所讲的居民是一个经济概念，是指在一个国家内永久或长期居住并受其法律管辖与保护的自然人和法人。判断是否为居民的标准，并不是以国籍为依据，而是要看居住地和居住时间，即在本国居住时间超过一年的自然人和法人，无论其国籍如何，均属本国居民。相反，凡在本国居住时间不足一年的自然人和法人，无论是否拥有本国国籍，则一律为本国的非居民，因此，居民与公民的概念是不同的。

国际收支反映的是一国国际经济交易状况，因此只有居民与非居民之间的经济交往才是国际经济交往，属于国际收支的记录范围，居民与居民之间的经济交易则属于国内贸易的范畴，因此不能记录在国际收支中。

（3）经济交易

国际收支概念中的经济交易，是指经济价值从一个经济实体向另一个经济实体转移。根据转移的内容和方向，经济交易可以划分为以下五类：

①金融资产与商品、劳务之间的交换，即商品、劳务买卖；

②商品、劳务之间的交换，即物物交换；

③金融资产与金融资产之间的交换；

④无偿的、单向的商品和劳务的转移；

⑤无偿的、单向的金融资产的转移。

2）国际收支平衡表的编制

国际收支平衡表采用复式记账法原理，即反映每一项业务活动时，按其内容以相等的金额同时在两个或两个以上相互联系的账户进行登记。每笔交易至少要记两笔账，从全面反映资金运动的需要出发，以资金运用和资金来源的对立统一（即方向相反、金额相等）为基础，以资金运动的客观规律为依据，对任何一项业务的发生所引起的资金运动的具体环节都要通过两个或两个以上的会计科目来反映其运动状况。它以"借"和"贷"为记账符号，以"有借必有贷，借贷必相等"为记账原则。一国国外资产的增加和国外负债的减少，记入借方，也称负号项目，记为"−"；一国国外资产的减少和国外负债的增加，记入贷方，也称正号项目，记为"+"（通常省略）。每笔交易的账户都分为借方和贷方。其记账法则如下：

①凡是引起本国从国外获得货币收入的交易记入贷方，凡是引起本国对外国货币支出的交易记入借方，而这笔货币收入或支出本身则相应记入借方或贷方。

②凡是引起外汇供给的经济交易记入贷方，凡是引起外汇需求的经济交易则记入借方。商品、劳务出口和进口分别会产生外汇的供给和需求，分别记入贷方和借方。同样，外债的偿还产生外汇的需求，记入借方；而外国偿还贷款给本国将产生外汇的供给，记入贷方。这一法则不适用于单向实物转移，因为它不引起外汇的供给和需求。

3）国际收支平衡表的内容

按照国际货币基金组织的定义，国际收支平衡表的基本内容包括3个互相联系而又独立的项目，即经常项目、资本项目和平衡项目。每个项目又包括反映各方面外汇收支的若干个分项目。

（1）经常账户

经常账户包括货物、服务、收益和经常性转移。

①货物。指通过我国海关的进出口货物,以海关进出口统计资料为基础,根据国际收支统计口径的要求,出口、进口都以商品所有权变化为原则进行调整,均采用离岸价格(Free On Board,FOB)计价,即海关统计的到岸价进口额减去运输和保险费用统计为国收支口径的进口;出口沿用海关的统计。此项目中还包括一些未经我国海关的转口贸易等,对商品退货也在此项目中进行了调整。

②服务。包括运输、旅游、通信、建筑、保险、金融服务、计算机和信息服务、专有权使用费和特许费、各种商业服务、个人文化娱乐服务以及政府服务等。

③收益。将服务交易与收益明确区分开来是《国际收支手册》第五版与第四版的重要差别。收益包括两大类交易:一是支付给非居民工人的报酬;二是投资有关金融资产产生的收益。职工报酬是指我国个人在国外工作(一年以下)而得到并汇回的收入以及我国支付在华外籍员工(一年以下)的工资。投资收益包括直接投资项下的利润、利息收支和再投资收益,证券投资收益(股息、利息等)和其他投资收益。其中,资本利得与资本损失不作为收益放在经常项目中,而是包含在金融项目中。

④经常转移。包括侨汇、无偿捐赠和赔偿等项目,既含货物形式也含资金形式。

(2)资本与金融账户

资本与金融账户是指对资产所有权在国际流动行为进行记录的账户,包括资本和金融两个账户。

资本与金融账户

①资本账户。包括资本转移和非生产资产、非金融资产的收买与放弃。资本转移包括以下3项所有权转移:一是固定资产所有权转移;二是与固定资产购买和放弃相联系的或以其为条件的资产转移;三是债权人不索取任何回报而取消的债务。

②金融账户。包括我国对外资产和负债的所有权变动的所有交易。按照投资方式分为直接投资、证券投资、其他投资、国际储备;按照债权债务划分为资产、负债。

其中直接投资是投资者对非居民企业的经营管理拥有有效控制权。它可采取直接在国外投资建立企业的形式,也可采取购买非居民企业一定比例股票的形式,还包括将投资利润进行再投资的形式。其中,购买股票而形成直接投资的比例,国际货币基金组织规定为10%,我国规定为25%。证券投资是指购买非居民政府的长期债券和非居民企业的股票、债券、基金等形成的投资。其他投资是指凡不包括直接投资、证券投资和储备的一切资本交易均在此记录。这些资本交易除政府贷款、银行贷款、贸易融资等长短期贷款外,还包括货币、存款、短期票据等交易。储备或国际储备是指官方或一国货币当局所拥有的,可以用于满足国际收支平衡需要的对外资产,包括货币性黄金、特别提款权、在国际货币基金组织中的储备头寸和外汇储备等资产。

③错误与遗漏账户。除了经常账户、资本与金融账户,国际收支平衡表中还有一个错误与遗漏账户。产生错误与遗漏的原因多种多样,包括资料来源不一,记录时间不同,虚假成分存在等,为了平衡就需要建立一个抵消账户,见表7.5。

表7.5 国际收支平衡表标准格式简表

	贷方(+)	借方(−)
一、经常账户	(经常账户收入)	(经常账户支出)
1.商品(FOB 计价)		
2.服务		
3.收益		
(1)雇员报酬		
(2)投资报酬		
4.经常转移		
二、资本和金融账户	(资本流入)	(资本流出)
1.资本账户		
2.金融账户		
(1)直接投资		
(2)证券投资		
(3)其他投资		
三、储备资产变动	(储备资产减少)	(储备资产增加)
(1)货币性黄金		
(2)特别提款权		
(3)在 IMF 的储备头寸		
(4)外汇储备		
(5)其他债权		
四、误差与遗漏		

4)国际收支平衡表的差额分析

国际收支状况在形式上表现为在国际收支平衡表的一个项目与下一个项目之间画一水平直线,线上项目的贷方和借方会有一个净差额。净差额为零表示国际收支平衡,否则,表示国际收支失衡。国际收支失衡时,若贷方总额大于借方总额,即净差额为正数,常称为国际收支盈余或顺差;若贷方总额小于借方总额,即净差额为负数,则称国际收支赤字或逆差。线的不同画法得到不同的局部差额,线画得越靠下,线上差额的概括性就越全面。目前主要采取4种差额:贸易差额、经常项目差额、基本差额和综合差额。

国际收支平衡表的差额分析

(1)贸易差额

贸易差额=商品出口额−商品进口额,即商品进出口流量的净差额。

（2）经常项目差额

经常项目差额是指一定时期内商品、劳务、收益、单方面转移项目上借贷方净差额。这是衡量国际收支状况的一个最重要的差额，反映了实际资源在一国和其他国家之间的转让净额。如有盈余，表示该国的海外资产净额增加了，即该国对外净投资；如有赤字，意味着由于输入相对较多的商品、劳务和对外赠与，该国正在减少对外投资，或者说该国的资本形成利用了国外储蓄。

（3）基本差额

基本差额=经常项目差额+长期资本流入额-长期资本流出额。基本项目是经济实体和个人出于某种经济目的而自主进行的，其进行并不直接从该国国际收支平衡与否来考虑。因此，这些交易被称为自主性交易，或事前交易。相对而言，一部分短期资本项目和官方储备项目的交易是在自主性交易出现差额时进行的调节性交易，或事后交易，或补偿性交易。基本差额可以表示一国国际收支状况的长期趋势。例如，基本差额出现赤字就表示该国国际收支状况有长期恶化的趋势。一般认为，一国国际收支状况如果长期失衡，则该国货币当局应采取适当的调节政策予以矫正，而基本差额便可作为是否需要采取调节政策的依据。

（4）综合差额

综合差额也称总差额，指经常项目、长期资本项目和短期资本项目借、贷方总额之差，或者说是经常项目差额与资本项目差额之和。它反映的是为消除国际收支失衡和稳定外汇市场而必须增减的官方储备资产的情况，如图7.8所示。

图 7.8　国际收支各种差额间的关系

7.3　金融市场

7.3.1　金融市场的定义、特点及构成要素

1)金融市场的定义

金融市场是指以金融资产为交易对象而形成的供求关系及其交易机制的总和。它包括以下3层含义：

①它是金融资产进行交易的有形和无形的"场所"。

②它反映了金融资产供应者和需求者之间的供求关系。

③它包含了金融资产的交易机制，其中最主要的是价格（包括利率、汇率及各种证券的价格）机制。

金融资产是指一切代表未来收益或资产合法要求权的凭证。金融资产可分为基础性金融资产和衍生性金融资产两大类。前者主要包括债务性资产和权益性资产；后者主要包括远期、期货、期权和互换等。

2)金融市场的特点

①金融市场是以货币和资本为交易对象，通过短期与长期金融工具的买卖所形成的。这一特征有别于市场经济中其他市场的种类，如商品市场、劳务市场、技术市场、信息市场等。

②金融市场并不一定是一个具体的市场。现代的金融交易既包括有具体交易场所的交易，也包括在无形交易场所内的交易。由于现代金融市场的主体非常广泛，再加上现代通信设施的日益完善，交易双方可以在相距千里之外的两地参与金融交易，因此，交易市场的无形化是现代金融市场的一个明显特征。

③金融市场是以直接融通资金为主要特征。在市场经济的初始阶段，资金的借贷主要以民间口头协议的方式进行，其特点是，范围小，数额少，众多小金融市场并存。随着市场经济的发展，金融交易主要通过银行进行，表现为通过银行集中实现的借贷量占全社会借贷量的绝大部分，银行信用成为主要的信用形式。但由于现代金融业的发展，金融交易相当大的部分是以证券交易的方式进行的，表现为各种金融工具的发行与买卖。

> **实质**
>
> 　若不考虑银行信用，金融市场是以金融工具的买卖，即资金需求者与投资者直接发生关系为主要特征。

3)金融市场的构成要素

任何市场必须具备交易对象、交易主体、交易工具及交易价格这4个要素，金融市场也是如此。

（1）交易对象

金融市场的交易对象是货币资金。无论是银行的存贷款，还是证券市场上的证券买卖，

最终要达到的目标都是货币资金的转移,或贷者向借者的转移,或贷者向贷者的转移,或借者向借者的转移。与商品市场上商品的买卖不同之处在于,金融交易大多只是表现为货币资金使用权的转移,而商品交易则表现为商品所有权和使用权的同时转移。

(2)交易主体

金融市场上的交易主体包括任何参与交易的个人、企业、各级政府和金融机构。若按是否专门从事金融活动划分,可分为不专门从事金融活动的主体与专门从事金融活动的主体两大类。不专门从事金融活动的主体主要由个人、企业和政府部门构成,它们不以金融交易为业,参与交易是为了自身在资金供求方面的需要。在它们之间发生的金融交易是直接金融,即资金从盈余部门向赤字部门的直接转移,直接金融借助于直接金融工具的买卖完成。专门从事金融活动的主体则主要由以金融活动为业的机构或个人组成,包括各类银行、保险公司、财务公司等,通过它们实现的金融交易,称为间接金融,即资金从盈余部门向赤字部门的转移是通过它们的媒介才得以实现的。由作为金融媒介的机构发行的金融工具称为间接金融工具。

(3)交易工具

金融市场上的交易工具是各种信用工具。这是借贷资本在金融市场上交易的对象,如各种债券、股票、票据、可转让存单、借款合同、抵押契约等,是金融市场上实现投资、融资活动必须依赖的标的。

(4)交易价格

金融市场的交易价格是利率。各种金融市场均有自己的利率,如贴现市场利率、国库券市场利率、银行同业拆借市场利率等。但不同的利率之间有着密切的联系。通过市场机制的作用,所有各种利率在一般情况下呈同方向的变化趋势。

7.3.2 金融市场的分类、功能及发展趋势

1)金融市场的分类

金融市场是一个大系统,包括许许多多相互独立又相互关联的市场。不同的划分标准,将划分出不同类别的金融市场,见表7.6。

表7.6 金融市场的分类

要 点	内 容
按交易标的物划分	金融市场分为货币市场、资本市场、外汇市场、金融衍生品市场、保险市场、黄金市场及其他投资品市场
按交易对象是否为新发行划分	金融市场可分为发行市场和流通市场
按交易中介划分	金融市场可分为直接金融市场和间接金融市场
按地域范围划分	金融市场可分为国际金融市场和国内金融市场
按有无固定场所划分	金融市场可分为有形金融市场和无形金融市场
按交割期限划分	金融市场可分为金融现货市场、金融期货市场和金融期权市场
按交易对象的交割方式划分	金融市场可分为即期交易市场和远期交易市场

续表

要　点	内　容
按交易对象是否依赖其他金融工具划分	金融市场可分为原生金融市场和衍生金融市场
按价格形成机制划分	金融市场可分为公开市场和议价市场

下面对几个主要的金融市场分类进行阐述。

（1）货币市场

货币市场是指以期限在1年以下的金融资产为交易标的物的短期金融市场。这个市场的主要功能是保持金融资产的流动性，以便随时转换成现实的货币。它的存在，一方面满足借款者的短期资金需求；另一方面也为暂时闲置的资金找到了出路。货币市场一般没有正式的组织，市场交易量大是货币市场区别于其他市场的重要特征之一，巨额交易使得货币市场实际上成为一个批发市场。由于货币市场的非人为性及竞争性，因而它又是一个公开市场，任何人都可以进入市场进行交易，在那里不存在固定不变的顾客关系。

（2）资本市场

资本市场是指期限在1年以上的金融资产交易市场。全面地看，资本市场包括两大部分：一是银行中长期存贷款市场；二是有价证券市场。它与货币市场之间的区别见表7.7。

表7.7　资本市场与货币市场的区别

类别	货币市场	资本市场
特点	偿还短期（类似货币） 风险低 流动性高	偿还期长：长期资本 风险高 收益高但不稳定
功能	短期资金调剂	储蓄向投资转化
目的	短期资本需要 流动性+收益性	长期稳定的资本需求 风险性+收益性

（3）黄金市场

黄金市场是专门集中进行黄金买卖的交易中心或场所。目前，由于黄金仍是国际储备工具之一，在国际结算中占据着重要的地位，因此，黄金市场仍被看成金融市场的组成部分。但随着时代的发展，黄金非货币化趋势越来越明显。黄金市场早在19世纪初就已形成，是最古老的金融市场。

提示

目前世界上已发展到40多个黄金市场。五大国际黄金市场：伦敦、纽约、苏黎世、芝加哥和中国香港地区。

（4）直接金融市场与间接金融市场

直接金融市场是指资金需求者直接从资金所有者那里融通资金的市场，一般是指通过发行债券和股票方式在金融市场上筹集资金的融资市场。而间接金融市场则是通过银行等信用中介机构作为媒介来进行资金融通的市场。在间接金融市场上,资金所有者将手中的资金贷放给银行等信用中介机构,然后由这些机构转贷给资金需求者。在此过程中,不管这笔资金最终归谁使用,资金所有者都将只拥有对信用中介机构的债权而不能对最终使用者拥有任何权利要求。直接金融市场与间接金融市场的差别并不在于是否有金融中介机构的介入,而主要在于中介机构的特征差异。

(5)公开市场与议价市场

公开市场是指金融资产的交易价格通过众多的买主和卖主公开竞价而形成的市场,金融资产在到期偿付之前可以自由交易,并且只卖给出价最高的买者。一般在有组织的证券交易所进行,在议价市场上,金融资产的定价与成交是通过私下协商或面对面的讨价还价方式进行的。在发达的市场经济国家,绝大多数债券和中小企业的未上市股票都通过这种方式交易。最初,在议价市场交易的证券流通范围不大,交易也不活跃,但随着现代电信及自动化技术的发展,该市场的交易效率已大大提高。

(6)有形市场与无形市场

有形市场即有固定交易场所的市场,一般指证券交易所等固定的交易场地。在证券交易所进行交易首先要开放账户,然后由投资人委托证券商买卖证券,证券商负责按投资者的要求进行操作。而无形市场则是指在证券交易所外进行金融资产交易的总称。它的交易一般通过现代化的电信工具在各金融机构、证券商及投资者之间进行。它是一个无形的网络,金融资产及资金可以在其中迅速转移。在现实世界中,大部分的金融资产交易均在无形市场上进行。

(7)现货市场与衍生市场

所谓交割,是指在证券清算时,卖方向买方交付证券,而买方向卖方交付价款。现货市场实际上是指即期交易的市场,是金融市场上最普遍的一种交易方式。相对于远期交易市场来说,现货市场指市场上的买卖双方成交后须在若干个交易日内办理交割的金融交易市场。衍生市场是各种衍生金融工具进行交易的市场。所谓衍生金融工具,是指由原生性金融商品或基础性金地工具创造出的新型金融工具。它一般表现为一些合约,这些合约的价值由其交易的金融资产的价格决定,衍生工具包括远期合约、期货合约、期权合约、互换协议等,由于衍生金融工具在金融交易中具有套期保值防范风险的作用,衍生工具的种类仍在不断增多。衍生金融工具同时也是一种投机对象,其交易中所带来的风险也应引起注意。

(8)国内金融市场与国际金融市场

国内金融市场是指金融交易的作用范围仅限于一国之内的市场,它除了包括全国性的以本币计值的金融资产交易市场,还包括一国范围内的地方性金融市场,国际金融市场则是金融资产的交易跨越国界进行的市场,是进行金融资产国际交易的场所。

2)金融市场的功能

金融市场作为金融资产交易的场所,从整个经济运行的角度来看,它提供以下几种经济功能。

(1)聚敛功能

金融市场的聚敛功能,是指金融市场引导众多分散的小额资金汇聚成为可以投入社会再生产的资金集合的功能。在这里,金融市场起着资金"蓄水池"的作用。在国民经济各部门中,各部门之间的资金收入和支出在时间上并不总是对称的。这样,一些部门、一些经济单位在一定的时间内可能存在暂时闲置不用的资金,而另一些部门和经济单位则存在资金缺口,金融市场就提供了两者沟通的渠道。

金融市场之所以具有资金的聚敛功能,一个原因是金融市场创造了金融资产的流动性。现代金融市场正发展成为功能齐全、法规完善的资金融通场所,资金需求者可以很方便地通过直接或间接的融资方式获取资金,而资金供应者也可通过金融市场为资金找到满意的投资渠道。另一个原因是金融市场上多样化的融资工具为资金供应者的资金寻求合适的投资手段找到了出路。金融市场根据不同的期限、收益和风险要求,提供了多种多样的供投资者选择的金融工具,资金供应者可以依据自己的收益、风险偏好和流动性要求选择其满意的投资工具,实现资金效益的最大化。

(2)配置功能

金融市场的配置功能表现在 3 个方面:一是资源的配置;二是财富的再分配;三是风险的再分配。

在经济的运行过程中,拥有多余资产的盈余部门并不一定是最有能力和机会做最有利投资的部门,现有的财产在这些盈余部门得不到有效的利用,金融市场通过将资源从低效率利用的部门转移到高效率利用的部门,从而使一个社会的经济资源能最有效配置在效率最大的用途上,实现稀缺资源的合理配置和有效利用。一般来说,资金总是流向最有发展潜力、能够为投资者带来最大利益的部门和企业,这样通过金融市场的作用,有限的资源就能得到合理的利用。

财富是各经济单位持有的全部资产的总价值。政府、企业及个人通过持有金融资产的方式来持有财富,在金融市场上的金融资产价格发生波动时,其财富的持有数量也会发生变化。部分人的财富量随金融资产价格的升高而增加;而另一部分人则由于其持有的金融资产价格下跌,所拥有的财富量也相应减少。这样,社会财富就通过金融市场价格的波动实现了财富的分配。

金融市场同时也是风险再分配的场所。在现代经济活动中,风险无时不在,无处不在。而不同的主体对风险的厌恶程度不同,利用各种金融工具,较厌恶风险的人可以把风险转嫁给厌恶风险程度较低的人,从而实现风险的再分配。

(3)调节功能

调节功能是指金融市场对宏观经济的调节作用。金融市场一边连着储蓄者,另一边连着投资者,金融市场的运行机制通过对储蓄者和投资者的影响而发挥调节宏观经济的作用。

①金融市场的直接调节作用。在金融市场大量的直接融资活动中,投资者为了自身利益,一定会谨慎、科学地选择投资的国家、地区、行业、企业、项目及产品。只有符合市场需要、效益高的投资对象才能获得投资者的青睐。而且投资对象在获得资本后,只有保持较高的经济效益和较好的发展势头,才能继续生存并进一步扩张。否则,它的证券价格就会下跌,继续在金融市场上筹资就会面临困难,发展就会受到后续资本供应的抑制。这实际上是金融市场通过其特有的引导资本形成及合理配置的机制首先对微观经济部门产生影响,进而影响宏观经济活动的一种有效的自发调节机制。

②金融市场的存在及发展,为政府实施对宏观经济活动的间接调控创造了条件。货币政策属于调节宏观经济活动的重要宏观经济政策,其具体的调控工具有存款准备金政策、再贴现政策、公开市场业务等,这些政策的实施都以金融市场的存在、金融部门及企业成为金融市场的主体为前提,金融市场既提供货币政策操作的场所,又提供实施货币政策的决策信息。首先,因为金融市场的波动是对有关宏观、微观经济信息的反映,所以政府有关部门可以通过收集及分析金融市场的运行情况来为政策的制定提供依据。其次,中央银行在实施货币政策时,通过金融市场可以调节货币供应量、传递政策信息,最终影响各经济主体的经济活动,从而达到调节整个宏观经济运行的目的。此外,财政政策的实施也越来越离不开金融市场,政府通过国债的发行及运用等方式对各经济主体的行为加以引导和调节,并提供中央银行进行公开市场操作的手段,也对宏观经济活动产生巨大的影响。

(4)反映功能

金融市场一直都被称为是国民经济的"晴雨表",是公认的国民经济信号系统。这实际上是金融市场反映功能的写照。

①由于证券买卖大部分都在证券交易所进行,人们可以随时通过这个有形的市场了解到各种上市证券的交易行情,并据以判断投资机会。证券价格的涨跌在一个有效的市场中实际上能够反映其背后企业的经营管理情况及发展前景。此外,一个有组织的市场,一般也要求上市证券的公司定期或不定期公布其经营信息和财务报表,这也有助于人们了解及推断上市公司及相关企业、行业的发展前景。因此,金融市场是反映微观经济运行状况的指示器。

②金融市场交易直接和间接地反映国家货币供应量的变动。货币的紧缩和放松都是通过金融市场进行的,货币政策实施时,金融市场会出现波动表示出紧缩和放松的程度。因此,金融市场所反馈的宏观经济运行方面的信息,有利于政府部门及时制定和调整宏观经济政策。

③由于证券交易的需要,金融市场有大量专门人员长期从事行情研究和分析,并且他们与各类工商业直接接触,能了解企业的发展动态。

④金融市场有着广泛而及时地收集和传播信息的通信网络,整个世界金融市场已联成一体,四通八达,从而使人们可以及时了解世界经济发展变化情况。

3)金融市场的发展趋势

(1)资产证券化

所谓资产证券化,是指把流动性较差的资产,如金融机构的一些长期固定利率放款或企业的应收账款等,通过商业银行或投资银行予以集中及重新组合,以这些资产作抵押发行证券,实现相关债权的流动化。

通过资产的证券化,产生以下影响:

①对于投资者来说,资产的证券化趋势为投资者提供了更多的可供选择的新证券种类,投资者可根据自己的资金额大小及偏好来进行组合投资。

②对于金融机构来说,通过资产的证券化,可以改善其资产的流动性,特别是对原有呆账债权的转换,对其资金周转效率的提高是一个很大的促进。而且,资产的证券化,也是金融机构获取成本较低的资金来源,增加收入的一个新的渠道。

③对于整个金融市场来说，资产的证券化为金融市场注入了新的交易手段，这种趋势的持续将不断地推动金融市场的发展，增加市场活力。

但是，看到资产证券化有利的一面的同时，也应看到资产证券化中的许多资产实际上是一些长期的贷款和应收账款的集合，它们所固有的风险也不可避免地影响新证券本身的质量。不管怎样，资产证券化的趋势仍将持续下去。这是因为，国际金融市场仍在蓬勃发展，随着现代交易及清算技术的不断发展，金融市场的功能已越来越完善，其运作过程也日趋成熟，证券的发行及交易成本不断降低，手续也日趋简便。这都对资产的证券化具有强大的吸引力。

（2）金融全球化

国际金融市场正在形成一个密切联系的整体市场，在全球各地的任何一个主要市场都可以进行相同品种的金融交易，并且由于时差的原因，由伦敦、东京和新加坡等国际金融中心组成的市场可以实现 24 h 不间断的金融交易，世界上任何一个局部市场的波动都可能马上传递到全球的其他市场上，这就是金融全球化。

金融全球化促进了国际资本的流动，有利于稀缺资源在国际范围内的合理配置，促进世界经济的共同增长。金融市场的全球化也为投资者在国际金融市场上寻找投资机会，合理配置资产持有结构，利用套期保值技术分散风险创造了条件。一个金融工具丰富的市场也提供给筹资者更多的选择机会，有利于其获得低成本的资金。以上这些都是金融全球化的有利影响的一面。金融全球化的不利影响主要表现在国际金融风险的防范上。

总体来看，金融全球化是大势所趋。通过国际协调及共同监管，建立新型的国际金融体系，是摆在金融全球化面前必须解决的一个重要课题。

（3）金融自由化

金融自由化的趋势是指 20 世纪 70 年代中期以来在西方发达国家所出现的一种逐渐放松甚至取消对金融活动的一些管制措施的过程。金融的自由化和金融的证券化、全球化在进入 20 世纪 90 年代以来，表现得尤其突出，它们相互影响、互为因果、互相促进。

金融自由化导致金融竞争更加激烈，在一定程度上促进了金融业经营效率的提高。在金融自由化的过程中，产生了许多新型的信用工具及交易手段，大大地方便了市场参与者的投融资活动，降低了交易成本。金融自由化也极大地促进了资本的国际自由流动，有利于资源在各国之间的合理配置，在一定程度上促进了国际贸易的进行和世界经济的发展。

金融自由化也同样面临着诸多问题。国际资本的自由流动，既有机遇，也充满了风险，金融市场上管制的放松，对金融机构的稳健经营提出了较高的要求，一旦处理不好，有可能危及金融体系的稳定，并导致金融动荡和经济危机。金融自由化还给货币政策的实施及金融监管带来了困难。

参考文献

[1] 吴泽. 建筑经济[M]. 2版. 北京:中国建筑工业出版社,2008.

[2] 李茜,高琴. 建筑经济基础[M]. 重庆:重庆大学出版社,2016.

[3] 李志远,刘建科. 施工项目会计核算与成本管理[M]. 北京:中国市场出版社,2009.

[4] 李志远. 施工企业会计[M]. 5版. 北京:中国市场出版社,2019.

[5] 东奥会计在线初级会计实务[M]. 北京:北京科学技术出版社,2021.

[6] 东奥会计在线. 经济法基础[M]. 北京:北京科学技术出版社,2021.

[7] 陈国辉,迟旭升. 基础会计[M]. 大连:东北财经大学出版社,2007.

[8] 唐晓东,唐建宇. 基建财务会计[M]. 杭州:浙江大学出版社,2017.

[9] 黎毅. 会计实证研究方案[M]. 大连:东北财经大学出版社,2015.

[10] 程淮中. 基础会计[M]. 2版. 北京:高等教育出版社,2008.

[11] 会计从业资格考试辅导教材编写组. 会计基础[M]. 北京:人民出版社,2013.

[12] 李小林. 决定拉氏指数和帕氏指数大小的因素分析[J]. 企业导报, 2011(5):261-262.

[13] 任栋. 拉氏指数与帕氏指数的数量比例关系研究:兼论"帕歇效应"及其局限性[J]. 经济统计学(季刊), 2013(1)76-83.

[14] 臧萌萌,吴娟. 碳排放影响因素解析:基于改进的拉氏指数分解模型[J]. 科技管理研究, 2021, 41(6):179-184.

[15] 童思聪,高志刚. 西部地区污染排放强度及其因素分解:基于拉氏(Laspeyres)指数完全分解模型[J]. 新疆农垦经济, 2019(9):35-44.

[16] 王晓光. 货币银行学[M]. 5版. 北京:清华大学出版社,2018.

[17] 姚长辉. 货币银行学[M]. 3版. 北京:北京大学出版社,2005.

[18] 人力资源和社会保障部人事考试中心. 经济基础知识[M]. 北京:中国人事出版社,2019.

[19] 人力资源和社会保障部人事考试中心. 建筑与房地产经济专业知识与实务(中级)[M]. 北京:中国人事出版社,2020.

[20] 李志远,全晶晶. 施工项目会计核算与成本管理[M]. 北京:中国市场出版社,2023.